The Protection Theory for Ship–Bridge Collisions and the Design of Crashworthy Devices

桥梁防撞理论和防撞装置设计

CHEN Guoyu WANG Lili YANG Liming CHEN Mingdong
陈国虞 王礼立 杨黎明 陈明栋 著

内容提要

该书分析了世界40年来“船撞桥”事故的概况，综述了世界各国工程力学学者和工程界，利用多个有关学科积累的知识和方法，研究这个边界学科的成就。叙述了我国20年前提出的防撞设施追求的目标，并指出我国现在推广的桥梁柔性防船撞装置，可以达到保护桥的同时也保护船和环境——实现了“三不坏”的目标。书中记录了世界首次用实船撞向柔性防撞装置保护下的桥墩，船头被拨开，船回到航线上去的全过程。书中还列举了多个柔性防撞装置设计的实例，并介绍以通用程序进行数值计算的方法。书内还附有中文的桥梁防船撞文献200则，供学者、工程师和师生们研究、设计参考之用。

图书在版编目(CIP)数据

桥梁防撞理论和防撞装置设计 / 陈国虞等著. —北京：人民交通出版社，2013.9

ISBN 978-7-114-10900-3

Ⅰ. ①桥… Ⅱ. ①陈… Ⅲ. ①桥梁工程－防撞 Ⅳ. ①U443.8

中国版本图书馆 CIP 数据核字(2013)第222538号

书　　名：桥梁防撞理论和防撞装置设计
著 作 者：陈国虞　王礼立　杨黎明　陈明栋
责任编辑：刘永芬
出版发行：人民交通出版社
地　　址：(100011)北京市朝阳区安定门外外馆斜街3号
网　　址：http://www.ccpress.com.cn
销售电话：(010)59757973
总 经 销：人民交通出版社发行部
经　　销：各地新华书店
印　　刷：中国电影出版社印刷厂
开　　本：787×1092　1/16
印　　张：15.75
字　　数：400千
版　　次：2013年11月　第1版
印　　次：2013年11月　第1次印刷
书　　号：ISBN 978-7-114-10900-3
定　　价：55.00元

序

当陈国虞先生拿着《桥梁防撞理论和防撞装置设计》一摞文稿要我为之作序时，多少有些茫然。作为从事船舶与海洋工程载体设计50年的设计师，了解多少有关桥梁防撞问题？能写点什么？我信手翻动着这些文稿，一件件中外船舶撞击桥墩的典型事例浮现在眼前，一项项防御船舶撞击桥墩的特种设施呈现在面前。一时间引起了学习真知的兴趣，看到了作者在船舶撞击桥墩能量传递特点的基础上，对世界上船舶撞击桥墩的作用力进行了分析与比对，进一步推导了涉及桥墩防撞装置刚度在内的撞击力公式；看到了作者提出的“三不坏”柔性耗能防撞装置的物理意义，论述了其原理和设计方法；看到了作者所推荐装置的数值分析与实验验证，并在国内多座跨江和跨海桥梁得到了成功应用。掩卷沉思：懵懂船舶撞击桥墩知识的我，轻轻地打开了这一知识的窗户。

船舶撞击桥墩，古今有之，于今尤烈。随着海运、江河航运业的发展，以及跨江和跨海桥梁建设的发展，桥墩的防船舶撞击问题突显，涉及船舶运输、桥梁工程、船舶结构、材料力学和冲击动力学的交界学科，越来越受到工程界和航运业的关注和重视。

20世纪90年代，在上海造船工程学会一次船体结构钢材疲劳断裂研讨会的偶然机会与陈国虞先生相识。2000年在中国钢结构协会海洋钢结构分协会的年会上讨论《桥墩的船撞力计算及柔性防撞装置设计指南》时，认识王礼立教授。陈国虞先生是冶金材料学专家，40年长期从事海洋结构物载体材料研究，在20世纪90年代后，更是集中精力研究船舶撞击桥梁问题，取得了不少成果，并有所创造发明，发表了多篇论文，著有《船撞桥及其防御》一书。王礼立教授是我国冲击动力学的学科带头人之一，著有《应力波基础》(第二版)等专著。

《桥梁防撞理论和防撞装置设计》一书，对桥梁设计、船舶设计、航运部门的技术人员有重要的参考价值。该书的出版，不仅是作者多年来辛勤劳动的系统总结，而且能使读者从中感悟到：成功解决边界学科的工程问题，并有所创造发明，不但要具备扎实的理论基础，还要有理论探索的勇气，坚持实验验证。真诚祝贺该书出版，为造船和桥梁学科技术的发展，添砖加瓦。并希望将有更多的著作不断地涌现在大家面前。

中国船舶设计大师 

2013年8月

前　言

——防御船撞桥的几项进展

本书首先分析了我国桥梁建设及相关的船撞桥所面临的具体情况。现在建造的桥梁，从江河上中游发展到下游，由内河走向港湾，由大陆通向离岸的岛屿，并且跨过海峡连接陆块，甚至建设洲际大桥。跨越航线的桥梁愈来愈多，通过桥下的船舶愈来愈大，航速也愈来愈快。所以我国防御船舶撞击桥梁的研究，一开始就不局限于内河。显然，国外基于内河航运得来的结论，对我们有局限性，不一定适用。例如：河渠化的航道不同位置的流速分布，宽度在船长3倍以内的航速假定，从而得出的撞击速度沿航道横向分布规律；内河船与海船撞桥力估算；驳船对通航净宽的要求；驳船对墩的撞击力等均有相当的差别。本书根据调查测定，作了具体分析，取代了曾经借用的外国假定。

第二，经查阅历年桥梁防撞研究的记录，发现船撞桥的样本搜集比较少(与相邻的学科比较，以及使用中由于样本少产生的误差的分析等方面而言)，因此使用“撞塌年概率”作为建与不建防撞装置的决定性指标，就不合适。本书提出了新的原则：“万一撞上也能保护桥梁、船舶和环境的安全”——“应保尽保”的原则。船撞桥是小概率事件，但一旦撞上了，不论于桥于船于环境，还是于物于人于社会，其损失和影响都较大，因此采用这个原则进行设计，不是从区分船桥责任的利害角度出发，而是着眼于尽量避免物毁人亡、环境恶化等灾难性后果，“对国家负责，对社会负责，对人民负责”，符合“以人为本”的指导思想。

第三，总结了搜集到的中外代表性的16种船撞力半经验公式。经过研究，指出它们从根本原理来说都是同源的等效准静态分析。鉴于船桥相撞是一个在短历时中发生的动力学过程，撞击力和船桥间的能量交换实际上是基于应力波的传播而随时间变化的，船桥相撞及其防御的科学分析应该建立在冲击动力学的原理上。在计算机和数值模拟技术已经高度发展的今天，桥墩及其抗撞能力的设计，已完全可以采用按照冲击动力学原理建模的较精确的动态数值计算方法。传统的各类半经验公式也许仅用在开始设计时对船撞力进行初步的粗略估算，从而供桥梁设计师对跨航线的桥梁决定桥型、桥跨和桥墩分布的时候参考使用，最终还应该按照冲击动力学的动态数值计算为准。本书有一章专门讨论有关的冲击动力学原理。

第四，采用数值计算法进行分析设计时，不论采取何种商用程序(尚无专有程序)，重要的是要把握两个基本点：一是必须采用能反映惯性效应(应力波效应)的动态计算程序；二是建模中的材料特性必须采用能反映应变率效应的材料动态本构关系和动态失效准则。当桥梁采用柔性缓冲防护装置时，问题的难点还在于如何建立能够刻画柔性耗能防护装置特性的子程序，从而能正确计算出船撞桥墩过程中各个瞬时的力、变形和能量转换。本书有一章专门讨论这方面的问题。

第五，一切重大工程应用，除了需要理论分析指导和数值模拟分析外，实验研究与验证也至关重要。然而，与船桥相撞的数值模拟研究相比，国内外有关的实验研究则较为缺乏。值得高兴的是，我们已基于冲击动力学原理，实施专门设计的实船撞墩试验，以特别研制的动态传感器系统，进行撞击力和变形的动态测试，并检验软件程序的计算结果(特别检验了总撞击力)。本书反映了这方面的最新进展。

第六，在选择设计防撞装置时，要避免两种极端倾向：第一种是"可以不要防撞装置"，这种倾向可以追溯到美国指南：先将桥分为"一般"和"重要"两类，然后用一系列的指南给出的"系数设计法"公式，评估"年撞塌概率"。当普通桥梁"年撞塌概率"≤1/1000和重要桥梁年撞塌概率≤1/10000时，均可不作防撞装置。其实，船撞桥都是小概率事件。问题在于所定的撞塌概率衡准值尚缺乏理论和实践检验依据。另外，在美国指南中还用到一个撞塌成本，引入一个比值："撞塌损失/防撞成本"。但没有考虑死伤一个人算多少钱，如果人值钱了这个比值就大了。极言之，如果人的价值是不能用金钱衡量的，这个比值就是无穷大。工程师无所适从。

第二种倾向是不愿利用桥墩和桥梁其他构件的水平抗力，要求桥墩防船撞仅用"御敌于国门之外"的方法。换言之，只要间接式防撞装置，不要直接式防撞装置。如设计中违反规范关于计入偶然作用的规定，在桥墩设计中不计入水平船撞力，不设计足够的水平抗力，造成桥墩防撞性能先天不足；导致建设间接式防撞装置影响自然环境较大或投资很大等缺点。

第七，防御船撞桥的设计指南在中国是给谁用的？要回答这个问题，首先要弄清楚哪些人在研究设计桥梁防船撞装置。

现实往往和人们想的不一样，粗略一看，防御船撞桥应该是桥梁设计的一部分，从20世纪80年代开始，我国最先引进桥梁防船撞方面文章的是桥梁专家。但是，研究防御船撞桥的人除了桥梁设计者之外，还有一部分力学家、船舶和水运专业的研究者。而研究船撞桥文献内容中大量引用船的资料。1994年，交通部科技司将黄石长江公路桥防撞装置任务下达给部属上海船舶运输研究所，并有武汉的水运和水利专业人员的课题平行研究。不久在桥梁界出现了一个意见："研究船撞桥的人以船舶和水运工作者比较合适"，于是近30年来，在上海、重庆、黑龙江和武汉出现了一批船舶和水运专业的研究者，在宁波和重庆出现了研究力学和材料的研究者参加进来。

现在形成的认识是：研究防御船撞桥必须结合船舶和桥梁两个方面的专业

知识，研究的方法是工程力学的三种方法即理论分析、数值计算和实验。因此研究船撞桥的人和设计桥梁的人可以具备不同专业背景。根据防撞研究者研究的结果编制的设计指南，应该是提供给设计桥梁的人使用的，而设计桥梁和设计桥梁防撞设施的人，不可能从事很多防撞理论研究和进行防撞现场实验等工作，因此指南需要简单明了、可供桥梁设计者使用。

在本书中，上述几点新论是骨架，专业人士只要阅读这些内容就可以了。但是为了系统化，为了让更多的人认识“船撞桥”，就写进很多配套的内容。所以对于青年学生和非本专业读者，是一本比较系统的全面的参考书。

本书船撞桥的冲击动力学一章由王礼立教授执笔，防御船撞桥的数值计算一章由杨黎明教授执笔，建桥通航条件与桥梁防撞一章由陈明栋教授等执笔，桥梁防撞塌的鲁棒问题由汤国栋教授提出，半经验公式一章由陈国虞研究员和王礼立教授共同执笔，其余各章由陈国虞研究员执笔。部分插图由张澄高工绘制、周勤康同志整理，某些重要的外国原版资料由刘燕同志协助搜集，还有倪步友同志、黄世连同志 、巴添同志协助编写。全书由陈国虞研究员初校，陆宗林教授审校，并得到张炳炎院士、王景全院士、吴有生院士推荐。

目　　录

第 1 章　船桥相撞事故的沿革和防御船桥相撞的理念

Chapter 1　Evolution and Prevention Aspects on Accidents of Ship-bridge Collision

摘　要　2007 年广东九江塌桥之后，交通部要求加强船舶防泄漏和对船员的培训等工作，有关部门检修了船上的导航设备，减少了船桥相撞的部分起因。深入的研究指出，桥梁的桥位、桥型等因素对船桥相撞有很大影响。本章提出了防御船桥相撞事故的 5 点理念。即：一跨过江江中无墩；保护桥的同时也保护船和环境；规划设计早期考虑船桥相撞；全桥防撞和应保均保的理念；桥梁被撞的鲁棒设计。

关键词　船桥相撞事故　一跨过江　既保护桥也保护船　全桥防撞　应保均保

Abstract: After the collapse of Guangdong Jiujiang Bridge in 2007, Ministry of Transport demands shipman preventing leakiness and overhauling the navigation equipment to decrease the cause of ship-bridge collision. According to intensive study, the location of the bridge, the type of the bridge, etc., greatly affect ship-bridge collision. This chapter mentions 5 aspects for avoiding accidents of ship-bridge collision. They are: one span over river without piers in water area, protecting both ships and circumstance at the same time, considering ship-bridge collision at early time of bridge design, considering collision on all the areas of a bridge and protecting all the cases as needed and carrying out robustness design.

Key words: accidents of ship-bridge collision, one span over river, protecting both bridges and ships, preventing collision on all the areas of a bridge, protect all the cases as needed

1.1　船舶撞击毁桥事故概述

通航河道上的桥梁，占桥梁总数的 1/10 左右。此类桥梁，存在受船舶撞击而垮塌的危险。虽然，航船撞塌的桥梁，在垮塌桥梁总数中的比例不大，但由于跨越航道的桥梁规模(跨径、桥长和桥宽)一般较大，桥梁所处位置多为重要的交通要隘，以致此类桥梁垮塌的后果较为严重：车毁人亡，交通骤断，媒体聚焦，社会震动。

在船舶撞击桥梁的研究中，凡损失超过 100 万美元者，常界定为重大事件，将着重其撞毁的肇因和防护技术的研究。

船舶撞毁桥梁的事件，始载于1837年；近200年来的重大船舶撞毁桥梁的事件，则首次发生于1960年。我国汤国栋[1]和杨渡军[2]的文献，编译了1960—1983年27座大桥被撞塌的实例；1993年欧洲学者拉尔森(Larsen)主持编写的“综述与指南”[3]，附录了1960—1990年共29起严重的撞桥事故。

2006年出版的《船撞桥及其防御》一书[4]详细地列举了1952年以来我国的船撞桥事件：计有公铁两用桥5座、公路桥10座和铁路桥20座。在这35座桥梁中，多为撞击多次而未垮的例子；且上游木排撞桥的事故较多。

之后，又陆续发生了一些船撞桥梁的实例[5]。研究者多次到现场调查、研究和分析，对于积累资料、深化认识，撞击设防，具有重要意义。

国外学者的早期文献指出，船撞桥梁的原因，40%～60%系人为的失误。在我国，广东九江公路桥被撞垮塌后，交通部发文[6]，要求加强对水运人员的培训和完善船上的导航设备，意在避免人为的过失。关于船舰撞击桥梁的研究及防护技术，成为桥梁建设者和管理者关注的重点之一。

本书作者认为除了上述近因、诱因之外，根本原因是桥梁设计问题。下面通过近期的船舶撞毁桥梁的分析便可以知道。不管是什么原因，不管是新桥、老桥，当万一撞上时，都应该减轻损失或避免损失。

2006年我国自行研究和应用的柔性防撞装置，用于湛江海湾大桥项目中。这是一种在防撞理念上全新的装置，它不仅保护桥而且同时保护船，因而也保护了环境。

1.2 我国近期船撞桥事故

表1-1列出2007年到2011年5年间国内20余起较大的船撞桥事故，稍小的事故(没有人员伤亡，经过处理后可缓解的)都未列入表内。从这20余起事故中可以看出：被撞塌的桥梁中，一些是撞上拱脚或梁的下弦；一些是撞到双柱墩或排架墩的一根柱子。还有的是撞到新设置障碍物(如施工期间船员未注意到的围堰或栈桥)，或原航线限高、限宽、限航等情况下发生的撞击事故。

2007—2011年较大的船舶与桥梁相撞事故 表1-1

2007—2012 years，the bigger accidents of ship-bridge collision Table 1-1

序号	名称	日期	地点	船型、船速、天气、水流、与桥型等摘要	主要原因及后果
1	海门港引桥	200703	江苏海门	载有280t磷肥的货船在大风中断缆，撞上引桥，不到1min船沉	船沉，死1人
2	川沙路桥	200704	上海川沙	河宽15m，10艘200吨级空载运石船直拖，撞上不足30cm桥墩，桥塌，1978建	水平抗力不足，桥塌
3	佛湛线九江大桥	20070615	广东	载重1500t的运沙船撞独塔斜拉桥的水中引桥第一墩，塌下50m×4跨	墩无防撞，9人失踪
4	如东蔡渡大桥	20070713	江苏	3孔混凝土拱桥，长66m，宽6m，被1+13空载驳船队撞塌，压毁一驳船	桥塌，压毁1驳船
5	大洋桥	20070830	江苏昆山	200t级散装水泥船，会船避让撞墩，桥面塌下压船	桥面压下，死2船员
6	广珠轻轨特大桥	20071211	广东江门	机动货船撞垮西江特大桥施工平台，约$10m^2$平台塌下	施工平台、船均受损

续上表

序号	名　称	日　期	地　点	船型、船速、天气、水流、与桥型等摘要	主要原因及后果
7	金塘大桥	20080327	浙江舟山	台州籍散货船勤丰 128 号驶入原航道，净高不足，撞到未紧固的 1 600t 重的预制梁板，梁板将驾驶室压入下层货仓内	走原航线，压死 4 人
8	望江门大桥	20081013	浙江临海	长 30m、宽 8m 的货船涨潮时撞桥，驾驶室被货物压塌，2 人被压	通航净高不足，压伤 2 人
9	城西大桥	200901	江苏盐城	17 艘几百吨级驳船队，尾船撞上了危桥拱肋，（1976 年建）主跨 36m	桥塌
10	兴化老阁大桥	20090918	江苏泰州	临城镇老阁乡，桥长百米、宽 8m，1 + 20 直拖，拖头让船，撞双柱墩，桥塌压船	桥塌，1 人坠下
11	金沙镇金余大桥	20091113	江苏南通	约建于 1975，已定于 2009 年 11 月 23 日拆除，船撞 4 柱排架墩一柱，桥塌，水中捞梁、柱	停航半月，阻船数百
12	大治河随塘桥	20100325	上海浦东	双车道，约 25m 跨 7 孔，5 孔在水中，4 圆柱排架墩，载 360t 压缩垃圾集装箱环卫船撞墩，塌 3 跨，桥压船头，5 名船员落水	断航，死 2 人
13	长山河联合桥	20100427	浙江嘉兴	长 56m，宽约 3m，混凝土桁架拱，约 10min 通过一船，撞断北侧下弦，1h 后桥塌	桥倒塌前拦船，无死伤
14	嘉绍大桥	20100716	浙江钱塘江	运输船撞施工平台钢管桩，原航道中出现新的碍航物	新碍航物 7 人失踪
15	刘砦木里大桥	20100717	武汉家集镇	长 10m，15t，吃水 1m 挖沙船 3 艘，桥设计为断航漫水桥，桥面距河床 4.5m，撞桥时水漫桥面 1m，船骑在桥上	桥两处塌毁成 3 截
16	松花江浮桥	20100820	哈尔滨	黑鱼捕 23208 号夫妇 2 人载 6 客过江，撞钢质浮桥，翻船全落水，失踪 2 男 2 女	死 4 人
17	万江大桥	20101010	广东东莞东江	长 100m 载货量 2 000 吨级，空载货船尾楼撞梁下弦，船卡住	驾驶船员 1 死 1 伤
18	长江大桥（一桥）	20110606	湖北武汉	1 +2 空油驳船队中长江 62036 号撞 7 号墩，船头凹陷、升高约 1m，墩表面擦伤	检测后通车，无漏油
19	天生港华沙大桥	20110929	江苏南通通州区	横跨长江北叉天生港水道，桥长 1 500m，桥跨 50m、25m 两种，双柱墩，涨潮水急	连撞翻 5 艘百吨级货船
20	油墩港桥	20111226	上海松江	桥长约百米，宽 5m，双柱墩，通行拖拉机，桥塌	断航
21	平江大桥	20120513	湖南	120m 长，3 连孔空腹石拱桥，1998 年建，12 日大水，沙船铁架撞桥并阻水，13 日8：50塌	2 人死 4 人失踪

注：较大的船舶撞桥事故，是指桥毁、船沉、死人或有重大交通影响者。

学者们经深入研究发现[7,8]，船舶撞桥的根本原因是通航河流中碍航桥梁的出现，如桥墩及承台占据或缩窄了航道，桥梁的结构压缩了通航净空尺度，均会诱发船撞事故的发生。船舶沿习惯航线及航道的中心航行，遇到偶发情况时，如发现顶上的梁限制了净高，或因意外情况偏离航线航行至桥墩附近等，往往会因避让不及而撞桥。目前已建成的桥梁中，许多上部建筑均没有紧固，桥梁没有水平抗力，只要船舶对其施加很小的碰撞力，桥梁上层建筑就会移位塌下。而船舶对桥墩的撞击，往往是在桥墩占据或部分侵入航道情况下，由于气候变化导致视线不良，洪水导致航道水流条件变化，船长疲劳驾驶，船舶出现机械故障，以及上游的停靠船舶发生走锚等不利因素，造成船舶失控而产生的。对于已经设有防撞装置的桥梁，若防撞装置达不到防撞设计要求，也会导致桥塌人亡[8]。

因此，了解船舶撞桥的近因和诱因之后，更应该分析事故发生的根本原因，在桥梁规划和设计时，就积极做好船桥碰撞的防御工作，不但要将事故发生概率降至最低，而且在万一撞上之后将损失减到最小。

1.3 我国近年发展的桥梁防船撞理念

1.3.1 选择一跨过江，江中无墩的桥型，比较彻底地防止船桥相撞

桥梁防船撞属于一门新兴交界性小学科，1998 年曾有过一篇著名的论文：《几座当代大桥的防撞设计理念》[9]，是科威(Cowi)公司的 A. G. 菲赖德逊(Frandsen)在该公司发起的桥船相撞会议上提出的。这篇文章叙述了 22 座当代大桥的防撞设计，该作者想让读者从中弄清桥梁防撞设计的发展动向，从而自己体会出桥梁防撞设计理念。文中列出了当时我国刚建成的江阴、青马、汀九三桥，其中两座是一跨过江，汀九则是因为蓝巴勒海峡航道中间有礁石，桥梁采用两跨过海峡，航线按来往方向分为两条，船舶各靠右侧航行。这三座桥的防撞建造实际，反映了我国先进的防撞设计理念。三峡水利枢纽以下有 7 座跨长江航道的桥梁，也采用了这一理念，选用了大跨度的悬索桥和斜拉桥桥型(表 1-2)。

一些跨长江桥梁采用一跨过江，江中无墩桥型举例 表 1-2

Some bridges of one span over Yangtze River Table 1-2

序 号	桥 名	桥 型	跨 度(m)	通车年份
1	西陵长江公路大桥	悬索	900	1996
2	宜昌长江公路大桥	悬索	960	2001
3	阳逻长江公路大桥	悬索	1280	2007
4	鄂东长江大桥	斜拉	926	2010
5	南京长江第四大桥	悬索	1418	2013
6	润扬长江大桥	悬索	406	2005
7	江阴长江大桥	悬索	1385	1999

这种选择不但达到保护桥梁的目的，而且保护了航船，从而也保护了水体不被污染，是一种很好的方式。图 1-1 所示为一跨过江的桥型实例。

a) 悬索桥一跨过江，江中无墩——江阴长江大桥
Suspension bridge—Jiangyin Yangtze bridge

b) 斜拉桥一跨过江，江中无墩——鄂东长江大桥
Stayed-cable bridge—Erdong Yangtze bridge

图 1-1 一跨过江桥型，江中无墩，较为彻底地避免了船桥碰撞

Fig. 1-1 The type of one span over the river, without piers in the water area

1.3.2 水中墩选用能够既保护桥又保护船（或部分地保护船）的防撞装置，在保护桥梁安全的同时保护船舶不受过大损坏，还可避免船舶泄漏对水体的污染

这个理念在美国旧金山奥克兰湾大桥于 2007 年 11 月 7 日与釜山号集装箱船相撞后，被更多的人接受。美国旧金山奥克兰湾大桥分为东西两桥，“西桥主跨为两座相连的悬索桥，各 3 孔，主孔为 704.9m”[10]。两座悬索桥相连处建有共用的大锚台，锚台两边各有两个支撑悬索的墩塔。由于 5 个墩塔均立于航道中（最强的合用锚台置于深水航道中），没有采用既保护桥又保护船的防撞装置，反而在混凝土承台周围布满了型钢，刮破了釜山号船的舷侧，致使燃油泄漏，大批海鸟和海生物资源被毁损，花了 2 亿美元去清理油污。

我国的大江大河主要有长江、珠江、黑龙江和黄河，在这些河流的上、中游如果发生泄漏事故，对下游水域及生态环境的损害将是巨大的。表 1-3 列出了几个有防护装置的桥梁。

选用既保护桥又保护船的防撞装置的桥梁实例 表 1-3

Bridges protecting both the bridge and the ship Table 1-3

序号	桥　　名	保护桥、保护船	原　　理	建成年份
1	湛江海湾大桥	既保护桥，也保护船	柔性防撞、拨开船头	2007
2	浙江象山港大桥	既保护桥，也保护船	柔性防撞、拨开船头	2012
3	黄石长江公路桥	保护桥、部分保护船	弹塑性吸能防撞，减轻船头损伤	1997

表 1-3 中前面两种采用了新型的柔性防撞装置（图 1-2），该防撞装置具有以下特点：

（1）可在撞击瞬间改变撞击力的方向和船体位移方向，同时利用水流的作用，将船舶推离桥墩，沿防撞装置外侧滑走。从而带走船舶大部分动能，大大降低了“船-桥”撞击过程中的能量交换。

（2）柔性防撞装置的外钢围与其包络的防撞圈共同起作用，使得船撞桥产生的冲击波不直接传到桥墩，而是经过柔性防撞圈阻尼后传到桥墩。柔性耗能部件起到延长撞击过程时间，阻隔强冲击波，减小撞击力，延长撞击过程中低载荷段的时间，消耗部分撞击能等多种效果。

（3）柔性及缓冲使船撞力大幅衰减，在有效保护桥梁安全的同时又能保护船舶（或大大降低船舶损坏程度）。

(4)与弹塑性压毁耗能方案比较，用钢量大幅减少，可降低防撞设施造价及维护费用。

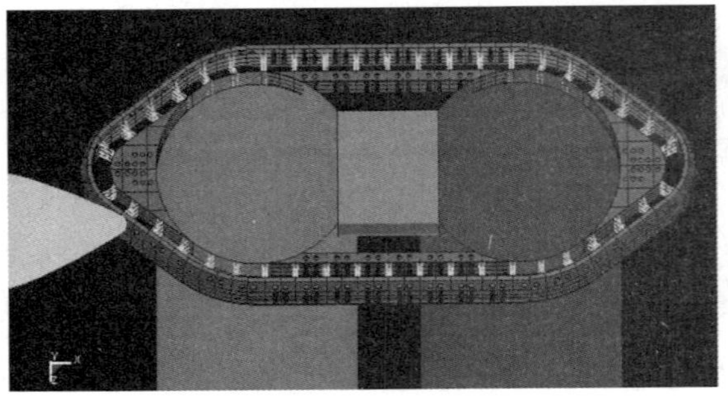

图 1-2 新型的柔性防撞装置

Fig. 1-2 A new type of flexibility anti-collision equipment

图 1-3 所示的防撞装置实现了既保护桥又保护船从而也保护水体理念。黄石长江公路桥(双薄壁墩)的防撞装置是 1994 年设计建造的浮式钢格子弹塑性耗能防撞装置，由于该结构设计得比较大，其柔度与船舶结构相当，且在钢结构的后面配备橡胶 A 型碰垫，因此可在船桥撞击时与船体共同分担一半左右的变形能(其设计原理与日本同期建造的名古屋中央大桥的钢板格子防撞装置相同，日本的该装置也分担一半左右的变形能)，减轻船体一半左右的破坏，可部分地起到保护船和水体的作用。

a) 广东湛江海湾大桥主塔柔性防船撞装置
The soft anti-collision equipment at the main tower of Zhanjiang Bay Bridge, Guangdong province

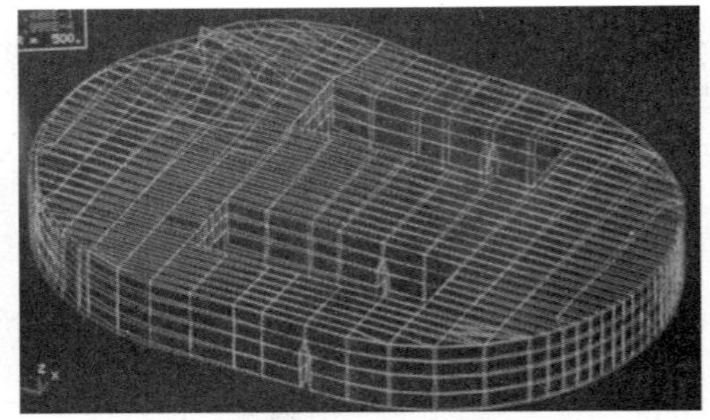

b) 湖北黄石公路桥弹塑性吸能钢格子结构防船撞装置（部分保护船）
The anti-collision equipment with steel cases structure, as elastics-plastics deformation absorb energy (partly protects the ship) at Huangshi Yangtze bridge, Hubei province

图 1-3 实现了既保护桥又保护船从而也保护水体理念的防撞装置

Fig. 1-3 The anti-collision equipments, protecting both the bridge and the ship consequently protecting the water area

在既保护桥也保护船的理念指导下诞生的柔性防撞装置，实现了上述对船桥的共同保护。同时，为了精确地计算船撞力，科技人员在理论、数值模拟以及实船撞击试验三者结合的基础上，发展了船桥相撞的冲击动力学计算。

1.3.3 全桥防撞理念

主桥、辅桥、引桥及其两端的连接线是一条连续的交通线，只要其中任何一点破坏，交通便中断了。多数船撞实例表明，偏航船舶所撞的往往是较弱的辅助墩、边墩或水中的引桥墩。而这些桥墩被撞塌后，结果同样是车毁、人亡、船沉和交通中断。修复时也费工费时。例如广东九江大桥的修复，就用了整整两年时间。所以，桥梁防船撞需要实行全桥(主桥和引桥)防撞设计理念。

我国近年对海湾大桥实行全桥防撞设计的例子不少，如表1-4所示：

我国近年全桥防船撞设计的例子 表1-4

Examples of protecting the collision on all location of the bridge, in the nearly several years at China Table 1-4

序号	桥名	摘要	建成年份
1	浙江杭州湾跨海大桥	主航道侧面用浮筒链条拦船装置(图1-4)	2009[11]
2	浙江象山港大桥	主墩及两侧共10个墩用柔性防撞装置(图1-5)	2012
3	福建平潭大桥	来往航线右侧(岸侧)均用绳网拦船装置(图1-6)	2013[12]

图1-4 浙江杭州湾跨海大桥浮筒链条拦船装置

Fig. 1-4 The chain hold back system, at the over sea bridge of Hangzhou bay, Zhejiang province

图1-5 浙江象山港大桥主桥及两侧共10个桥墩柔性防船撞装置

Fig. 1-5 Construction with soft anti-collision equipments at the 2 towers and at the 8 piers besides the 2 main towers (total 10 units) at Xiangshan harbor bridge. Zhejiang province

1.3.4 "桥梁规划设计阶段考虑船桥碰撞"的主动防船撞理念

凡是跨越航道的桥梁，在其规划设计阶段均应该考虑船桥相撞的问题，这本来是工程技术人员实事求是态度的必然结果。

建设桥梁比建设渡船和码头贵，只有在繁忙的渡口才改为建设桥梁。未建桥梁之前渡口多已存在，渡船航线与长途航船的航线相交，渡船与长程航船会互相避让。建桥后桥墩不会动，不能互相避让，才产生船桥相撞事故。

深入的调查和分析指出，水中墩塔设置不合理，是船桥相撞的根本原因，因此在桥梁规划设计阶段，考虑桥型和墩塔设置的开始就应该考虑船桥相互关系的影响。

早期及时考虑船桥相互关系的理念，已经带来有效的成果。安庆铁路桥在我国交通(航政)主管部门及时关心下，在铁路桥梁设计部门大力支持下，对桥型及时进行修改，增加了船舶航行的通道，将水面尽量多地留给航船，实践了主动防船撞先进理念。如图 1-7 所示。

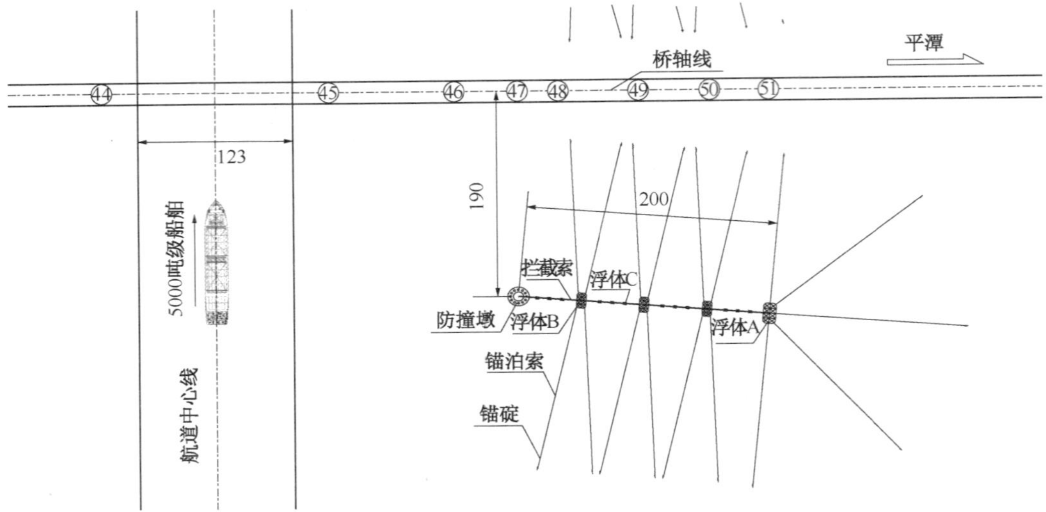

图 1-6　福建平潭大桥航线靠岸侧非通航孔绳网拦船装置

Fig. 1-6　The rope net holding back system, at the right sides of the route（near the shore）, the Pingtan channel bridge, Fujian province

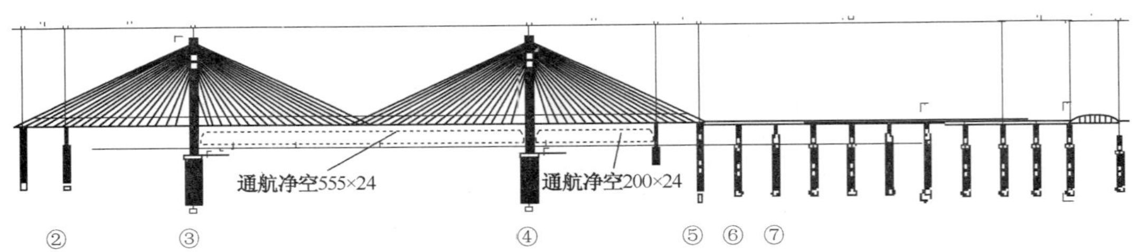

a) 修改前的桥墩布置和跨距(两个通航孔)
Before modification, the pier layout and the distance between the piers （2 sail spans ）

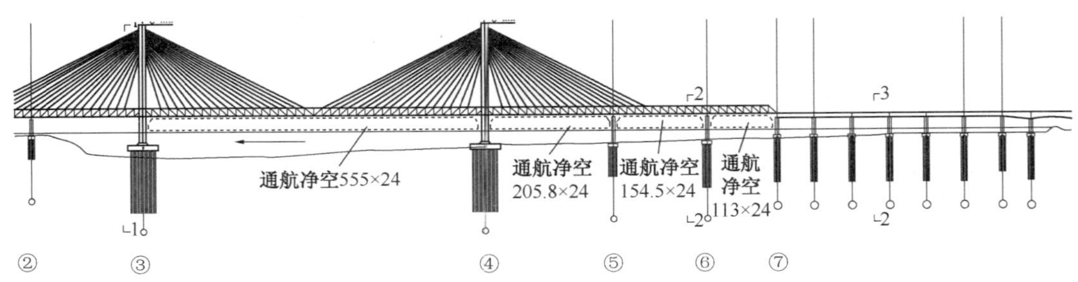

b) 修改后的桥墩布置和跨距(四个通航孔)
After modification, the pier layout and the distance between the piers（4 sail spans）

图 1-7　安庆铁路桥及时修改桥墩设置和间距

Fig. 1-7　Anqing railway bridge modification of the pier layout and the distance between the piers

1.3.5　“应保均保”理念

这是一个与“由概率估算决定是否设置防撞装置”相平行的概念。1994 年美国公路桥梁设计规范《载荷与抗力系数设计法》[13]在我国翻译出版，其中规定了对桥梁进行船桥相撞概率的估算，称为“船只撞击 Cv”。虽然在估算的过程中多处需要工程师的判断(judgement)，但可估算出“年撞塌概率 Pc”。该设计法规定：当 $Pc<0.0001$(重要桥梁)和 $Pc<0.001$(一般桥梁)时，可不做防撞装置设计。世界上只有美国采用这种规定[14]。

欧洲学者对比提出两点质疑：如何决定一座桥梁属于“重要”还是“一般”？两者衡准值相差 10 倍，这两个衡准值是如何制定的？可不可以与地震的衡准值相比较或取成一样？

美国方法是当概率小到一定值时就不防护了，但根据概率论的原理，当运行时间长了以后，小概率的事件也会出现，这时就会车毁、人亡、船沉和桥塌。

与“由概率估算决定是否设置防撞装置”相平行的(或者说是相对立的)是 2004 年交通部《公路桥梁设计通用规范》的规定[15]：“可能遭受大型船舶撞击作用的桥梁，应根据桥梁自身抗撞击能力、桥墩的位置和外形、水流流速、水位变化、通航船的类型和碰撞速度等因素作桥墩防撞设施的设计”。这个规范昭示了“应保均保”的理念。

对应类似的情况，在中国不同的行业也有一些“应保均保”的提法(处理原则)：“保险备用系统”，“冗余设计”，“万无一失”，“一个不能少”，“消灭事故苗子”，……这就是在安全方面采用的保护百分百的理念。

研究防御船桥相撞即：在未撞上前指引航向，让船回归正确航线；万一撞上时，降低船撞力，保护桥梁，同时减少船体损坏，防止污染水体；最理想的是追求三不坏即桥不坏、船不坏，防撞装置也不坏。

将上述理念应用在工程设计中就是：大型船舶可能撞上的桥墩都应做防撞设施设计。

通俗的称为：“应保均保”。这就需要工程师估算多大的船，多深的吃水，在桥位处受多大的风和流的影响，会偏航到什么位置，墩前的水有多深，船能撞到桥的什么位置。这就需要桥梁工程师进行大量的工作，而且还需要船舶和专门研究防撞的人员协同。

到此，船撞桥墩的问题算是有办法解决了，但船撞梁的下弦还是没有好的解决办法。世界上船桥相撞事故死人最多的两次(伏尔加河游船撞桥：1983 年死 176 人，1984 年死 240 人。)都是船撞梁的下弦。于是人们想到：万一船撞上梁的下弦，梁如果不塌下来，损失就少了，于是有了船撞桥的“鲁棒设计”问题。

1.4 桥梁与船舶相撞后防止倒塌的设计——鲁棒性设计

1.4.1 鲁棒性设计在船桥碰撞中的应用

鲁棒性(robustness)——在意外作用下结构整体的牢固性[16]，是系统与控制的一个理论基础[17]。研究桥梁的鲁棒性是以避免桥梁垮塌为目标。进行桥梁防船撞的鲁棒性设计，旨在使桥梁在与船舶相撞时，受到偶然作用的桥梁不致整体垮塌下来，从而减少人员、财产损失并减少对环境的污染。

鲁棒性设计是意外载荷、偶然载荷作用下的设计，必要时为了提高系统的鲁棒性，在系统中加进多余的元件，这种设计称为冗余技术。

某些发达国家在船桥相撞的研究中引入“费效比”的概念，这或会将工程设计人员引入死胡同——“防撞装置花钱太多，死几个人算什么”。由于人的生命是无价的，费效比的倒数为无限大，因而为了保护人的生命多花几个钱是合理的；设置冗余元件能够保证桥梁不整体垮塌，它的花费便是值得的。随着工程设计人员保护人们生命认识的提高，桥梁建设方资金承受能力的提高，桥梁不整体垮塌的设计措施也会得到采用和推广。下面通过实际例子予以说明。

1.4.2 为防御梁板塌下采用的鲁棒性设计举例

在实际工程设计中，可看到防止梁板塌下采用的构造实例，如图 1-8 所示。

现以金塘大桥 2008 年 3 月 27 日预制梁板压坏勤丰 8 号货船的事故情况作为探讨例子（预制混凝土梁塌下，将驾驶室压入下层货舱中，死 4 人）。设定某船为万吨级货轮（DWT = 10000t）船满载时以 4m/s 的速度撞击梁的下弦，该船若以船头正撞墩的力为 4800tf，船的上层建筑撞桥的力为 528tf，只要简支梁两端增加如图 b）所示的凸榫设计，每边抗剪力大于 264tf，（例如抗剪截面为 1m × 1m 的凸榫），梁就不会掉下来。另外，预制梁有一定的弹性变形，引起平面角变形（转角），简支梁的支撑面设计得稍为宽一点，梁端在弹性角变形时，接触处不离开两边牛腿，梁就不会掉下来了。

a) 梁端无凸榫
Design without tenons at the ends of the girder

b) 梁端有凸榫
Design with tenons at the ends of the girder

图 1-8 预制简支梁端有、无凸榫对比图

Fig. 1-8 Comparison between Girder with tenons and one without tenons

这个混凝土凸榫也可算作冗余结构，因为在永久载荷和可变载荷时，它是不受力的，只有在偶然载荷下才受力。但是也可认为这不是多余的构件，因除了防御侧撞产生的水平力外，它有助于安装、对正等工序，也从外观上给人以安全感。

如果梁板不掉下来将驾驶室压入下层货舱内，或切去桅杆，（像 2012-05-23 温州大桥刮去游轮明珠 7 号的烟囱一样）或刮去驾驶室棚顶（这时驾驶室船员一般会卧倒），这 4 个人或许不会受伤、死亡。

1.4.3 防桥面塌下的鲁棒性设计设想

有人设想，过几年可能设计 4 条高强度的纳米碳缆，在偶然受载的梁发生裂缝时，桥面被吊住而不塌下，保护桥上车辆。设悬索桥（或其他桥）的桥面重力为10000t，平常是悬索吊着，在桥的横向两侧冗余设计 4 条与水平线成 30°角的斜拉索，从两侧桥塔顶将桥主梁斜拉着。设纳米碳缆的强度为钢丝绳的 100 倍（200000MPa），每根截面面积为 2.5cm^2的碳缆可承受的轴向破断拉力为 5000tf，向上分力为 2500tf，4 根斜拉索拉住了10000t的钢桥面。这些碳缆平常不受力，裂缝开始时，备用碳缆受力，使裂缝不再扩展，车辆得以疏散。

参 考 文 献

[1] 杨国栋，杨渡军．国外船舶撞击毁桥事件及其预防措施[J]．国外公路，1984(5)．

[2] 杨渡军. 桥梁的防撞保护系统及其设计[M]. 北京：人民交通出版社，1990.
[3] 国际桥梁和结构工程协会(IABSE). 交通船只与桥梁结构的相互影响(综述与指南)[S]. 1991-09.(同济大学顾翔、交通部公路规划设计院鲍卫刚译. 同济大学张乃华校. 1993-03.)
[4] 陈国虞，王礼立. 船撞桥及其防御[M]. 北京：中国铁道出版社，2006.
[5] 张萍. 直击船撞桥[J]. 桥梁产业资讯，2010(09)(总第2期)：22.
[6] 中华人民共和国交通部. 关于开展防船舶碰撞防泄漏专项整治活动的通知. 交海发.(2007)304号，2007-06-28.
[7] 陈明栋，罗家麟，杨斌. 通航河流中桥梁选址应注意的一些问题[J]. 重庆交通学院报，1998(1)(第17卷).
[8] 陈国虞，张澄. 从美国阿肯色河桥被撞塌谈起[J]. 中国水运，2002(12)：45.
[9] AG·弗赖德逊. 几座当代大桥的防撞设计理念，船撞桥论文选[C]. 上海海洋钢结构研究所，2000：42-47.
[10] 唐寰澄. 世界著名海峡交通工程[M]. 北京：中国铁道出版社，2004.
[11] 方明山. 杭州湾跨海大桥防船撞能力整体提升之对策研究，中国公路学会全国桥梁学术会议论文集[C]. 北京：人民交通出版社，2008.
[12] 陈国虞，倪步友，张澄，刁金龙，严景，马海友. 跨海湾(河湾)桥梁非通航孔柔性拦船防撞装置[J]. 广东造船，2011(1)：31，38-41.
[13] 美国各州公路和运输工作者协会(AASHTO). 美国公路桥梁设计规范. 载荷与抗力系数设计法[S]. 辛济平，等，译. 北京：人民交通出版社，1994.
[14] 美国各州公路和运输工作者协会(AASHTO). 公路桥梁船撞设计指南[S]. 2版. 上海海洋钢结构研究所译，2010.
[15] 中华人民共和国行业标准. JTG D60—2004　公路桥涵设计通用规范[S]. 北京：人民交通出版社，2004.
[16] 汤国栋，石文学，吴洪朗. 桥梁结构的鲁棒性[J]. 预应力技术，2011(01).
[17] 黄琳. 稳定性与鲁棒性的理论基础[M]. 北京：科学出版社，2003.

第 2 章　桥区通航条件与桥梁防船撞

Charter 2　Navigation Conditions in Bridge Area and Bridge Protection against Ship Collision

摘　要　船撞事故的发生与河道通航条件密切相关。本章先从影响通航条件的主要因素，即建桥对船舶通航的影响入手，从桥梁选址、桥跨及墩位布设以及通航净空尺度等角度，全面分析了建桥应满足的相关技术要求，并从桥梁设计角度探讨如何实现主动防船撞。其后，结合国内外目前桥梁防船撞的最新理念和方法，讨论了船撞速度的选择、建桥影响船舶航行条件的数值模拟方法以及实船撞击试验方法，为研究桥梁防撞提供借鉴参考。

关键词　通航条件　桥梁防船撞　通航净空　主动防船撞　通航数值模拟

Abstract: It is known that ship collision accidents are closely related to the river navigation conditions. Based on the main factors of river navigation conditions, mainly, the effects due to bridge building, in this chapter, the relevant technical requirements of bridge building and how to implement the active protection of ship collision from the bridge design view - point are comprehensively analyzed, including the selection of bridge location, the layout of the bridge span and piers, the navigation clearance and so on. Combining the domestic and international latest ideas and methods on bridge protection of ship collision, the selection of ship impact velocity, the numerical simulation method for navigation condition taking account of the effects of bridge building , and the method of real ship collision test are discussed, all of which can be taken as the reference for the further research of ship collision with bridge.

Key words: conditions of navigation, anti-collision on ship with bridge, navigation clearance, active protection of ship-bridge collision, numerical simulation for navigation

2.1　桥区河段通航条件及通航安全

从航道维护及船舶驾驶人员的角度来看，通航河流中建设的桥梁属碍航建筑物。原因是桥梁的墩、梁结构会压缩天然河流中桥梁的通航净空尺度，不同程度地挤占通航水域，并且诱发河床演变，导致水流条件恶化。其结果不仅增加了船舶驾驶操纵的难度，也增加了船撞桥的风险概率。不少船撞桥实例表明，发生船撞桥的主要原因之一是天然河道上碍航桥梁的出现(图 2-1)，而这些桥梁多数是在建设方案拟定时未能充分考虑河道的建桥条件和船舶通航等要求，以致桥梁建成后桥墩及梁拱结构对船舶航行产生障碍。因此，要避免船撞桥事故的发生，首先应对桥梁选址、桥跨方案的拟定以及桥墩位的布设三大主要环节认真考虑，即从桥梁建设环节去减小船撞桥发生的概率，以避免船撞桥事故的发生。这就是从防船撞角度进行的桥梁主动防撞。

查阅国内外的桥梁设计书籍、教材及规范不难看到，对桥梁建设中需要考虑的上述主动防撞的三大技术要点均有规定和要求。如障子(Shoji)和邦明(Kuniaki)[1]研究认为，如杲顺直航道中桥梁间距小于船长的8倍，或主通航孔跨度小于船长的2~3倍时，船撞风险概率就会增加。

《公路桥位勘测设计规范》(JTJ 062—2002)[2]和《桥渡设计》[3]一书指出：桥位的选择应充分考虑桥区的地质情况，同时还应考虑建桥后对径流演变、通航的影响等。《公路桥涵设计通用规范》(JTG D60—2004)[4]对桥梁布置、孔径和净空都有详细的规定和要求，可为桥梁设计人员提供依据和参考。《海港总平面设计规范》[31]和《内河通航标准》[5]中对桥梁选址、桥孔通航净空尺度的确定以及桥区通航条件的控制因素等方面，均作出了较为细化的规定。设计人员可以从减小建桥影响和维护通航安全的角度去规避建桥诱发的船撞风险。

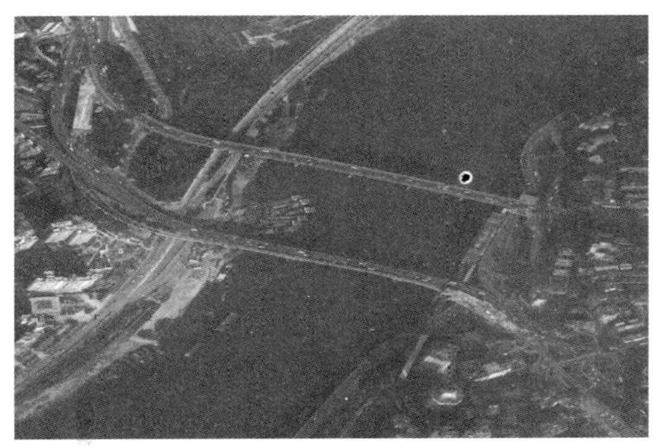

a) 重庆嘉陵江桥群
Jialing river bridges in Chongqing

b) 渝怀铁路长寿长江大桥
Yuhuai railway Yangtze bridge in Changshou

c) 重庆白沙沱长江大桥
Baishatuo Yangtze bridge in Chongqing

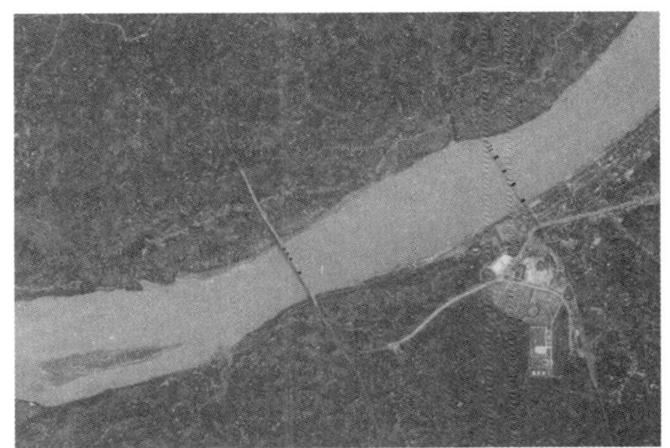

d) 泸州石龙岩长江大桥
Shilongyan Yangtze bridge in Luzhou

图 2-1 碍航桥梁示意图

Fig. 2-1 Schematic diagram of bridges obstructing navigation

但是受建桥条件影响，如桥位资源、河道条件、路线走向、河床地质条件、建设投资、征地拆迁以及建设者主观意向等众多因素影响，建桥过程中应考虑的通航技术要求往往得不到充分的满足，因此各通航河流上陆续建起了众多不满足相关技术要求的碍航桥梁。

以重庆白沙沱长江大桥为例。该桥是一座双线铁路桥，位于白沙沱和江津珞璜乡之间，路线北接成渝铁路，南接川黔铁路，对西南、西北地区的物流运输和经济发展起着重要作用。大桥修建于1958年，全长820.3m，共16个桥孔，主跨为4孔80m连续钢桁梁(图2-

2)。然而它的架设对桥区航运带来了严重的影响，原因是大桥上游为猫儿峡谷，桥址与上游的地维长江大桥相距仅2.2km，如图2-1c)所示。下游为1km左右的江心洲将长江分为左右两汊，左汊为主航道，右汊不通航。长江汛期，在猫儿峡大流速作用下，下行船舶以高航速进入桥区后，很难避开80m跨度的桥墩。此外，桥孔出口正对下游江心洲洲头，船舶需要克服弯道环流影响及复杂流态影响避开洲头下行。由于该处通航条件差，加之桥梁跨度小，桥墩绕流压缩了河道过水断面，使经过此桥的船舶驾驶操控的难度极大。尽管相关部门加强了安全管理及维护，仍然难以避免船撞事故的频繁发生。

有鉴于此，20世纪90年代中期，相关部门强化了桥梁建设前期的管理，规定必须在桥梁可行性研究阶段进行建桥影响通航的专题研究，以此来规避建桥对航运资源和通航条件的影响。

图2-2 重庆白沙沱长江大桥

Fig. 2-2 Baishatuo Yangtze bridge in Chongqing

综上所述，本章将围绕桥区通航条件、船舶通航要求等因素与桥梁设计中主动防撞的内在联系，逐一讨论桥梁建设中须考虑的若干技术问题。

2.1.1 影响船舶安全行驶的因素

众多研究成果表明，影响桥区河段船舶通航安全的风险因子主要有：①恶劣的气候条件，如大风、大雾天气对船舶操控的影响；②建桥导致的碍航，如桥梁跨径太小、通航净空尺度不满足相关要求以及桥墩位的设置不合理等，均将导致船舶驾驶操纵难度增加，诱发船舶撞击；③复杂的水流条件，如复杂航道条件导致水流条件差、江河水位猛涨猛跌，水位的频繁变化导致航道条件的改变等；④船舶密度影响，如果工程河段通行船舶较多，船舶密度大，发生事故的概率就会增加，反之亦然；⑤船舶老旧或维护不善，存在机械故障；驾运人员的培训、管理不够，风险意识淡漠或责任心不强等；⑥船舶的违章驾驶或冒险驾驶；⑦航行标志配布不满足规范要求以及维护不善等。

2.1.2 恶劣的气候条件

2.1.2.1 风、浪

风浪较大的水域主要集中于沿海、河流中下游及水面宽阔的库区航道，当受到风、浪干扰时，船舶的航向、航速等均会发生较大变化。例如，当船舶航行过程中遭遇横风、横浪时，船舶易产生摇摆—纵摇、横摇及六个自由度方向的摇摆运动，导致船舶偏离航向。受风浪影响时，船舶操纵转舵较为困难，由此潜在航行安全隐患。因此，船舶在大风、大浪的水域中航行时应时刻保持高度警惕，确保航行安全。

2.1.2.2　雾

大雾导致航道中能见度降低，使船舶驾运人员不能通过肉眼直观地观察到航道界限、航行标志以及航道中的水流条件，不能正常判断航道边界及航道中的障碍，极易导致海损事故发生。当大雾浓度较低时，可借助雷达、船雾号以及相关通信导航设备等工具，对船舶航行进行引导。浓度较高时，码头上船舶应暂缓离港，航行中的船舶也最好选择安全水域临时停靠，等大雾散去，能见度恢复时再继续航行。若未能找到安全的水域停靠，驾驶员应立即减慢航速，并发出船雾号，以避让来往船舶。

2.1.2.3　突发洪水

江河突发洪水时往往导致水位猛涨，此期间不仅可能导致航行中的船舶失控下漂，停靠在码头或岸边的船舶也可能因断缆而被洪水冲走，径直撞向桥梁。

2.1.3　建桥条件影响

研究认为，发生船撞桥的主要原因之一是天然河道上碍航桥梁的出现。受建桥选址、路线走向、交通疏导功能、两岸征地拆迁以及工程造价等条件的影响，要选择一个理想的桥位是困难的。当选址问题得不到良好解决时，就容易出现通过牺牲航道条件来解决建桥条件矛盾的问题。例如，在桥梁选址时，最简单的选线方法是根据陆上交通路线（接线）来确定桥位，这样拟定出的跨江线路常常会跨越在航道条件很差，或者与河流大角度斜交的河段。在航行条件本已较差的航道中建桥，无疑会恶化通航条件；而大角度斜交桥梁，经投影后桥跨的实际通航净宽小，桥墩附近的绕流加剧，不仅恶化了水流流态，还将加剧桥墩冲刷，诱发河床演变。在繁华城市中通常需要沿江建设多座桥梁，如果按照跨江路线选址，桥梁之间的间隔距离往往难以满足相关规范的要求。同一河段中建设多座桥梁通常称作“桥群”或“并建桥”，由于桥梁之间相隔太近，航行中的船舶没有操纵和避险的安全距离和时段，极易诱发船撞事故；其次，从节省建桥投资角度考虑，通常拟定的桥梁跨度都较小，使桥下的净高和净宽不满足通航要求，可能导致：①限制了高度稍大的船舶通过大桥，船舶容易撞上桥梁面板；②原本可双向自由航行的河段，不得不改为单向控制河段，限制了船舶通过量；③验算的净空尺度刚好达到规范要求，但是因部分水域水流条件差，实际通航宽度不能满足船舶航行要求。其三是桥墩位的布置，较多的是受到桥跨限制，将桥墩布置在船舶航线区域，占据了船舶的航路。这样，轻则迫使船舶改变航法，增加了船舶航行及避险的难度，重则将诱发船舶撞桥事故。特别是当桥墩位于下行船舶航行区域时，船撞桥的危险更大。

因此，要避免船撞桥事故的发生，在桥梁建设前期，需要对拟建桥梁的通航条件及通航安全技术要求进行论证和评价，即从桥梁的选址、桥跨方案的拟定以及桥墩位的布设等环节着手，从桥梁建设环节去减小船撞桥发生的概率，以避免船撞桥事故的发生[6]。

2.1.4　航道条件及复杂水流条件

航道条件主要包括航道尺度及水流条件，前者由航道水深、航宽以及弯曲半径组成；水流条件则是指流速、流态、水面比降以及复杂水流现象等。

顺直航道条件下，航道尺度及水流条件通常均容易满足船舶安全航行要求。而弯曲河道中的水流，航道条件会随水位变化，如产生主流摆动、流速变化，并且将伴生复杂的水流现象，需要船长视水情随时调整驾驶方式。此外，弯曲河道中深槽和浅滩并存，如船舶在浅水区航行，“浅水效应”将使舵效变差，回旋直径增大；而深槽容易受到弯道环流影响，航行中易遭受落弯而偏航。当航道的可航宽度较窄，而航道中又存在浅滩、暗礁、沉船以及桥墩等危险物时，增加了船舶驾驶操纵和紧急避险的困难。在江河水位猛涨、猛落时，弯曲河道

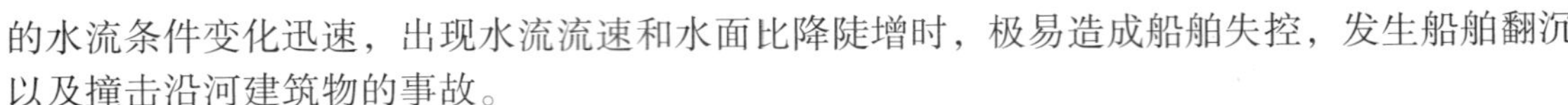

的水流条件变化迅速，出现水流流速和水面比降陡增时，极易造成船舶失控，发生船舶翻沉以及撞击沿河建筑物的事故。

因此，航道条件直接影响着船舶航行条件及航行安全，驾驶员应及时掌握航道情况及周围环境，对航行中存在的潜在危险及避让时带来的困难做出充分地估计，保持安全航速行驶。

2.1.5 船舶密度[7]

船舶密度是指某一水域单位面积上航行船舶的数量[7]。船舶密度的大小不仅对船舶航速有较大的制约，而且行驶过程中因选择航路和避让不及时等原因，发生船舶间碰撞的几率非常大。因此，在船舶数量较多、通行繁忙的航道上，航行船舶必须控制船舶的速度，听从航运监管人员的调度指挥，保持安全航速行驶。

2.1.6 船舶维护及驾运人员培训管理

船舶的定期保养和维护，是保障船舶的设备完好率以及正常运转所必需的。单纯追求经济效益、节省维护保养经费和忽视船舶维护的做法，均是导致船舶发生机械故障的诱因。此外，驾驶人员的责任感、技术水平以及安全意识，也是应对各种航道复杂条件及应急安全处置所必须，这些需要建立正规的管理制度和对船舶驾运人员进行常规、定期的培训来保证。

2.1.7 航行标志及导航系统

航行标志的作用是引导船舶正常航行，它包括侧面浮标、岸标、管线标、专用警示标以及桥区的桥涵标和界限标等(图 2-3、图 2-4)。因此，按相关要求严格配布标志和正常维护，是航行安全的有效保障。此外，为应对复杂航道、气候等条件对船舶航行安全的影响，现代化的通信导航及监控系统的建立也非常重要。这些系统可以随时发布安全预报及预警、监控船舶的航行状况，在突发、突遇状况前可以预告和指挥船舶避险，也可以迅速组织施救，减小和避免海损事故的发生，从而降低损失。

图 2-3 浮标

Fig. 2-3 Buoy

图 2-4 岸标

Fig. 2-4 Shore beacon

2.2 桥梁选址与通航条件

桥梁选址与通航条件密切相关，为减小建桥影响，桥梁设计及选址时，应避免将桥位选择在弯曲河段、易发生河床演变河段、通航水流条件复杂的河段以及与桥址周边相邻有港口等大型水工建筑物的河段。因此，相应的桥梁选址要求如下。

2.2.1 桥梁选址与河道条件

2.2.1.1 顺直与弯曲河道条件比较

《内河通航标准》[5]规定：

(1)水上过河建筑应建在河床稳定、航道水深充裕、水流条件良好的平顺河段。

(2)选址应离开滩险、弯道、汇流口或港口作业区及锚地，距离上游不得小于顶推船队长度的4倍或拖带，或拖排船队长度的3倍；距离下游不得小于顶推船队的2倍或拖带，或拖排船队长度的1.5倍。

(3)水上过河建筑物轴线的法线方向应尽可能与水流方向一致，其偏角不得超过5°，若超过5°，净宽必须相应加大。

要符合上述规定，桥梁应选择在单一、顺直的河道上，尽量避开弯曲、分汊、洲滩以及汇合口(河口)等河段上。因为上述河段建桥将带来以下问题：

(1)弯曲河道桥位存在的问题：

①顺直河道中主河槽、主流位置及水流动力轴线基本固定，而弯曲河道中主流及动力轴线随水位变化，导致在洪、枯水位等不同水位期主航道位置多变(图2-5)。因而弯道桥位通航条件复杂，航道维护的难度较大(图2-6)。

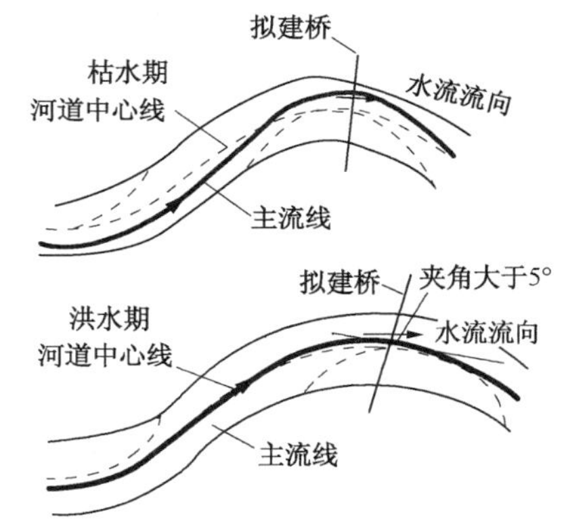

图2-5 洪、枯水期主流线变化图

Fig. 2-5 Mainstream line evolvement in high and low water period

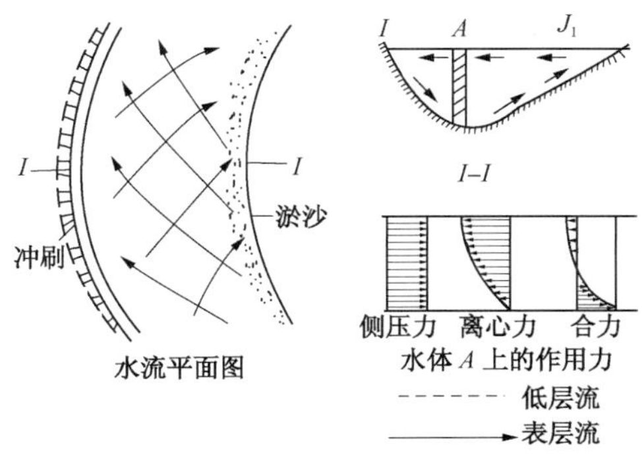

图2-6 弯曲河道流速分布

Fig. 2-6 Velocity distribution on winding channel

②弯曲河流中随着水位变幅，水流流向与桥轴线法向的夹角随之改变，难以在不同水位期均满足《通航海轮桥梁通航标准》[30]和《内河通航标准》[5]中小于5°的规定。

③由于弯曲河道船舶航线随水位变化，设计选择的桥墩位很难在不同水位期均能有效避开船舶航路，容易形成碍航点。

④弯道中船舶航行视线不畅，易发生判断失误。

⑤弯曲河流在弯道环流的作用下常伴有泡漩、回流、横流等发生，引起流速分布不均，水流条件复杂[8,9]。

(2)分汊、洲滩及河口桥位存在的问题：

①河道主流、主航槽及航道水深随汊道分流比改变，航道条件复杂；

②洲头、洲尾易出现横向流速和水面比降较大的区域，通航水流条件较差；

③分流比的变化易导致河床冲淤不平衡；

④河床土质颗粒相对较细，易被扰动而发生冲刷；

⑤洪水冲刷后易形成碍航险滩(图2-7)；

⑥易发生流冰、流木阻塞航道情况。

图2-7　分汊、洲滩河段

Fig. 2-7　braided river beach

2.2.1.2　稳定的河势及河床条件

稳定的河道条件对建桥的重要性表现如下：

(1)河势不稳定带来的问题：

①一次大洪水或逐年的河床演变，易导致河道主泓位置发生较大迁移和改变。

②建桥后发生的河势演变易导致设计航道与桥墩位错位，例如设计航道区域产生淤积，而桥墩处产生冲刷。其结果轻则使航道尺度不能满足船舶航行要求，严重的直接导致断航。

③不稳定的河势不利于桥梁及相邻水工设施的平面布置。

④不利于桥区航道区域的划分、航道布置以及桥区航道的维护。

(2)河床不稳定带来的问题：

①航槽将逐年演变迁移，建桥后难以维持规划的桥区航道。

②桥梁施工及桥墩阻水易诱发河床演变。

③为稳固航槽需增加大量的航道整治工程及投资费用。

④不利于航道布置及桥区航道的维护。

⑤不利于桥梁及相邻水工设施的布置。

2.2.1.3 河道岸线要求

(1)河道岸线弯曲带来的问题：

①航道边界随水位变化，不利于航道布置及桥区航道的维护。

②水流条件易受岸线(挑流及回水)影响。

③对桥梁施工期通航影响较大。

(2)山嘴、石梁凸出岸线带来的问题(图2-8~图2-10)：

图2-8 石梁

Fig. 2-8 Stone beam

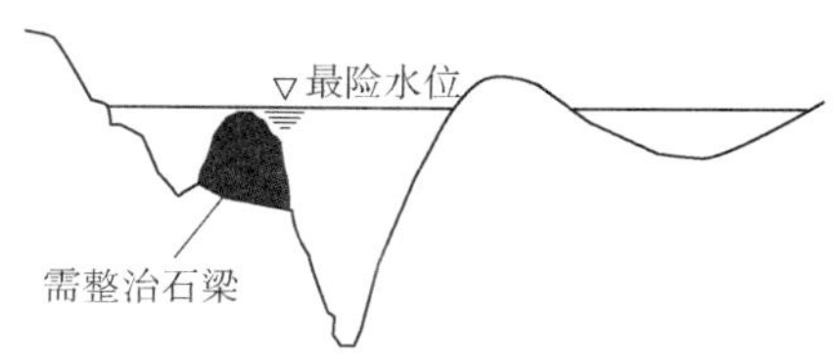

图2-9 石梁滩险

Fig. 2-9 Stone beam and rapids

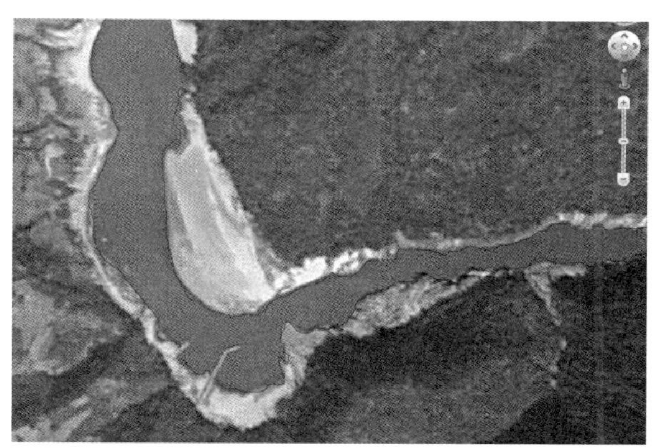

图2-10 山嘴

Fig. 2-10 Mountain spur

①航道边界随水位变化，不利于航道布置及桥区航道的维护。

②石嘴、石梁挑流易形成急流滩口、斜流及滑梁水，对通航条件制约较大。

③石嘴、石梁通常会压缩航道，导致部分水位期航宽不足。

④对桥梁施工期通航影响较大。

2.2.1.4 航槽水深及水流条件要求

(1)航槽深浅不一带来的问题：

①航道随水位变化，航槽弯曲多变。

②在部分水位期，桥区航道尺度不易保证。

③不利于桥区航道布置及航道的维护。

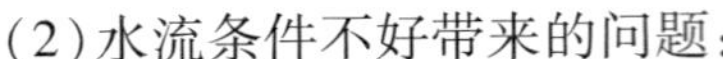

(2)水流条件不好带来的问题：

①通航水流条件主要取决于上述河道条件，如河槽单一、航道顺直、水域宽阔的河道中，通常水流平稳，流速分布均匀，不会出现各种复杂流态；反之，就会对桥区船舶的航行安全带来影响。

②若桥区河道流速较大，存在各种不良流态等，将会对通航安全带来不利影响。

③容易诱发船舶失控及船撞桥事故。

2.2.2 桥梁选址要求与相邻建筑物的间距要求

在通航河流上，临、跨河建筑物众多，桥梁选址时应充分考虑与临、跨河之间的关系，合理布置，减小相互影响。为此，《内河通航标准》(以下简称《内标》)对桥梁与相邻水工建筑物的间距做出了以下具体要求。

2.2.2.1 桥梁与相邻水工建筑物的间距

《内标》规定，通过控制河段、港口作业区和锚地、大型厂矿和重要建筑等工程设施，其距离上游不得小于顶推船队长度的4倍或拖带、拖排船队长度的3倍，距离下游不得小于顶推船队长度的2倍或拖带、拖排船队长度的1.5倍。

(1)桥梁与码头间距要求的含义

码头除正常装卸作业外，为满足船舶进出港条件，需要一定的掉头水域面积，除此之外还需要具备船舶通航条件的进出港通道。因此在码头附近建桥，水中桥墩及桥梁净空应以不妨碍码头的正常运行为前提。《内标》按船队长度为基数提出的规定，就是考虑了上述船舶通行的要求。实际选址中，还应结合选址处的船舶进出通道的水流条件，留有一定富裕，减小建桥影响，以确保码头运行安全。

(2)桥梁与锚地间距要求的含义

桥梁与锚地间距的要求与码头的相应要求相似，但是靠泊锚地处进出船舶的数量较多，需要的水域范围也就较大。所以《内标》中给出的间距要求是基本相同的。

(3)桥梁与相邻水工设施的间距要求的含义

大型厂矿及工业设施如钢铁厂、发电厂以及船厂等，因有大量和大型货物的水运需求，通常设有专用码头。其特点是进出船只数量多，船舶尺度吨位大，因此《内标》中给出的间距要求也是相同的。

2.2.2.2 桥梁与桥梁的间距

桥梁间距指顺水流方向两桥相隔距离。若一条河流中建设有多座桥梁，船舶在密集的桥梁(或桥群)中穿行时，驾驶操纵难度会大大增加。目前，陆上交通的迅速发展与匮乏的桥位资源形成较大矛盾，因此根据船舶航行要求对桥梁间距进行限制是必要的。

根据《内标》要求，新桥选址时桥梁轴线与已建桥梁的间距为：Ⅰ~Ⅴ级航道应大于代表船队长度与代表船队下行5min航程之和，Ⅵ级和Ⅶ级航道应大于代表船队长度与代表船队下行3min航程之和。以前在制定桥梁间距要求的国家标准时，受建桥技术和造价的控制，早年建设的桥梁跨度均相对较小，水中往往布设有多个桥墩。船舶经过大桥时，需要根据航行标志调正航向对准通航桥孔航行。当河道中建有多座桥梁时，船舶调整航向的时间和距离减少，极易因操纵不当或失控撞上桥梁。特别是对于洪水期高速下行的船舶，因船舶对岸航速较高，很难以保证船舶沿正常航路航行，稍有不慎就将发生船舶撞击桥墩的海损事故。为此，《内标》做出了以上规定。但随着经济的发展和建桥技术的提高，大跨度桥梁和一跨过江桥梁越来越多，这些桥梁桥墩较少，且桥墩大多远离航道，对通航的影响也越小。当所处通航水域无碍航水流时，两桥可靠近布置。

对那些与已建桥并排修建的“并建桥”和“复线桥”（图 2-11），两桥的相邻边缘间距应控制在 50m 内，且通航孔必须相互对应。“并建桥”的修建会形成具有巷道效应的“桥洞”，当“并建桥”之间的桥间距增大或多桥并排时，“桥洞”纵深长度增加，巷道效应越明显。当船舶进入该区域时，既要克服水流条件的影响，又要驾驶船舶连续避让多座桥梁的桥墩，驾驶员将承受巨大的心理压力，对船舶安全航行不利。但对水流平缓的、河道顺直的河网地区，两桥的边缘距离经论证可适当加大。

图 2-11 重庆长江大桥与复线桥

Fig. 2-11 Chongqing Yangtze bridge and Multiline bridge

2.2.2.3 桥梁与过江管线的间距要求

(1)桥梁与过江管线间距要求

桥梁选址应避开管、线，其间距要求主要参照油、气管道行业的技术要求，参照相关规定进行。

(2)桥梁与取水和排水设施的间距要求含义

取、排水厂主要涉水建筑物有取水头、抽水泵房、沉沙池以及排水管道等水工设施工程，这些工程附近一般没有船舶进出，对间距的要求通常是根据环保等部门的水源保护来选择。

2.3 桥跨布置原则

通常，桥梁跨度选择往往受桥梁建造技术、河道条件、地质条件以及造价等因素的控制。在当今情况下，跨度选择还与桥型选择意向、城市景观以及美学的要求有关。而从船舶通航要求来看，要尽可能减小建桥影响，桥跨布置时需要将众多因素综合考虑。在当今建桥技术大幅提高的情况下，桥梁跨度较几十年前有了较大幅度的增加。如 20 世纪 50 ~ 70 年代

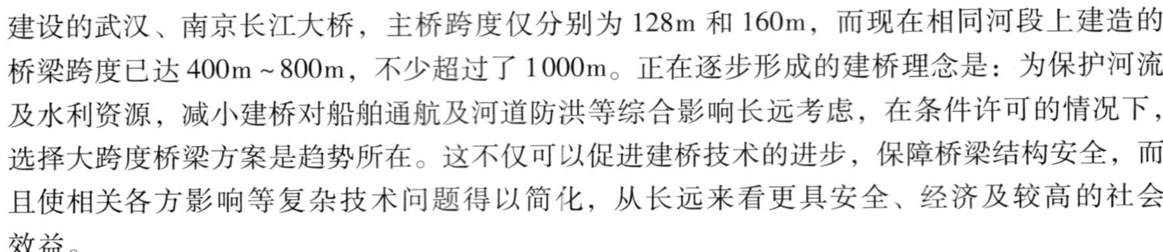

建设的武汉、南京长江大桥，主桥跨度仅分别为128m和160m，而现在相同河段上建造的桥梁跨度已达400m～800m，不少超过了1000m。正在逐步形成的建桥理念是：为保护河流及水利资源，减小建桥对船舶通航及河道防洪等综合影响长远考虑，在条件许可的情况下，选择大跨度桥梁方案是趋势所在。这不仅可以促进建桥技术的进步，保障桥梁结构安全，而且使相关各方影响等复杂技术问题得以简化，从长远来看更具安全、经济及较高的社会效益。

2.3.1 桥跨布置的主要原则

从船舶通航和减小建桥影响角度来看，桥孔及桥跨布置的主要原则如下[4]：

(1)在通航河流上，桥梁桥跨的布置应满足《标准》中与航宽的相关规定，即：在稳定的河槽上留出足够的航行宽度以满足通航要求。在通航河流上架设桥梁，若桥跨不足，桥墩必定会侵占航道，减小航宽，增加船舶航行难度。当船舶在对岸航速较大的下水航行时，船舶难以及时调整航线，极易发生船撞桥事故。

(2)桥墩的布置不应使桥区附近的水流条件发生较大改变而恶化通航水流条件。当桥墩靠近航道布置时，桥墩应采取合适的形状来减小对水流的阻力，减小水流对船舶的影响。通常为减小桥墩对水流的影响，常将桥墩顺水流方向设计成圆形或椭圆形(图2-12)，而使桥墩侧面与水流方向保持一致。

图2-12 桥墩

Fig. 2-12 pier

(3)桥墩应避开各种水位下的河道主流和主航道。若桥墩布置在河道主流，由于河道主流流速大、流量大，桥墩的修建必定会对水流条件造成较大改变，恶化水流条件，对船舶造成严重影响；同时，当船舶下行时，由于对岸航速较大来不及避让，极易造成船撞桥事故。而桥墩布置在主航道会对船舶航行造成很大的阻碍，迫使改变船舶习惯航线，增加了船撞桥事故风险，严重的甚至会影响船舶航行，造成断航。

(4)在主航槽易发生变化的河段，桥跨的布置应充分考虑航槽变化范围，布置两个以上通航桥跨，以满足不同水位期船舶航行要求。在弯曲河道和平原河道，在洪、中、枯水位主航槽会因水位发生变化，若桥跨布置时没有充分重视，不但会影响船舶航行、增加船撞桥概率，甚至会造成断航。

(5)在航道条件有所改善的库区，桥梁跨度可适当减小。在库区由于水流变缓会造成一定的泥沙淤积，桥墩的布置由于河道水位提升，水流流速减缓，水面变宽，航行条件得到很大的改善，有利于船舶操纵和方向调整，故可适当减小桥梁跨度。

2.3.2 不同河段上桥孔布置的要求

2.3.2.1 山区河流桥孔布设要求

(1)峡谷河段(图2-13)属典型山区河流，江水猛涨猛落，通常汛期水流流速和水面比降较大，通航条件差。为减小对通航的影响和船撞事故几率，宜采用一跨过江的单孔跨越的桥梁方案，桥墩位置布置在洪水位以上的岸边。减小建桥影响不仅对通航有利，实际上也保障了桥梁安全。同时桥墩不在水中，可避免因水流冲刷对基础的危害。

(2)开阔河段(图2-14)的主桥孔应尽可能跨越主通航河槽，同时应考虑不同水位变化时航槽的摆动以及因河床演变导致的航槽变化。此外，桥梁轴线的法线方向应尽可能与流向平行。

图2-13　峡谷河段

Fig. 2-13　Canyon reach

图2-14　开阔河段

Fig. 2-14　Extensive reach

(3)冲积性漫流河段(图2-15)不宜建桥，原因是河道宽窄相间，河势、河槽及水流流向易变，通航条件复杂。该河段建桥不仅对通航影响大，对桥梁方案选择以及自身安全也不利。

(4)在河床易变迁河段上建桥，应研究预测河床演变趋势，桥孔布设时可采用多个通航桥孔的方案。桥跨及桥孔布置确定后，应采取护堤及护槽措施，固化和稳定主要通航桥孔区域范围的航槽，避免河床演变导致河道堵塞。

2.3.2.2 平原河流桥孔布设要求

(1)顺直或微弯河段(图2-16)，桥孔的布设应重点考虑河床演变的影响，并采用多个通航桥孔的桥型方案，以满足通航要求；

(2)弯曲河段(图2-17)不宜建桥，若是唯一可供选择的桥位，应尽量选择大跨度桥型方案，同时需进行河床演变的调查和分析研究，预测河势、主槽、边滩以及河床深泓的变化，考虑凹岸冲刷和凸岸淤积对河床演变以及桥墩基础冲刷影响；

(3)分汊河段(图2-18)的主流及主航槽随水位及河道分流比变化，即便在滩槽相对稳定的情况下也不宜建桥。在桥位具有唯一性时，应尽量选择大跨度桥型方案，研究设置导流或固滩建筑物；

图 2-15　冲积性漫流河段

Fig. 2-15　Alluvial plain reach

图 2-16　顺直微弯河段

Fig. 2-16　Straight reach

图 2-17　弯曲河段

Fig. 2-17　Curved reach

图 2-18　分汊河段

Fig. 2-18　Braided reach

(4)游荡河段是最不宜建桥的区域，应结合适当的航道整治工程稳槽固滩，控制河势及河床演变，同时需要采用大跨度桥型方案，减小通航影响。

以上河段，凡是航道中布设有桥墩的桥区河段，均需要进行桥梁防船撞研究和设计，以确保桥梁和船舶通航安全。

2.3.2.3　桥孔跨度与桥梁间距之间的关系

在通航河流上，桥跨布设的基本原则应以满足通航要求为前提。目前桥梁建设呈多桥型、大跨度、结构轻的发展趋势，随着桥梁建设的迅速发展，桥间距缩小形成的“桥群”对通航造成了一定的影响，桥跨的布置应当充分考虑桥间距对通航的影响。在桥跨布置时应当注意：

(1)当拟建桥与其他桥梁满足《内标》桥间距要求时，桥梁跨度形成的有效航宽应不小于《内标》的相关规定。

(2)当拟建桥与其他桥梁间间距不满足《内标》要求构成“桥群”时，则应适当增加拟建桥桥梁跨度。拟建桥桥梁跨度可参考“桥群”研究成果[12]中桥梁间距与跨度的耦合关系计算。

$$\frac{D_p}{D} = \left(\frac{L}{S}\right)^{\alpha}$$

式中：D_p——两桥间的实际桥间距(m)；

D——桥群河段拟建桥梁的最小间距(m)；

L——代表船舶(队)长度(m)；

S——桥梁跨度(m)；

α——指数，取值为 $\alpha < 1.3$，具体取值根据具体桥群河道通航条件取定，必要时应根据实船试验和数值船模计算或河工物理模型试验结果确定。

(3)当拟建桥梁与已建桥梁并排修建，形成“并建桥”(以下同)时，导致通航孔桥墩延长，形成了船舶航行的“巷道效应”，其桥墩比单一桥梁对通航水流的影响更大。因此，“并建桥”除满足现行《标准》相关规定外，还应增加桥梁跨度，或采取撤孔并跨方法加大桥梁跨度。

2.4 桥孔通航净空尺度

桥梁的通航净空尺度，主要指通航桥孔的净高和净宽尺度，在桥梁的设计中它取决于通航桥孔布置和桥梁跨度的选择，其尺度大小直接影响着航道的通航能力和船舶的航行安全，也决定着航道航运资源的利用及远期发展。对此，我国近年颁布了《海船通航桥梁通航标准》[30]和《内河通航标准》[5]等相关技术标准及规范性文件。

由图2-21可见，通航净空尺度指最高通航水位以上可供船舶通行的空间尺度，它由上底宽、下底宽、净高以及侧高和侧宽组成(图2-19)。

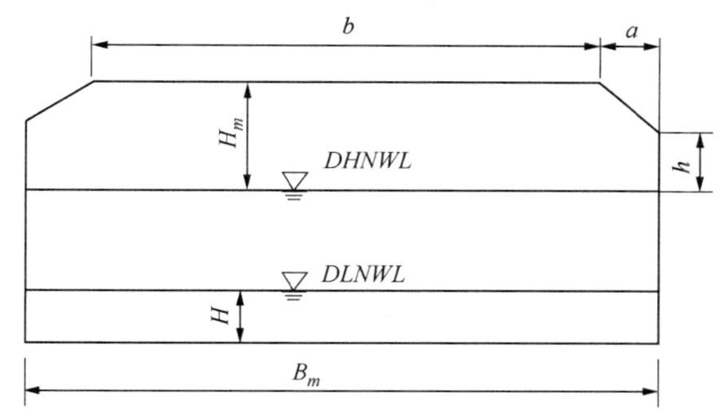

图2-19 通航净空示意图

Fig. 2-19 Schematic diagram on navigation clearance scale

B_m-水上过河建筑物通航净宽；H_m-水上过河建筑物通航净高；H-航道水深；b-上底宽；a-斜边水平距离；h-侧高；DHNWL-设计最高通航水位；DLNWL-设计最低通航水位

侧高和侧宽取值主要有两种考虑：①老式桥梁的桥墩部分结构一般较粗壮，尺度较大；②船舶的最高点一般位于船宽的中部。因此，为了避免因桥孔两侧尺度不足而过多提升桥面高程，标准中降低了对两侧的尺度要求。随着建桥技术的发展，现代桥梁的桥型美观，结构可靠，跨度也向着大跨度发展。所以，现代桥梁在满足通航净高和净宽要求的同时，侧高和上底宽也基本能满足。

我国内河水上过河建筑物的通航净空尺度标准主要依据《内河出航标准》，规定通航净高和净宽尺度的最小限制值见表 2-1。

天然和渠化河流水上过河建筑物通航净空尺度(单位:m) 表 2-1

Navigation clearance of crossing-river building on natural and canalized rivers Table 2-1

航道等级	代表船舶、船队	净　高	单向通航孔			双向通航孔		
			净宽	上底宽	侧高	净宽	上底宽	侧高
Ⅰ	(1)4 排 4 列	24.0	200	150	7.0	400	350	7.0
	(2)3 排 3 列	18.0	160	120	7.0	320	280	7.0
	(3)2 排 2 列		110	82	8.0	220	192	8.0
Ⅱ	(1)3 排 3 列	18.0	145	108	6.0	290	253	6.0
	(2)2 排 2 列		105	78	8.0	210	183	8.0
	(3)2 排 1 列	10.0	75	56	6.0	150	131	6.0
Ⅲ	(1)3 排 2 列	18.0①	100	75	6.0	200	175	6.0
		10.0						
	(2)2 排 2 列	10.0	75	56	6.0	150	131	6.0
	(3)2 排 1 列		55	41	6.0	110	96	6.0
Ⅳ	(1)3 排 2 列	8.0	75	61	4.0	150	136	4.0
	(2)2 排 2 列		60	49	4.0	120	109	4.0
	(3)2 排 1 列		45	36	5.0	90	81	5.0
	(4)货船							
Ⅴ	(1)2 排 2 列	8.0	55	44	4.5	110	99	4.5
	(2)2 排 1 列	8.0 或 5.0②	40	32	5.5 或 3.5②	80	72	5.5 或 3.5②
	(3)货船							
Ⅵ	(1)1 拖 5	4.5	25	18	3.4	40	33	3.4
	(2)货船	6.0			4.0			4.0
Ⅶ	(1)1 拖 5	3.5	20	15	2.8	32	27	2.8
	(2)货船	4.5						

注：①仅适用于长江。

②仅适用于通行拖带船队的河流。

2.4.1 通航净高尺度

2.4.1.1 内河通航净高尺度

通航净高尺度的确定主要考虑船舶的桅杆高度以及船舶装载减少时的上升高度(图 2-20)，它关系到船舶的通航要求和航运资源的保护。以 20 世纪 70 年代末期建成的南京长江大桥为例，24m 的净高将许多大型船舶以及进江海轮阻挡在桥梁以下，极大的限制了水上货物的流动，制约了航运的发展。另一方面，较大的净高尺度要求往往需要增加引桥长度(特别是平原地区)和工程造价，同时路线加长后导致陆上运距增加，会对未来的运输增加无尽的成本。所以净高尺度的确定在政策上和经济性方面均十分重要，需要通过多因素的充分研究、论证确定。

表 2-1 中规定的通航净高，Ⅰ级航道为 24m，Ⅱ级航道为 18m。执行的结果是：南京长江大桥的净高为 24m，其后建于其上游的桥梁净高均为 24m，到武汉为止；武汉长江大桥净高为 18m，其后建于其上游的桥梁净高均为 18m，到三峡大坝为止。2006 年在重庆召开的全国桥梁会议上，有人提出将南京长江大桥顶高，理由是它限制了大船通过。其实这不是光

顶高桥梁的问题，主桥高了则引桥、连接线、车站等都相应提高。连锁发生的问题很多。这个问题另一方面的解决办法是减小过桥船舶的水线以上高度。已经有了一些经过实践的办法：减小桅杆高度，装设可放倒的桅杆，建造可升降的驾驶室，南京长江大桥下游建大船码头等。可以预计，由于已经建成的几座钢桥其使用寿命会达到100年，24m通航净高的这些桥梁将会在本世纪继续服役。

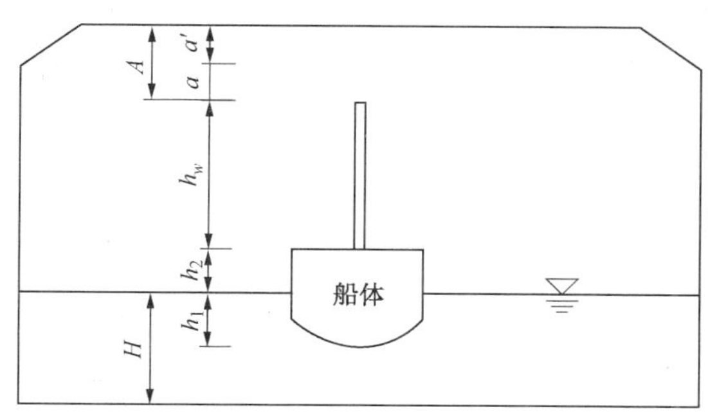

图2-20　通航净高示意图

Fig. 2-20　schematic diagram on net navigation height

H-设计最高通航水位；h_1-船舶吃水；h_2-船舷高度；h_w-桅杆高度；A-富裕尺度；a-基本富裕尺度；a'-附加富裕尺度

通航净高尺度不应小于表2-1规定的限制值。在确定桥梁通航净高尺度时，应根据日益增长的水运需求和船舶大型化的发展要求，结合通行船舶尺度和运输量的需求，对具体工程所需的净高尺度进行研究，在确定净高尺度时应留一定的富裕度[11]。同时，桥梁通航净高尺度的确定还应当结合相邻建筑物的规划发展。在港口、船厂、矿区码头等区域附近的桥梁，恰应当考虑其规划和发展再对净空尺度进行研究论证。对于河流的下游以及有海轮进出的出海口航道，净高尺度则需要根据近远期通行船舶或代表船舶的尺度确定。如南京长江四桥和润扬大桥，其净高尺度均达到50m。而“苏通”及“沪通”长江大桥，净高尺度为62m，其确定的净高尺度远大于24m。

需要说明，在水电站库区建设的桥梁，通航净高尺度的拟定还应考虑建库后泥沙累积性淤积产生的水位壅高因素。方法是在最高通航水位的计算中，根据建库后泥沙逐年累积性淤积的推算结果，按照相应年限或冲淤平衡后水位作为设计最高通航水位，然后在此基础上计算净高。

2.4.1.2　海船通航净高尺寸

海船由于航海驾驶的需要，通常驾驶台建得比较高，这是一个古老的话题。人类从事航海活动以来，就知道地球是圆的，为了看得见较远的陆地、岛屿和船舶，船员有站在高处瞭望的工作，在驾驶室不够高时，爬到棚顶和桅杆上去瞭望。

海船通常分为货船和客船两大类，货船又分为杂货船、散货船、油船和集装箱船四类。由于有些港口的码头建在河口的内侧，桥梁建在港口外面，于是货船虽然载重超过30万t，一般其空载(卸货后过桥)水线到最高固定结构的高度控制在58~60m左右，而客船(远洋邮船)往往超过60m。(如玛丽皇后号达到63m)，如图2-21和图2-22所示。

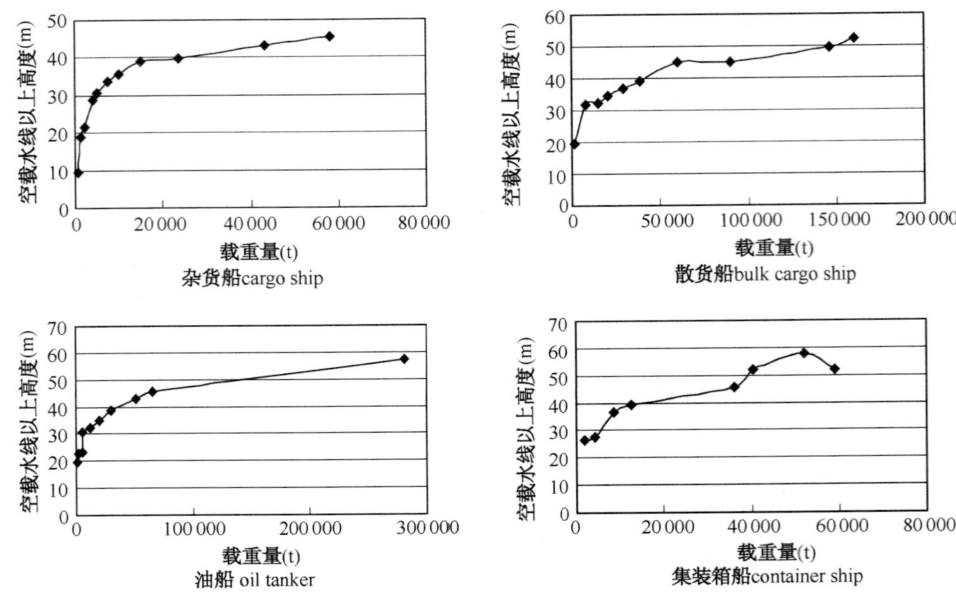

图 2-21　四类货船空载水线以上的高度(单位:m)

Fig. 2-21　The heights from light waterline to the top of the 4 type cargo ships

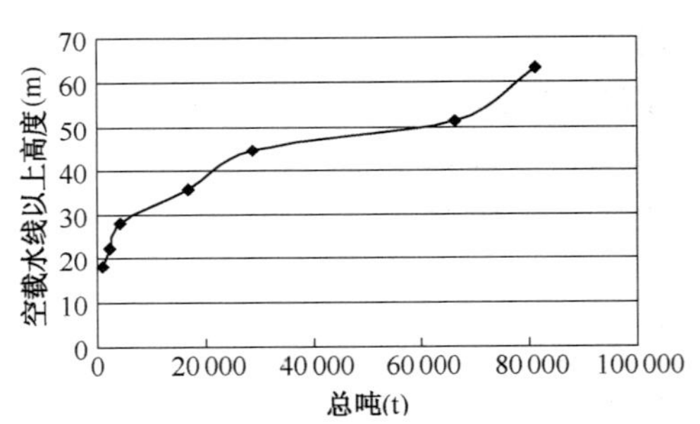

图 2-22　客船空载水线以上的高度(单位:m)

Fig. 2-22　The height from light waterline to the top of the passenger ships

由于上述原因我国珠江口、长江口和某几个港湾的桥梁，经过论证，将桥梁通航净空高度定为 46～62m，如表 2-2 所示。

净高尺度不足时，桥梁下弦如与船舶上层建筑碰撞，桥梁的下弦会受损，船除了受损之外还会发生人身事故。2012 年 5 月 23 日温州港大桥(斜拉桥)通航净高为 27m，从此通过的明珠 7 号邮轮烟囱因净高不足被削去。又如 1983 年 6 月苏联伏尔加河上一座铁路桥的下弦，削去了苏瓦洛夫号客船的上层甲板室，死 176 人。

但是，通航净高增高会使桥梁的引桥过长，浪费通过车辆的能源、时间并使车辆提前折旧。而且长桥易堵，这都是显而易见的。一个由于上下游交通情况发生变化，而使已建成桥梁的通航净高变得过高的例子，令人始料不及。

长江下游和一些沿海桥梁通航净高举例 表2-2

The clear height of some bridge at the down stream of Yangtze River, Peal River and some coastal

Table 2-2

序 号	桥 名	位 置	通航净高(m)
1	江阴长江大桥	长江下游	50
2	苏通长江大桥	长江下游	62
3	润扬长江大桥	长江下游	50
4	南浦大桥	黄浦江	46
5	杨浦大桥	黄浦江	50
6	虎门大桥	珠江口	60
7	汕头海湾大桥	汕头港	46
8	海沧大桥	厦门港	60
9	汀九桥	通向离岛	62

南浦大桥建于1988年12月至1991年11月，当时桥的上游有江南船厂、上海港口机械厂，开平路煤码头和闵行发电厂煤码头等，比较高的通航船舶有大型汽车滚装船、载运港口塔吊的船、大型运煤船等。因此，南浦大桥通航净高设计为46m。建成16年后，江南船厂和港机厂搬到下游外高桥和长兴岛等地，剩下闵行发电厂的运煤船。如以通航高度降低至36m算，车行里程可减少3km左右，每天50000辆车就是150000“车·km”，浪费巨大。可惜的是，以后还有至少80多年，过桥车辆需要这样徒劳地爬上爬下。

所以，现在建于河口、港湾等地的桥梁，其通航净高都是针对每座桥梁，由交通水运部门具体仔细地论证后决定的。

2.4.2 通航净宽尺度

2.4.2.1 *海船通航净宽尺度*

对海港和河口附近码头的通航净宽依据海港总平面设计规范[31]进行计算，在内河很宽阔的河湾，笔者认为也可据此参考计算。因为笔者按此式对某些内河宽阔弯道已建桥梁复核计算，净宽尺度达不到要求，而这些桥梁已经发生船撞墩事故(如黄石长江公路桥)。这两个规范原理是一样的，只是对风流压偏角和横流的计入、船宽与航迹宽度的取值不同带来差异。

根据《海港总平面设计规范》，海船航道的有效宽度由航迹带宽度、船舶间富裕宽度和船舶与航道底边间的富裕宽度组成，如图2-23所示：

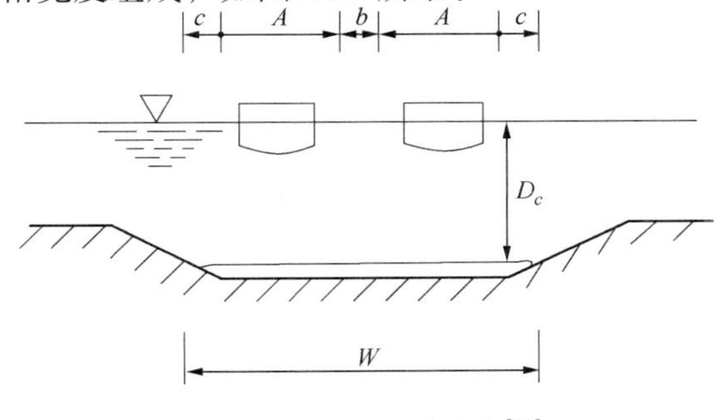

图2-23 航道有效宽度[31]

Fig. 2-23 The effective breadth of the route

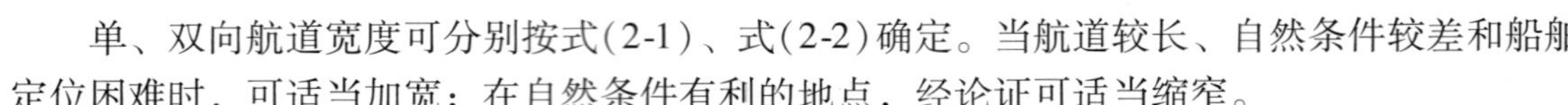

单、双向航道宽度可分别按式(2-1)、式(2-2)确定。当航道较长、自然条件较差和船舶定位困难时，可适当加宽；在自然条件有利的地点，经论证可适当缩窄。

单向航道 $$W = A + 2c \tag{2-1}$$

双向航道 $$W = 2A + b + 2c \tag{2-2}$$

$$A = n(L\sin\gamma + B) \tag{2-3}$$

式中：W——航道有效宽度(m)；

A——航迹带宽度(m)；

n——船舶漂移倍数，采用表2-3的数值；

γ——风、流压偏角(°)，采用表2-3的数值；

b——船舶间富裕宽度(m)取设计船宽B；

c——船舶与航道底边间的富裕宽度(m)，采用表2-4的数值；

L——设计船长(m)；

B——设计船宽(m)。

满载船舶漂移倍数 n 和风、流压偏角 γ 值 表2-3

The drifting multiple n and the wind-stream press drift angle γ for the full load ship Table 2-3

风　力	横风≤7级			
横流 V(m/s)	$V \le 0.25$	$0.25 < V \le 0.5$	$0.5 < V \le 0.75$	$0.75 < V \le 1.0$
n	1.81	1.69	1.59	1.45
γ	3	7	10	14

注：当斜向风、流作用时，可近似取其横向投影值查表。

船舶与航道底边间的富裕宽度 c 表2-4

The well-off breadth from the bottom edge of the rout to the ship Table 2-4

项　目	杂货船或集装箱船		散货船		油船或其他危险品船	
航速(kn)	≤6	>6	≤6	>6	≤6	>6
c(m)	0.50B	0.75B	0.75B	B	B	1.5B

2.4.2.2 内河通航净宽尺度

通航净宽尺度与所在航道水流条件、代表船舶尺度和桥梁通航孔通行方式等也密切相关。当桥址河段水流与桥轴线法向交角不超过5°时，通航净宽的最小限制值可按《内标》附录C的方法计算，其数值不应小于表2-1所列数值。计算方法如下：

根据《内河通航标准》，水上过河建筑物通航净宽按下式计算：

$$B_{m1} = B_F + \Delta B_m + P_d \tag{2-4}$$

$$B_{m2} = 2B_F + b + \Delta B_m + P_d + P_u \tag{2-5}$$

$$B_F = B_s + L\sin\beta \tag{2-6}$$

式中：B_{m1}——单孔单向通航净宽(m)；

B_F——船舶或船队航迹带宽度(m)；

ΔB_m——船舶或船队与两侧桥墩间的富裕宽度(m)；I—V级航道可取0.6倍航迹带宽

度。Ⅵ级和Ⅶ级航道可取 0.5 倍航迹带宽度；

P_d——下行船舶或船队偏航距(m)，按表 2-5 取值；

B_{m2}——单孔双向通航净宽(m)；

b——上下行船舶或船队会船时的安全距离(m)，可取船舶或船队宽度；

P_u——上行船舶或船队偏航距(m)，可取 0.85 倍下行偏航距；

B_s——船舶或船队宽度(m)；

L——顶推船队或货船长度(m)；

β——船舶或船队航行漂角(°)；I—V 级航道可取 6°，VI 级和Ⅶ级航道可取 3°。

天然和渠化河流各级横向流速下船舶下行偏航距　　表 2-5

Ship yawing distance under different transverse direction velocity on natural and canalized rivers

Table 2-5

航道等级	代表船舶、船队	下行偏航距(m)		
		横向流速 0.1m/s	横向流速 0.2m/s	横向流速 0.3m/s
Ⅰ	(1)4 排 4 列	10	25	40
	(2)3 排 3 列	10	20	35
	(3)2 排 2 列	10	20	30
Ⅱ	(1)3 排 3 列	10	20	35
	(2)2 排 2 列	10	20	30
	(3)2 排 1 列	10	15	20
Ⅲ	(1)3 排 2 列	10	20	30
	(2)2 排 2 列	10	15	20
	(3)2 排 1 列	8	10	15
Ⅳ	(1)3 排 2 列	10	15	20
	(2)2 排 2 列	8	10	15
	(3)2 排 1 列	8	10	15
	(4)货船	8	10	15
Ⅴ	(1)2 排 2 列	8	10	15
	(2)2 排 1 列	8	10	15
	(3)货船	8	10	15
Ⅵ	(1)1 拖 5	8	10	15
	(2)货船	3	8	10
Ⅶ	(1)1 拖 5	5	8	8
	(2)货船	5	8	8

注：当横向流速为表中范围内某一值时，偏航距可采用内插法确定。

2.4.3 通航净宽的相关技术要求

由于各通航河流通行船舶的船型、尺度及吨位不同，对通航净宽的要求也不尽相同。请参见相关文献规范。应满足的其他要求，如：

(1)当桥址河段水流与桥轴线法向交角超过 5°时，可根据表 2-6 规定的航宽增加值进行加大。当夹角过大导致横向流速大于 0.8m/s 时，桥梁应采取一跨过江桥型方案(图 2-24)。

天然和渠化河流各级横向流速下单向通航净宽增加值　表 2-6

The effective navigation breadth added of unilateral waterway under different transverse direction velocity on natural and canalized rivers　Table 2-6

航道等级	代表船舶、船队	单向通航净宽增加值(m)				
		横向流速 0.4m/s	横向流速 0.5m/s	横向流速 0.6m/s	横向流速 0.7m/s	横向流速 0.8m/s
Ⅰ	(1)4 排 4 列	30	60	90	115	140
	(2)3 排 3 列	25	45	65	90	115
	(3)2 排 2 列	20	35	55	70	90
Ⅱ	(1)3 排 3 列	25	45	60	75	95
	(2)2 排 2 列	20	35	50	65	80
	(3)2 排 1 列	20	30	45	60	70
Ⅲ	(1)3 排 2 列	20	35	50	65	80
	(2)2 排 2 列	20	30	40	55	70
	(3)2 排 1 列	15	25	40	50	65
Ⅳ	(1)3 排 2 列	15	30	45	55	70
	(2)2 排 2 列	15	25	35	45	55
	(3)2 排 1 列	15	25	35	45	55
	(4)货船	15	25	35	45	55
Ⅴ	(1)2 排 2 列	15	20	25	30	40
	(2)2 排 1 列	15	20	25	30	40
	(3)货船	15	20	25	30	40
Ⅵ	(1)1 拖 5	8	18	28	33	38
	(2)货船	8	18	28	33	38
Ⅶ	(1)1 拖 5	8	13	23	28	33
	(2)货船	8	13	23	28	33

注：1. 双向通航净宽增加值为单向通航净宽增加值的 2 倍。

2. 当横向流速为表中范围内某一值时，通航净宽增加值可采用内插法确定。

图 2-24　重庆朝天门长江大桥

Fig. 2-24　Chaotianmen Yangtze bridge in Chongqing

(2)通航净宽的确定应当考虑航道渠化后的等级变化和相邻建筑物的规划发展，留出足够富裕，不至于对其造成限制。

(3)若拟建桥与旧桥构成“桥群”，则桥梁通航净宽尺度可参考“桥群”研究成果[12]中桥跨的计算，加大通航净宽尺度。

(4)“并建桥”的桥梁跨度计算。“并建桥”的桥梁跨度，除须满足现行《内河通航标准》的相关规定外，建议参照“巷道效应”影响因子方法增加桥梁跨度，或采用撤孔并跨方法改善通航条件。影响因子计算可参考“桥群”研究成果[12]：

顺直河道复线桥即“洞桥”，桥梁间距的影响因子用下式估算：

$$B_m = B_0 + k_m B_0 \tag{2-7}$$

式中：B_m ——“并建桥”通航净宽；

k_m ——“并建桥”影响因子；

B_0 ——单座桥梁基本净宽。

当复线桥由两座桥组成时，

$$k_m = 0.623\,9 \times \frac{J_d}{L} \times \alpha^{0.3}$$

当复线桥由三座桥组成时，

$$k_m = 0.453\,2 \times \frac{J_d}{L} \times \alpha^{0.3} + 0.109\,7$$

式中：J_d ——桥洞长度(m)；

L——船队长(m)；

α ——水流方向和桥轴线法线方向的交角，以弧度表示。

(5)当桥址位于通航水流条件较差或通航环境较复杂水域时，通航桥孔净宽应在上述方法确定的基础上加大，增加值宜通过模拟试验研究确定。

2.4.4 影响内河船通航净宽尺度的一些发展情况

目前，内河船舶通航净宽是用大型驳船队的宽度确定的(表2-1)。表中对Ⅰ级航道单、双向通行宽度规定为200m、400m；Ⅱ级航道单、双向通行宽度规定为100m、200m。但驳船队的现状发生了很大的变化：大型驳船队，主要在武汉以下的长江中下游从事载货运输，曾每年为马鞍山钢铁公司、武汉钢铁公司运输矿石1000万吨以上(上水)，为沿江各电厂运输煤炭2000万吨(上、下水)。另外，上水运矿砂的驳船队回程时为下游的建筑工地运送砂石也非常经济。

驳船队这种运输方式大约风行了几十年。“进入21世纪，船运公司增多，货源分散；北煤南运，港口建成，水运煤由江转到海上，大批载重量为5000~30000t的江海联运浅吃水肥大型散货船投入运输。它们自航，调度方便，靠离码头不需港作拖船帮助，不花港作规使费。船上防浪防潮设备好，可载多种货品，适应港口大型化和港口装卸高速化。因此港口和货主倾向自航货船，大多数货主不再接受2000t以下驳船。”[32]

驳船公司为了维持本身的竞争力，采用建造大载重量驳船的办法，批量建造5000t舱口驳，以缩短码头掉靠驳船的时间，减少使用港作拖船的费用；建造8000~10000t甲板驳，以承运大件货物。

“但是由于驳船队运输‘不适港，不适货’，退出江湖是必然趋势。2009年11月4日，国内最大的内河水运企业凤凰公司将106艘2000t中分节驳退出市场。长江航运进入自航船舶时代。”[32]

大型驳船队减少了，自航货船和大型驳船增加了，对通航净宽的要求降低了；如它们撞墩，其撞击力较同样载重量的驳船队撞击力加大了。这些情况都应该在防御船撞桥的设计中予以考虑。

2.5 船舶适航速度与船撞速度

桥区船舶的适航速度是船撞速度选择的主要依据，而船撞速度则是桥梁设防中设计船撞力大小的重要参数之一[13,14]，其合理性直接关系到桥梁设防标准及桥梁安全。目前，船舶适航速度和船撞速度的确定没有统一的方法，各国的规定不尽相同。并且，除主航道即主通航桥孔的适航速度外，非通航桥孔区域航速的确定也非常重要。

2.5.1 主航道船撞速度

目前，世界各国对于主航道或主通航桥孔内船撞速度的选取，主要依据和采用的方法是：①桥区船舶航行速度调查数据；②桥区船舶航迹线实测或统计数据；③相关部门根据河流航道条件制定的标准适航速度或限制航速；④具有一定概率的非正常航速。除此之外，还对沿海或内河航道、不同流域河流以及不同的桥区航道等条件进行了划分。经调查，目前各国船撞速度选取方法如下：

2.5.1.1 美国高速公路桥梁设计指南(AASHTO)方法[15]

该规范认为，航道上船舶的航行速度应能反映风、水流、能见度、迎面来船以及航道的几何尺度等典型条件，规定在航道范围即设计通航桥孔内，船撞速度应采用船舶正常航速。

2.5.1.2 欧洲规范方法[16]

2006 年欧洲颁布《BS EN1991-1-7 结构规范》，根据不同流域和船舶，制定了船撞速度的选择标准：内河船舶 3m/s，港湾区 1.5m/s；海船 5m/s，港湾区采用 2.5m/s。上述方法简便易行，并具有一定合理性。但在数据的选择方面过于简单，难以反映不同航道和桥梁情况下的差异。

2.5.1.3 日本方法[16]

日本学者藤井(Y. Fujii)较早地提出船撞桥墩几何概率模型(1974 年)[17]，但是在日本桥梁防撞设计中，对船撞墩速度的选取却是各不相同。例如，岩井・聪(Akira Iwai)[18]提出当船通过桥下时，船速应为流速的 2 倍，因此 1988 年 4 月建成通车的濑户跨海大桥，选择的船速为 7 ~ 8m/s，远远超过其他方法所得出的速度；但是同在日本，名古屋跨港大桥进港航道(1998 年)设计的船撞桥墩速度却较小，如表 2-7 所示：

名古屋跨港大桥进港航道的船撞桥墩速度选择(单位:m/s) 表 2-7

The speed choice for ship -pier collision at the entrance of the harbour waterway crossed by mingguwu bridge Table 2-7

速　度	1000t 船	5000t 船
船的航速	4.1	1.0
船头撞墩速度	2.1	1.0
船侧撞墩速度	1.4	0.7

从船撞桥墩事故实例可知，当船的航速为4.1m/s时，船头撞墩的速度不会是2.1m/s。因此名古屋给定的船撞墩的速度选得偏小。

又如岩黑岛桥2号桥墩[17]的防撞装置采用在墩角设置多个橡胶碰垫的方法，这种橡胶碰垫原是给船舶靠泊码头用的，例如横滨(YOKOHAMA)公司产品适用的速度仅为0.3～0.5m/s。该桥采用这种碰垫作为防撞装置，说明设计人选择很低的船撞速度。

上面3个例子，船撞墩速度分别为8m/s、2.1m/s和0.5m/s，可见，日本的设计者选取船撞桥墩速度差别很大。

2.5.1.4　我国常用方法[19]

我国船舶适航速度选取主要依据航速调查、实测航迹线、桥区限制航速以及选择具有一定概率的非正常航速的偏安全方法，然后将上述资料进行综合分析确定。由于采用的是“一桥一议”方法，并且有相关部门认定，因此选择出的航速相对合理。缺点是在没有相关标准和规定，不仅过程较繁琐，还存在一定的人为因素。

综上所述，由于各流域及通行船舶差异较大，各国选择船舶适航及船撞速度的方法不尽相同。相对而言，目前我国采用的方法相对较合理，主要原因是综合分析考虑了桥区通航水流条件、实际船舶航速以及可能出现的非正常情况。并且，针对不同桥梁采用的“一桥一议”方法，对控制船撞标准和对桥梁进行有效设防来看，较为合理和可行。

2.5.2　非通航桥孔的船撞速度

对于非通航桥孔的桥墩即桥梁辅助墩的防船撞研究，之前少有报道。以前，较多采用美国高速公路桥梁设计指南(AASHTO)[21]的方法。而近年来，随着研究的不断深入，不少学者对此提出了新的见解，现分述如下：

2.5.2.1　《美国公路桥梁设计规范》(AASHTO)

该方法规定，桥梁主航道即主通航桥孔范围内，船撞速度采用船舶通行桥区的正常航速，航道以外，航速按距航道中线的距离呈直线下降，至3倍船长距离外，船撞速度按水流速度计算(图2-25)：

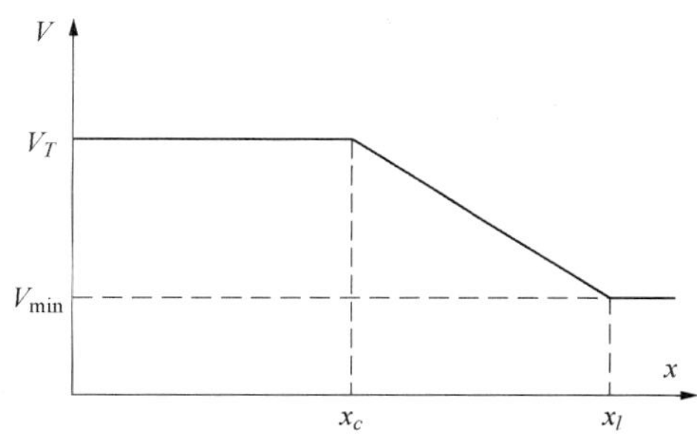

图2-25　AASHTO设计撞击速度分布图

Fig. 2-25　Impact velocity designed by AASHTO

V-设计船舶撞击速度(m/s)；V_T-船舶正常航行速度(m/s)；V_{min}-最小设计撞击速度(m/s)(不得小于桥位的年平均水流速度)；x-至航道中线距离(m)；x_c-航道中心线至航道边缘距离(m)；x_l-航道中心线至3倍船长距离(m)

该方法应用较为广泛，我国的船撞研究中，多数桥梁仍采用此方法。但是根据近年来多次船撞桥实例的分析发现，该方法假设的船撞速度沿航道范围横向降低的规律与实际发生的船撞桥案例并不相符。如美国的阿肯色河桥、美国阳光大桥、广东九江大桥等桥梁，被撞塌的桥墩都远离主航道范围，且发生撞击时船舶航速并未按直线规律下降，其撞击速度与正常航速相当。由此，因美国采用的航速偏小导致桥梁设防标准过低，使桥梁没有得到有效保护。

船舶偏离航向后撞上非通航区域桥墩时航速不减的现象，被学者[16]称为“失舵不失速”。说明船舶在失去控制（机械故障或人为原因）的短时间内，往往没有办法将航速瞬间降低。由此认为，美国指南提出的船撞速度选取方法，用于单一航槽、限制性航道以及主通航桥孔范围的船撞速度计算较为适宜，但用于主航道以外的辅助桥孔时，其方法过于简单。特别是对于主深泓线与大边滩组合的河道、分汊河道、弯道以及航道条件随水位变化的山区河流中，其正确性和合理性有待商榷。

2.5.2.2 以偏航开始的线速度作为船撞速度的方法[16]

该方法依据“失舵不失速”观点，根据《美国公路桥梁设计规范》方法存在的问题，有学者提出，主航道内外的船撞速度均应按正常航速选取。该方法采用偏航开始船舶的线速度作为船撞速度。

很显然，该方法将航道内外桥墩按相同的船舶航速设防，等于直接加大了非通航孔区域的船撞速度，虽有助于辅助桥墩的保护，但设防标准较高，偏于保守。

2.5.2.3 根据河道流场实际横向分布折减方法[16]

该方法认为，不同河道条件下流速横向分布是不同的。通常，河道的主流区或主深泓线附近流速较大，边滩或岸边流速较小。因此，通常靠近主航槽（主通航桥孔）区域的桥墩周围流速较大，而非通航孔范围一般流速较小。在根据相关方法确定了主航道范围正常航速的情况下，非通航桥孔区域的船舶航速，应该根据桥区航道实际（最不利）流场的横向分布进行折减，这样选择确定的航速才最接近正确值。其计算方法如下：

（1）根据桥区河道现场实测、模型试验或数值计算方法，得到建桥后桥区水域在不同水位（或分流比）情况下水流流速沿桥轴线横向分布曲线数据，即表面水流流场分布图；

（2）采用概率统计方法，选取最不利组合时的流场分布作为船撞桥航速计算的控制条件。然后依次计算主航道与非通航区域各墩位的流速差值；

（3）将前章计算出的正常航速对应最大流速区域（不是主航道范围），然后按照流场横向分布差值，逐一折减计算出各墩位速度，便得到桥区水域各墩的正常（对岸）航速。

2.5.3 计算实例及比较[19]

如某铁路大桥的设计，跨度为 103m + 188.5m + 580m + 212.5m + 159.5m + 117.5m（图 2-26），图中 3 号和 4 号桥墩之间的 580m 桥孔为主通航孔，4 号和 5 号为辅通航孔，5 号 ~ w1 以及 w1 ~ w7 区域为非通航桥孔。根据河道水位变幅，除 1 号和 2 号桥墩外，5 ~ 7 号以及 W1 ~ W3 因水深满足一些船舶的吃水要求，结构断面较单薄，自身抗撞力较小，同样需要进行防船撞计算及处理。

该桥主通航孔设计船舶正常适航速度及船撞速度分别为：下行 4.16m/s，上行3.33m/s。采用流场横向分别方法，折算各主墩及辅助墩船撞速度如下：

图 2-27 是根据一年中各水位期出现频率较高，较为不利水位组合的流场分布图。其中，7 ~ 10 号测点为河道深槽，相应流速较大，范围在 0.85m/s 左右。1 ~ 6 号测点为边滩流速较小，约在 0.07 ~ 0.4m/s（表 2-8）。

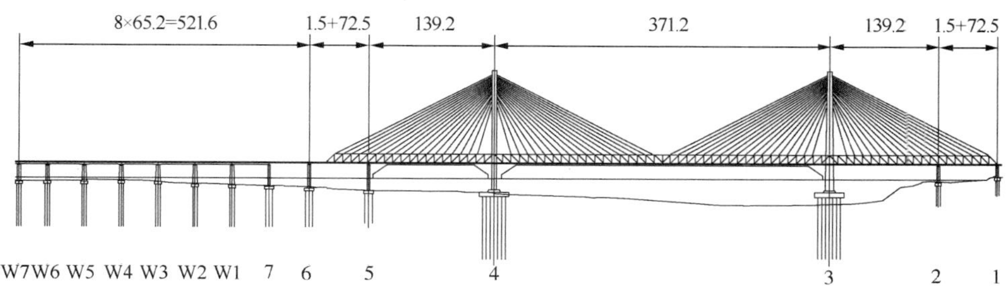

图 2-26 某铁路大桥立面图

Fig. 2-26 River cross-section and velocity distribution at a railway bridge

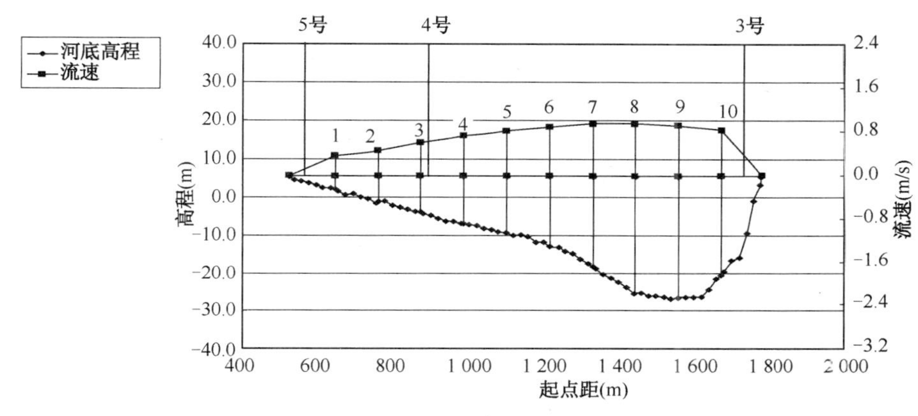

图 2-27 某铁路大桥河道断面及流速分布

Fig. 2-27 River cross-section and velocity distribution at a railway bridge

某铁路大桥桥墩处对应流速(单位:m/s) 表 2-8

Velocity near the pier of a railway bridge Table 2-8

桥 墩		3 号	4 号	5 号	6 号	7 号	W1	W2	W3	W4	W5 ~ W7
流 速		0. 86	0. 851	0. 54	0. 40	0. 32	0. 26	0. 20	0. 14	0. 07	0. 00
撞击速度	上行	3. 16	3. 153	2. 84	2. 70	2. 62	2. 56	2. 50	2. 44	2. 37	2. 30
	下行	3. 99	3. 984	3. 67	3. 53	3. 45	3. 39	3. 33	3. 27	3. 20	3. 13

注：由于选择的流速非高水位，此时 W1 ~ W7 系列辅助墩均位于岸上。

按此流速比例换算的各墩船撞速度与 AASHTO 方法确定值比较于图 2-28，由此计算船撞力见表 2-9。由图 2-28 可见，在主桥孔范围的 3 号和 4 号主墩处，AASHTO 方法、“失舵不失速”方法与本方法计算结果基本一致。但在航道以外的非通航桥孔范围，按 AASHTO 方法折减以后的航速大大低于本方法计算航速。说明 AASHTO 法低估了非通航孔范围的船舶撞击风险，按其方法得到的船撞速度的数值比实际情况偏低，导致计算出的船撞力偏小，从而降低了桥梁设防的安全系数，达不到有效保护桥梁安全的目的。而“失舵不失速”方法计算的辅助墩船撞速度值与正常航速一致，说明边墩的设防标准偏高，较为保守。相对比较，本方法计算结果较为合理。

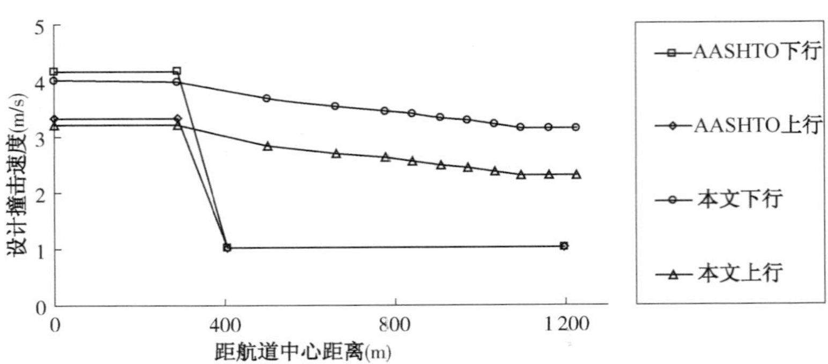

图 2-28　某铁路大桥船舶撞击速度沿桥向分布图

Fig. 2-28　Ship-bridge collision velocity distribution along a railway bridge

某大桥水中各墩计算船舶撞击力(单位:MN)　　表 2-9

Calculated ship-bridge collision force of the different bridge piers　　Table 2-9

桥墩号		3 号	4 号	5 号	6 号	7 号	W1	W2	W3	W4	W5 ~ W7
AASHTO 方法撞击力(kN)	上行	42.8	42.8	12.8	6.3	4.6	4.6	4.6	4.6	4.6	4.6
	下行	53.4	53.4	12.8	6.3	4.6	4.6	4.6	4.6	4.6	4.6
不失速方法撞击力(kN)	上行	42.8	42.8	42.8	21.0	15.4	15.4	15.4	15.4	15.4	15.4
	下行	53.4	53.4	53.4	26.2	19.2	19.2	19.2	19.2	19.2	19.2
流场方法撞击力(kN)	上行	40.6	40.5	36.5	17.0	12.1	11.8	11.5	11.3	10.9	10.6
	下行	51.3	51.1	47.1	22.2	15.9	15.6	15.4	15.1	14.8	14.4

2.6　桥区船舶航行数值模拟

桥梁、码头、护岸以及闸坝等工程建设对船舶航行的影响，通常采用船舶航行来模拟研究。早年受研究手段的限制，较多的是采用实船试验来判别。由于实船试验投入的人力、物力大，试验条件较单一，加之具有一定的事故风险，人们开始尝试采用大尺度或小尺度船模来进行试验。我国首次将小尺度船模用于工程研究是在 20 世纪 70 年代末期，为研究葛洲坝和三峡工程对船舶航行的影响，将用于研究船舶自身操纵性能的船模，引用到航道及水工模型中，用于研究工程方案对通航条件的影响[24]，收效较好。但是小尺度船模因缩尺较多，体积偏小，存在较大的缩尺效应。除几何、重心、阻力及航速等相似容易满足外，船舶操纵性相似的误差较大。因此在目前，小尺度较多用于工程方案的初选试验、对比试验和演示试验。

船舶航行数值模拟，是通过采用数学方法建立起船舶和航道的数学模型来进行工程方案的通航研究。相比实船试验和小尺度船模，它具有费用低廉，运算速度快，方便进行各种工况的方案试验，且不存在尺度效应，已成为通航研究中较为有效和重要的研究手段之一。船舶数值模拟需要以河道的数学模型为基础，在验证河道流场及船舶操纵性参数达到充分相似的情况下，就能用于定性及定量的研究试验。以下分别介绍河道水流数学模型和船舶数学模型。

2.6.1 河道平面二维水流数学模型

2.6.1.1 控制方程

天然河道蜿蜒曲折，为克服计算域边界起伏变化较大的问题，目前通常使用计算网格与河道边界贴合的方法，即利用贴体正交曲线坐标系进行计算。采用威廉斯(Willemse)导出的正交曲线坐标方程作为转换方程：

$$\begin{cases}\alpha \dfrac{\partial^2 x}{\partial \xi^2} + \gamma \dfrac{\partial^2 x}{\partial \eta^2} + J^2\left(P\dfrac{\partial x}{\partial \xi} + Q\dfrac{\partial x}{\partial \eta}\right) = 0 \\ \alpha \dfrac{\partial^2 y}{\partial \xi^2} + \gamma \dfrac{\partial^2 y}{\partial \eta^2} + J^2\left(P\dfrac{\partial y}{\partial \xi} + Q\dfrac{\partial y}{\partial \eta}\right) = 0\end{cases} \tag{2-8}$$

其中，$\alpha = x_\eta^2 + y_\eta^2$；$\gamma = x_\xi^2 + y_\xi^2$；$J = x_\xi y_\eta - x_\eta y_\xi$；$P$、$Q$ 为调节因子；ξ、η 分别表示正交曲线坐标系中的两个正交曲线坐标。假定水域中的水体做有势运动，其流线簇与势线簇必然正交，可导出以网格间距变化为调节因子的贴体正交曲线坐标方程：

(1)水流连续方程

$$\frac{\partial H}{\partial t} + \frac{1}{C_\xi C_\eta}\frac{\partial}{\partial \xi}(huC_\eta) + \frac{1}{C_\xi C_\eta}\frac{\partial}{\partial \eta}(huC_\xi) = 0 \tag{2-9}$$

(2) ξ 方向动量方程

$$\begin{aligned}&\frac{\partial u}{\partial t} + \frac{1}{C_\xi C_\eta}\left[\frac{\partial}{\partial \xi}(C_\eta u^2) + \frac{\partial}{\partial \eta}(C_\xi vu) + vu\frac{\partial C_\eta}{\partial \eta} - v^2\frac{\partial C_\eta}{\partial \xi}\right] \\ &= -g\frac{1}{C_\xi}\frac{\partial H}{\partial \xi} - \frac{u\sqrt{u^2+v^2}n^2 g}{h^{4/3}} + \frac{1}{C_\xi C_\eta}\left[\frac{\partial}{\partial \xi}(C_\eta \sigma_{\xi\xi}) + \frac{\partial}{\partial \eta}(C_\xi \sigma_{\eta\xi}) + \sigma_{\xi\eta}\frac{\partial C_\xi}{\partial \eta} - \sigma_{\eta\eta}\frac{\partial C_\eta}{\partial \xi}\right]\end{aligned} \tag{2-10}$$

(3) η 方向动量方程

$$\begin{aligned}&\frac{\partial v}{\partial t} + \frac{1}{C_\xi C_\eta}\left[\frac{\partial}{\partial \xi}(C_\eta vu) + \frac{\partial}{\partial \eta}(C_\xi v^2) + uv\frac{\partial C_\eta}{\partial \xi} - u^2\frac{\partial C_\xi}{\partial \xi}\right] \\ &= -g\frac{1}{C_\eta}\frac{\partial H}{\partial \eta} - \frac{v\sqrt{u^2+v^2}n^2 g}{h^{4/3}} + \frac{1}{C_\xi C_\eta}\left[\frac{\partial}{\partial \xi}(C_\eta \sigma_{\xi\eta}) + \frac{\partial}{\partial \eta}(C_\xi \sigma_{\eta\eta}) + \sigma_{\eta\xi}\frac{\partial C_\eta}{\partial \xi} - \sigma_{\xi\xi}\frac{\partial C_\xi}{\partial \eta}\right]\end{aligned} \tag{2-11}$$

其中，ξ、η 分别表示正交曲线坐标系中的两个正交曲线坐标；u、v 分别表示沿 ξ、η 方向的流速；h 表示水深；H 表示水位；C_ξ、C_η 表示正交曲线坐标系中的拉梅系数：$C_\xi = \sqrt{x_\xi^2 + y_\xi^2}$，$C_\eta = \sqrt{x_\eta^2 + y_\eta^2}$；$\sigma_{\xi\xi}$、$\sigma_{\xi\eta}$、$\sigma_{\eta\xi}$、$\sigma_{\eta\eta}$ 表示紊动切应力：

$$\sigma_{\xi\xi} = 2\upsilon_t\left[\frac{1}{C_\xi}\frac{\partial u}{\partial \xi} + \frac{v}{C_\xi C_\eta}\frac{\partial C_\xi}{\partial \eta}\right]$$

$$\sigma_{\eta\eta} = 2\upsilon_t\left[\frac{1}{C_\eta}\frac{\partial v}{\partial \eta} + \frac{u}{C_\xi C_\eta}\frac{\partial C_\eta}{\partial \xi}\right]$$

$$\sigma_{\xi\eta} = \sigma_{\eta\xi} = \upsilon_t\left[\frac{C_\eta}{C_\xi}\frac{\partial}{\partial \xi}\left(\frac{v}{C_\eta}\right) + \frac{C_\xi}{C_\eta}\frac{\partial}{\partial \eta}\left(\frac{u}{C_\xi}\right)\right]$$

其中，υ_t 表示紊动黏性系数，即

$$\upsilon_t = C_\mu k^2/\varepsilon$$

式中，k 和 ε 分别为紊动动能及紊动耗散系数，由 k 和 ε 的输运方程确定[22]。

(4)k 输运方程

$$\begin{aligned}&\frac{\partial hk}{\partial t}+\frac{1}{C_\xi C_\eta}\left[\frac{\partial}{\partial\xi}(uhkC_\eta)+\frac{\partial}{\partial\eta}(vhkC_\xi)\right]\\&=\frac{1}{C_\xi C_\eta}\left[\frac{\partial}{\partial\xi}\left(\frac{\upsilon_t}{\sigma_k}\frac{C_\eta}{C_\xi}\frac{\partial hk}{\partial\xi}\right)+\frac{\partial}{\partial\eta}\left(\frac{\upsilon_t}{\sigma_k}\frac{C_\xi}{C_\eta}\frac{\partial hk}{\partial\eta}\right)\right]+h(G+P_{kv}-\varepsilon)\end{aligned}\tag{2-12}$$

(5)ε 输运方程

$$\begin{aligned}&\frac{\partial h\varepsilon}{\partial t}+\frac{1}{C_\xi C_\eta}\left[\frac{\partial}{\partial\xi}(uh\varepsilon C_\eta)+\frac{\partial}{\partial\eta}(vh\varepsilon C_\xi)\right]\\&=\frac{1}{C_\xi C_\eta}\left[\frac{\partial}{\partial\xi}\left(\frac{\upsilon_t}{\sigma_\varepsilon}\frac{C_\eta}{C_\xi}\frac{\partial h\varepsilon}{\partial\xi}\right)+\frac{\partial}{\partial\eta}\left(\frac{\upsilon_t}{\sigma_\varepsilon}\frac{C_\xi}{C_\eta}\frac{\partial h\varepsilon}{\partial\eta}\right)\right]+h\left(C_{1\varepsilon}\frac{\varepsilon}{k}G-C_{2\varepsilon}\frac{\varepsilon^2}{k}+P_{\varepsilon v}\right)\end{aligned}\tag{2-13}$$

其中：$G=\sigma_{\varepsilon\varepsilon}\left(\frac{1}{C_\varepsilon}\frac{\partial u}{\partial\xi}+\frac{v}{C_\xi C_\eta}\frac{\partial C_\xi}{\partial\eta}\right)+\sigma_{\xi\eta}\left[\left(\frac{1}{C_\eta}\frac{\partial u}{\partial\eta}+\frac{1}{C_\xi}\frac{\partial v}{\partial\xi}\right)-\left(\frac{u}{C_\xi C_\eta}\frac{\partial C_\xi}{\partial\eta}+\frac{v}{C_\xi C_\eta}\frac{\partial C_\eta}{\partial\xi}\right)\right]+\sigma_{\eta\eta}\left(\frac{1}{C_\varepsilon}\frac{\partial v}{\partial\eta}+\frac{u}{C_\xi C_\eta}\frac{\partial C_\eta}{\partial\xi}\right)$

P_{kv}、$P_{\varepsilon v}$ 表示因床底切应力所引起的紊动效应，与摩阻流速 u_* 之间的关系为：

$P_{kv}=C_k u_*^3/h$；$P_{\varepsilon v}=C_\varepsilon u_*^4/h^2$；$C_k=h^{1/6}/(n\sqrt{g})$；$C_\varepsilon=3.6C_{2\varepsilon}\sqrt{C_\mu}/C_f^{1/4}$；$C_f=1/C_k^2$；$C_\mu$、$\sigma_k$、$\sigma_\varepsilon$、$C_{1\varepsilon}$、$C_{2\varepsilon}$ 为经验系数，取 $C_\mu=0.09$，$\sigma_k=1.0$，$\sigma_\varepsilon=1.3$，$C_{1\varepsilon}=1.44$，$C_{2\varepsilon}=1.92$；n 为糙率系数；其他符号同前。

2.6.1.2 求解方法

对比方程(2-8)～方程(2-13)可知，各方程的形式是相似的，可表达为如下的通用格式：

$$C_\xi C_\eta\frac{\partial\psi}{\partial t}+\frac{\partial(C_\eta u\psi)}{\partial\xi}+\frac{\partial(C_\xi v\psi)}{\partial\eta}=\frac{\partial}{\partial\xi}\left(\Gamma\frac{C_\eta}{C_\xi}\frac{\partial\psi}{\partial\xi}\right)+\frac{\partial}{\partial\eta}\left(\Gamma\frac{C_\xi}{C_\eta}\frac{\partial\psi}{\partial\eta}\right)+C\tag{2-14}$$

其中，Γ 为扩散系数；C 为源项。在数值计算时，只需对上式编制一个通用程序，所有控制方程均可用此程序求解。在对控制方程的差分离散和求解过程中，本模型采用了如下几项技术和方法：

(1)在利用控制体积法(或称有限体积法)离散通用方程时，为解决压力梯度项和连续方程离散的困难，采用交错网格的方法；

(2)离散中对流—扩散项采用幂函数格式；

(3)由通用方程及各控制方程可见，各方程的主要差别在源项上。源项通常是因变量的函数，为加快计算收敛，对各方程源项进行负坡线性化处理；

(4)差分方程的求解采用三对角矩阵算法(TDMA)逐行求解；

(5)数值计算采用帕坦卡(Patankar)和斯伯丁(Spalding)提出的 SIMPLEC 法。为避免由计算机截断误差引起的发散，在数值计算中采用了欠松弛技术。其收敛标准是：连续方程的剩余质量源与入口质量流之比小于 0.5%。

2.6.1.3 边界条件及动边界处理

边界条件的给法为：进口边界给定流量，出口边界给定水位。对于岸边界采用无滑移条件，即岸边流速为零。

动边界的处理方法为：对于边滩及心滩随着水位的升降边界发生变化时，采用动边界技术。即根据水深(水位)结点处河底高程，可以判断该网格单元是否露出水面，若不露出，糙率 n 取正常值；反之，n 取一个接近于无穷大(如 10^{30})的正数。在用动量方程计算出露单元四边流速时，其糙率采用相邻结点糙率的平均值。无论相邻单元是否出露，平均阻力仍然是一个极大值。这样动量方程式中其他各项与阻力项相比仍然为无穷小，计算出露单元四周流速一定是趋于零的无穷小量。为使计算能正常进行，在出露单元水深点给定微小水深(0.005m)。

2.6.2 船舶数值模拟原理及基本方程

2.6.2.1 基本原理

船舶实际运动非常复杂，一般情况下具有六个自由度。通常采用直角坐标系(x_0Oy_0)来研究船舶在平面的三自由度运动。将船舶看作船首尾方向、正横向方向的并进运动及绕船重心垂直轴的回旋运动，即将船舶运动视为前进、横移和旋回的符合运动。根据牛顿第二定律，可对船舶的这种运动进行描述(图 2-29)。

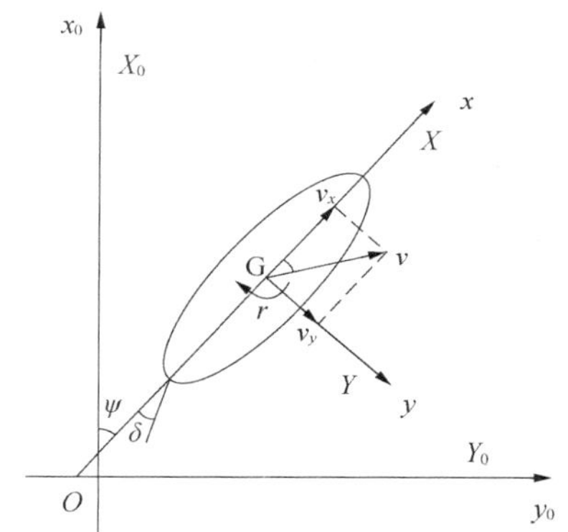

图 2-29 船舶运动基本原理图

Fig. 2-29 Ship motion basic Principle chart

$$\left.\begin{aligned} X_0 &= m\ddot{x}_{0G} \\ Y_0 &= m\ddot{y}_{0G} \\ N &= I_z\ddot{\psi} \end{aligned}\right\} \tag{2-15}$$

其中，X_0 是作用于船 x_0 轴方向的合力；Y_0 为作用于船 y_0 方向的合力；N 是绕船重心垂直轴的合力矩；m 为船的质量；ψ 为船的艏向角；x_{0G} 、y_{0G} 为在 t_0 时刻船重心 G 的坐标；I_z 是绕 z 轴的船的质量惯性矩。

2.6.2.2 船舶运动方程[12]

(1)静水中的船舶运动方程

式(2-15)为固定坐标系，为应用简便，通常采用船体运动坐标系(xGy)。以船体重心 G 为原点，船首尾为 x 轴，垂直于船首尾向为 y 轴。

固定坐标系与运动坐标系内的运动学参数关系为：

$$\left.\begin{aligned}\dot{x}_0 &= v_x\cos\psi - v_y\sin\psi \\ \dot{y}_0 &= v_x\sin\psi + v_y\cos\psi \\ \dot{\psi} &= r\end{aligned}\right\} \tag{2-16}$$

固定坐标系与运动坐标系内的动力学参数关系为：

$$\left.\begin{aligned}X_0 &= X\cos\psi - Y\sin\psi \\ Y_0 &= X\sin\psi + Y\cos\psi \\ N_0 &= N\end{aligned}\right\} \tag{2-17}$$

通过推导即可得到在静水中船体运动坐标系的方程为：

$$\left.\begin{aligned}(m + m_{11})\dot{v}_x - (m + m_{22})v_y r &= X \\ (m + m_{22})\dot{v}_y + (m + m_{11})v_x r &= Y \\ (I_z + m_{66})\dot{r} &= N\end{aligned}\right\} \tag{2-18}$$

式中，v_x、v_y 是船体与水流的相对速度；r 为转头角速度；ψ 为船的艏向角；X、Y 分别是作用于船 x 轴、y 轴方向的合力；X_0、Y_0 是作用于船 x_0 轴、y_0 轴方向的合力；N 是绕船重心垂直轴的合力矩；m_{11}、m_{22}、m_{66} 为 x 向、y 向的附加质量和附加惯性矩；m 为船的质量；I_z 是绕 z 轴的船的质量惯性矩。

(2)动水中的船舶运动方程

当船舶在动水中航行时，设在固定坐标系中水流的绝对速度和方向为 V_F、ψ_F，在动坐标系下的水流速度为：

$$\left.\begin{aligned}u_{cx} &= V_F\cos(\psi_F - \psi) \\ u_{cy} &= V_F\sin(\psi_F - \psi)\end{aligned}\right\} \tag{2-19}$$

可得到水流的相对速度为：

$$\left.\begin{aligned}v_x &= u_x - u_{cx} = u_x - V_F\cos(\psi_F - \psi) \\ v_y &= u_y - u_{cy} = u_y - V_F\sin(\psi_F - \psi)\end{aligned}\right\} \tag{2-20}$$

式中，u_x、u_y 为动坐标原点速度，v_x、v_y 为船舶对水速度；u_{cx}、u_{cy} 为水流速度；ψ 为艏向角。

将(2-20)求导得：

$$\left.\begin{aligned}\dot{v}_x &= \dot{u}_x - V_F r\sin(\psi_F - \psi) \\ \dot{v}_y &= \dot{u}_y + V_F r\cos(\psi_F - \psi)\end{aligned}\right\} \tag{2-21}$$

将式(2-20)、式(2-21)代入式(2-18)，即可得以动坐标原点速度 u_x、u_y 为表征的形式：

$$\left.\begin{aligned}(m + m_{11})\dot{u}_x &= X(v_x, v_y, r) + (m + m_{22})v_y r + (m + m_{11})V_F r\sin(\psi_F - \psi) \\ (m + m_{22})\dot{u}_y &= Y(v_x, v_y, r) - (m + m_{11})v_x r - (m + m_{22})V_F r\cos(\psi_F - \psi) \\ (I_z + m_{66})\dot{r} &= N(v_x, v_y, r)\end{aligned}\right\} \tag{2-22}$$

2.6.2.3 船舶操纵运动方程的求解

船舶操纵运动方程(2-22)是具有一阶导数的常微分方程组，求解析解极为困难，而龙格—库塔法则是求解这类方程的有效数值方法。实际工程运用中，考虑计算精度和稳定性，对于船舶操纵运动方程的数值求解可采用四阶格式计算。

2.6.2.4 船舶位置确定

船舶任一时刻位置和有关参数可由下式确定：

$$\left.\begin{aligned}x_{i+1} &= x_i + (u_{xi}\cos\psi_i - u_{yi}\sin\psi_i)\Delta t\\ y_{i+1} &= y_i + (u_{xi}\sin\psi_i + u_{yi}\cos\psi_i)\Delta t\\ \psi_{i+1} &= \psi_i + r_i\Delta t\\ v_{x,i+1} &= u_{x,i+1} - V_F\cos(\psi_F - \psi_{i+1})\\ v_{y,i+1} &= u_{y,i+1} - V_F\sin(\psi_F - \psi_{i+1})\end{aligned}\right\} \tag{2-23}$$

式中：x_i、y_i——i 时刻船舶在 x 轴、y 轴的位置；

u_{xi}、u_{yi}——i 时刻动坐标原点 x 向、y 向速度；

ψ_i——i 时刻艏向角；

r_i——i 时刻转首角速度；

Δt——时间间隔；

V_F、ψ_F——固定坐标系中水流的绝对速度和方向；

x_{i+1}、y_{i+1}——$i+1$ 时刻船舶在 x 轴、y 轴的位置；

$u_{x.i+1}$、$u_{y.i+1}$——$i+1$ 时刻动坐标原点 x 向、y 向速度；

ψ_{i+1}——$i+1$ 时刻艏向角；

$v_{x.i+1}$、$v_{y.i+1}$——$i+1$ 时刻船舶 x 向、y 向对水速度。

2.6.3 船模操纵性相似验证

以下采用长江某工程河段及船舶资料进行示例。

(1)验证资料

工程河段航道等级为Ⅰ级，试验代表船型为2640HP +2 ×1000t 船队，船队尺度 121 × 21.5 ×2.6m，船队相关参数如表 2-10 所示。

代表船队有关参数 表 2-10

Parameters of typical fleet Table 2-10

参数 \ 船型		2640HP 推轮 +2 ×1000t 左梭顶推船队		
		2640HP 推轮	1000t 甲板驳	1 +2 ×1000t 船队
外形	$L\times B\times T$(m) 水线长×宽×吃水	44.0 ×10.0 ×2.5	72.0 ×10.5 ×2.4	121.2 ×21.5 ×2.6
	排水量(t)	645	1452	3549
	方形系数	0.587	0.80	
	纵剖面系数	0.932	0.997	
	水面线系数	0.865	0.92	
	菱形系数	0.630	0.830	
动力	主机功率	2 ×1320HP		2 ×1320HP
螺旋桨	对径(m)	1.85		
	螺距比	0.62		
	盘面比	0.66		
	叶数	4		
	螺旋桨数量	2 只(左右)		

续上表

船型 / 参数		2640HP 推轮 +2×1000t 左梭顶推船队			
		2640HP 推轮		1000t 甲板驳	1+2×1000t 船队
舵	舵高(m)	中舵	边舵(2 只)	2.25	
		2.15	2.00		
	最大弦长(m)	1.975	1.656	2.85	
	舵面积(m^2)	4.25	3.31	5.843	

注：1HP = 2500W。

(2)船模操纵性及相似验证

采用代表船队 10°"Z"形实船试验的资料对船舶数学模型进行了验证。验证结果如表 2-11、图 2-30 及图 2-31 所示。

"Z"形试验数值船模与实船试验结果比较 表 2-11

Result comparison between real ship test and numerical ship simulation on Ship Z -shaped moving Table 2-11

1+2×1000t 船队	舵角(°)	K'		T'		航速 m/s
		数值	误差(%)	数值	误差(%)	
实船值	10	1.578		0.661		4.2
计算值		1.628	3.17	0.691	4.54	

由表 2-11 可见，回转指数 K' 误差为 3.17%，航向稳定性指数 T' 误差为 4.54%，说明数模计算的船舶操纵性能与实船试验结果是基本一致的。所建立的船舶操纵运动数学模型可用于研究实际工程中的船舶操纵运动模拟。

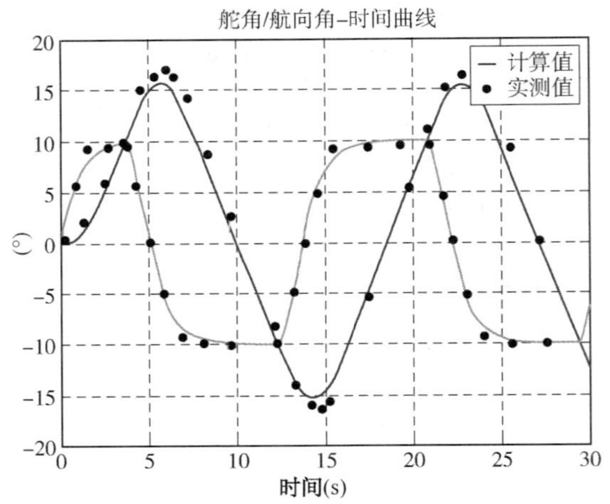

图 2-30 1+2×1000t 顶推船队 10°Z 形试验验证

Fig. 2-30 Z-shaped motion test verification of 1+2×1000t fleet

回转性指数 K' 大，说明船舶回转性能好；应舵性指数 T' 越小，则表明船舶操舵后响应，应舵性能好。有时为了偏安全考虑，可以修正船模的操纵性参数比实船稍差，即降低船模的 K' 值，提高 T' 值，误差一般控制在 5% 左右。

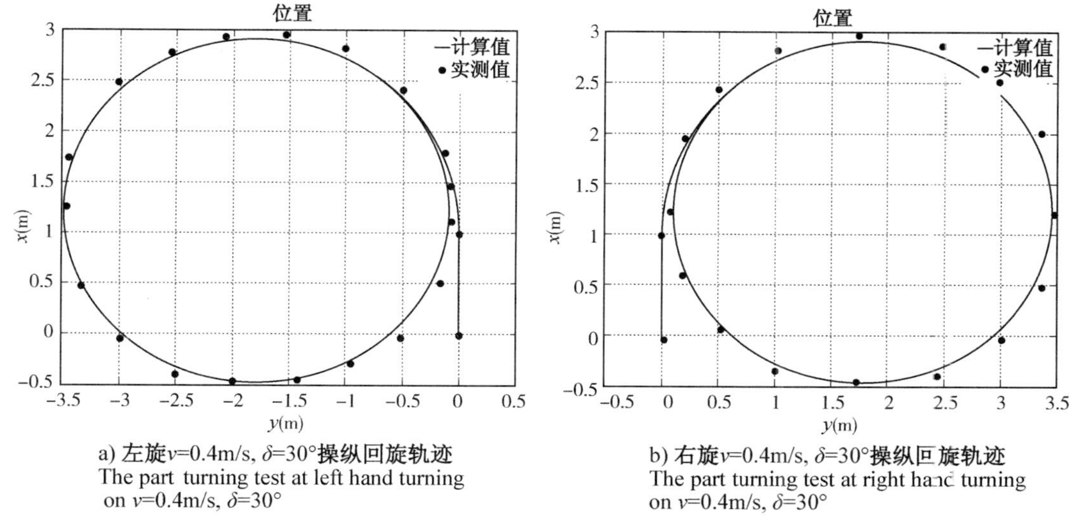

a) 左旋v=0.4m/s, δ=30°操纵回旋轨迹
The part turning test at left hand turning on v=0.4m/s, δ=30°

b) 右旋v=0.4m/s, δ=30°操纵回旋轨迹
The part turning test at right hand turning on v=0.4m/s, δ=30°

图 2-31 回转试验验证

Fig. 2-31 Turning test verification

2.6.4 计算实例分析[23]

某桥区河段处于长江口潮流界以下(图 2-32)，有较强的日潮不等现象，全潮总进潮量达 60 亿立方米左右，实测涨潮最大流量达 154000m^3/s，实测最大落潮流量达 152000m^3/s。为论证桥梁修建后对船舶航行的影响，故需建立水流和船舶航行数学模型，模拟建桥前后船舶航行情况。

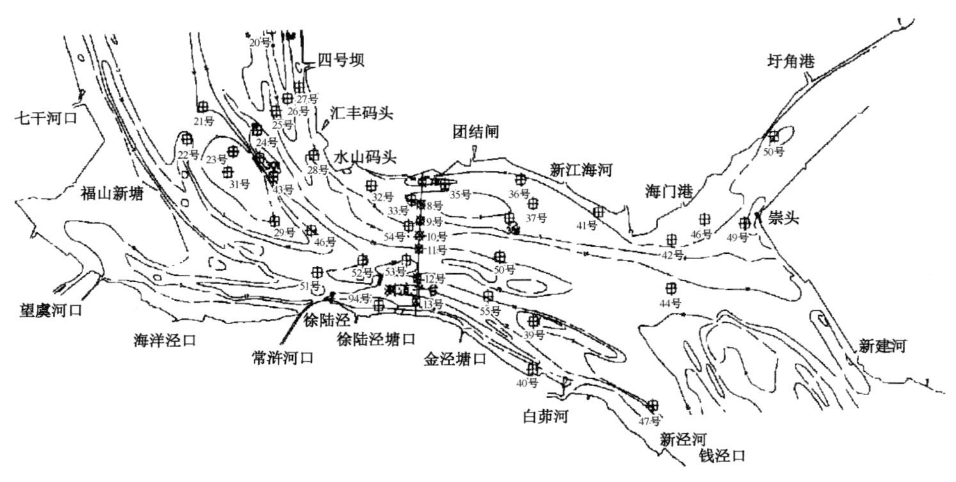

图 2-32 桥区河段河势图

Fig. 2-32 River morphology near bridge

通过 2.6.1 节和 2.6.2 节内容建立水流数学模型和船舶航行数学模型，并求解。在验证船舶航行数学模型时，采用了该河段通行海船代表船型——50000t 级集装箱船(长 275m，宽 32.3m)近似尺度的 50000t 级货船实船实验资料，其"Z"形实验结果如表 2-12 所示。

50000t 级货船“Z”形实验结果 表 2-12

The test results on Z -shaped moving of 50000t cargo ship Table 2-12

舵 角	20°	35°
K'	1.22	0.97
T'	2.82	2.38

其次对 50000 t 级海船进行了静水情况下的“Z”形操舵计算，表 2-13 列出了操纵 20°舵角时船舶航行数模计算的回转性指数和应舵性指数与实船试验结果的比较。从表 2-13 看出，K' 的计算值与实测值之间仅相差 4.92%，T' 最大也只相差 −3.9%。由此可见，船模计算的操纵性能与实船试验结果基本一致。

海船“Z”形操舵计算结果与实验结果比较 表 2-13

Comparison between sea vessel ship test results and calculated results on Ship Z -shaped steering Table 2-13

舵角 20°	K'	误差(%)	T'	误差(%)	航速(m/s)
实船	1.22	4.92	2.82	−3.9	8.755
计算	1.28		2.71		

根据桥区河段目前的通航条件和远期规划，其主要代表船型及其尺度如表 2-14 所示。

桥区河段代表船型尺度 表 2-14

Dimensions of representative ship in waterway near bridge Table 2-14

船 型	船舶吨级(DWT)	总长(m)	型宽(m)	静水航速(m/s)
集装箱船	51300	725	32.3	
货轮(海轮)	50000	216	30	8.75
Ⅰ级航道代表船队	48000	350	64.8	3.667
大型散货船队	40000(上水)	350.85	42.72	
	40000(下水)	289.89	53.4	
	40000(上水)	350	42.68	

从表 2-14 可知，桥区河段通行的大型船队中，48000t 级的 4×4 + T 船队为代表船队；在通行的海船中，50000t 级的集装箱船具有较强的代表性，作为代表海船。故计算选用 48000t 级的 4×4 + T 船队和 50000t 级的海船进行主通航孔的上、下行航行模拟。

本次船舶航行模拟规划的航迹线，是在实测的上、下航迹线的基础上，考虑建桥前的习惯航线和桥墩位的布设进行的。图 2-33 是实测的推荐桥位河段的船舶航迹线，图中同时绘制了推荐桥位的桥轴线和推荐方案的桥墩位置。由于洪季上行航线不在设计主桥孔内，为保证船舶航行安全，宜调整桥墩位以满足习惯航线。

应用建立的船舶航行数模，对建桥前后的代表船队和海船航行过程进行计算，计算结果中航行舵角、漂角和对岸航速(以下简称航速)等航行参数见表 2-15。对于主通航孔上行船队，对比建桥前后航行参数可见，各级流量船舶航行操作参数基本不变，舵角不大于 10°，漂角不大于 15.7°。对于主通航孔下行船队，各级流量船舶航行操作参数略有变缓，舵角不大于 12°，漂角不大于 10.9°。建桥后，引起的船队下行操纵参数变化较小，对船舶的上行和下行基本无影响。

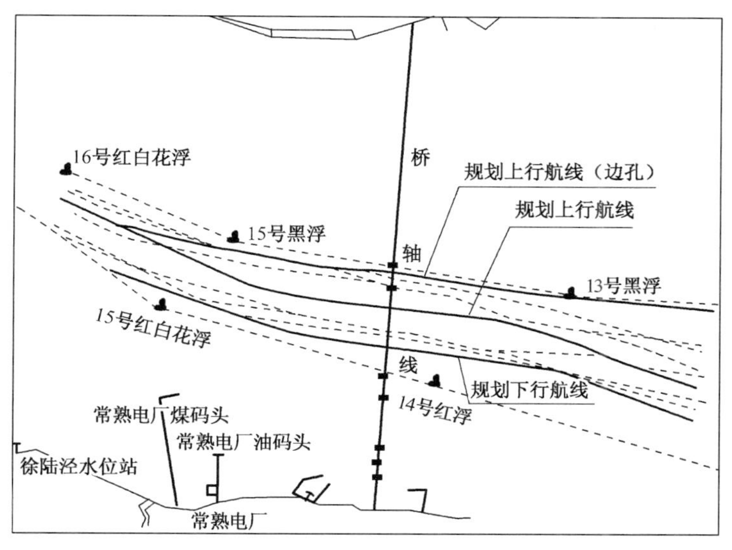

图 2-33　推荐桥位河段规划航线

Fig. 2-33　Planed navigation route of the reach near the recommended bridge position

推荐桥位主通航孔海船、船队航行参数统计　表 2-15

Navigational parameter statistics of sea vessels and fleets in main navigable spans at the recommended bridge position　Table 2-15

水文组次	试验船型	方　案	上行			下行		
			舵角范围(°)	对岸航速范围(m/s)	漂角范围(°)	舵角范围(°)	对岸航速范围(m/s)	漂角范围(°)
洪季	海船	无桥	-10.0~5.0	6.00~6.99	-4.4~3.4	-5.0~7.5	10.21~11.76	-2.2~1.9
		推荐方案	-12.0~10.0	5.71~7.14	-5.0~3.3	-5.0~10.0	10.10~11.42	-4.0~2.7
落急	船队	无桥	-7.5~7.5	0.80~1.96	-10.4~13.0	-5.0~10.0	5.07~6.63	-6.8~2.5
		推荐方案	-15.0~15.0	0.52~2.12	-13.1~14.6	-5.0~5.0	5.07~6.48	-8.2~3.9
洪季	海船	无桥	-15.0~15.0	9.03~10.71	-2.2~3.4	-5.0~10.0	6.78~8.00	-3.0~2.2
		推荐方案	-7.5~5.0	9.09~10.60	-4.0~5.0	-7.5~10.0	6.71~8.03	-3.2~2.9
涨急	船队	无桥	-10.0~7.5	4.34~5.57	-7.2~9.6	-7.5~7.5	1.72~2.98	-10.3~5.7
		推荐方案	-10.0~7.5	4.28~5.64	-6.1~10.8	-7.5~5.0	1.62~2.99	-11.3~10.4

2.7　实船试验

2.7.1　概述

实船试验是采用实船进行的航行试验，试验的目的主要有：①工程建成后的试航，通过观测记录实船航迹线及船舶航行参数，如主机功率、舵角以及对岸航速的过程线等，可对前期物理(实体)模型或数值模拟研究的成果进行验证。试验不仅可验证试验方法的正确性和试验精度，还可为开航后船舶的驾驶操作提供参考。②在大型工程项目研究中，为获取代表船型(船队)的专项技术参数进行的试验。如船舶的主机工况与静水航速关系、船舶的回转

性指数 K、应舵性指数 T 等参数，专门进行的实船操纵性试验。③为验证某项新技术或新的研究方法进行的专项实船试验，如 2011 年 9 月，在宁波象山白敦港（图 2-34）进行的柔性防撞装置的实船撞击试验[26]，就是为了验证防撞装置的技术参数和结构的可靠性。

以上试验中第一种应用最为广泛，较为典型的有三峡工程利用施工明渠通航进行的实船试验[27]，试验后为提高施工期船舶通航流量标准，延长通航期发挥了重要作用；还有为闽江南港航道整治工程进行的实船适航试验[28]、乌江彭水船闸 + 升船机通航建筑物的初航实船试验[29]及水富港实船试验（图 2-35）等。20 世纪 80 年代初期，在鄱阳湖口为三峡前期通航研究进行的万吨级船队进行的船舶操纵性模拟试验，对解决三峡工程通航问题发挥了巨大作用。而采用实船进行撞击实验在我国尚属首次，试验不仅花费昂贵、安全风险也不能低估，因此需要在组织指挥、人员配备、设备和物质方面有大的投入。总之，进行实船试验虽然难度高、花费大，历时长，但是它在科研领域的作用不可替代，对促进科学技术的进步有着十分重要的意义。

图 2-34　象山白墩港实船撞击试验

Fig. 2-34　Real ship impact test in Baidun port

图 2-35　水富港实船试验

Fig. 2-35　Real ship test in Shuifu port

2.7.2　试验的准备

2.7.2.1　试验方案的确定

在通航河流中进行实船试验，将对水域范围内正常航行及作业的船舶将带来影响。因此，试验前需要与相关单位协调，制定详细的试验方案，如确定实船试验时间、通航水位和流量，划定试验水域，拟定需要禁航的航道范围和时间段。以便在水位或流量满足试验要求时，能及时通知试验人员到达现场并开始试验。试验船舶主要应根据试验要求选择，在满足设计要求的情况下，应选择机械设备运转正常，操纵性能佳的船只（队）。同时需要邀请具有丰富船舶驾驶经验的老船长和航道专业技术专家参与试验全过程。实船试验观测内容主要根据不同的试验要求进行，但需要做好合理的安排，保证试验的顺利进行同时确保试验安全。

2.7.2.2　测试仪器、设备、资料的准备

试验前，应对试验仪器、设备和资料做好充分的准备，对测量仪器和设备，在实船试验前应该检查测试设备和仪器是否能良好的工作，同时做好备用仪器和设备的检查工作。试验所需的仪器设备主要有（图 2-36 ~ 图 2-43）：

（1）船舶航迹线观测仪器设备

常用的仪器设备有：经纬仪、全站仪、船用 GPS 跟踪系统以及摄像机和照相机等。

图 2-36 经纬仪

Fig. 2-36 Theodolite

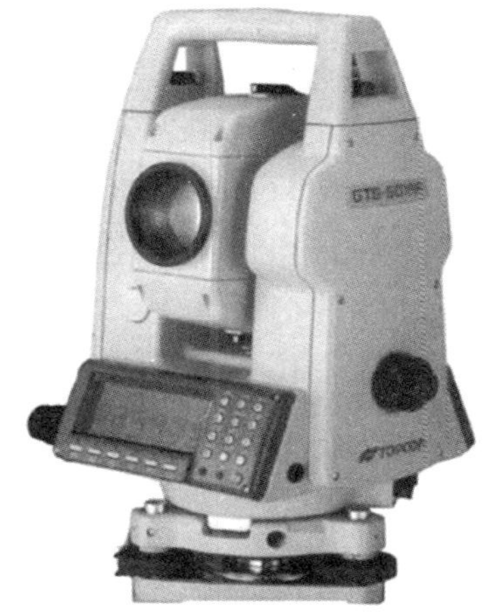

图 2-37 全站仪

Fig. 2-37 Tachometer

(2)河道流速观测

旋浆式流速仪、ADCP 多普勒声学流速仪等。

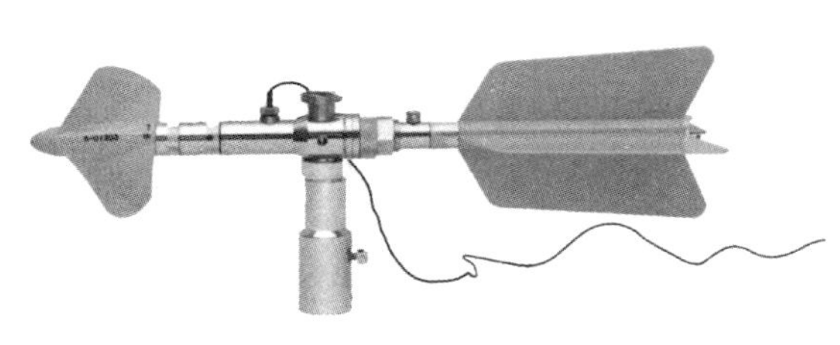

图 2-38 旋浆式流速仪

Fig. 2-38 Propeller current meter

图 2-39 ADCP 多普勒声学流速仪

Fig. 2-39 ADCP doppler acoustic velocity apparatus

(3)水位及水面波动观测

水位主要采用河边固定水尺和自动跟踪式电子水位仪；水面波动观测仪器主要有电容或电阻式波高仪、全站仪等。

(4)船舶撞击试验仪器设备

测试撞力的传感元件、应变仪以及具有操纵控制、同步数据采集及处理的智能计算机综合系统。

(5)试验船舶主机功率及舵角等参数随时间变化过程观测

船用仪表、罗盘的人工记录或采用能与船舶联机后跟踪记录的仪器。

(6)基础资料

①试验船舶主要技术参数，如船名、尺度、装载量、功率(与静水高速关系)、螺旋桨等；

②河床地形图、流速流向图、水位变化图等；

③工程平面、立面布置图；

④相邻水工设施及整治工程布置图等。

图 2-40　河边固定水尺

Fig. 2-40　water gage fixed at riverside

图 2-41　波高仪

Fig. 2-41　wave-height gauge

图 2-42　船用仪表

Fig. 2-42　Mariner′s instrumentation

图 2-43　船用罗盘

Fig. 2-43　Mariner′s compass

2.7.2.3　试验船舶的安全检查

在试验前，需要对参与实船试验的船舶进行安全检查。试验船舶的安全检查需要专业的安检人员对船舶的各方面安全进行综合检查和评价，确保参与试验的船舶都具有良好的工作状态。

2.7.2.4　实船试验组织及人员安排

由于组织一次实船试验需要较多的人力和物力，为保证试验正常进行，需要对各试验环节人员进行统一调度指挥，综合安排。组织成立的各试验组有：

(1)指挥调度组，主要职责是全面负责试验的准备工作、物资和人员调配和组织指挥等工作；

(2)试验专家组，随船参与实船的全部航行试验，负责指导船舶驾驶、规划试验航路、航法、危险航段的驾驶操作及紧急避险；

(3)船上观测组，负责船舶航行工况观测，对应试验方案和组次，记录航速、舵角、操纵指挥过程等；

(4)岸上观测组，负责观测水位、流速、局部流态、水面波动、船舶航迹线、影像资料以及各种撞力、破坏等；

(5)海事安全组，负责试验过程的禁航、过往船舶的指挥调度、突发安全事故的避险和施救等；

(6)其他组，根据试验内容不同，还需要给试验船舶提供配重的物质组、陆上交通组以及后勤保障组等。

2.7.3 试验方法

实船试验方法主要根据试验目的确定。对于观测类试验，如建桥后桥区河段通航条件及通航安全的试航，主要通过试验探索桥区河段通航条件，水势流态以及船舶驾驶操纵方法，不仅可为桥区通航条件的治理提出优化建议，还能为今后的船舶航行提供借鉴和参考。船撞桥实船试验则是考虑船舶的装载、撞击的概率、撞击角度以及撞击过程航速等，分别施测试验船舶的航迹线、船舶撞击角度与撞击力关系以及破坏程度等。然后通过资料的分析整理，验证船撞力计算方法、防撞设施的性能与防撞效果以及有效的防护方法、措施等。

在试验结果不理想情况下，条件许可时，可进行相同工况下的重复试验，以提高试验精度，确保试验成果的准确性。

2.7.4 试验内容

根据试验目的及要求不同，试验内容有不同的侧重。下面仅将船撞桥实船试验和建桥对通航影响的实船试验作简要说明：

2.7.4.1 船撞实船试验内容

(1)船舶航速与时间、距离过程线观测；

(2)船舶航迹线观测；

(3)撞击力随时间过程线观测；

(4)船舶和防撞圈破坏情况记录观测；

(5)试验全过程影像观测。

2.7.4.2 建桥影响实船试验内容

(1)船舶上下航行沿程航速过程线观测；

(2)船舶上下航行舵角过程线观测；

(3)船舶上下航行航迹线观测；

(4)船舶航向角、艏向角及漂角分析整理；

(5)试验水位、流量及桥区局部流态观测；

(6)试验全过程影像观测。

2.7.5 试验结果及分析

2.7.5.1 试验成果

基于试验目的和要求得到的实船试验成果，主要用于指导工程的设计及方案优化，以船撞桥实船试验为例，试验成果应包括：①不同航速和载货量情况下，试验船舶的撞击力；

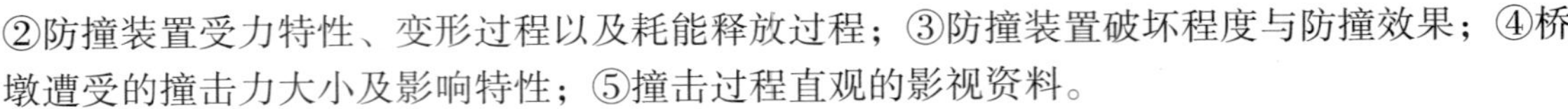

②防撞装置受力特性、变形过程以及耗能释放过程；③防撞装置破坏程度与防撞效果；④桥墩遭受的撞击力大小及影响特性；⑤撞击过程直观的影视资料。

2.7.5.2 成果分析

对实船试验成果分析中，首先需要对试验过程中受外界各种干扰情况下得到的不真实成果数据进行剔除，其次是对成果的合理性及发生成因进行分析，由此提炼出真实、可靠的试验结论。同时也需要对整个实船试验过程进行总结，分析试验中存在的不足之处，为下次试验做参考。

2.7.6 结论与建议

经过对实船试验的数据成果的分析，从中得出合理的结论，用于指导和验证船撞桥的理论、计算方法以及工程的设计，促进该项技术的进步和创新。

参考文献

[1] Shoji, Kuniaki. on the ship's waterways passing through bridges [J]. SACE, 1986: 530-537.

[2] 中华人民共和国行业标准. JTJ 062—2002 公路桥位勘测设计规范[S]. 北京：人民交通出版社，2002.

[3] 张玉娥. 桥渡设计[M]. 北京：中国铁道出版社，2008.

[4] 中华人民共和国行业标准. JTG D60—2004 公路桥涵设计通用规范[S]. 北京：人民交通出版社，2004.

[5] 中华人民共和国行业标准. JTG D60—2004 内河通航标准[S]. 北京：中国计划出版社，2004.

[6] 陈明栋，陈明，林巧，等. 山区河流桥区通航条件和通航安全问题研究[J]. 水运工程，2009(8)：84-88.

[7] 张诗永. 船舶安全航速探讨[J]. 福建省交通运输厅，2008(7).

[8] 王多银，陈明栋. 长江上跨江建筑物的布设原则探讨[J]. 水运工程，2001(4)4-6.

[9] 王多银，杨斌，陈明栋. 通航河流上跨河建筑物布设的基本原则[J]. 重庆交通学院学报，2001(11)：124-126.

[10] 高冬光. 桥位勘测设计[M]. 北京：人民交通出版社，2001.

[11] 陈明栋，王多银. 探讨跨江桥梁通航净空尺度和通航安全保障措施[J]. 水运工程，2001(4)：42-48.

[12] 陈明栋，杨斌，王多垠. 桥群河段通航关键技术研究[R]. 西部交通建设科技项目，2011(4).

[13] 陈明栋，罗家麟，杨斌. 通航河流中桥梁选址应注意的一些问题[J]. 重庆交通学院学报，1998(3)：31-38.

[14] 杨斌，陈明栋. 山区通航河流中桥梁选址和设计应注意的问题及通航影响评价[J]. 中国港湾设计，2007(4)：53-55.

[15] Guide Specification and Commentary for Vessel Collision Design of Highway Bridges(AASHTO 2009)[S]. American Association of State Highway and Transportation Officials, Washington D. C. 2009.

[16] 陈国虞，陈明栋，郑丹. 计算船撞力选择撞击速度时考虑墩位流速的方法[J]. 广东造船，2010(6)：33-37.

[17] Fujii Y. Some factors affecting the frequency of accidents in marine traffic[J]. Journal of navigation, 1974(27)：29-235.

[18] 岩井·聪. 关于船舶对桥梁的安全措施[J]. 中国航海，1986(12)：159-170.

[19] Ming-dong Chen, Dan Zheng, Guo-yu Cheng. Impact speed of vessel collision considering inland river channel characteristics [J]. Journal of Hydrodynamics, 2010(5)：692-695.

[20] 张海明，曹映泓，段乃民，等. 湛江海湾大桥主墩防撞设施结构设计[J]. 中外公路，2006(5)：89-91.

[21] 美国各州公路和运输工作者协会(AASHTO). 美国公路桥梁设计规范. 辛济平译. 北京：人民交通出版社. 1998.

[22] 陈明栋，文岑，杨胜发. 苏通长江公路大桥河段通航水流条件数值模拟[J]. 水动力学研究与进展，2005(12)：836-842.

[23] 陈明栋，杨胜发，文岑，等. 苏通长江大桥建桥后航线规划研究[J]. 重庆建筑大学学报，2001(10)：47-51，57.

[24] 陈明栋，罗家麟. 小比尺船模在水工、河工模型中的应用[J]. 长江水利水电科学研究院院报，1986(2)：56-63.

[25] 杨黎明，吕忠达，王礼立，等. 桥梁抗船撞柔性防护方法及实船撞击试验[C]. 第二十届全国桥梁学术会议论文，2012(5).

[26] 杨黎明，陈国虞，周风华，等. 象山港公路大桥主桥柔性防撞装置方案研究(研究总结报告)[R]. 宁波：象山港大桥内部资料，2009.

[27] 严伟，陈永奎，杨文俊，等. 三峡工程明渠通航船模与实船试验[J]. 长江科学院院报，2000(4)：2-6.

[28] 李文全，张伟，邓晓丽，等. 长江张家洲南港浅滩航道整治工程试验研究及整治效果分析[J]. 水利水电学报，2010(1)：15-19.

[29] 陈明栋，杨忠超，张智洪. 乌江彭水水电站通航系统原型观测报告[Z]. 重庆交通大学，2011.

[30] 中华人民共和国行业标准. JTJ 311—97　通航海轮桥梁通航标准[S]. 北京：人民交通出版社，1998.

[31] 中华人民共和国行业标准. JTJ 211—99　海港总平面设计规范[S]. 北京：人民交通出版社，1999.

[32] 王孙. 长航驳船队“退位”新船型等待加冕[N]. 中国船舶报，2009-11-20.

第 3 章 桥梁防船撞设施的推荐介绍

Chapter 3 A Recommendation and Introduction on Equipment for Anti-collision of Ship with Bridge

摘 要 本章对各种防撞设施进行了清晰的、理性的、比较全面的分析，让桥梁设计人在编写比较方案时，有一个正确的选择。所有桥梁防船撞的设施，可以分为被动防撞设施和主动防撞设施两大类，被动防撞设施又分为间接构造和直接构造两类。本文将被动防撞设施分 12 种(其中间接构造 5 种，直接构造 7 种)，主动防撞设施分 6 种。对每一种防撞设施的应用历史、使用场合、防撞效果、优缺点和造价等做出了客观的介绍。使桥梁设计人能够因地制宜地做出正确选择。

关键词 桥梁防船撞 防撞设施 防撞设施使用场合

Abstract: A clear, rational and all sided analysis are made, in this chapter, for the bridge designers organizing the project on anti-collision of ship with bridge to make a correct choice for the equipment. All anti-collision equipment of a bridge may be divided into passive and active two major types, furthermore the passive equipment is divided into indirect structure and direct structure. In this paper the passive equipment is divided into 12 types (including 5 types for indirect structure and 7 types for direct structure), and the active equipment is divided into 6 types. For every type, its application history, its service condition, its cost of the manufacture, its working effect, and its merits and demerits are introduced objectively. Base on these mentions and the local conditions the bridge designers can be getting an accurate choice.

Key words: Anti-collision of ship with bridge, Anti-collision equipment, Service condition

跨过航线的桥梁，在桥梁方案选择和初步设计的说明书中，往往要求设计人写出详细的桥梁防船撞的方案对比资料，本章提供给读者一个清晰的、理性的、比较全面的分析。让设计人在编写比较方案之前，有一个正确的选择。

桥梁防船撞的设施，可以分为被动防撞设施和主动防撞设施两大类[1]。

被动防撞设施指：船撞上桥梁或其防撞设施时，避免损失或减少损失的设施，内中又分为间接构造和直接构造两大类[2]。间接构造指船撞力不传到桥墩；直接构造指船撞力由桥墩承受的设施。而主动防撞则指：在船有可能撞上时，即发出声、光、电等信号加以引导，以防止船撞上桥墩的措施。

主动防撞设施有：红白相间标志、桥梁下弦标高警示、雾天黄灯、雷达、远红外监视高频甚高频电话声讯提醒、激光(或红外)测距声光报警和 GPS 卫星导航区域系统等。它们投资较少，但须设立监控系统、监控柜或监控室等，进行日常维护管理。

被动防撞设施有：间接构造的墩外墩、充砂石围堰、人工岛、墩外桩群和漂浮拦网等；直接构造的尖桥墩、木护舷、重力摆、橡塑碰垫、气液防撞囊、弹塑性钢围和黏滞性耗能防撞圈等。它们投资较大，尤其是其中的间接构造设施需要将可能发生的船撞力[9,16]全部在墩外防撞设施承受，其设施费用往往比桥墩还贵。其优点是："御敌于国门之外"。由于它会带来对环境的破坏，甚至是危及子孙的、不可修复性的破坏，因此一般仅在具备自然条件、对自然的改变(或破坏)较少时，才使用这种方式。

直接构造设施(有人称作缓冲设施[5])的力学原理巧妙一些，它通过消减船撞力和加强桥墩等措施，利用桥墩水平抵抗力，便能够抵受住船舶的撞击，不需另行构筑"墩外设施"或只建设较少的工程构造，因而节省投资。由于削减了船撞力，可以在保护桥的同时也保护船，因此也保护了环境。

防撞设施简要分类如下：

主动防撞设施：————红白相间标志，桥梁下弦标志警示；
雾天黄灯；
雷达；
远红外监视高频甚高频电话声讯提醒；
激光(或红外)测距声光报警；
卫星导航区域系统。

被动防撞设施，间接构造：墩外墩；
充砂石围堰；
人工岛；
墩外桩群；
漂浮拦网。

被动防撞设施，直接构造：尖桥墩防撞；
木护舷；
重力摆；
橡塑碰垫；
气、液防撞囊；
弹塑性钢围；
黏滞性耗能防撞圈。

可以用三句话总结[6,17]：防御桥梁被船撞的最根本办法，是在桥梁跨航道时，航道中不设桥墩，一跨过江；如因技术和经济原因必须在航道中设墩时，应采用大跨少墩(强墩)，将水面尽量地留给原来的航道；"可能遭受大型船舶撞击作用的桥墩，应作桥墩防撞设施的设计"[3]。

3.1 间接构造

间接构造的种类很多，由此体会出工程技术人员为此动了多少脑筋、花了多少气力、进行了大量的工程实践。下面仅就经常遇到的5类，叙述如下：

3.1.1 墩外墩

墩外墩的原理是：船在撞向桥墩时，先撞到“桥墩外的防撞墩”(墩外墩)，防撞墩吸收船舶的一部分或全部动能。如果吸收了全部动能则船停住了，不再撞向桥墩；如果仅吸收一部分动能，则船舶减速或转向，转向后不撞向桥墩或带有剩余动能的船撞向桥墩时不致撞塌桥墩，也是设计成功。

设计不成功有两种情况，一是墩外墩的保护角不足以保护桥墩，船从防撞墩旁边过去而撞塌桥墩(如2002年，美国阿肯色河桥)；第二种是防撞墩强度过小，虽本身壮烈牺牲，所消耗能量不够大，船继续撞向前，仍撞坏桥梁(如1960年，美国纽约港外通道桥)。所以美国新阳光大桥在建设海豚(Dolphin)式挡船墩时，参考了多个被撞过的挡船墩，设计出60英尺，54英尺和47英尺3种挡船墩，各墩采用不同的个数，预计分别能阻挡30000DWT，25000DWT和15000DWT的船[4]。

墩外墩的设置需要合适的自然条件。如水不太深，墩的建造成本就不会太高，否则在墩外建设一个(或几个)水平抗力大于桥墩，并且宽度大于桥墩(满足防御角)的墩外墩，其造价是很高的。

1)大运河上两座古桥补建的墩外墩

杭州塘栖镇的广济桥(也称通济桥)是明弘治11年(1498年)由鄞人陈守清募建，至今约500年，桥7孔6墩，桥长89.7m，宽5.42m，主跨15.6m，拱脚和拱顶均被撞过。于本世纪初，在中间3个主通航道的4个墩前后，双向共修8个墩外防撞墩，防撞墩比原桥墩略宽，在航行方向上全方位保护桥墩(防撞角180°)，在中孔中心设红色标志。次年又加高防撞墩和航标灯，并加设明显航行规定：规定50t以上单船走中孔(反向船等候)；50t以下，上下水分道单行，走左右2、3两航道孔；左右的第4、5两个航道孔走小吨位木船或机动小船。做到分道行驶，将水面尽量多地还给航道(图3-1、图3-2)。

a) 塘栖广济桥设置的8个墩外墩

8 anti-collision piers outside the bridge piers at Tangxi Bridge

b) 塘栖广济桥加高8个墩外墩并分道行驶

Higher piers outside the piers of Tangxi Bridge dividing the traffics for different ships

图3-1 大运河(浅水航道)塘栖广济桥的墩外墩

Fig. 3-1 The anti-collision piers outside the bridge piers of Tangxi Bridge at the Great Canal

杭州市的拱宸桥为明末商人夏木江倡建，到清顺治年间(1714年)方建成，为3孔2墩。两边修建长桥台将水域拦截，大小船都挤到中间3个通航孔。到以后航船增大、航道繁忙、船速变快后，撞桥事故就较多。2005年9月26日撞中孔拱券，石料损坏还未来得及修复，2005年11月23日又撞一次。后在3个通航孔航道之间的2个桥墩上下水两侧，共修4个墩外防撞墩，4个防撞墩上面均有汉白玉雕饰。

a) 杭州拱震桥原照片
Original photo of Hangzhou Gongchen Bridge

b) 杭州拱震桥设置4个墩外墩并有装饰
4 anti-collision piers out side the bridge piers with its decorate at Hangzhou Gongchen Bridge

图 3-2 大运河(浅水航道)拱震桥的墩外墩

Fig. 3-2 The anti-collision piers out side the bridge pier of Gongchen Bridge at the Great Canal

2)理想的墩外墩——既保护桥也保护船

在自然条件具备时，例如浅水航道，墩前有礁石、有石滩等，设置墩外墩保护桥墩，效果较好，花钱少。但这时防撞墩仍会对来撞的船造成破坏，导致污染环境。所以理想的墩外墩应在其外面设置一些柔性装置，在保护桥的同时也保护船和环境。示意图如图 3-3 所示。

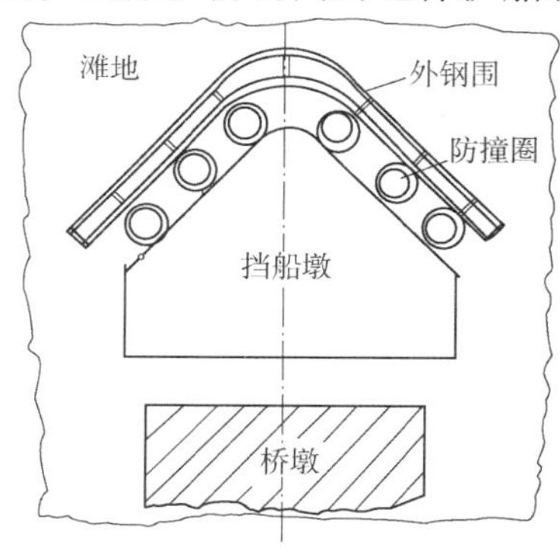

图 3-3 理想的墩外防撞墩的平面(示意)图

Fig. 3-3 The perfect anti-collision piers out side the bridge piers

3)美国新建的海豚式墩外防撞墩——佛罗里达阳光大桥的挡船墩[4]

新的佛罗里达阳光大桥于 1987 年建成通车，桥的每侧各有海豚式防撞墩(Dolphin)18 个，其中直径 60 英尺的有两个，直径 54 英尺的 6 个，直径 47 英尺的 10 个，平均分布于桥的两侧，防备两向来的航船，如图 3-4、图 3-5 所示：

主墩之前后均只放一个防撞墩的原因是因为主墩已有人工岛保护，此防撞墩起一个导向作用，使船头撞此墩后冲上人工岛两个侧斜面，而不从人工岛的短边冲滩撞击桥墩。新阳光大桥共采取了：加大跨距、提高净空，增强主桥墩、增设人工岛、海豚式防撞墩等一系列措施预防船撞。在单侧平面图中可看出，所布置的 18 个海豚式防撞墩对图例 7 个墩中的 2N、3N 两号桥墩的保护作用也是明显的。

类似的海豚式防撞墩在美国发挥过 3 次实际的作用。在 1961 年，一艘 35000DWT 满载矿砂的船以 8 节速度撞击一个费城港的 45 英尺直径的挡船墩，船头仅被压毁了几英尺。1979 年，一艘 45000DWT 的油船以 2.5 节的速度，正面撞上纽约基尔航道外通道桥直径 45 英尺的 4 号挡船墩，只有船头受到较小的破坏，油船继续前行了 50 英尺。1987 年，一艘

48000DWT 油船又撞上该桥直径也是45 英尺的5 号挡船墩，该墩歪而未倒，墩帽位移15 英尺；被撞侧钢板桩被拉长；墩内撑板被挤压，沙子外流；冲击点板桩破裂与船头变形调谐使船头破坏减轻。说明海豚式防撞墩能吸收一部分能量，保护桥墩并减轻船头破坏。

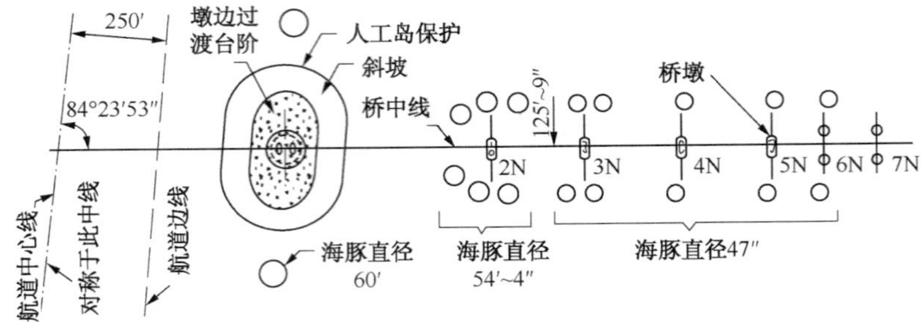

图 3-4　美国海豚式防撞墩在阳光大桥的单侧平面布置图[4]

Fig. 3-4　Dolphin type of anti-collision piers at one side of Sunshine sky way Bridge in U. S.

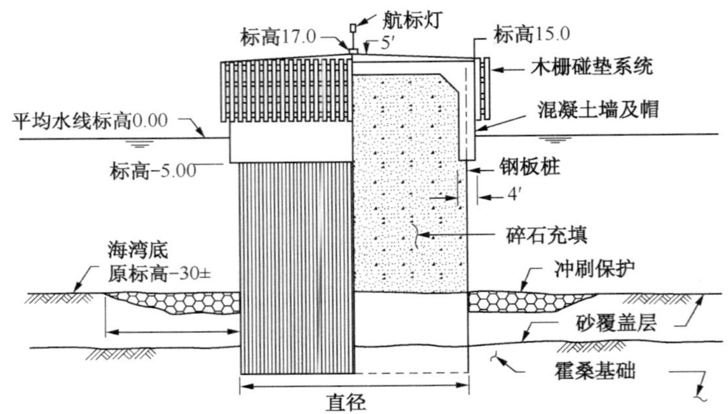

图 3-5　美 · 阳光大桥海豚式防撞墩立面图[4]

Fig. 3-5　Dolphin type of anti-collision pier at Sunshine sky way Bridge in U. S.

3.1.2　薄壳充沙石围堰

薄壳充沙石围堰性质属于墩外墩，在上节新佛罗里达阳光大桥中已描述了一种(钢围堰)。美国铁路工程协会以前也有近似的推荐型式，指出钢板桩围成的围堰也可以用混凝土板桩设计，同样也可以打入海底基础，亦可相互扣紧，内充沙和碎石，受船撞力时，围壁在海床面标高附近处，形成塑性铰。

此外，充沙石围堰除了钢围堰和混凝土围堰之外，还有柔性外壁的充砂石围堰。(见本节例4)。

拦船墩的顶部通常用混凝土做成盖帽，以便所有的板桩共同受力，盖帽的外面设木栅护舷。

这种构造在新阳光大桥之前有达姆角(Dome Point)桥、纽约附近的外通道(Outerbidge Crossing)桥、新泽西州的特拉华(Delawae)河桥以及伊利诺斯(Illinois)河桥等均已采用。其中1961 年的费城港桥、1979 年和1987 年的外通道桥共3 次被撞，证明其拦阻船的功能有效；且由于薄壳充沙石围堰本身变形、吸能，船的损坏也得到减轻。由图3-6 可看出：变形剧烈，吸能较多。

下面举例说明。

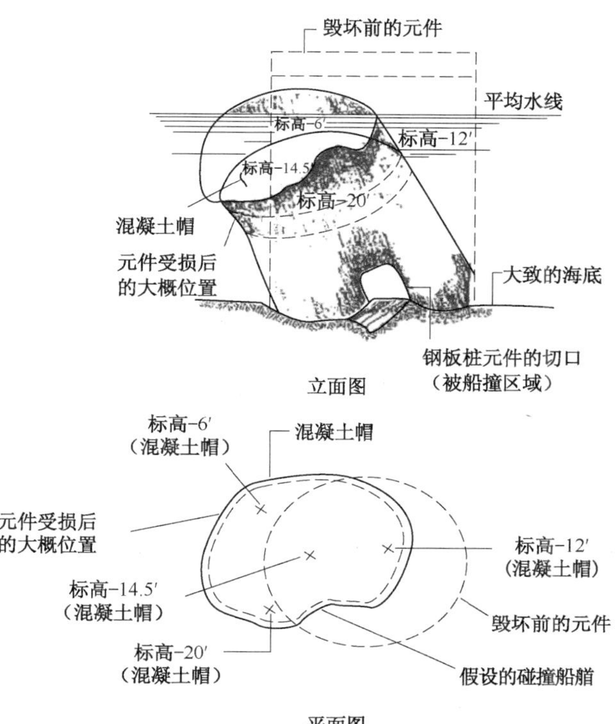

图3-6 外通道桥拦船墩被撞变形图[4]（尺寸单位：m）

Fig. 3-6 The figure after collision of Dolphin type of anti-collision pier of Outerbridge Crossing at New York

（1）巴西尼泰罗依（Rio-Niteroi）河桥的拦船围堰

该桥的拦船围堰设计如图3-7所示，由图可看出，对于偏离航线斜驶而来的船舶其保护角度是不够的。

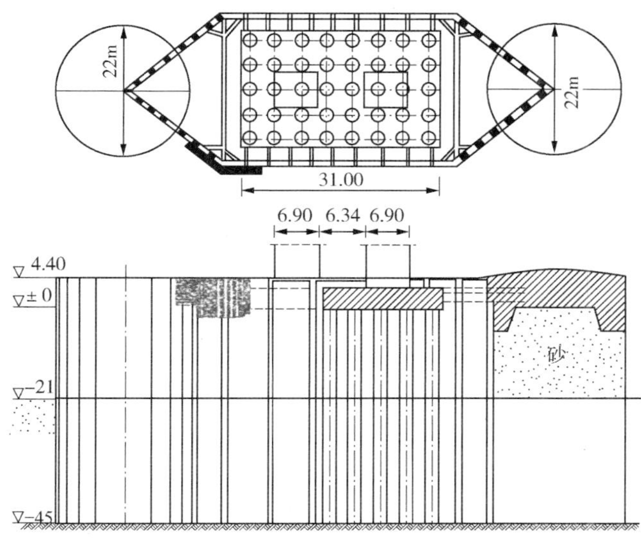

图3-7 巴西尼泰罗依河桥薄壳充沙石围堰防撞系统[5]（尺寸单位：m）

Fig. 3-7 Anti-collision system of cofferdam full with sand and rock at Brazil Rio-Niteroi River Bridge

(2)伊利诺斯(Illinois)河桥充沙石围堰与桥墩的布置(图3-8)

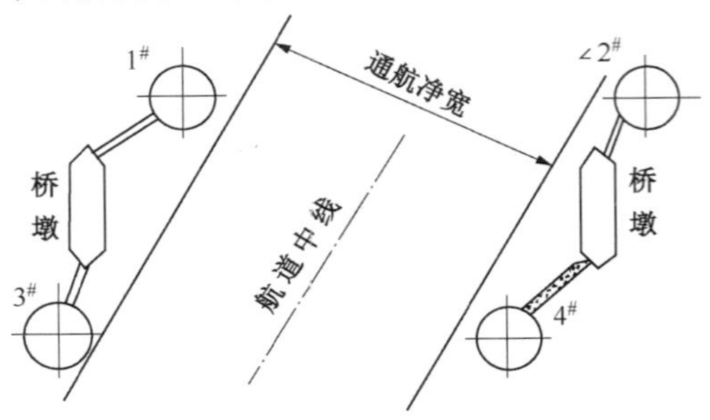

图3-8 伊利诺斯河桥防撞围堰布置图[5]

Fig. 3-8 Anti-collision system of cofferdam full with sand and rock at U. S. Illinois River Bridge

由该桥设置可以看出，围堰群有指引航线的作用，水面部分涂装明显标志可指引航船，万一小角度撞上，船头可能被拨正回到航线。对桥轴线与航线斜置的桥梁是个实用的例子。

(3)江苏南京长江一桥施工沉井内充沙[33]

该桥一号墩采用沉井施工，该沉井长宽为20.2m×24.9m，高53.5m。沉井与桥墩之间充填。沉井襟边以上还有约9.35m的围堰，在沉井保护下，万吨船船头尖部不会碰到桥墩，如图3-9所示。

(4)英国汉普郡，克莱斯特彻奇(Christ-church)岛桥的胶囊沙墩

该桥使用的墩外墩是用胶囊内充沙子，上盖以混凝土帽盖构成的，在桥墩前面水深15m的地方，建筑17m高的氯丁橡胶胶囊，上面的混凝土盖帽预制，盖帽也有护舷，并在港口连接好，拖运到海中，进行一次实地试装。这次1∶1的工程试装证明本方法的设计有效。此外，如图所示。本防撞设施明显的特点是船撞到胶囊时的柔性亦保护了船(图3-10)。

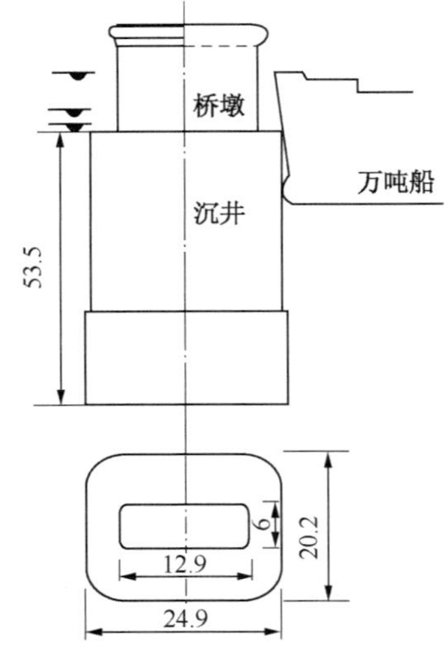

图3-9 南京长江一桥1号桥墩沉井防撞示意图(尺寸单位:m)

Fig. 3-9 Sink well full with sand and rock as anti-collision system at No. 1 pier, Nanjing First Bridge of Yangtze Rive

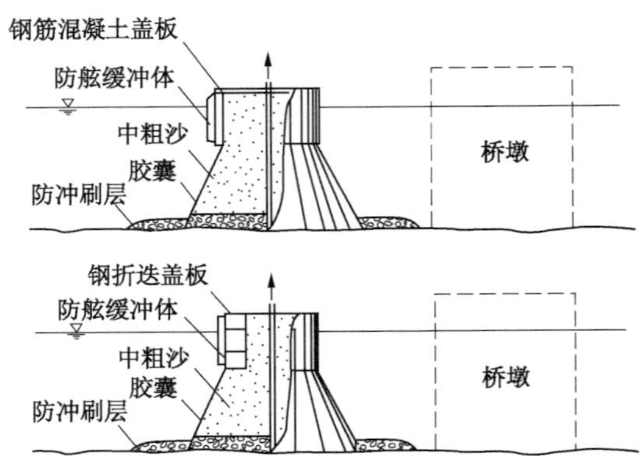

图3-10 胶囊沙袋做的墩外防撞墩

Fig. 3-10 The anti-collision pier outside the bridge pier made of capsule full with sand and rock

3.1.3 刚性人工岛

人工岛用砂石筑成，这种防撞设施对桥来说是有效的。对船舶来说则是刚性的，船头或船侧碰撞之后通常多会泄漏（只有预先计划好，尽量卸掉液货和燃油，船体对准斜坡，船底与人工岛的斜面大面积均匀接触，这时实现的人工冲滩有可能不造成泄漏）。因此，人工岛对港湾和其他水域的环境来说，是比较危险的定时炸弹。一旦船撞上去很容易造成水域污染。

其次，建造人工岛时，抛石、吹沙等搬运海底物质的工程，改变海底构造会造成冲刷、回流、淤积、漩涡等问题，而且一旦成岛后，万一需要再改回来，则花工夫更大，也许会贻误子孙。

第三，人工岛占航线的位置很大，通常是在航线非常宽阔，墩位处有礁石或浅滩，人工岛基面不太大时才采用。现以法国凡尔东桥为例，它的承台只有 20×49m，但人工岛基面为 100×249m，如果不是航道宽广，船舶航行便会受阻，如图 3-11 所示。

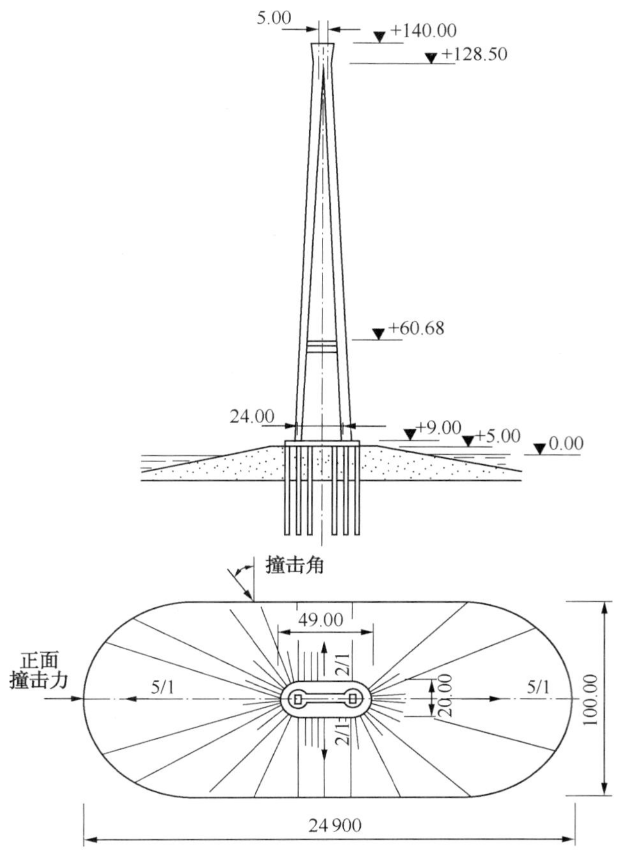

图 3-11　法国凡尔东（Verdon）桥刚性人工岛[5]（尺寸单位：cm）

Fig. 3-11　Manual rigidity island of France Verdon bridge

下面用几个例子说明选择用人工岛方法保护桥墩的自然条件。

（1）美国韦拉扎诺（Verrazano）海峡桥的人工岛

该桥位于纽约港出口，东面是布鲁克林（Brocklyn）西面是斯提顿（Staten）岛。该悬索桥长 2039m，桥垮 1298.45m。由于航道足够宽，设计钢桥塔高 191.97m，坐落于 39.4m×69.8m

的混凝土沉井上，沉井筑岛下沉，东西沉井分别沉至 -51.8 和 -32m. 此桥于 1964 年建成，但由于东岛下沉较深，人工岛较大，且东岛东侧(布鲁克林一侧)船舶基本上不能通航，虽然纽约港出口海面宽度较原来约减少了 400m，但仍满足通航需要，如图 3-12 所示。

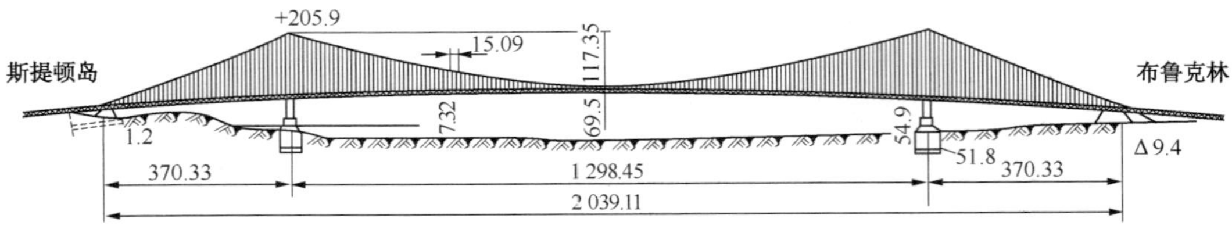

图 3-12 美国纽约韦拉扎诺海峡桥立面图[8](尺寸单位:m)

Fig. 3-12 U. S. New York, Verrazano channel bridge

(2)中国香港汀九大桥

汀九大桥南面是青衣岛的牛角湾向北跨过兰巴勒海峡航道到北岸的汀九，桥下是荃湾、葵涌等码头的进出口航道，这段航道当中有浅礁，本来进出航道分左右行驶，此桥塔正好建在浅礁上，故在桥塔四周堆成人工岛。进出航道的桥墩中心距，仍分别有 448m 和 475m，如图 3-13 所示。

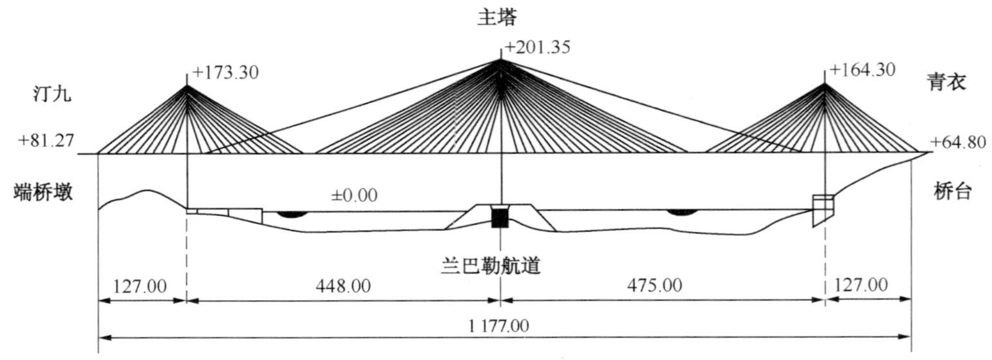

图 3-13 中国香港汀九大桥的人工岛[7](尺寸单位:m)

Fig. 3-13 Man-made rigidity island of China, Hong Kong, Tingjiou Bridge

(3)中国香港青马大桥

青马大桥是悬索桥，总长 2160m。东面是青衣塔建在滩地上，塔离岸约 300m；西面是马湾塔离岸约 460m，由于海面宽约 1800m 左右，桥垮 1377m，马湾塔基本上在大船不能通航的浅水上，建人工岛保护桥塔，此人工岛离航道中线约 600m，如图 3-14 所示。

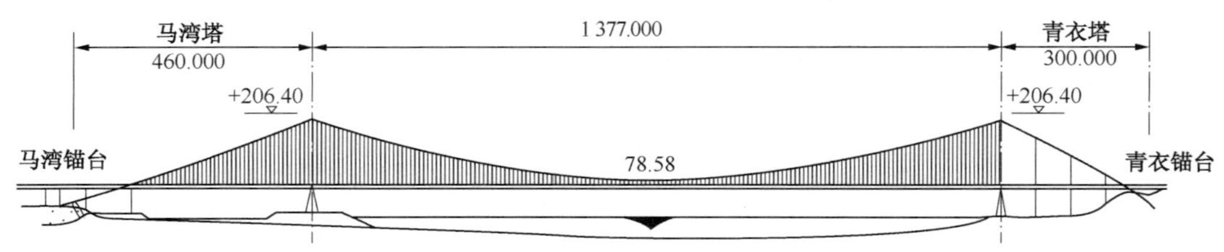

图 3-14 中国香港青马大桥的人工岛[7](尺寸单位:m)

Fig. 3-14 Man-made rigidity island of China Hong Kong Qingma Great Bridge

3.1.4 防撞桩群

防撞桩群作为防御船撞桥墩的方法是最直观的，美国铁路工程协会亦有推荐此种型式。例如下面第二霍巴克(Second Hoarth)桥便是他推荐的实例，防撞桩群要设计得比桥墩强是很费钱的，因此通常是通过精确计算桥墩水平抗力差多少便补多少。除了力之外也可兼用耗能计算，这些桩在海床上通常须用土弹簧算法。另外群桩之间的连接，作用反力的同期性，存在很大问题，例如下图第二霍巴特桥撞到横梁时会出现局部折断，其他的桩就不能共同作用。

桥墩须经受各方面的船来撞，假设桥墩水平抗力只有船撞力的 80%，那么桩群的每个方向都要设置能折减 >20% 船撞力的桩和梁。这样造价会比桥墩本身还贵。

(1)防撞桩围子

有些航线已无大船，墩外桩和横梁只为阻挡小船，避免撞破墩的表面(撞花了)，因为这些小船并不对桥墩有毁坏性的威胁，如广州解放桥等(图 3-15)。

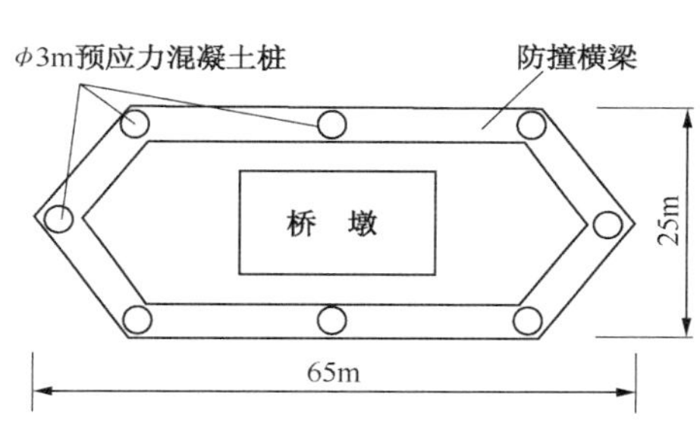

a) 第二霍巴特桥的集群式护墩桩[5]
Peg bevy anti-collision establishment at U.S. Second Hoarth bridge

主桥柱墩（钢筋混凝土） 环形碰垫（钢筋混凝土）
钢桩
5.25
7.05
桥轴线
航道
(60m宽)

b) 挪威特朗索桥的桩群[4]
Peg bevy at Norway Tromso bridge

c) 广州解放桥的防撞桩群
Anti-collision peg bevy at Guangzhou liberate bridge

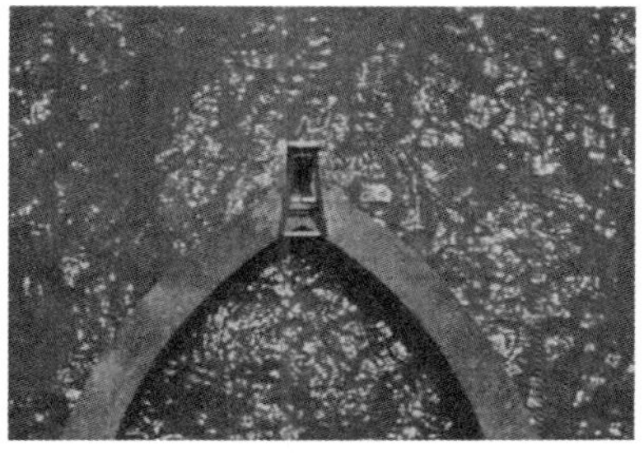

d) 广州解放桥防撞桩群横梁
Beam of anti-collision peg bevy at Guangzhou liberate bridge

图 3-15 防船撞桩群围子举例

Fig. 3-15 Example of anti-collision system by peg bevy

(2)防撞桩群台(图 3-16)

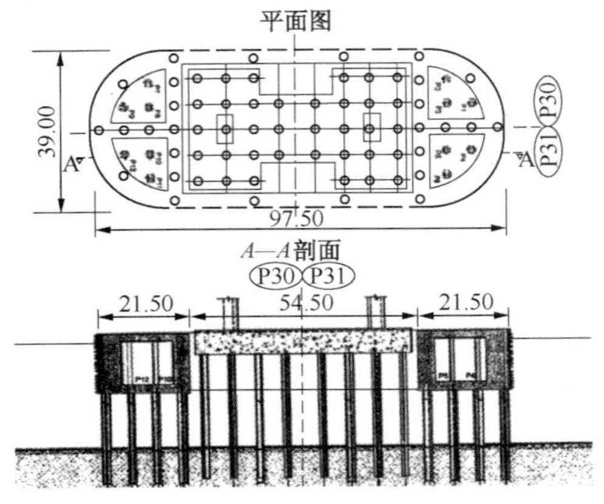

a) 委内瑞拉林诺索桥的桩群[4]
Pile-supported Protection System for the Venezuela Orinoco bridge

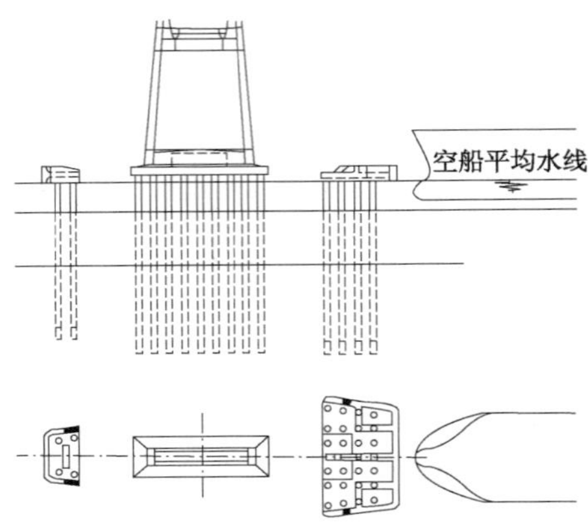

b) 阿根廷维多利亚桥的桩群[4]
Pile-supported Protection System for the Vegentina Rosario-Victoria bridge

图 3-16　防船撞分离式桩群台举例

Fig. 3-16　Example of Separate Pile-supported Protection anti-collision System

以委内瑞拉林诺索桥(Venezuela Orinoco bridge)的桩群和阿根廷维多利亚桥(Argentina Rosario - Victoria bridge)的桩群[4]作为例子：它们的桩群成矩阵布置，防撞桩群上部用混凝土台固结起来(称为桩群台)，它们的防撞设施的水平抗力都小于所保护的桥墩。差别在于，前者受撞时预计防撞装置与主桥墩一起受力，桥墩和桩的变形控制在弹性范围之内，船头被斜面滑开。后者受撞时防撞桩群被撞倒，倒下的构件压向桥墩的第一根桩，承台下面的桩会逐根破坏而致桩断桥塌。我国从 2002 年开始，多个设计研究单位已经利用公开的、通用的动态力的计算程序模拟计算和演示船撞桥的全过程，(从撞上、变形、复位到船离开；或是撞上、变形、构件局部损坏到倒塌等)可以读出过程中的各个瞬时的力和变形[27,28]。

我国 2005 年 10 月通车的一座大桥采用这种分离式桩群(图 3-17)。由于采用分离式防撞设施，主墩的水平抗力得不到利用，该桥墩的防撞标准被降低了[26]。当然也存在受撞时防撞桩群被撞倒，倒下的构件压向桥墩的第一根桩，承台下面的桩会逐根破坏而致桩断桥塌的危险性。

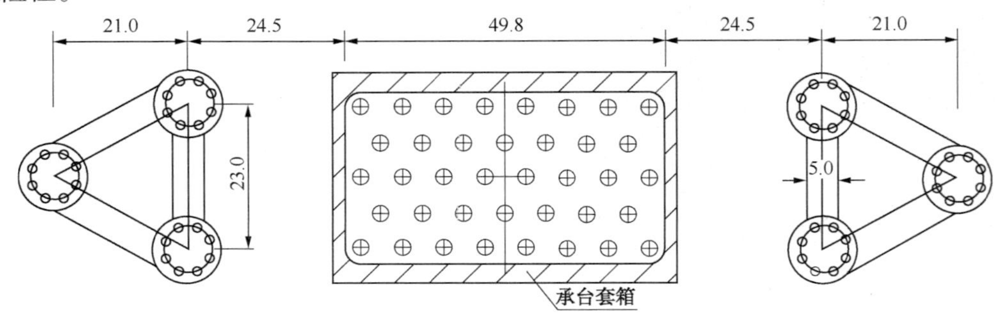

图 3-17　上海某斜拉桥防船撞分离式桩群台布置图(尺寸单位:m)

Fig. 3-17　Separate type peg bevy support used for anti-collision system at a Shanghai stayed-cable bridge

(3)既有桩台又有桩围的防撞桩群设计

图3-18是中铁大桥设计院原来为湛江海湾大桥设计的桩群(比较方案，未实现)，每墩有6个防撞墩，两根长横梁，6根短横梁。每个防撞墩下有9根ϕ2.5m的灌注桩，共计54根，梁下还有22根，共76根。其工程量可与主墩相比(主墩有31根ϕ3.0m的灌注桩)。

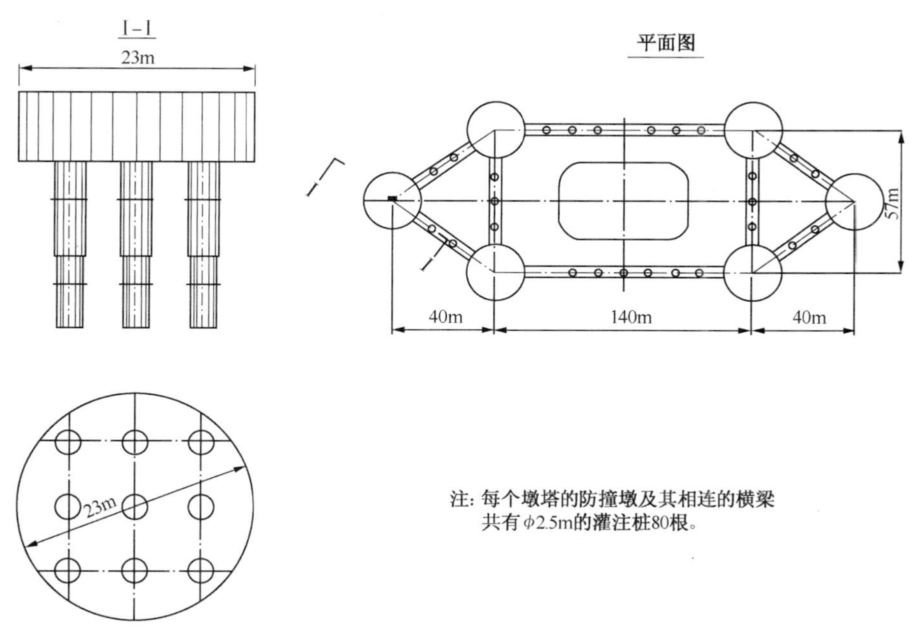

图3-18 为湛江海湾大桥设计的防撞桩群

Fig. 3-18 Separate type peg bevy support used for anti-collision project at Zhanjiang Bridge Guangdong Province

从上面介绍可以看出，设计防撞桩群应该注意两点：除了应计算挡得住挡不住还应考虑造价。从上面这些例图可以看出，挡得住的桩群，其工程量与主墩相比，都是很大的。

3.1.5 漂浮拦网防撞系统

漂浮拦网防撞系统的设计原理有几种：一种是利用粗的钢丝绳或尼龙绳网的弹塑性吸收全部动能，使船从动到停止；第二种是拖着金属块或混凝土锚块在海床上“犁地”或拉动预置的耗能器(如钢筒中的连杆)，消耗掉船的动能使船停下来；还有一种是浮链形成三角形区域将船拨开，保护桥墩或平台。上述三种设计，如果浮体比较大，当浮体位置改变而产生的复位力也起阻挡船舶的作用。

漂浮拦网防撞系统的优点，除了“御敌于国门之外”这一个共同优点之外，还在于拦阻船舶之后，防撞装置系统不损坏，有些甚至不移位不需整理(但像犁地方法就需要用工作船重新进行整理)。缺点，除了工程费用比较贵(如某跨海大桥，拦阻几千吨船的浮链拦阻系统造价人民币4.4亿元[25])这一个共同点之外，还在于设计成单斜型首柱的船头会将拦阻链索压到船底[24]，对策是设计成将拦网的下纲浮在水面，拦网的上纲高过船头老鹰板的高度，当中有网，这样就能够拦住船了。

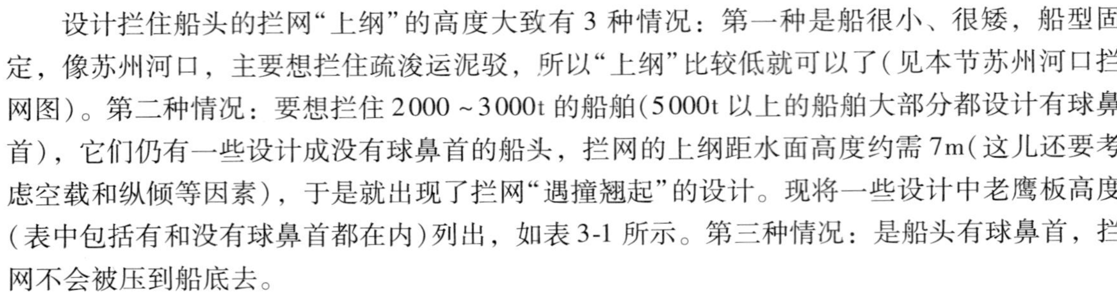

设计拦住船头的拦网“上纲”的高度大致有 3 种情况：第一种是船很小、很矮，船型固定，像苏州河口，主要想拦住疏浚运泥驳，所以“上纲”比较低就可以了(见本节苏州河口拦网图)。第二种情况：要想拦住 2000～3000t 的船舶(5000t 以上的船舶大部分都设计有球鼻首)，它们仍有一些设计成没有球鼻首的船头，拦网的上纲距水面高度约需 7m(这儿还要考虑空载和纵倾等因素)，于是就出现了拦网“遇撞翘起”的设计。现将一些设计中老鹰板高度(表中包括有和没有球鼻首都在内)列出，如表 3-1 所示。第三种情况：是船头有球鼻首，拦网不会被压到船底去。

船头老鹰板高度 表 3-1

The distance from water-lever(designed)**to Apron plate** Table 3-1

序号	船　名	设计吃水(m)	老鹰板距设计吃水线的高度(m)	老鹰板距基线的高度(m)
1	500t 级货船	3. 50	4. 10	7. 60
2	1000t 级油船	4. 10	4. 79	8. 89
3	1200t 级油船	4. 60	5. 30	9. 90
4	2000t 级油船	4. 30	5. 79	10. 09
5	3000t 级供油船	5. 50	6. 30	11. 70
6	3500t 级供油船	5. 40	6. 18	11. 58
7	5000t 江海直达货船	5. 00	7. 00	12. 00
8	5000t 近洋干货货船	6. 50	7. 25	13. 75
9	5500m^3 不锈钢化学品船	6. 95	6. 15	13. 10
10	7000t 级供油船	7. 20	5. 40	12. 10
11	2900 总吨滚装船	5. 80	7. 10	12. 90
12	700TEU 集装箱船	8. 10	6. 60	14. 70
13	13000t 散货船	7. 90	7. 22	15. 12
14	20000t 散货船	9. 50	8. 00	17. 50
15	27000t 运木/散货船	9. 52	9. 28	18. 80
16	1600TEU 集装箱船	9. 50	10. 60	20. 10
17	28000t 多用途船	10. 00	10. 37	20. 37
18	52300t 散货船	10. 70	12. 50	23. 20
19	57000t 散货船	11. 30	12. 70	24. 00

图 3-19 为有球鼻首与没有球鼻首对于拦网高度的影响。

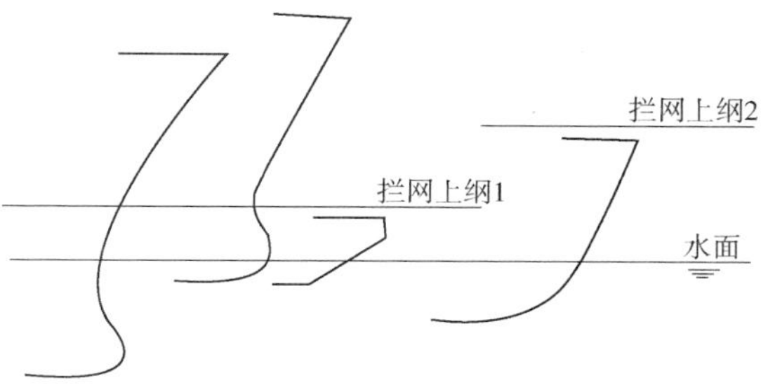

图 3-19 有球鼻首与没有球鼻首对于拦网高度的影响

Fig. 3-19 Bulbous bows affect height of block nets

下面举例简介几种拦阻方法。

(1)粗缆耗能拦阻方法

上海市苏州河与黄浦江交汇处的苏州河船闸，防撞拦阻绳网是由两根系在浮舟上主钢丝绳为纲加上垂直链索构成的。上面一根主钢丝绳成悬链线，下面一根用浮体浮在水面上，以实现拦住船头(从水上部分拦住)。如图 3-20 所示。

a) 苏州河口钢丝绳变形耗能使船停下来[10]
Steel wire block nets stop the ship at the bayou of Shanghai Suzhou river

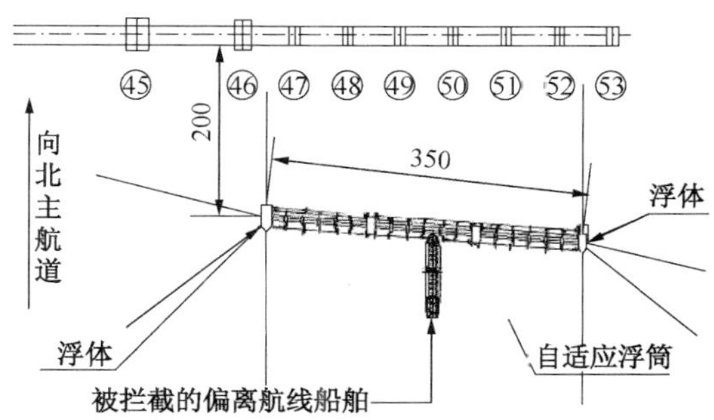

b) 尼龙缆绳变形耗能使船停下来
Nylon wires, by deformation energy, stop the ship

图 3-20 粗绳耗能拦阻方法

Fig. 3-20 The tackle method with energy Consumption by block nets ropes

针对平潭海峡大桥的拦阻方案设计了多个，其中尼龙拦船网方案设计原理是拉伸多条尼龙缆绳的能量使船停下来，拦网平时没在水中，船撞时抬起，以拦住船头[11]。右图为另一个设计方案。

澳大利亚的塔斯曼桥也是利用尼龙粗缆的弹性变形储能将一艘 35000dpt 速度为 4m/s 的船拦阻到停止，计算耗能 300MJ，尼龙缆绳延伸达到 35%。

(2)滑动锚与浮筒拦船系统(图 3-21)

日本的本州-四国公路桥梁管理局预防大型船舶撞击桥梁提出了滑动锚与浮筒拦阻系统，根据河床性质和锚的种类进行计算；意大利塔兰托桥利用漂浮体拉动钢筒形重力锚，受拉连杆在钢筒中滑动，消耗能量，达到拦船目的。

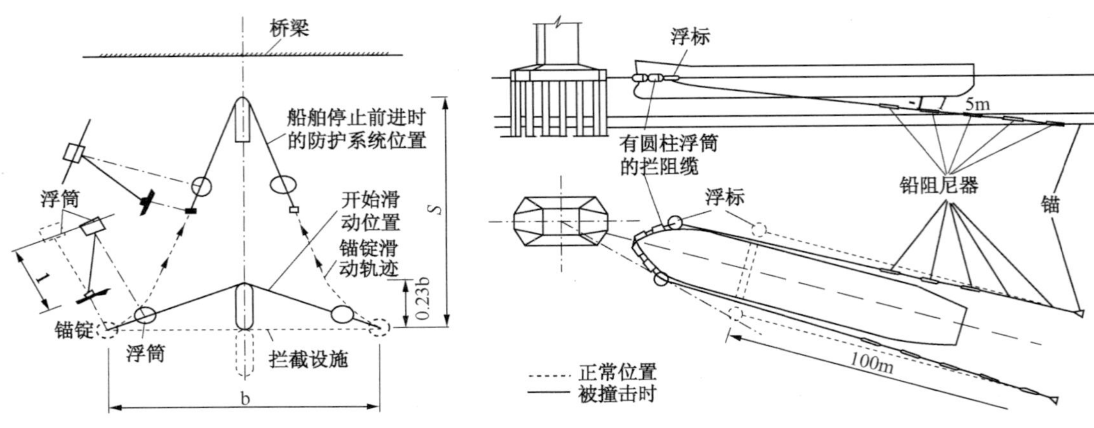

a) 滑动锚与浮筒拦阻系统[5]
Hold back System with slide anchor and buoy

b) 意大利塔兰托桥漂浮拦船系统[4]
Cable hold back System Projecting piers of the Taranto Bridge across the Mare Piccolo, Italy

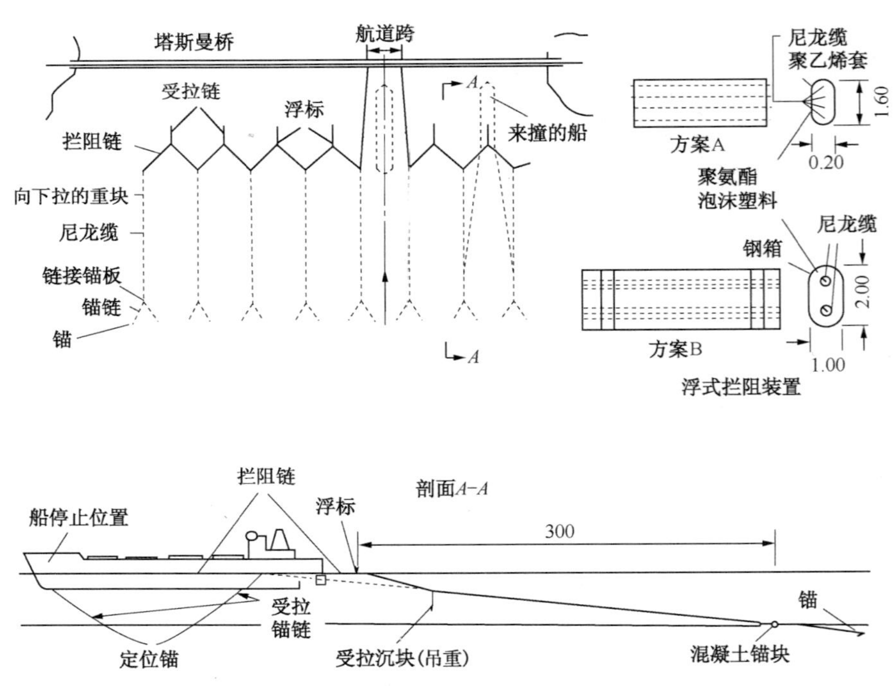

c) 用于塔斯曼桥的缆绳系统(尺寸单位: m)，澳大利亚
Cable hold back System Evaluated for use on the Tasman Bridge, Austria

图 3-21 滑动锚与浮筒拦船系统

Fig. 3-21 Hold back System with slide anchor and buoy

(3)浮链将船滑开的保护系统(图 3-22)

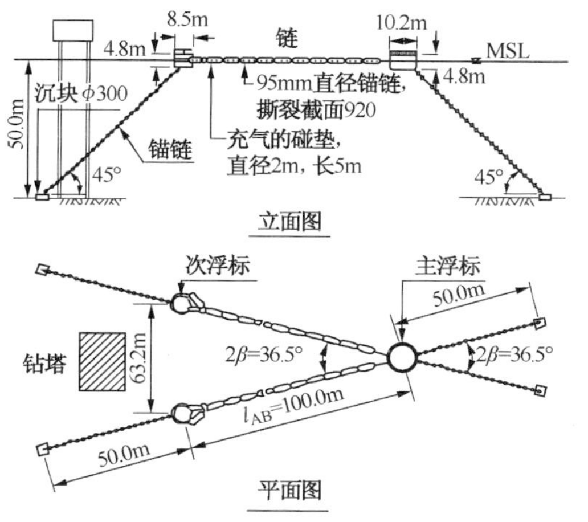

a) 日本明仁海峡中浮链阻拦船舶保护桥墩或平台[5]
Cable System Protection of Temporary Drilling Rig in the Akashi Cannel, Japan

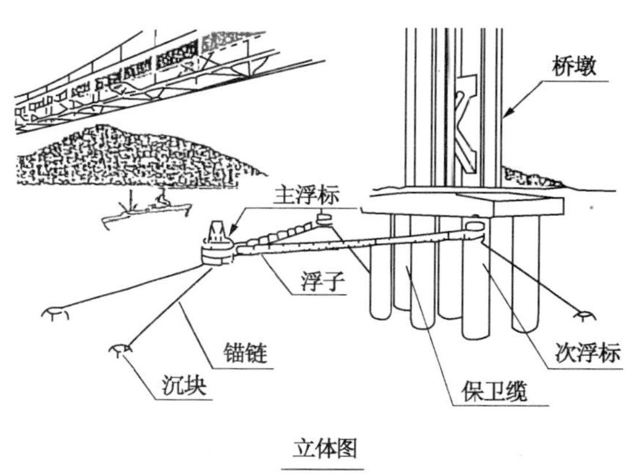

b) 用于明石海峡中本州-四国桥的缆绳保护系统，日本
Cable System Projection proposed for the Honshu-shikoku bridge piers across the Akashi Straits Cannel, Japan

c) 杭州湾跨海大桥的浮链拦船装置
The chain hold back System at the Over sea bridge of Hangzhou Bay, Zhejiang Province.

图 3-22　浮链、缆绳阻拦船舶保护桥墩或平台

Fig. 3-22　Cable and chain hold back System for the pier and drilling rig

3.2　直接构造

对于直接构造的防撞装置，受撞后的船撞力是要传到桥墩上去的，其设计核心在于削减船撞力。如撞到防撞装置外表的力为 10MN，经过防撞装置后传到桥墩上的力只有 5MN。如果桥能经受得住这 5MN，则防撞装置设计成功；如果原来桥墩水平抗力只能抵受 4MN，便须将桥墩加强一些，使之能够抵受 5MN。

由此看出，设计方法可分为两步：一是减低船撞力，二是提高桥墩承受水平力的能力。两步方法相结合，使桥墩能抵受得住船撞力，设计任务就完成了。

为什么直接构造省钱呢？因为它通过设计人员的反复计算，充分发挥了桥墩的作用；反之，间接构造是放弃了桥墩的作用，所以工程投资大了。

这里还有一个工程设计决策问题，船撞桥是小概率事件，为了百载难逢的一撞，投资一个墩外防撞设施是否恰当(这个墩外防撞设施，须承受大于桥墩能承受的水平力)。弄得不好这个墩外防撞设施还会影响环境，甚至贻误子孙。

直接构造严格地说并不能“防止”撞击(所以有人称作缓冲设施)，而是撞上之后拨开船头、减轻损失。可得到“桥不塌、船少坏”的结果，但并不能避免这个“小概率的、万一的”一撞的发生——这体现了被动防撞的弱点。但当万一撞上时，却能避免事故、继续交通、减少损失(有些防撞装置恢复得很好，撞过像未撞过一样，船也不坏。在浙江象山港进行了实船撞墩实验，接连撞了 8 次)。因其能够对付万一发生的事件，所以也是桥墩防撞的万全措施。

在美国有一个观点，认为直接构造只适用于小船，船大了都应该采用间接构造[5]，但我国已建造的许多直接构造大多是为大船设计的，如湛江海湾大桥、象山港大桥……都以 50000t 的大船为设计对象。如果将这些直接式防撞装置都改成间接式防撞装置，比较方案显示，造价成倍地增加。下面分 7 类介绍直接式防撞装置。

3.2.1 利用桥墩尖端斜面分力防撞

这是一个历史上行之有效的方法。众所周知，当船头撞向斜面，撞击点处产生的反力，可分成两个分力。一个分力垂直于斜面将船头推开，另一个分力平行于斜面使船继续前进。不论墩的材质如何(石质、混凝土、钢制)这一点，都是一样的。

尖端两斜面的夹角一般应小于 90°，有时设计成 75°、60°、45°等，下面举几个例子是 90°、60°和 45°角的。最近几年设计的钢质浮式防撞钢围多设计成 75°，因为角度大了则削减船撞力的作用不够明显；小了则防撞装置尖端外伸较多，建造工程结构不太方便。

(1)贵州镇远祝圣桥墩尖斜面分力防撞(图 3-23)

a) 贵州镇远祝圣桥上游侧
The upper side view of Zhenyuan Zhuseng bridge
(Guizhou province)

b) 贵州镇远祝圣桥下游侧
The under side view of Zhenyuan Zhuseng Bridge
(Guizhou province)

图 3-23 贵州镇远祝圣桥的墩尖斜面分力防撞

Fig. 3-23 Wedge pier for minify the force of collision at Zhenyuan Zhuseng Bridge (Guizhou province)

贵州镇远祝圣桥建于 1628 年，位于湘西新晃到黔东镇远公路的终点，桥下的舞阳江是千年来西南内地土产从云南到长江口(经洞庭湖)的外销运输线，上下水的航船均有，桥上的公路是长沙到贵阳的要道，在抗战时期是美援军备物资从缅甸、云南东运前线的生命线。此桥从明洪武年始，历时 250 年(1388—1628 年)才建成，已使用 500 年。桥 4 墩 5 孔，3 个主通航孔两侧 4 个墩，上下游 8 面都是尖墩头，斜面夹角为 60°。

(2)浙江武义熟溪桥东阳湖溪桥的墩尖斜面分力防撞(图 3-24)

浙江武义熟溪桥为明万历 4 年(1576 年)所建，长 165m，宽 5.6m，10 孔石墩木梁，桥墩尖端面夹角约为 45°。

a) 浙江武义熟溪桥16m跨10孔正面
Frontispiece of Zhejiang Wuyi Shuxi Bridge

b) 浙江武义熟溪桥(1576年)桥墩
Wedge pier of Zhejiang Wuyi Shuxi Bridge(1576)

c) 浙江东阳湖溪桥135m长共11孔正面
Frontispiece of Zhejiang Dongyang Huxi Bridge

d) 浙江东阳湖溪桥桥墩
Piers of Zhejiang Dongyang Huxi Bridge

图 3-24 浙江武义熟溪桥东阳湖溪桥墩尖斜面分力防撞

Fig. 3-24 Wedge pier for minify the force of collision at Zhejiang province

浙江东阳湖溪桥改建于 1924 年，长 135m，11 孔，为三折石板拱桥，桥墩尖端斜面夹角约为 45°。

(3)福建泉州洛阳桥的墩尖斜面分力防撞(图 3-25)

a) 福建泉州洛阳桥
Fujian Quanzhou Luoyang Bridge

b) 泉州洛阳桥有44座船型桥墩
Fujian Quanzhou Luoyang Bridge with 44 ship type piers

图 3-25 福建泉州洛阳桥墩尖斜面分力防撞

Fig. 3-25 Wedge pier for minify the force of collision at Fujian province

福建泉州洛阳桥建于960 年前，该桥更为人所熟知，建有 44 个船型尖桥墩，航线进出两个方向桥墩的平面角约均为 50°。

此外，我国古代还用铁质立柱设置在桥墩尖部叫做分水尖，能将迎面来的漂浮物体分到左右两个斜面上去，既能防冰凌，又能防船撞，有记载的如河南洛河上的洛阳桥(建于公元 640 年，此桥已毁，但历史上被大家熟知)；河北遵化清东陵桥(1875 年建)等均有分水尖。

因此，对于新设计的、跨过航道的桥墩(包括：主航道、辅航道和丰水期才有水的桥墩)都应该设计成尖墩，对于已经是平面向着航道的桥墩，在补作防撞装置时，首先将朝着航道方向补充构造成斜面。

3.2.2 木质护舷减低船撞力的防撞装置

图 3-26　我国河网地区小桥的木质护舷

Fig. 3-26　Timbers fender for small bridge in the river net area of China

木材的刚性较小，按照冲击动力学的原理，有了木质的护舷作为缓冲垫层存在，相撞系统刚性变小，撞击过程时间会延长，撞击力也就小。木材作为防撞护舷，介于船头和桥墩中间，相撞系统的刚性下降，撞击力就下降了。

(1)我国河网地区的小桥用木材保护桥墩，自然也保护了船(图 3-26)。

很小的桥使用修枝、间伐的木材。因我国林木一向较少，大桥用几层方木、原木做的桥墩护舷，在我国基本上是很少见的。

(2)多层纵横隔栅式木护舷(图 3-27)

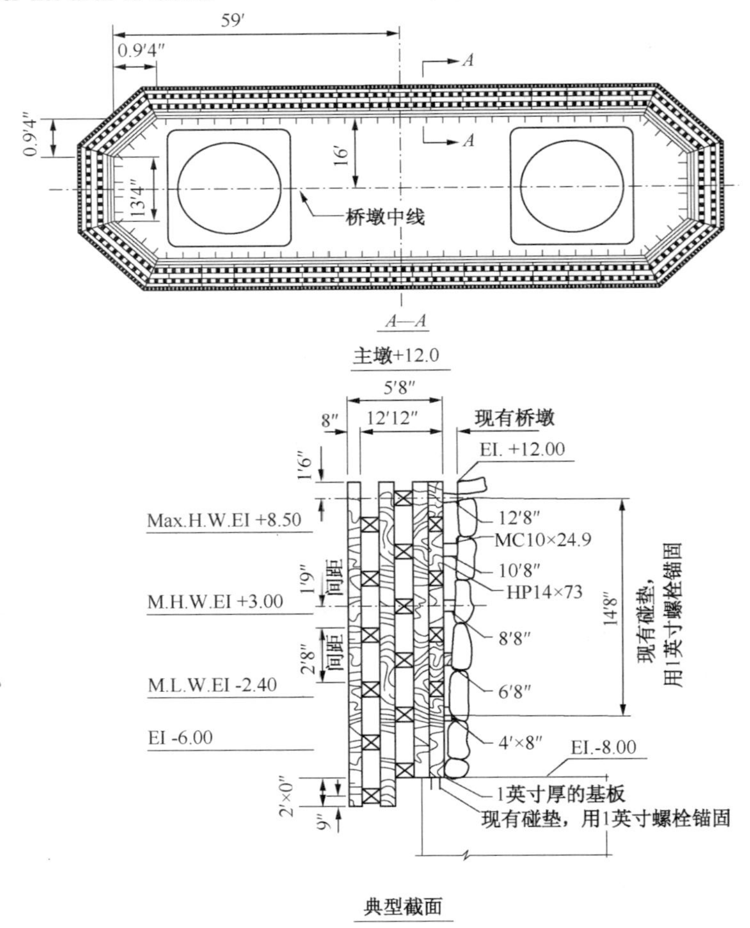

图 3-27　美国新泽西州约翰比里船长桥的木质护舷[4]

Fig. 3-27　Timber Fender System on the Commodore John BarryBridge, New Jersey U. S. A.

该木护舷设计时注意到了钢零件不露头(埋头)，船撞过来钢壳仅与木材接触，免除火花产生，是很好的设计。

(3)美国铁路工程学会建议的木护舷(图3-28)

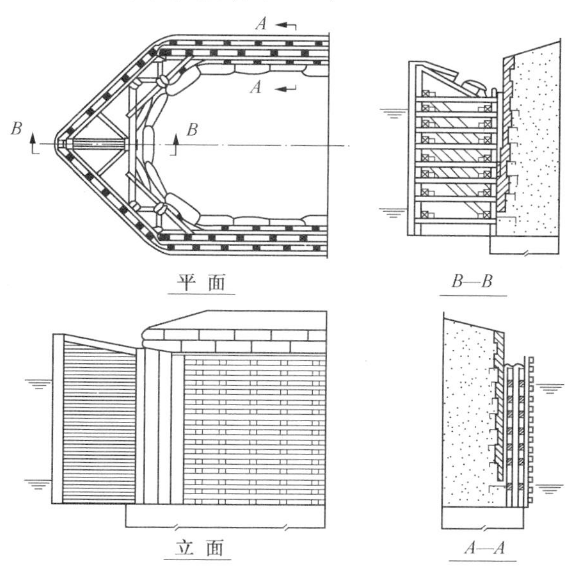

图3-28 美国铁路工程协会木质护舷方案[5]

Fig. 3-28 The Timber Fender Project of American Railway engineering association

这种木护舷又称为木质船形防撞承台，建议用于内河小船航道上。该防撞装置的优点在于设计成船形，但似乎每次撞后需要修理。

(4)木质丰富的地方用的集层原木护舷(图3-29)

在混凝土桥墩的外面，纵横交错地、一层一层的用原木、方木做成护舷。

图3-29 集层原木式护舷[12]

Fig. 3-29 The Timber Fender System with log layer by layer

正如图中看到的，也注意了固定螺栓采用埋头设计。木护舷不外露钢钉等金属构件，则可以避免碰擦引起的火花和碰擦引致的船体破坏。而在未能做到钢构件不凸出的防撞装置于严重地破损船体的同时，也严重地破坏了环境。例如1970年美·德克萨斯州阿瑟(Arthur)港，发生了一起有人员伤亡的事故，该事件中，一艘运载汽油的驳船被防护物上的钢构件撕裂引燃了油料。1960年，美·纽约基尔航道外通道桥，相撞船舶的船壳被撕裂了100英尺。2007年11月7日，釜山号大型集装箱船与美国的奥克兰海湾大桥东悬索桥的西塔发生碰

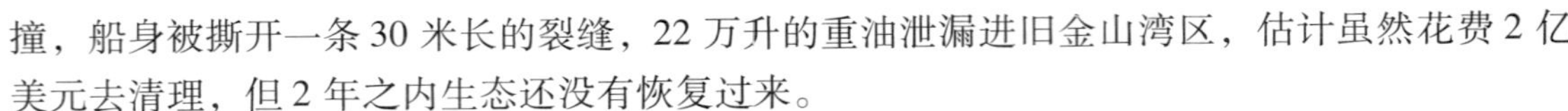

撞，船身被撕开一条30米长的裂缝，22万升的重油泄漏进旧金山湾区，估计虽然花费2亿美元去清理，但2年之内生态还没有恢复过来。

3.2.3 重力摆式防护系统(图3-30)

美国铁路工程协会提供了两种方式，一为平板重力摆。一为圆筒重力摆。两种原理是一致的，即船撞击后以悬挂摆的吊绳或吊杆为半径，以悬挂点为中心摆动引致摆的重心提高，动能变位能，船停止后位能变回动能，将船推回去。

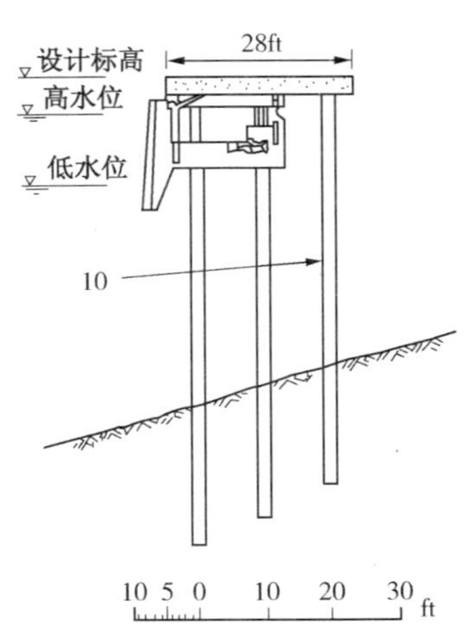

a) 平板重力摆
Flat type of pendulum for anti-collision

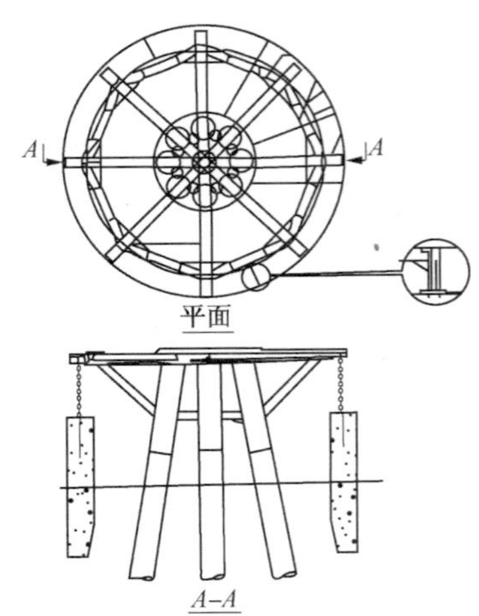

b) 置于圆桥墩周围的筒形重力摆
Cylindrical type of pendulum for anti-collision

图3-30 两种重力摆式防船撞系统[5]

Fig. 3-30 Two types of pendulum for anti-collision

由于允许摆动的位置很小，摆重与船重的比例也不大，位能很小。船撞到板后能转换的能量很少。适合于大墩小船。协会自己着重介绍了这种方法的明显缺点：“体积大，建造费用高，维修保养困难，操作复杂，在风浪中活动部分有磨耗，潮汐带腐蚀严重，风浪大时还有震颤”。因为震颤频率随风浪而变，构造设计人必须将其自震频率避开风浪引起的震颤频率范围，否则有设备毁损危险。

虽然历史上有过这两种形式，但今天实用极少。

3.2.4 A形、鼓形、管形橡胶碰垫和圆柱形、球形充气碰垫

橡胶自古以来就是弹性减振防撞元件，人们从植物提取天然橡胶有很久远的历史，橡胶(后来也用合成橡胶和塑料)的特点是弹性极好，变形后恢复形状完整，因此吸能很少，发热少。

因为力在橡胶中传递比在钢中传递较慢，因而能够延长撞击过程时间，从而降低系统的撞击力。

(1)A型和鼓形碰垫作缓冲元件(图3-31)

美国加州交通运输部的方案有很多优点，如将原来方桥墩改为尖桥墩；光滑外钢围可以滑开船头；用数量很多、两层相对连接的A形橡胶碰垫，可以延长碰撞过程时间；这都是很好的。

日本岩黑岛桥用鼓形橡胶碰垫与钢丝绳的弹性变形护舷配合使用。适用于较小的船舶。

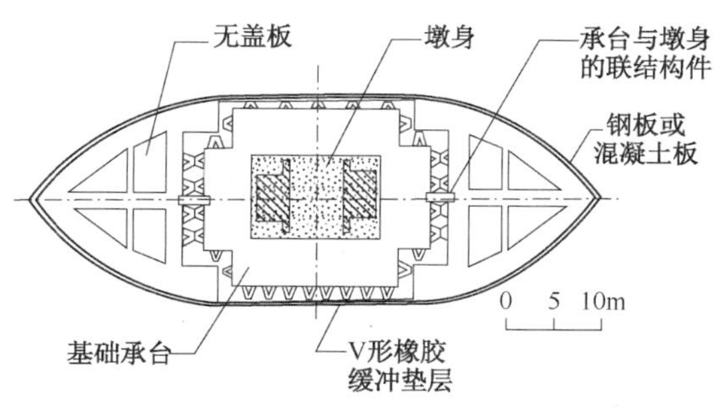

a) 美国加州交通运输部利用A型碰垫的防撞承台[5]
Anti-collision support with A type fenders designed by Ministry of transportation of California U.S.A.

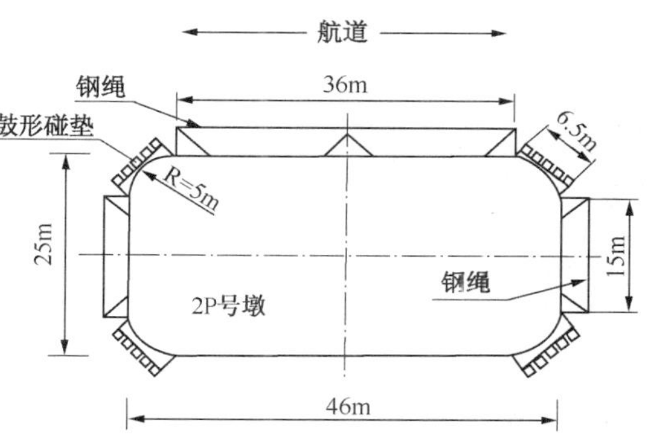

b) 日本岩黑岛桥2P号桥墩的鼓形碰垫[2]
Drum fender of No2 pier at yanhei island bridge Japan

图3-31　A型和鼓形碰垫作缓冲元件在防撞装置的应用

Fig. 3-31　A-type and Drum-type fender as the cushion units used in the anti-collision system

(2)管形橡胶元件构成的轮渡防撞装置(图3-32)

我国的长江轮渡码头是比较繁忙的，有的渡口几艘船同时进出，用防撞柱分隔，分隔的水中桩柱便是一个专门设计的有管形橡胶元件的圆形防撞钢围，撞上之后会少许转动；外钢围会少许后退，在我国多个渡口得到推广。(该外钢围设计成较船体强太多了，致使船舷被碰成瘦马形，这是缺点)

a) 轮渡码头用防撞柱分开成两个船位
Dock of ferry using the anti-collision columniation divides the route into two routes

b) 轮渡码头带橡胶管的防撞柱浮钢围构造
The anti-collision columniation used in the dock of ferry

图3-32　管形橡胶元件做成的防撞柱的钢围

Fig. 3-32　The anti-collision columniation made by the tube type fender and the steel round

(3)球形和圆柱形防撞元件(图3-33)

作为单个的可移动的球形或圆柱形防撞元件，也得到较广泛的利用，由于移动方便所以常用在船与码头相遇、船与平台相遇等场合。我国南海石油公司大量采用圆柱形充气防撞元件作为平台与船舶之间的防撞装置。

3.2.5　气囊、液囊防撞(图3-34)

当气体或液体通过小孔，能够消耗能量，根据这个原理做成的防撞装置设计已广为人知。小孔消能需要时间。气体是可以压缩的，因此在突然受冲击载荷而受压时，除气囊外壳膨胀外，气体本身压缩也是一种缓冲；液压囊少了第二种缓冲，如果小孔及橡胶囊外壳膨胀来不及，外壳会爆裂。液流孔大了消能少，液流孔小了会炸裂。所以，现在气囊圆柱形碰垫已是成熟商品，但液囊防船撞缓冲器尚在研发中。

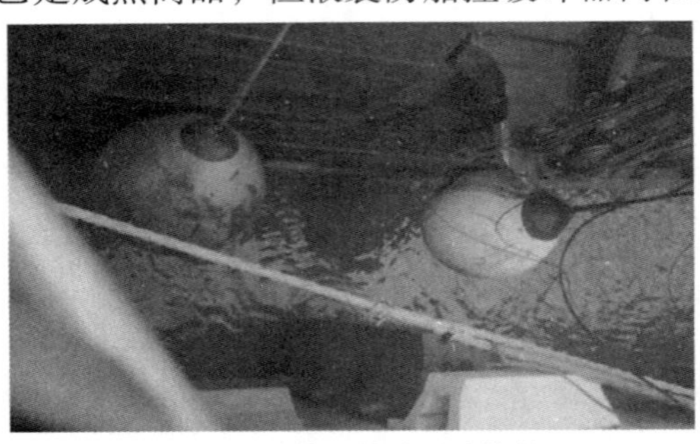

a) 北欧洲使用的球形防撞垫
Spherical fender used in North Europe

b) 海洋工程用圆柱形浮式防撞碰垫[13]
Column type of floating fender used by the Marine engineering

图 3-33　球形和圆柱形碰垫防撞

Fig. 3-33　Spherical and cylindrical floating fender for anti-collision

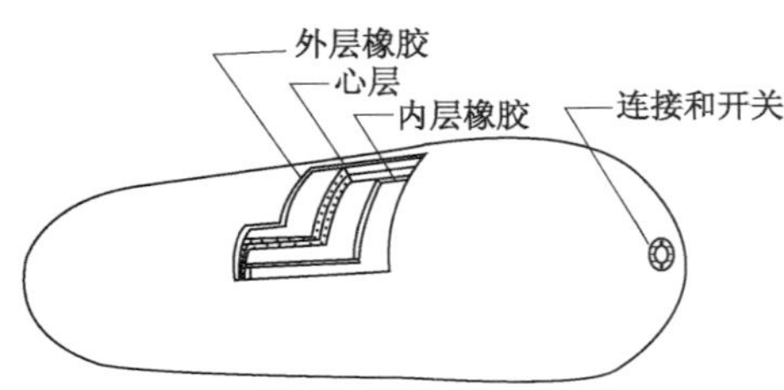

a) 横滨公司有心层的橡胶气囊[13]
The air bag with internal layers made by YOKOHAMA Co. Japan

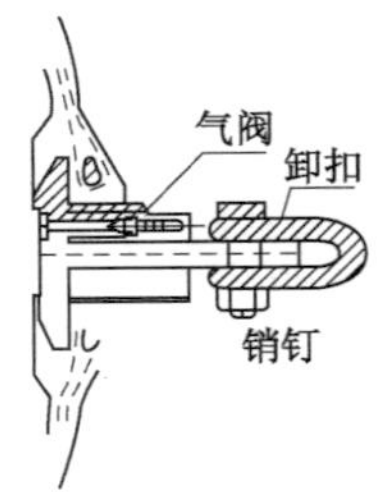

b) 防撞气囊的气阀和连接卸扣[13]
The valve and shackle of air bag for anti - collision

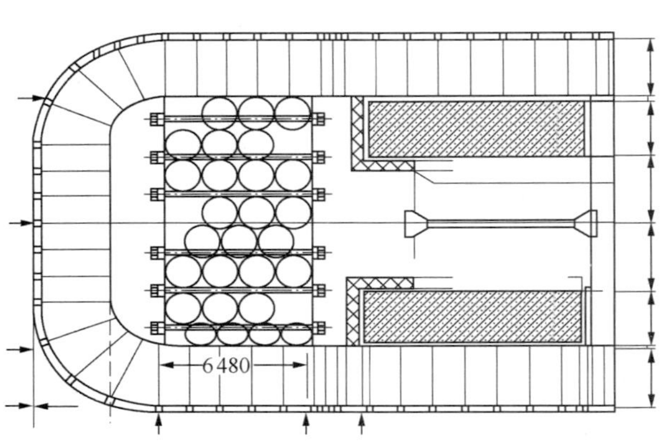

c) 武汉水利水电大学设计液囊防撞装置示意
The liquid bag designed by Wuhan water conservancy and electric power Institute (only in lay)

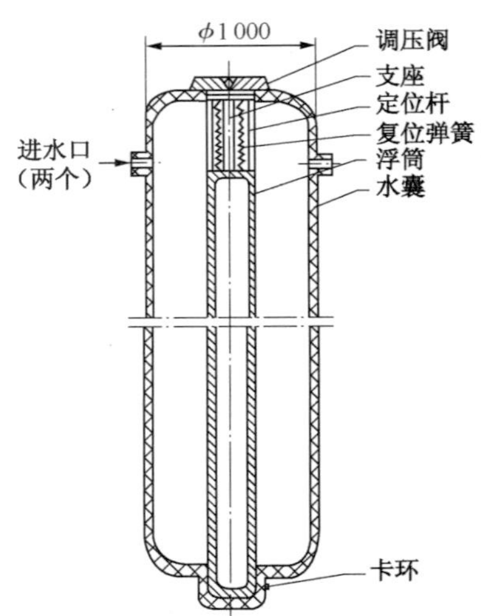

d) 武汉水利水电大学液囊示意
The liquid bag designed by Wuhan Water Conservancy and Electric Power Institute

图 3-34　气囊、液囊防撞元件

Fig. 3-34　Air bag and liquid bag for anti-collision

3.2.6 弹塑性耗能式防撞装置(图 3-35)

继使用木护舷的之后，设计者便用了混凝土构件和钢构件护舷，混凝土元件是供压碎耗能的。工程界一般认为混凝土为脆性材料，受拉、受压时其“力—变形”曲线只有弹性阶段，没有塑性阶段；只有弹性功，且其值甚小。钢构件在一般的情况下会产生很大的弹塑性变形而不会碎断，在塑性变形中吸收很多的能而且消耗掉，不会很快释放出来对其他物体做功。

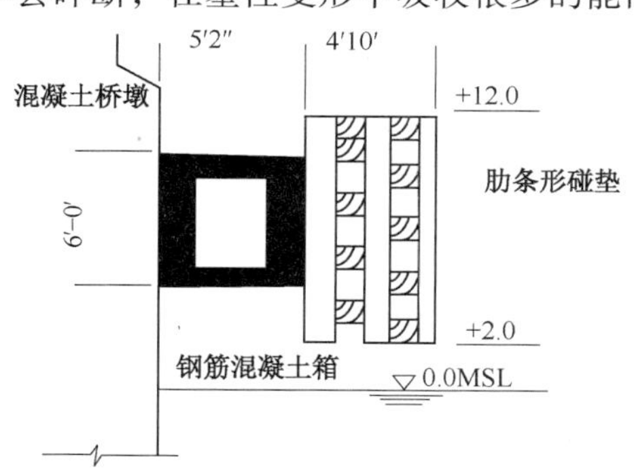

a) 美国马里兰州斯考特基桥的混凝土弹性防撞元件[4]
Concrete elastics anti-collision equipment at U.S. Maryland Scotch bridge

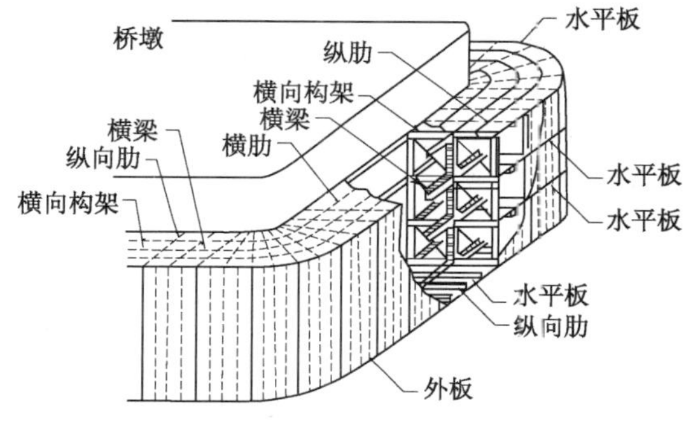

b) 日本备赞-濑户大桥的弹塑性钢构护舷[4]
The elastics-plastics anti-collision equipment in Japan

图 3-35 木、钢和混凝土构造的弹塑性防撞装置

Fig. 3-35 The elastics-plastics anti-collision equipment made of concrete, wood and steel

为了防止船头撞到桥墩的桩柱，有时需要将防撞装置设计成占据桥墩外侧的空间，为了消耗足够的能量，为了节省投资和取材方便等，就有钢、木和混凝土混合的结构。

利用钢构件在塑性变形时耗能非常大的特点来建造防撞装置，防撞装置在塑性变形时消耗大量的功吸收了船的动能，使运动的船停止。但有明显的缺点，首先是撞击发生后产生塑性变形凹陷处会镶住船头，这样防撞装置就必须吸收船的全部的动能，所以钢构件比较大；其次，塑性变形不可恢复，就出现被撞一次修一次的问题，无论大撞小撞都得修；第三，由于钢构件的刚性比较大，在桥得到保护的同时，对船的损破坏比较大；第四，由于造价高，导致一些防撞设计降低防撞标准，具体实例已有技术文献发表[30]。

有一个实例说明，如果能够滑开船头(不镶住船头)，如驳船的船头比较圆，则对保护桥是成功的。黄石长江公路桥[18]于 1998 年 9 月 2 日经受了 7 艘 1500t 空驳船组成的驳船队撞击，3 艘驳船被严重撞损，防撞装置损坏轻微。大桥桥墩没有任何损伤。

举两例如下：

(1) 湖北黄石长江公路桥防撞装置[18](图 3-36)

为了迎撞 5000t 货船，钢结构浮体长 20.4m，宽 21.7m，高 4.0m。此装置设计建造于 1994—1998 年，已使用了 14 年。

(2) 上海奉浦大桥防撞装置(图 3-37)

上海奉浦大桥位于黄浦江上游，船比较小也比较少，它的防撞装置是比较简单的、典型的弹塑性浮式防撞装置[19]。于 1995 年 10 月建成，使用至今。

此外，承台施工套箱如果不拆除，在万一被船撞上时也发生弹塑性耗能，简述如下：

1997 年，日本发表了名古屋港口桥墩改造施工钢套箱，以抵御 1000t 和 5000t 的船分别为 3.15m 和 2.92m 的变形[31]。从变形量可以看出，改造套箱约需增加一倍的厚度，约增加 1 倍的钢结构工程量。

a) 在船厂制造安装
Manufacturing in shipyard

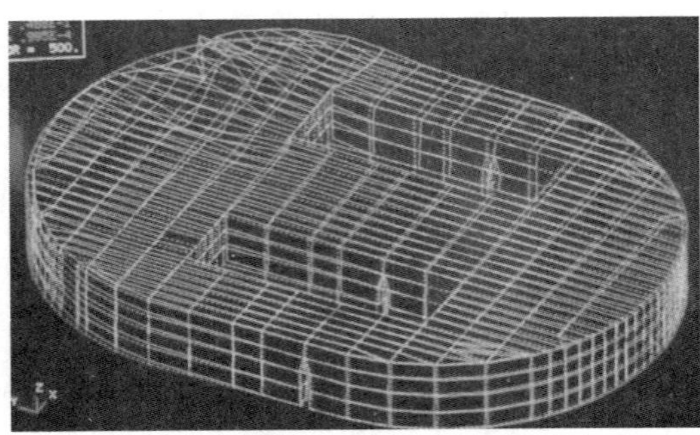

b) 划分500单元计算
Partition to 500 unit for calculation

c) 下水后拖向塔墩
After launch towing to the pier

d) 安装完毕
Installing at the pier

图 3-36　黄石长江公路桥浮式弹塑性耗能防撞装置(史元禧供图)

Fig. 3-36　Floating elastics-plastics anti-collision equipment at Hubei Huangshi highway bridge

a) 主墩设有浮式弹塑性防撞装置两边过船
Pier with floating elastic-plastic anti-collision equipment, ships pass at both sides

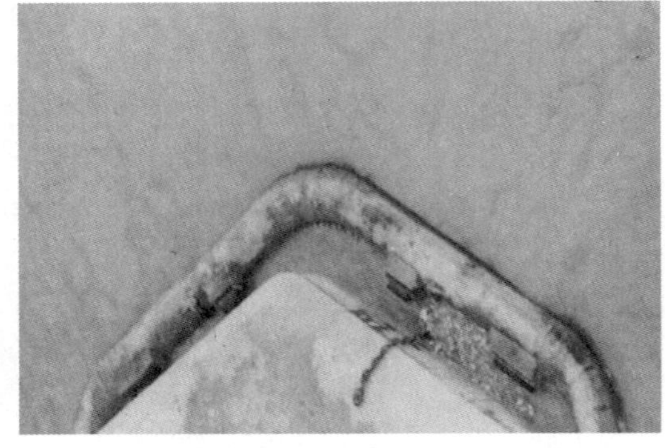

b) 弹塑性浮式防撞装置顶视图
Top view of floating elastic-plastic anti-collision equipment

图 3-37　上海奉浦大桥防撞装置

Fig. 3-37　Anti-collision eguipment of Fengpu Bridge in Shanghai

我国建设苏通大桥，某单位设计弹塑性(钢板结构)防撞钢围(图 3-38)。为了防御50000t 船，该钢围横桥向纵深宽度为 12.00m，侧边宽度为 6.00m，型深 12.50m，其工程量远比施工套箱大得多。使桥的造价增加一亿元左右。(由于桥墩足够强，考虑暂不保护船，故没有做)。

如果仅保留施工套箱，由于比混凝土刚性加大，船撞力会上升一点[32]，如图 3-39 所示，船头会破坏得更多一点。（防撞装置的刚性若与船头相当，则两者分摊变形与破损；设计的防撞装置刚度小于船头时，船撞力会下降，船头也会得到保护）。

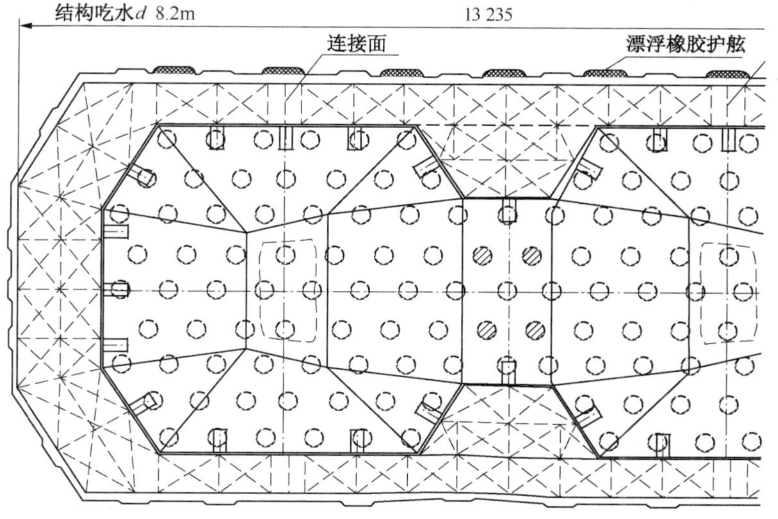

图 3-38　苏通大桥钢格子结构防撞装置方案设计图

Fig. 3-38　The outline of elastics-plastics anti-collision equipment of Sutong highway bridge

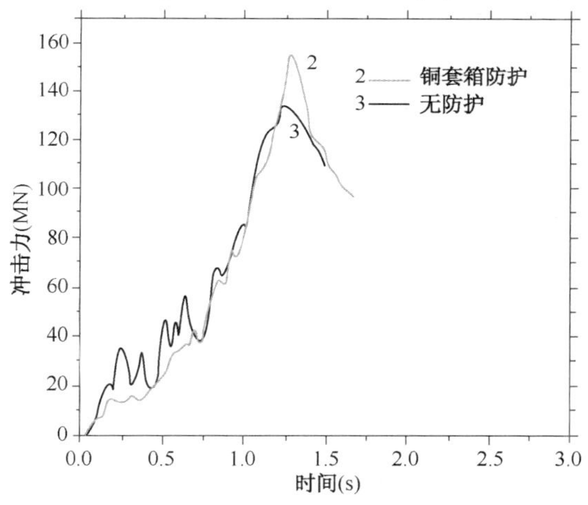

图 3-39　混凝土墩有无施工套箱船撞力对比图

Fig. 3-39　The box-like molding board can increase the force of ship collision with pier

因此应该设计适用的防撞装置，拆除施工用的套箱式模板，如果不适当地保留施工用的套箱式模板就会导致降低防撞标准，放弃防撞对象等[30]。

3.2.7　黏滞性耗能式防撞装置

黏滞性耗能式防撞装置在前面几种防撞装置的基础上有所继承也有所发展。获得了复合消能防撞圈 ZL200520042237.2[14] 和长圈型防撞钢围 ZL200520042238.7[15] 两项国家专利授权。其防撞装置如图 3-40 所示。

继承方面，首先采用较小的迎撞角。我们吸收了泉州、浙江古桥的特点，近几座桥设计为 75°迎撞角，光这一点可使墩受到的船撞力减少至 7 成，其次在适合的场合采用浮式装置，防撞装置吃水线与来撞船舶的吃水线永远一致。

a) 湛江海湾大桥50000dwt船防撞装置
Viscidity anti-collision equipment for 50000t ship at Zhanjiang bayou bridge

b) 黏滞性防撞装置局部图
Partial view of viscidity Anti-collision equipment

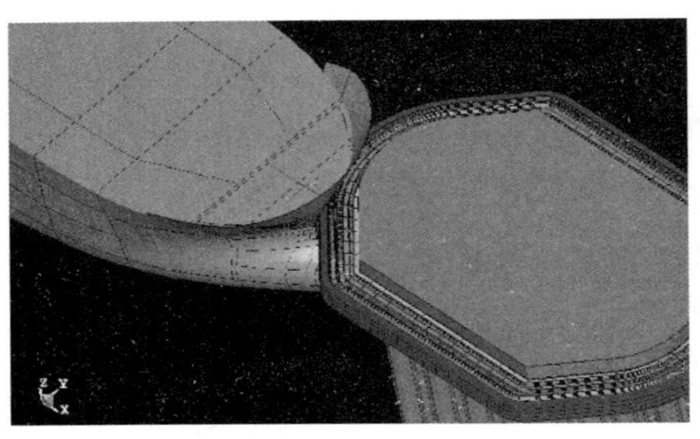

c) 船桥相撞关系模拟图
Simulate drawing of ship collision with bridge

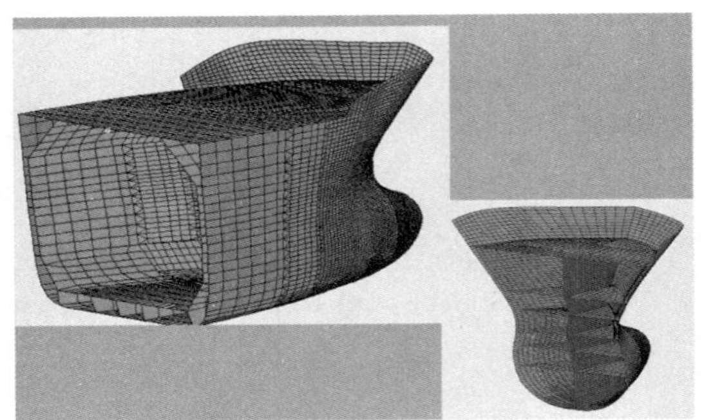

d) 模拟计算(13万单元)的船头部分
Simulate calculation (130000units)for the bow

图 3-40　湛江海湾大桥浮式黏滞性防撞装置

Fig. 3-40　Floating viscidity anti-collision equipment at Zhanjiang Bayou Bridge

发展方面，首先，采用黏滞性防撞元件，将来撞船的动能耗掉 10% ~20%；其次，采用柔性结构，在获得大的初变形时反力很小，缓缓地推开船头；第三，耗掉的能量成为热能并不反馈给船，因此船头反弹不大，船舶按原来的航线继续前进，（本书读者可向作者要一张载有船撞黏滞性防撞装置实船试验视频的光盘）；第四，由于撞击系统刚性明显减少，船撞力传到桥墩时只有撞到防撞装置外表的力的 50% ~40%，这一点在实船试验中用力传感器测定证明；第五，黏滞性防撞装置数值模拟计算用商用动态程序，并经试验验证，计算结果与试验测定差别较小，见第 7 章。

湛江海湾大桥防御 50 000DWT 船撞击桥墩的装置建成之后，经鉴定委员会鉴定，评为世界首创[20,21]。

对于水位变化比较大的场合，如有潮的海口、港湾和洪枯两季水位差较大的内河，宜选用浮式防撞装置，其迎船面的吃水线永远与来撞船的吃水线一致，这对防撞装置工程量带来很大的节省。

此外，由于来撞船舶与防撞装置吃水线相对应，则防撞装置可以适当地照顾到船头的斜度。相撞时有相近的角度，有利于防撞装置较平行地后退，防撞元件功能得以正常发挥。

在一些水位变化比较小的场合，（如经过填海围垦的海口，潮差较小），也可以选择固定式（非浮式）防撞装置，其构造原理大致与浮式相同，但船头吃水线在防撞装置很大一个高程范围内变化，防撞装置做得很高，构造成本会比浮式的增加。如图 3-41 所示。

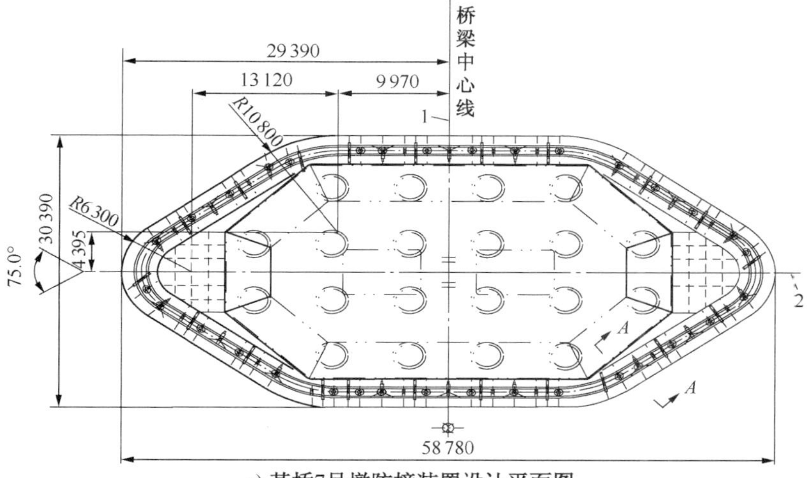

a) 某桥7号墩防撞装置设计平面图
An anti-collision equipment，plan drawing for No.7 pier at certain bridge

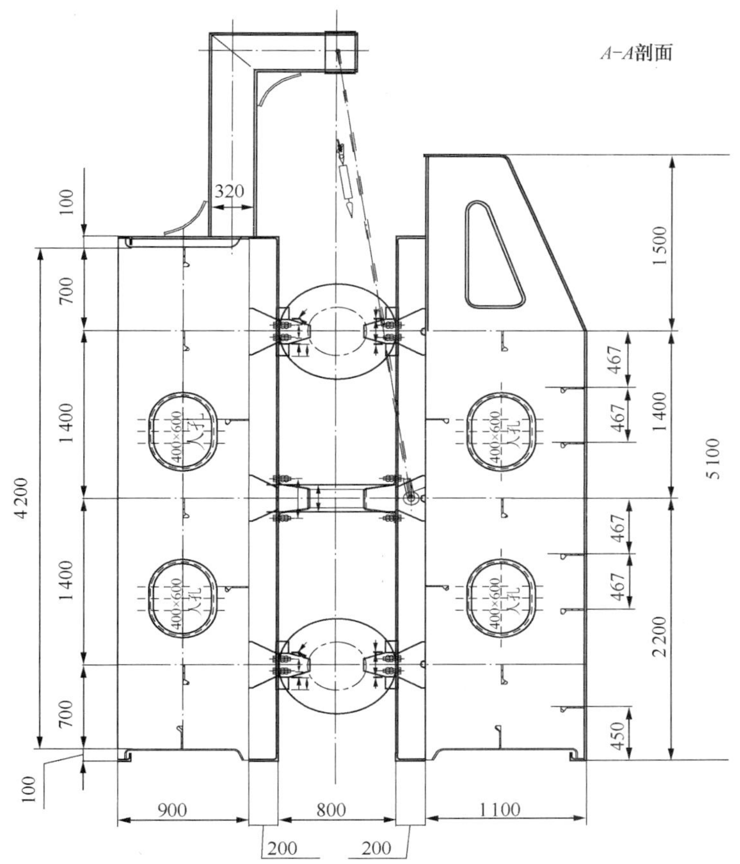

b) 某桥7号墩防撞装置设计立面图
An anti-collision equipment，stand drawing for No.7 pier at certain bridge

图 3-41 固定式黏滞性防撞装置例图

Fig. 3-41 An example of fixation viscidity anti-collision equipment

3.3 桥梁非结构物防撞(非接触防撞)

在船舶航行接近桥梁有可能撞上桥墩或梁的下弦时，如获警示，则可能航归正道，或停下来。这就需要预警式的防撞，真正的“防止碰撞”而不是撞上之后减轻损失。

非结构物防撞种类很多，常用的有：红白相间标志、桥梁下弦高度标尺、雷达靶、航标灯、高频甚高频声讯警告系统、激光测距仪航向航距警报、卫星导航的专业分支、船舶航行服务系统(VTS)等等。

3.3.1 红白相间标志

按照交通部的规定，航线两侧的桥墩、梁的下弦和梁底标高，均应按 JT 376—1998《内河通航水域桥梁警示标志》标准[22]的规定，涂上红白斜道标志和绿字标志(图 3-42)。

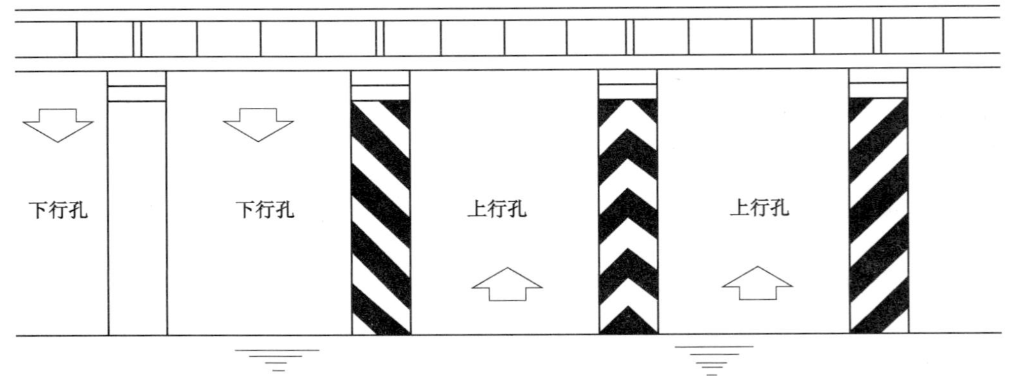

a) 在桥墩标志出分道行驶进出
Sign the routes for pass in and out

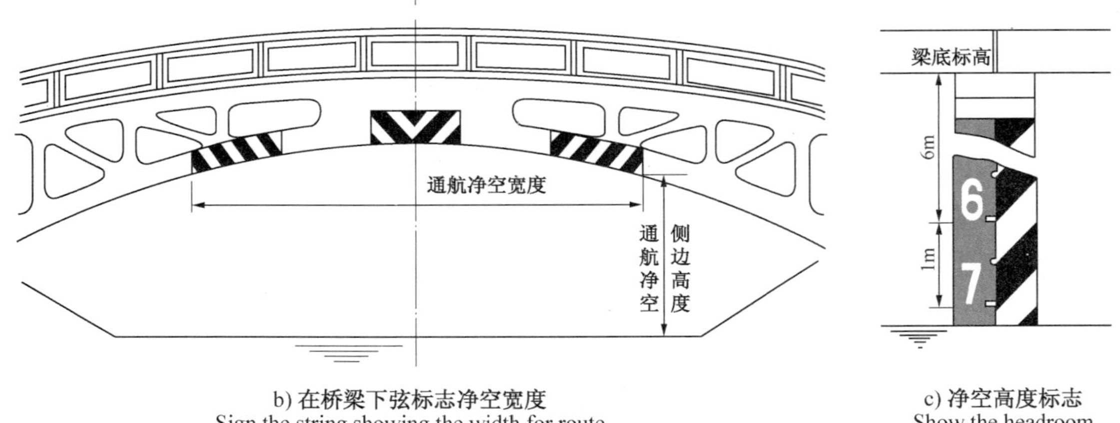

b) 在桥梁下弦标志净空宽度
Sign the string showing the width for route

c) 净空高度标志
Show the headroom

图 3-42　按交通部 JT376 标准涂上标志

Fig. 3-42　Paint the sign according to the standard JT 376 of Ministry of transportation

3.3.2 航标灯、雾天黄灯、雷达靶和闪灯系统

桥墩前端设置航标灯，很多桥梁已经做到了，如前面提到的塘栖永济桥、杭州拱宸桥均有。广州铁路珠江桥西桥装了 48 盏雾天黄灯，是非常实际的主动防撞装置。黄灯在雾天照

出整个桥的外形，将非通航区区分开来，黄灯也衬托出通航孔两侧的竖排绿灯，向船舶指明通航孔，如图3-43所示。

雷达靶是航行服务系统(VTS)的一部分，如湛江海湾大桥，见图3-43a)。

2006年，作者公布了一个设计[2]：建议在重要的、特大的或航道比较繁忙的桥梁上，仿飞机降落的对中黄灯和两侧红绿闪灯系统，设置一套闪灯导航系统。该系统在桥梁的迎船面通航侧设置一字横排的一串灯(非通航侧设置禁航标志和灯标)；航道当中设置一个特大的黄灯靶，由中间一盏黄灯和周围一圈黄灯组成；两边则一边布置闪红灯一边布置闪绿灯，分别指示偏左或偏右；黄灯靶不闪，偏离黄灯越远的，闪得越快。船长、大副看见闪灯后，调正航向，对准黄灯靶前进过桥，见图3-43b)。

a) 湛江海湾大桥的雷达靶
The radar butt of Guangdong Zhanjiang bayou bridge

b) 2006年建议的航道对中黄灯和两侧闪红绿灯系统(金申生提供)
The system of yellow lamp for route centering and red and green coruscate lamps on two sides

c) 广州铁路珠江桥西桥的48盏雾天黄灯-1(陈国铎提供)
48 yellow lamps at the west bridge of Guangzhou Zhujiang rail bridge for fog day -1

d) 广州铁路珠江桥西桥的48盏雾天黄灯-2(陈国铎提供)
48 yellow lamps at the west bridge of Guangzhou Zhujiang rail bridge for fog day -2

图3-43 雷达靶、雾天黄灯和闪灯系统

Fig. 3-43 The radar butt, lamps for fog day and coruscate lamp system

3.3.3 高频甚高频电话声讯警报系统

此种系统中有一个为浙江大学城市学院研制，该样机系统要求每艘进入杭州航区范围的船买一个接收机(手机)，该系统已将杭州六条河流的92座桥梁上装发射器，每艘船驶近每座桥时，驾驶员都会接收到：“您已进入××桥段内，请注意航线和来往船舶，正确驶近桥梁”。如有海工建筑物，还会有一句“您前方××m有一××海工建筑物，请注意避让”。

3.3.4 卫星导航的专业分支

此系统的原理与汽车卫星导航系统相同，但专为水上航道装设一个卫星导航的分系统，到桥梁附近有语音导航。

此类系统在上海已有一个2010年开始应用的机型[23]，为上海市地方海事局与新阳升电器公司联合推出的“船载桥梁报警综合助航仪”。已经推广到250艘海事巡逻艇、底泥疏浚运输船和垃圾运输船。其原理为GPS导航，内置从长江口到上海内河全部航道的电子地图，船上GPS接收机具有一般导航功能，如航线、航点、航迹等。内置航区桥梁信息，遇桥梁的预警距离为350m，甚高频电话语音提示：“前面有桥梁，请注意安全”，屏幕上同时显示桥梁名称。根据航道设置限速，超速报警。附带显示上海各内河取水口，提醒船舶保护水源清洁。并备有专门接口，可连接“船舶自动识别系统”用于航行船舶之间相互识别与避碰。

3.3.5 激光(或红外)测距仪航向、行距预报系统

这类系统中的一种由宁波大学与广州大学合制，称为“近桥航道安全预报系统”它可在船舶偏离航道、与桥墩碰撞的可能性增加到一定程度时就发出预警警报，以防止碰撞。

系统在每个通航孔配备3台远红外成像仪，传到后台拼成完整水域图像，桥梁正中下弦装设标靶($520 \times 520mm^2$)，桥墩最大水位上一点，装设微动测量仪，安全水域如图3-44中已拼好的单幅画面显示的三角形区域，船舶偏离此区域即发出警示，请其转向中间，对准桥孔通过。

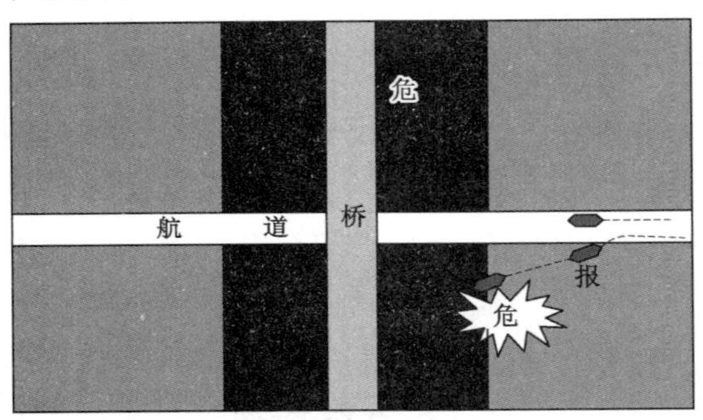

a) 近桥航道安全预警系统
The safety pre-alarm system in route near the bridge

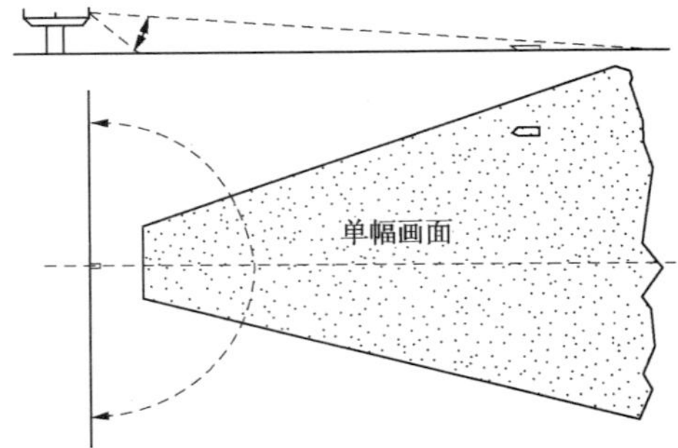

b) 航道水域图像监视船舶航近桥梁
The image scout to navigate ship in route near the bridge

图3-44 船只监视方法

Fig. 3-44 The method of scout to navigate ship

此系统预定装在平潭海峡大桥两个主航道孔，每孔一个系统，监视海面长约3100m宽2000m。

3.3.6 船舶航行服务系统(VTS)[1]

这种系统已经在我国装设有多台，对于一座桥梁装设此种系统较简单，约需200万元，有专文[1]论述。

参考文献

[1] Y富士，N三井. 桥梁水域的VTS系统设计，船撞桥论文集[C]. 上海：上海海洋钢结构研究所，2000，231-247.

[2] 陈国虞，王礼立. 船撞桥及其防御[M]. 北京：中国铁道出版社，2006.

[3] 中华人民共和国行业标准. JTG D60—2004 公路桥涵设计通用规范[S]. 北京：人民交通出版社，2004.

[4] 美国各州公路和运输工作者协会(AASHTO). 公路桥梁船撞设计指南2009(2版)中译[S]. 上海：海洋钢结构研究所，2010.

[5] 杨渡军. 桥墩的防撞保护系统及其设计[M]. 北京：人民交通出版社，1990.

[6] 陈明栋，陈明，陈国虞，等. 安庆长江铁路大桥防船撞研究(船撞速度选择)[R]. 重庆交通大学学报(自然科学版)，2009，(2)28：103-207.

[7] A. G. 弗赖德逊. 几座当代大桥的防撞设计理念，船撞桥论文选[C]. 上海：上海海洋钢结构研究所，2000：42-47.

[8] 唐寰澄. 世界著名海峡交通工程[M]. 北京：中国铁道出版社，2004.

[9] 中华人民共和国行业标准. TB10002.1—2005 铁路桥涵设计基本规范[S]. 北京：中国铁道出版社，2005.

[10] 徐左正，等. 上海市苏州河河口水闸工程[S]. 上海：上海科学技术出版社，2007.

[11] 陈国虞，倪步友，张澄，等. 跨海湾(河湾)桥梁非通航孔柔性拦船防撞装置[J]. 广东造船，2011，(1)：38-41，31.

[12] W. B. 康威. 防护构筑物概述，船撞桥论文集[R]. 上海：上海海洋钢结构研究所，2000.

[13] 横滨(YOKOHAMA)橡胶公司. 浮式横滨充气橡胶碰垫产品目录.

[14] 中华人民共和国专利. 复合消能防撞圈 ZL200520042237.2[P].

[15] 中华人民共和国专利. 长圈型防撞钢围 ZL200520042238.7[P].

[16] 欧洲规范 BS EN1991-1-7. 结构作用，总体作用，偶然作用[S]. 周风华，译. 上海：海洋钢结构研究所，2007.

[17] 上海海洋钢结构研究所企业标准. QB/HY02-2010 桥墩的船撞力计算及柔性耗能防撞装置设计指南[S]. 上海：海洋钢结构研究所，2010.

[18] 史元熹，金允龙，等. 黄石长江大桥主墩防撞设施设计，船撞桥论文集[R]. 上海：上海海洋钢结构研究所，2000：75-81.

[19] 李坚. 上海奉浦大桥水上安全防护系统设计，船撞桥论文集[C]. 上海：上海海洋钢结构研究所，2000：69-74.

[20] 曹映泓. 柔性消能防撞不再是梦想——湛江海湾大桥主墩柔性消能防撞设施研究[J]. 桥梁，2007，(2)：84-91.

[21] 陈国虞，张澄，倪步友，等. 柔性消能防撞装置的技术特点，中国环境资源与水利水电工程[M]. 北京：海洋出版社，2007.

[22] 中华人民共和国行业标准. JT 376—1998 内河通航水域桥梁警示标志.

[23] 新阳升电器公司. 船载桥梁报警综合助航仪[J]. 航海，2011，(4)：37.

[24] 曾克俭. 桥墩防撞设施研究及其应用综述(续完)[J]. 中南公路工程，1997，22卷(1)：34-38.

[25] 方明山. 杭州湾跨海大桥防船撞能力整体提升之对策研究，中国公路学会桥梁及结构工程分会2008年全国桥梁学术会议论文集[C]. 北京：人民交通出版社，2008.

[26] 邓青儿. 跨海大桥主通航孔主墩防撞设计探讨，中国土木工程学会桥梁及结构工程分会第十八届全国桥梁学术会议论文集[C]. 北京：人民交通出版社，2008.

[27] 叶贵如，茅兆祥，潘贻建，等. 船桥正碰撞的非线性有限元仿真分析(洞头大桥)，中国公路学会2004年全国桥梁学术会议论文集[C]. 北京：人民交通出版社，2004.

[28] 曹映泓. 湛江海湾大桥[M]. 北京：人民交通出版社，2008.

[29] 陈国虞，倪步友，张澄，等. 跨海湾(河湾)桥梁非通航孔柔性拦船防撞装置[J]. 广东造船，2011，(1)：38-41，31.

[30] 许宏亮，宋华清，曾平喜，等. 金塘大桥主墩防撞钢套箱设计，中国公路学会桥梁及结构工程分会2008年全国桥梁会议论文集[C]. 北京：人民交通出版社，2008.

[31] 张耀宏，顾金钧. 名港中央大桥桥墩防撞结构的设计[J]. 国外桥梁，1999，(1)：61-65.

[32] 陈国虞，张澄，杨黎明，等. 紧靠混凝土承台的直接式防撞装置选择，中国公路学会2009年全国桥梁学术会议论文集[C]. 北京：人民交通出版社，2009.

[33]《中国铁路桥梁史》编委会. 中国铁路桥梁史[M]. 北京：中国铁道出版社，2009.

第4章 防御船撞桥墩的冲击动力学分析

Chapter4 Impact Dynamics Analysis for Protecting Bridge Pier and Ship during Their Collision

摘 要 对于日益严重的船桥碰撞事故，人们愈来愈关注其防护技术。不论对船舶设计者还是对桥梁设计者，关键问题是如何科学地确定动态撞击力。与传统的准静态分析相区别，本章从冲击动力学理论出发，研究了应力波和材料相关的波阻抗如何影响撞击力及能量交换。指出在撞击过程中起支配作用的是材料相关的波阻抗，而不是船舶的整体质量M和柔度C，整体质量M是随着应力波的传播而发挥作用的。本文作者发展了一种钢丝绳圈(SWRC)柔性(低波阻抗)耗能(黏性缓冲)防撞装置，其迎撞面具有楔形结构。采用这一新的防撞装置能明显降低撞击力和能量交换，特别是能使船舶在低撞击力下有足够时间转变航向，带走大部分船舶的初始动能。这既有利于保护桥梁也有利于保护船舶的安全。

关键词 船撞桥 撞击力 能量交换 波传播 高应变率

Abstract: More attention should be paid to the technique for avoiding the increasingly serious accidents resulted from ship-bridge collisions. For both ship-designers and bridge-designers, the key is how to determine scientifically the dynamic impact force. Distinguished from the traditional quasi-static analysis, how the wave propagation and the dynamic behavior of materials influence the impact force and energy transformation are studied from the view of impact dynamics theory. It is pointed out that the material-dependent wave impedance plays a dominant role in the collision process, rather than the total mass M and flexibility C of ship, while the total mass M will gradually play its role with stress wave propagating. By using a new SWRC flexible (in the sense of low wave impedance), energy-dissipating (in the sense of viscously dampening the collision process) crashworthy device with a wedge-shaped structure in its impact-oriented side, developed by the authors, both impact force and energy transformation can be markedly reduced. Particularly, the new device enables the ship having enough time to turn its navigation direction under lower impact force, and consequently could carrying away a large percentage of initial kinetic energy of it, so that it is much conductive to protect both bridge and ship.

Key words: ship-bridge collision; impact force; energy transformation; wave propagation; high strain rate

4.1 船撞桥墩本质上属于冲击动力学问题
——现代冲击动力学理论是解决船撞桥墩的理论基础

如何避免或减轻船舶与桥梁相撞的灾难性后果，是当前具有广泛意义的国际性课题，日益引起各国政府、学者和工程界的关注。

就实际工作而言，不论对于船舶设计师还是桥梁设计师，首先是如何科学地认识、分析和确定船桥撞击力 F_{cq}，这里用两个下标 c(代表船)和 q(代表桥)来指船与桥撞击界面处的总撞击力。

为什么船桥撞击力 F_{cq} 的确定会成为一个问题呢？困难在哪里呢？

主要是因为船桥相撞是一个在短历时中发生的动力学过程，撞击力是随时间 t 变化的，即 $F_{cq}(t)$。对于已经熟悉并习惯于作静力分析的人们，如何科学地处理动力学过程中的动态应力应变分析，无疑面临了新问题。事实上，人们在学习了理论力学、材料力学，甚至于弹性力学、塑性力学和结构力学等课程后，主要学会了结构在静力平衡下的应力/应变计算和强度分析，不熟悉动力学分析是不足为奇的。

我们先来举几个例子，看看结构在冲击动载荷下的动态响应与静载荷下的表现有什么差别？

第一个例子(图 4-1)。对一金属杆端部施加轴向静载荷时，如同在材料试验机上做静载压缩试验那样，当杆端摩擦力可忽略时，变形是沿杆均匀分布的[图 4-1a)虚线]；但当施加轴向冲击载荷时(如打钎、打桩……)，则变形分布极不均匀，残余变形集中于杆端[图 4-1b)虚线]。子弹着靶时，子弹头部呈蘑菇状变形，船撞桥时船头呈剧烈地非均匀变形(图 4-2)，都是同一类现象。这是由于应力波的传播，并且强塑性波扰动的传播速度慢于弱塑性波扰动传播速度所致[1]。

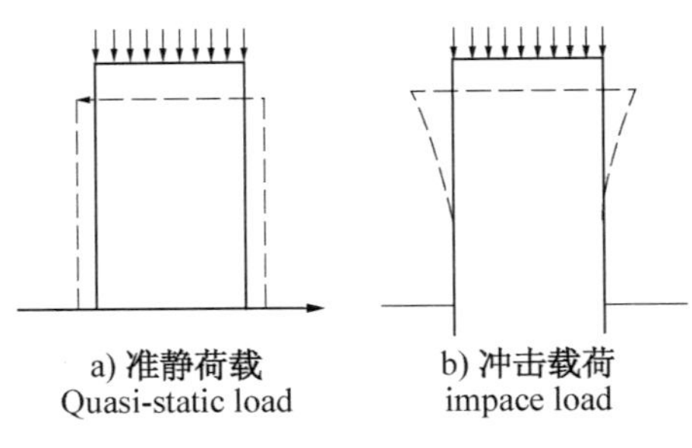

图 4-1 不同载荷下杆变形特征的比较

Fig. 4-1 Deformation characters of a bar under different load

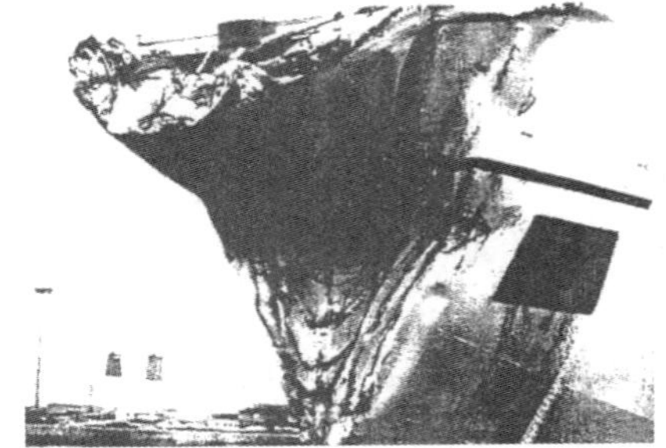

图 4-2 一个真实撞击案例中局部损伤的船头(Kim, J. Y. 1999)[2]

Fig. 4-2 Damaged bow in a real collision case (Kim, J. Y. 1999)[2]

第二个例子(图 4-3)。平板受一集中力时，如果按准静力学分析，板会整体发生弯曲变形[(图 4-3a)虚线]；但受冲击集中力时，会首先在平板背面造成碎裂崩落[(图 4-3b)虚线]。飞石高速打击窗玻璃，碎甲弹对坦克装甲的攻击等，都具有与此相同一类的破坏现象。这是由于原来的压缩应力脉冲在自由表面反射卸载后，与入射卸载波的相互作用，在自由表面附件形成了超过材料动态抗拉强度的拉伸应力所致。这是爆炸/冲击载荷下特有的所谓“层裂”或“崩落”(Spalling)失效，在压缩静载下难以想像怎么会产生拉伸破坏！

第三个例子是著名的 Hopkinson 父子实验[3,4]。早在 1872 年，J. Hopkinson 在进行落重对金属丝的冲击实验时(图 4-4)，揭示了三个出乎意料的现象，即：①金属丝的拉断与否只取决于落重高度 H(等价于只取决于落重速度 V)而与落重的重量 W(或质量 $M = W/g$)无关；②拉断点不在撞击点 A 而在悬挂顶部的固定端 B；③按照实验推算所得的材料冲击断裂应力是静态断裂应力的约两倍。用熟知的静力学理论来分析，人们无法解释这三个“反常”事实。把第①点实验结果与本文所讨论的船桥撞击力相联系，意味着船桥撞击力依赖于撞击速度而与船的质量无关。显然，很多人会难以接受这一观点或事实，并且不禁会问：这岂不违反了含有物体质量项的动量定理和能量定理了吗？直到 33 年后的 1905 年，老 Hopkinson 的儿子 B. Hopkinson 重复证明了这一实验事实，并用应力波理论给以正确解释后，才获得公认。有关解释将在下文介绍了应力波原理后，再详加讨论。

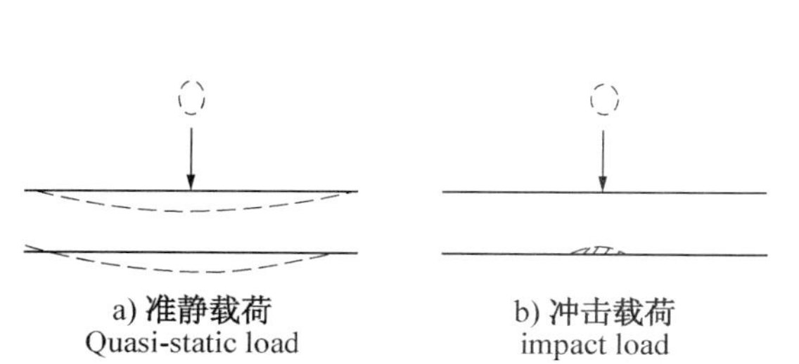

图 4-3 不同载荷下平板变形特征的比较

Fig. 4-3 Different deformation characters of a plate under different load

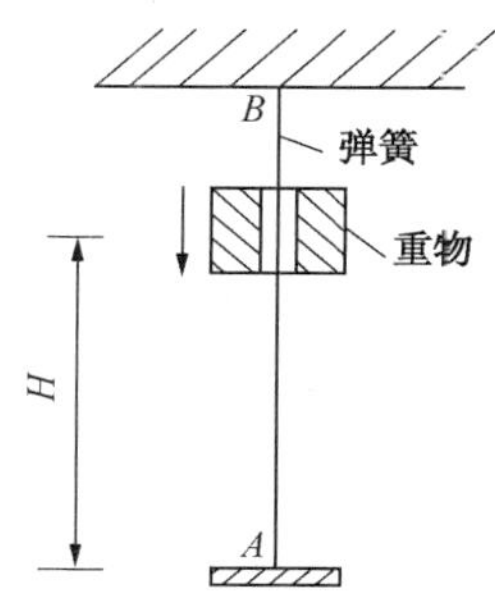

图 4-4 J. Hopkinson (1872)和 B. Hopkinson (1905)父子著名实验示意图

Fig. 4-4 Schematic of the experiments by the father J. Hopkinson (1872) and the son B. Hopkinson (1905)

为什么在冲击动载荷下会发生上述这类的特有现象呢？为什么这些现象不能用静力学理论来给以说明呢？冲击动力学理论与固体静力学理论的主要区别是什么呢？

概括地说，在研究冲击载荷下结构和材料的动态响应时，与静力学分析相区别，通常应计及两种基本的动力学效应，即结构惯性效应和材料应变率效应[1]。对结构惯性效应的考虑在实质上就导致了对结构中各种形式的波传播的研究(不论是精确的还是简化的)，并促进了“结构冲击动力学”的发展。而对材料应变率效应的考虑则导致对材料的各种类型的应变率相关的(率型)本构关系和失效准则的研究，促进了“材料冲击动力学”的发展。下面我们对这两种动力学效应分别加以大略的说明。

4.1.1 应力波效应

首先，固体力学的静力学理论所研究的是处于静力平衡状态下的固体介质，以忽略介质微元体的惯性为前提。换句话说，这只在载荷不随时间发生显著变化的时候，才是允许和正确的。而冲击动载荷以载荷历时短为其特征，在以毫秒(ms)、微秒(μs)甚至纳秒(ns)计的短暂时间尺度上发生了力学量的显著变化。在这样的短历时动载荷下，介质的各个微元体分别处于随时间迅速变化着的不同的动态过程中，从而必须计及介质微元体的惯性，其后果就导致了对应力波传播的研究。

可以设想，当外载荷作用于可变形固体的某部分表面上时，一开始只有那些直接受到外载荷作用的表面部分的介质质点离开了初始平衡位置。由于这部分介质质点与相邻介质质点之间发生了相对运动(变形)，当然将受到相邻介质质点所给予的作用力(应力)，但同时也给相邻介质质点以反作用力，因而使相邻介质质点也离开了初始平衡位置而运动起来。不过，由于介质质点具有惯性，相邻介质质点的运动将滞后于表面介质质点的运动。以此类推，外载荷在表面上所引起的力学扰动就这样地在介质中逐渐由近及远传播出去。我们把力学扰动在介质中的传播统称为应力波。扰动区域与未扰动区域的界面称为波阵面，而其传播速度称为波速。常见材料的应力波波速约为 $10^2 \sim 10^3$m/s 量级。在图 4-1 所示的例子中，由于冲击载荷历时短(加载后很快就卸载)，能引起残余变形的塑性波扰动只在杆中传播了很短一段距离后就卸载消失了，并且由于大塑性变形扰动的传播速度慢于小塑性变形扰动的传播，因而形成了高度局域化的不均匀残余变形区(蘑菇头)。可见，与静力学分析相区别，一旦考虑到应力波效应，结构的动态变形会表现出明显的“时间过程性”和“空间局域性”之特点。注意：波速和质点速度是两个不同的概念，前者是扰动信号在介质中的传播速度，而后者则是介质质点本身的运动速度。

实际上，一切真实固体都具有惯性和变形性，当受到随时间迅速变化着的动载荷的作用时，它的运动过程本质上总是一个应力波传播、反射和相互作用的过程。在忽略了介质惯性的可变形固体静力学问题中，只是允许忽略或没有必要去研究这一在达到静力平衡前的应力波的传播和相互作用的过程，而着眼于研究达到应力平衡后的结果而已。而在忽略了介质可变形性的刚体力学问题中，介质的刚度趋于无穷大，则相当于应力波传播速度趋于无限大，因而也不必再考虑应力波效应。

那么，结构在什么情况下必须采用计及应力波传播的动力学分析，又在什么情况下可以采用传统的准静态分析呢？船桥相撞问题为什么应该采用冲击动力学分析而必须考虑应力波效应呢？

为了说明这个问题，我们结合图 4-5 所示的、在短暂时间里迅速加载又卸载的所谓冲击载荷特征，引入一个无量纲时间 $\overline{T} = T_L / T_W$。这里，T_L 是刻画外加冲击载荷迅速加-卸载变化特征的时间尺度，T_W ($= L_s / C_w$)是结构动态响应的特征时间，可以用应力波特征波速 C_w 在结构特征尺度 L_s 中传播所需历时(L_s / C_w)来表征。

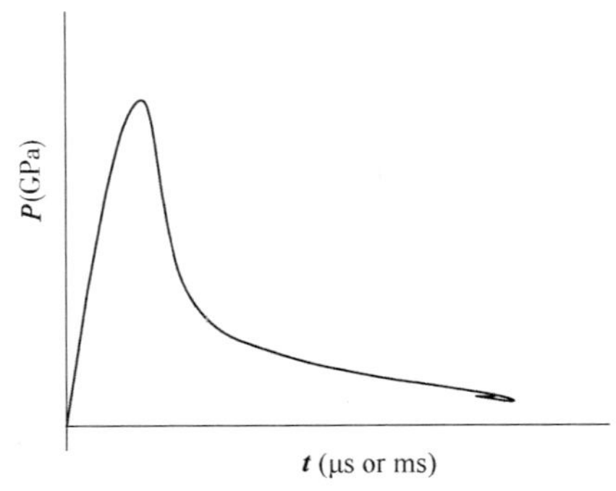

图 4-5　冲击/爆炸载荷以短历时内其强度发生显著动态变化为特征的示意图

Fig. 4-5　Impulsive loading is characterized by its notable change in short duration

通常应力波在结构特征尺度中传播上几个来回也还到达不到应力的静力平衡状态，所以，如果$\bar{T}(=T_L/T_W)<1$或其量级为10°，那么必须计及应力波的传播。这类响应通常称之为结构的“早期响应”，不能采用传统的准静态分析而应该采用冲击动力学分析。还应注意，如果外载荷本身在作用边界上是随时间移动的，还会延长“早期响应”过程。

反之，如果$\bar{T}(=T_L/T_W)\gg 1$，那么在外载荷没有明显变化的情况下应力波在结构特征尺度中已经来回传播了很多次从而达到了静力平衡状态或稳定的振动状态，这时就无需再分析应力波在局部结构中的传播过程了。这类响应通常称之为结构的“后期响应”，问题可归结为传统的准静态分析或振动分析，而无需采用冲击动力学分析。

具体到船撞桥问题而言，设刻画船撞载荷变化特征的时间尺度T_L为$10\sim10^2$ ms量级[5,6]，即船撞载荷当以$10\sim10^2$ ms量级的时间尺度来观察时会有明显变化。另一方面，设船的尺度L_s按10^2 m量级计，钢结构中的弹性波波速按5×10^3m/s计，而塑性波波速按5×10^2m/s计，可知应力波在船的特征尺度中来回传播所需历时T_W是40~400ms，则$\bar{T}(=T_L/T_W)=0.25$。可见船撞桥是一个以结构“早期响应”起主导作用的冲击动力学过程。即使船通过桥时的航速一般已要求降低到每秒数米量级的“低速”，考虑到船舶的大尺度(10^2 m量级)、大质量($10^6\sim10^8$ kg量级)和大动能(10^2 MJ量级)，撞击力的峰值仍然发生在结构“早期响应”阶段。一般而言，船桥相撞是一个在ms到s量级的短时历程中包含巨大能量交换的动态过程，如果再考虑到船桥相撞的接触点会随时间变化，则总体上是一个复杂的冲击动力学问题，只有在撞击后期视情况不同、不同的结构组成部分会进入“后期响应”阶段。

4.1.2 应变率效应

其次，冲击动载荷所具有的在短历时尺度上发生载荷显著变化的特点，必定同时意味着高加载率或高应变率。视人们所需处理的具体工程问题的不同，所面临的应变率横跨十几个量级之广。以不同类型的材料实验为例，如图4-6所示[7]，一般常规准静态试验中的应变率为$10^{-5}\sim10^{-1}\text{s}^{-1}$量级，应变率更低的则是蠕变范畴。进行这两类应变率范围的实验时，使试样实现应变0.1所需时间范围相应地为$10^7\sim1$ s量级，试样已进入静力平衡状态，不需要考虑应变率效应。而在应变率高一些的低速动态实验(如摆锤冲击或落锤冲击实验等)和高速冲击实验(应变率为$10^2\sim10^4$ s^{-1}或更高)，则必须考虑应变率效应。

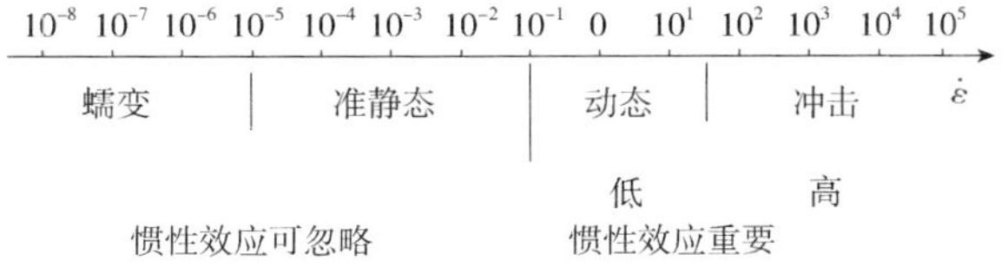

图4-6 材料力学行为的应变率效应(示意图)：随应变率依次呈现蠕变、准静态、动态和冲击特性

Fig. 4-6 Strain rate effects of mechanical behavior for materials, showing creep, quasi-static, dynamic and impact behavior with increasing strain rate

大量实验表明，在不同应变率下，材料的力学行为显著地不同，称为应变率效应[7,8]。从材料变形机理来说，除了理想弹性变形可看作瞬态响应外，各种类型的非弹性变形和断裂都是以有限速率发展和进行的非瞬态响应(如位错的运动过程，应力引起的扩散过程，损伤的演化过程，裂纹的扩展和传播过程等)，因而材料的力学性能本质上是与应变率相关的。通常表现为：随着应变率的提高，材料的屈服极限提高，强度极限提高，延伸率降低，以及屈服滞后和断裂滞后等现象变得明显起来，等等。

大量实验还表明，材料力学行为的这种应变率效应往往与人们已熟知的温度效应有某种互换或等价的关系，即：增高应变率和降低温度存在一定的等效关系。对此，Zener 和 Hollomon 最早基于位错运动的热激活机制，提出用如下的单一参数 Z 或其等价参数 T^* 来统一描述应变率-温度效应[9]

$$Z = \dot{\varepsilon}\exp\left(\frac{U}{kT}\right) \text{或} T^* = T\ln\left(\frac{\dot{\varepsilon}_0}{\dot{\varepsilon}}\right) \tag{4-1}$$

式中 U 是位错运动的热激活能，k 是 Boltzmann 常数。

这样，计及应变率效应和温度效应的有效应力 σ_{eff} 与有效应变 ε_{eff} 的关系(称为热黏塑性本构关系)可以归一化地用图 4-7 来示意[10]，即随着 T^* 之降低(意味着温度降低或应变率增高)，σ_{eff}-ε_{eff} 曲线向应力增大方向移动(体现强化效应)，并由韧性(塑性)破坏向脆性破坏转化。图 4-7 中的 σ_{eff} 与 ε_{eff} 是基于三维应力下 Mises 屈服准则引入的有效应力与有效应变[8]，图中动态屈服限 σ_{YD} 和动态强度限 σ_{BD} ($\mathrm{d}\sigma/\mathrm{d}\varepsilon=0$)随着 T^* 下的减小(相当于温度降低或应变率升高)而增大。把不同 T^* 下的动态屈服限之连线(图中虚线)和动态强度限之连线(图中点划线)为分界，全图可划分为三个区域：虚线以左的黏弹性区、虚线与点划线之间的稳定黏塑性区($\mathrm{d}\sigma/\mathrm{d}\varepsilon>0$)和点划线以右的失稳黏塑性区($\mathrm{d}\sigma/\mathrm{d}\varepsilon<0$)。相应地，把只经历稳定黏塑性区(小塑性变形)而发展为破坏的称为脆性破坏，而把进一步经历失稳黏塑性区(大塑性变形)发展为破坏的称为韧性破坏。

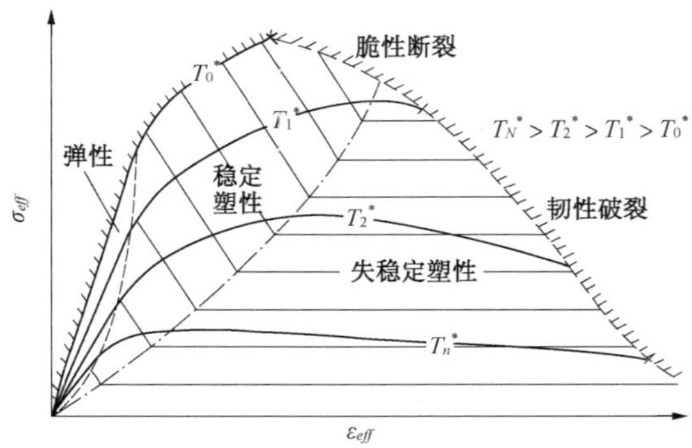

图 4-7 金属材料热黏塑性本构行为的示意[10]

Fig. 4-7 Schematic representation of thermo-visco- plastic constitutive behavior for metals[10]

对于大多数金属材料，为描述材料这一类应变率相关的力学行为，目前通用的计算机软件中常常提供如下的 Cooper-Symonds 方程[11]式(4-2)和 Johnson-Cook 方程[12]式(4-3)：

$$\sigma = \left[1 + \left(\frac{\dot{\varepsilon}}{C}\right)^{1/p}\right](\sigma_0 + \beta E_p \varepsilon^p) \tag{4-2}$$

$$\sigma = (\sigma_0 + B\varepsilon^n)\left(1 + C\ln\frac{\dot{\varepsilon}}{\dot{\varepsilon}_0}\right)\left[1 - \left(\frac{T - T_r}{T_m - T_r}\right)^m\right] \tag{4-3}$$

式(4-2)中，C 和 p 是表征应变率效应的材料参数，σ_0、β 和 E_p 是表征应变硬化效应的材料参数，此式显示有效应力的对数和有效应变率的对数存在线性关系(双对数应变率敏感性)。式(4-3)中，$\dot{\varepsilon}_0$ 是参考应变率，T_r-参考温度，T_m-熔点温度，σ_0、B 和 n 表征应变硬化特性，C 表征应变率敏感特性，m 表征温度软化特性，此式显示有效应力和有效应变率的对数存在线性关系(半对数应变率敏感性)。至于卸载行为，则通常假设为弹性卸载。

以钢为例，取杨氏模量 $E = 2.1 \times 10^5$ MPa，泊松比 $v = 0.28$，密度 $\rho = 7.83 \times 10^{-6}\text{kg/mm}^3$，当采用 Cooper-Symonds 公式时，其计及应变率效应的弹塑性本构关系如图 4-8 所示；这里，式(4-2)中有关材料参数分别取为：$C = 40.5\text{s}^{-1}$，$p = 5$，以及表征应变硬化效应的有关材料参数分别取为：$\sigma_0 = 355$MPa，$\beta = 0.8$，$E_p = 3$GPa，图中各曲线的应变率分别为：a-10^{-4}s^{-1}，b-10^{-2}s^{-1}，c-10^0s^{-1}，d-50s^{-1}，e-10^2s^{-1}，f-$10^3\ \text{s}^{-1}$。图中高应变率下的流动应力是准静态下的约 2 倍，与图 4-4 介绍的 Hopkinson 父子实验结果一致。如果采用别的公式，会有不同的结果。因此，如何选用适当的公式是设计者应予重视的，也是目前仍在继续研究的一个课题。

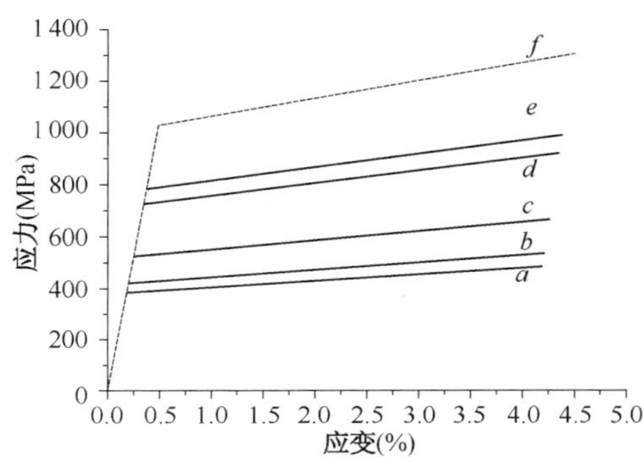

图 4-8　钢按 Cooper-Symonds 公式的本构关系

Fig. 4-8　Constitutive behavior for steel according to Cooper-Symonds Eq. (4-2)

$\dot{\varepsilon}$ (1/s)：a-10^{-4}，b-10^{-2}，c-10^0，d-50，e-10^2，f-10^3.

对于大多数工程塑料等黏弹性材料，其动态力学行为对应变率的敏感性通常比金属材料更强。作为一个典型的例子，图 4-9 给出聚碳酸酯 PC 在不同应变率下的实测应力应变曲线[13-15]。值得注意的是，与弹性材料加载和卸载应力应变曲线重合相区别，黏弹性材料应力应变曲线的加载段和卸载段形成了滞回曲线。这一滞回曲线不仅反映了其黏性耗散特性(所包围的面积代表黏性耗散能)，而且反映了其卸载过程是一个非瞬态的迟滞过程。

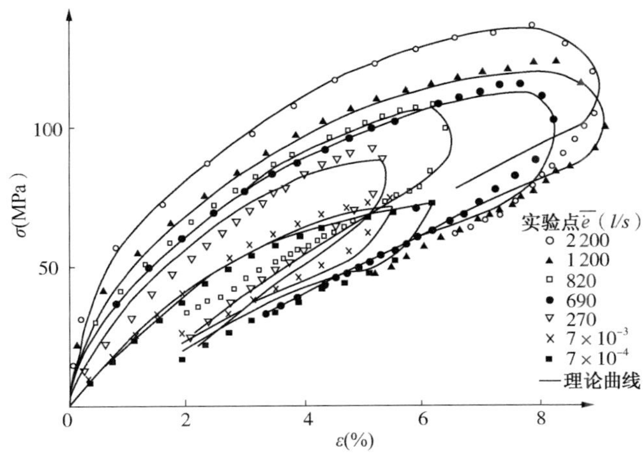

图 4-9　聚碳酸酯 PC 的实验 σ-ε 曲线

Fig. 4-9　Experimental-curves for PC

朱兆祥、王礼立、唐志平和他们的合作者近30年来对典型工程塑料(如环氧树脂、有机玻璃PMMA、聚碳酸酯PC、尼龙、ABS、PBT等)所进行的一系列实验研究表明[13,14]，从准静载荷到冲击载荷的宽广范围内，即在应变率为10^{-4}到$10^3\ s^{-1}$应变率横跨8个量级范围内，典型高聚物(包括热塑性和热固性的)的非线性黏弹性本构行为可以令人满意地由如下非线性黏弹性本构关系来描述(简称ZWT方程，其对应的流变模型如图4-10所示)：

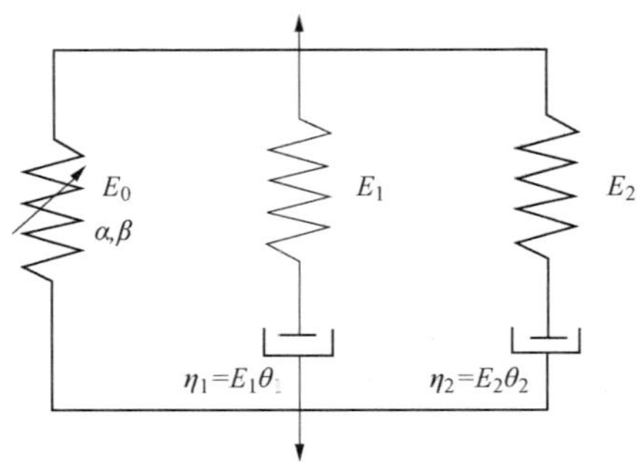

图4-10　ZWT方程式(4-4)的流变模型

Fig. 4-10　Rheological model of ZWT Eq. (4-4)

$$\sigma = f_e(\varepsilon) + E_1\int_0^t \dot{\varepsilon}\exp\left(-\frac{t-\tau}{\theta_1}\right)d\tau + E_2\int_0^t \dot{\varepsilon}\exp\left(-\frac{t-\tau}{\theta_2}\right)d\tau \tag{4-4a}$$

$$f_e(\varepsilon) = E_0\varepsilon + \alpha\varepsilon^2 + \beta\varepsilon^3 \tag{4-4b}$$

此处σ表示应力，ε应变，$\dot{\varepsilon}$应变率，t时间；$f_e(\varepsilon)$描述非线性弹性平衡响应，E_0、α和β是对应的弹性常数(对应于图4-10中的非线性弹簧)；第一个积分项描述低应变率下的黏弹性响应，E_1和θ_1分别是所对应的Maxwell单元Ⅰ的弹性常数和松弛时间(对应于图4-10中的第Ⅰ个黏壶)；而后一个积分项描述高应变率下的黏弹性响应，E_2和θ_2则分别是所对应的Maxwell单元Ⅱ的弹性常数和松弛时间(对应于图4-10中的第Ⅱ个黏壶)。

对典型工程塑料，实验测定的上述材料参数如表4-1所示。[13,14]

实测的典型工程塑料非线性黏弹性ZWT参数[13,14]　　表4-1

The typical nonlinear viscoelastic parameters experimentally determined [13,14]　Table 4-1

	Epoxy	PMMA-1	PMMA-2	PMMA-3	PC
ρ_o, kg/m^3	1.20×10^3	1.19×10^3	1.19×10^3	1.19×10^3	1.20×10^3
E_0, GPa	1.96	2.05	2.19	2.95	2.20
α, GPa	4.12	4.71	4.55	10.9	23
β, GPa	−181	−233	−199	−96.4	−52
E_1, GPa	1.47	0.897	0.949	0.832	0.10
θ_1, s	157	15.3	13.8	7.33	470
E_2, GPa	3.43	3.07	3.98	5.24	0.73
θ_2, μs	8.57	95.4	67.4	40.5	140

注意，为避免式(4-4b)在某些条件下有可能导致虚假的“弹性应变软化”，非线性弹性平衡态项$f_e(\varepsilon)$还可表示为如下的指数函数形式[15]：

$$f_e(\varepsilon) = \sigma_m[1 - \exp(-\sum_{i=1}^{n} \frac{(m\varepsilon)^i}{i})] \tag{4-4c}$$

此处 σ_m，m 和正整数 n 均为材料参量，它们各有明确的物理意义。其中 σ_m 是 $\varepsilon \to \infty$时 $f_e(\varepsilon)$的渐近最大值，m 是 E_0 和 σ_m 的比值，正整数 n 是表征 $f_e(\varepsilon)$初始线性度的材料参数。

关于表征黏弹性材料黏性特性的松弛时间参数 θ_j(j=1，2…)，研究表明每个松弛时间参数 θ_j 分别都只对应一个有效的应变率范围(辖区)[16]。事实上，对于任一 Maxwell 单元：

$$\dot{\varepsilon} = \frac{\dot{\sigma}_j}{E_j} + \frac{\sigma_j}{\eta_j}$$

在恒应变率($\dot{\varepsilon}$ =const.，$\varepsilon = \dot{\varepsilon}t$)下有：

$$\sigma_j = E_j\theta_j\dot{\varepsilon}\left\{1 - \exp\left(-\frac{\varepsilon}{\theta_j\dot{\varepsilon}}\right)\right\}$$

显然，当 $\dot{\varepsilon}$ 趋于无穷大时 σ_j 趋于其最大值，即瞬态响应 $\sigma_I = E_j\varepsilon$，而当 $\dot{\varepsilon}$ 趋于零时 σ_j 趋于其最小值，即平衡态响应 $\sigma_E = 0$。上式在引入如下定义的无量纲应力松弛响应：

$$\bar{\sigma}_j = \frac{\sigma_j}{\sigma_{\max} - \sigma_{\min}} = \frac{\sigma_j}{\sigma_I - \sigma_E} = \frac{\sigma_j}{E_j\varepsilon}$$

后可改写为：

$$\bar{\sigma}_j = \frac{\theta_j\dot{\varepsilon}}{\varepsilon}\left\{1 - \exp\left(-\frac{\varepsilon}{\theta_j\dot{\varepsilon}}\right)\right\} = \frac{\theta_j}{t}\left\{1 - \exp\left(-\frac{t}{\theta_j}\right)\right\}$$

如果把 $\bar{\sigma}_j = 0.995$ 近似地视为松弛过程的开始，而把 $\bar{\sigma}_j = 0.005$ 视为松弛过程的结束，则可确定其“有效影响区”(EID)，当以时间来表示时为：

$$10^{-2} \leqslant \frac{t}{\theta_j} \leqslant 10^{2.3} \tag{4-5a}$$

而以应变率来表示时为(设 $\varepsilon = 1$)：

$$10^{2} \geqslant \frac{\dot{\varepsilon}}{\left(\frac{\varepsilon}{\theta_j}\right)} \geqslant 10^{-2.3} \tag{4-5b}$$

这意味着任一松弛时间其“有效影响区(EID)”，不论以时间表示还是以应变率表示，均为大约 4.5 个量级。

关于 ZWT 方程 (4-4)，联系到上述分析和表 4-1，还应着重指出以下几个特点：

(1)本构非线性仅来自纯弹性响应，而所有的黏弹性响应，或即速率(时间)相关的响应，则本质上是线性的。这样的本构非线性是一种“弱非线性”，或许可称之为“率无关非线性”。如果我们把这类材料称之为“ZWT 材料”，则不难把成熟的线性黏弹性理论推广到处理 ZWT 材料的率相关响应。

(2)典型工程塑料的实验表明(表 4-1)，比值 α/E_0 为 1 ~ 10 量级，而比值 β/E_0 为 10 ~ 10^2量级。这意味着，如果 $\varepsilon > 0.01$，应计及非线性；反之，如果 $\varepsilon < 0.01$，则可近似忽略非线性。

(3)实验还表明，如表 4-1 所示，θ_1 通常是 10 ~ 10^2 s 量级，而 θ_2 通常是 10^{-4} ~ 10^{-6} s 量级。所以不难理解，θ_1 对低应变率响应负责而对 θ_2 高应变率响应负责。既然 θ_1 比 θ_2 高 4 ~ 6

个量级，而由于每一松弛时间的影响范围约占4.5个量级，因此θ_1和θ_2将各自在自己的“有效影响域”范围内发挥作用。

(4)这样，在时间尺度以$1\sim10^2$秒计的准静加载条件下，具有松弛时间θ_2为$10^0\sim10^2$微秒的高频Maxwell单元从准静加载一开始起就已经完全松弛了，于是式(4-4)化为：

$$\sigma = f_e(\varepsilon) + E_1\int_0^t \dot{\varepsilon}(t)\exp\left(-\frac{t-\tau}{\theta_1}\right)\mathrm{d}\tau \tag{4-6a}$$

(5)反之，在时间尺度以$1\sim10^2$微秒计的冲击加载条件下，具有松弛时间θ_1为$10\sim10^2$秒的低频Maxwell单元将无足够的时间来松弛(直到加载结束)。这时，低频Maxwell单元化为弹性常数为E_1的简单弹簧，而式(4-4)则化为

$$\sigma = f_e(\varepsilon) + E_1\varepsilon + E_2\int_0^t \dot{\varepsilon}(t)\exp\left(-\frac{t-\tau}{\theta_2}\right)\mathrm{d}\tau = \sigma_e(\varepsilon) + E_2\int_0^t \dot{\varepsilon}(t)\exp\left(-\frac{t-\tau}{\theta_2}\right)\mathrm{d}\tau \tag{4-6b}$$

$$\sigma_e(\varepsilon) = f_e(\varepsilon) + E_1\varepsilon$$

这说明黏弹性材料在冲击载荷下的非线性黏弹性波的传播特性实际上由式(4-6)控制。

理论上，式(4-4)既可以从Coleman-Noll的有限线性黏弹性理论[16,17]，也可以从Green-Revlin的多重积分本构理论[18]导出。因此，ZWT方程的导出既有材料本构理论基础，又有大量实验依据，而其形式之简单特别适合于工程应用。尤其令人鼓舞的是，ZWT方程不仅适用于高聚物本身，而且通过微力学理论分析与实验研究相结合的研究途径，发现同样适用于由高聚物为基体的复合材料[19-21]，甚至可推广应用于混凝土材料等[22,23]；在下文中，我们还将应用ZWT方程来进一步分析防御船撞桥的防护装置的柔性耗能元件。

从以上4.1.1节(应力波效应)和4.1.2节(应变率效应)的分析讨论可知，在研究船撞桥这类冲击载荷下结构和材料的动态响应时，与静力学分析相区别，关键在于要计及结构惯性效应(应力波效应)和材料应变率效应两种基本的动力学效应。

问题的困难在于，应力波效应和应变率效应又互相联系、互相影响、互相依赖，从而使问题变得更加复杂。事实上，一方面，在应力波传播的研究中，材料动态本构方程是组成整个问题基本控制方程组所不可缺少的部分；换言之，波传播是以材料动态本构关系已知为前提的；而另一方面，在进行材料高应变率下动态本构关系的试验研究时，一般又必须计及试验装置中和试件中的应力波传播及相互作用，换言之，材料动态响应研究中又要依靠所试验材料中应力波传播的知识来分析。于是，人们在对这两类动态效应的研究中，就遇到了“狗咬尾巴”或者“先有鸡蛋还是先有鸡”的怪圈。

这一点还可以从强度分析和失效准则的角度来加以进一步的讨论。

人们在对结构进行强度分析时，总以某个失效准则为基础。例如，常用的有：

临界应力准则(应力分析)：$\sigma\leqslant\sigma_c$，

临界应变准则(应变分析)：$\varepsilon\leqslant\varepsilon_c$，

临界挠度准则(位移分析)；$f\leqslant f_c$，

以及基于裂纹体断裂力学分析的临界应力强度因子准则(应力强度因子分析)：$K\leqslant K_c$，等等。或者说到底，可归结为如下形式的准则：

$$\Sigma\leqslant\Sigma_c$$

式中σ，ε，f，K和Σ等是通过力学分析可以计算/测量的、控制结构强度的力学参量

(应力、应变、位移、应力强度因子……)，而带下标 c 的各量是由材料学实验测定的相应的临界值。可见失效准则是建立在力学和材料学两者之间相联系的基础上的：

失效准则式的左面：Σ——由力学可分析计算或实测(但以已知材料力学性能为前提)。

失效准则式的右面：Σ_c——由材料学可实验测定(但以已知试样的受力分析为前提)。

在准静载荷条件下，人们已获得大量知识，积累了丰富经验，成功地解决了大量工程问题。但在冲击动载荷下，人们面临了新问题，因为现在 Σ 是随时间变化的动力学量 $\Sigma(t)$，要依靠应力波分析；而 Σ_c 是应变率相关的动力学量 $\Sigma_c(\dot{\varepsilon})$，要依靠材料动力学实验。而且，依靠应力波分析来计算动力学量 $\Sigma(t)$ 时，是以已知材料动态力学性能为前提的；而依靠材料动力学实验来确定动力学量 $\Sigma_c(t)$ 时，又以已知试样的应力波分析为前提。正如上文所述，这两者的确定比起静力学问题要复杂得多。如果不恰当地采用某种等价准静态分析，难免发生误导!

好在随着现代计算技术的迅速发展，船桥相撞问题现在已经不难通过动态数值模拟与实验研究相结合的途径来解决。这时候，只要动态数值模拟的建模中正确地反映和包含了应力波效应和应变率效应这两种动力学效应，实质上就实现了科学的冲击动力学分析。

4.2 船桥撞击力分析的应力波基础知识

船撞力的分析计算，从原理上可归纳为两大类：一类基于准静态分析，而另一类基于动态分析，包括采用动态计算软件进行数值分析。

下面我们先对现行的主要船撞力计算公式进行分析比较，指出其不足之处；进而在应力波分析基础上，讨论影响船撞力的主要因素，进而建议采用柔性耗能类的防撞装置。

4.2.1 船撞力现行有关规范计算公式的分析比较

首先分析一下现行有关规范的计算公式。应该指出：现有各种有关规范中的船桥撞击力的计算公式，包括我国现行公路规范公式[24]、铁路规范公式[25]、美国指导规范(ASHHTO)公式[26]和欧洲统一规范公式[27]等，本质上都是建立在船撞桥(或船撞船)的刚体或弹性体整体碰撞的一维简化理论基础上，再作若干修正的准静态半经验公式。

就我国现行的两个船桥撞击力计算公式而言，如下的公路规范公式本质上源自刚体整体运动的动量原理或冲量原理($Ft=mv$)，以本书统一的符号表示时为：

$$F_{GL}=\frac{W}{g}\frac{v}{t}=\frac{mv}{t} \tag{4-7a}$$

而如下的铁路规范公式则本质上源自计及船桥整体弹性柔度的动能原理[5]：

$$F_{TL}=\gamma v\sin\alpha\sqrt{\frac{W}{C_1+C_2}}=\frac{\gamma}{\sqrt{g}}v\sin\alpha\sqrt{\frac{m}{C_1+C_2}}\propto v\sqrt{m} \tag{4-7b}$$

式中 F(MN)为压缩撞击力(下标表示不同公式的出处，如 GL 表示公路规范，TL 表示铁路规范等)，W(MN)和 $m(W/g)$ 分别为船舶的载重量和质量，v(m/s)为船舶的撞击速度，t(s)为撞击历时，α 为船舶与墩台撞击面的夹角，C_1 和 C_2(m/MN)分别为船舶和桥墩的弹性柔度，即单位力作用下产生的变形(刚度的倒数)，而 γ (s/m$^{1/2}$)为动能折减系数，用以计及船舶动能没有全部由桥墩所吸收。

国际上常用的船撞力公式主要有三[6]，以本文统一的符号表示，分别为：美国指导规范(ASHHTO)公式[26]：

$$F_{ASHHTO} = 1.2 \times 10^5 v \sqrt{DWT} \propto v \sqrt{m} \tag{4-8a}$$

敏诺斯基-捷勒-沃易苏(Minorsky-Gerlach-Woisin)公式：

$$F_{MGW} = 0.024 (vD_{max})^{2/3} \propto (vm)^{2/3} \tag{4-8b}$$

和索尔-诺特-格林那(Saul Svensson-Knott-Greiner)公式：

$$F_{SKG} = 0.88 (DWT)^{1/2} (v/8)^{2/3} (D_{act}/D_{max})^{1/3} \propto v^{2/3} \sqrt{m} \tag{4-8c}$$

式中 D_{max}是船的满载排水量(t)，D_{act}是撞击时船的实际排水量(t)，DWT 是船的载重量(t)，都可以换算为船的质量 m。

查阅一下文献不难发现，有相当多的文章对上述公式的孰优孰劣进行过讨论，或提出改进的建议。其实，不难说明，这些公式并无本质差异，都是基于准静态力学分析加上经验参数修正的半经验公式。

当采用公路规范公式(4-7a)来计算撞击力时，最大的困难在于如何在各种不同的船桥撞击情况下正确确定撞击历时 t。这就像跳高运动员掉落在钢板上、泥土地上和泡沫垫上时，人们都知道撞击历时(因而撞击力)会不同，但难以回答其撞击历时和撞击力的具体数值。实践上，设计者不得不采用经验值，而这些经验值实际上既缺乏理论依据也缺乏全面足够的实验验证。小型实验测得的数值由于没有满足动态相似律难以广为接受。实际上，在式(4-7a)基础上进行修正的各种试图难以获得成功。其根本原因在于式(4-7a)本质上是刚体整体运动的准静态分析，不可能用来分析船桥相撞的冲击动力学问题。

于是更多的设计者倾向于采用基于动能原理的铁路规范公式(4-7b)。其实式(4-7b)和式(4-7a)是内在相通的。事实上，如果以 U 表示船桥以 v 相撞时的相对位移，则 t 的平均值可表示为 $t = U / v$，从而式(4-7a)可改写为：

$$F = \frac{W}{g}\frac{v}{t} = \frac{mv}{t} = \frac{mv^2}{U} \tag{4-9a}$$

对于弹性系统，上式意味着：船的动能($mv^2/2$)与撞击力做功($FU/2$)相等，正是动能原理的表现形式之一。而且对于弹性系统，位移 U 与作用力 F 成正比，$U = CF$，正比系数 C 即弹性系统的弹性柔度(刚度 K 的倒数)。这样，由于 $t = U / v = CF / v$，式(4-7a)可进一步改写为：

$$F = v\sqrt{mK} = v\sqrt{\frac{m}{C}} = v\sqrt{\frac{W}{gC}} \tag{4-9b}$$

当计及斜撞击时撞击角 α 的影响($\sin\alpha$)，把系统的弹性柔度 C 取为船的柔度 C_1与桥的柔度 C_2之和，$C = C_1 + C_2$，再假设船的总动能中只有 β ($= \gamma g^{1/2}$)部分被桥吸收，则上式就与铁路规范公式(4-7b)完全相同了。

然而，采用式(4-7b)时，船的动态柔度 C_1怎么确定？桥的动态柔度 C_2又怎么确定？撞击条件不同时动能折减系数 γ 又怎么确定？各有什么依据？难题并未真正解决。

可见，采用式(4-7a)时如何确定撞击历时 t 的难题现在只不过转化为采用式(4-7b)时如何确定 C_1、C_2和 γ 的难题了。实践上，设计者又不得不选用经验值，而现行推荐的经验值实际上同样既缺乏理论依据、又缺乏全面足够的实验验证。

对比式(4-8a)和式(4-7b)可知，美国指导规范公式(4-8a)显然可看作我国铁路规范公式(4-7b)的简化特例，只是选用了不同的经验参数而已。

Consolazio 和 Cowan 指出[28]，美国 AASHTO 公式是基于 Meir-Dornberg 的试验结果，关联船舶动能、船头撞深和等效静冲击力的经验公式。实质上是把撞深作为动能的经验公式和等效静冲击力作为撞深的线性函数的经验公式相关联的结果，如图 4-11 所示。他们的数值研究表明(图 4-12)，对于圆墩，撞击力虽然随撞深单调增加，但与 AASHTO 预示值相差甚远；而对于方墩，撞击力在一开始达到最大值后，反而随撞深下降，而并非如 AASHTO 预示那样随撞深单调增加，因此 Consolazio 和 Cowan 认为 AASHTO 的可靠性是值得怀疑的。

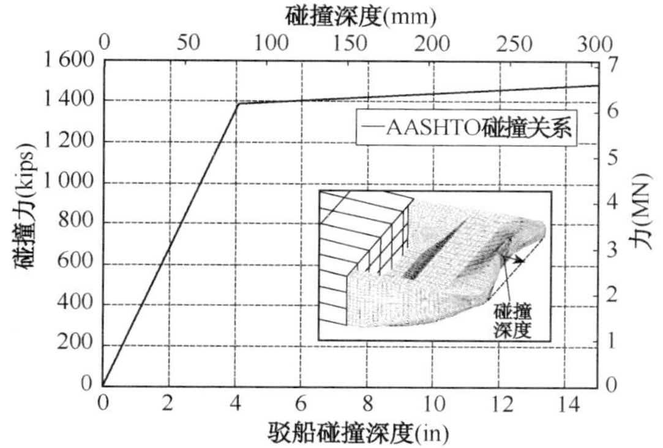

图 4-11 AASHTO 的设计规范

Fig. 4-11 Design specifications in AASHTO

注：1kips(千磅)=4.448kN

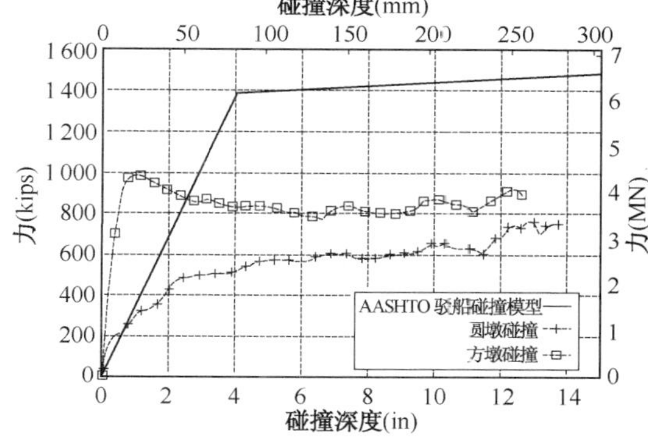

图 4-12 模拟数据与 AASHTO 模型的比较

Fig. 4-12 Comparison of simulation data and AASHTO model[5]

关于敏诺斯基-捷勒-沃易荪(Minorsky-Gerlach-Woisin)公式(4-8b)和索尔-诺特-格林那(Saul Svensson-Knott-Greiner)公式(4-8c)，我们可以通过引入一个新系数 $\Gamma = \gamma / C^{1/2}$ 来加以讨论和理解，这里 $\Gamma = \gamma / C^{1/2}$ 反映了动能折减系数 γ 与系统弹性柔度 C 的综合效应。可以设想，对于不同质量 m 的船舶在不同撞击速度 v 下，Γ 理应具有不同数值，即 Γ 一般应是 m 和 v 的函数，$\Gamma = \Gamma(m,v)$，于是源于动能原理的式(4-7b)或式(4-9b)可改写为如下更一般的形式

$$F = \Gamma(m,v) v \sqrt{m} \tag{4-10a}$$

设函数 $\Gamma(m, v)$ 以幂函数关系分别依赖于 m 和 v，即有：$\Gamma(m,v) = \xi m^r v^s$，此处 ξ 是常系数。于是，式(4-13a)可表为：

$$F = \xi m^r v^s v \sqrt{m} \tag{4-10b}$$

显然，当 $r = 1/6$ 和 $s = -1/3$ 时，上式化为 Minorsky-Gerlach-Woisin 公式(4-8b)，而当 $r = 0$ 和 $s = -1/3$ 时，上式化为 Saul Svensson-Knott-Greiner 公式(4-8c)。可见，该两式都可以理解为我国铁路规范公式(4-7b)中的 γ 和 C 以幂函数关系分别依赖于 m 和 v 时的某种简化特例，只是 r 和 s 各自取了不同的特定经验值。

这样，式(4-10a)或式(4-10b)可以看作基于动能原理的现行船撞力准静态公式的统一形式，而以上列举的式(4-7a)至式(4-8c)都是其简化特例。然而在此基础上进行修正的各种试图，实际上未能在普遍的条件下获得广泛适用和成功，其根本原因在于这些公式本质上是船桥整体运动的准静态分析，难以用来正确分析船桥相撞的冲击动力学问题。

随着科学技术的不断发展，看来我们已经没有必要再停留在对这些准静态经验公式进行孰优孰劣的讨论上，也没有必要再停留在对这些准静态经验公式进行修正改进的尝试上，发

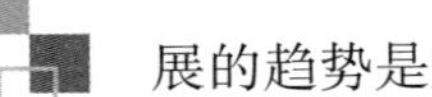

展的趋势是采用冲击动力学分析。

4.2.2 船撞力的冲击动力学分析

如上节所述，冲击动力学分析与准静态分析的主要差别在于计及结构的应力波效应和材料的应变率效应。冲击动力学问题的控制方程组一般由动量守恒、质量守恒、能量守恒方程和材料本构方程共同组成，其中，惯性效应体现在动量守恒方程中(与静力平衡方程相区别)，而应变率效应则体现在材料动态本构方程中(与材料静力本构方程相区别)。

按应力波传播理论的观点，船桥相撞时撞击界面处的动态撞击力是由应力波在船中和桥中分别传播与相互作用的耦合过程所决定的，而应力波在船和桥中的传播特性又分别取决于各自结构的具体特征以及各自材料的动态本构特性[1]。

为说明这一点，我们先来考察一平面应力波的波阵面以波速 $D = \mathrm{d}X/\mathrm{d}t$ 沿 X 轴正向传播(右行波)的情况(图 4-13)。如上节所述，波阵面实质上是扰动区域与未扰动区域的界面，而扰动表现为波阵面后方各力学量与波阵面前方各力学量的变化或差别。如图 4-13 所示，设以上标“+”表示波阵面前方的各力学量，而以上标“-”表示波阵面后方的各力学量，则应力 σ、应变 ε、质点速度 v 和内能 e 等力学量在跨过波阵面时发生的扰动可用如下的跳跃性变化 Δ 来表示：

$$\Delta\sigma = \sigma^- - \sigma^+,\ \Delta\varepsilon = \varepsilon^- - \varepsilon^+,\ \Delta v = v^- - v^+,\ \Delta e = e^- - e^+ \tag{4-11}$$

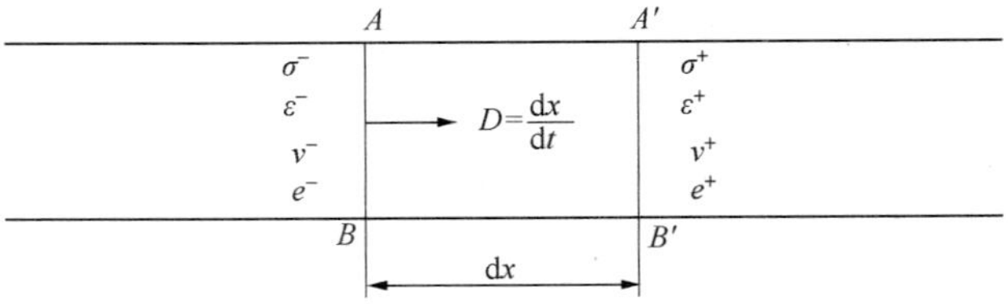

图 4-13　波阵面在 dt 时间传播了 dX (= Ddt)距离

Fig. 4-13　Wave front propagates a distance dX (= Ddt) in dt

设以波速 $D = \mathrm{d}X/\mathrm{d}t$ 传播的波阵面在 t 时刻位于 AB 位置(图 4-13)，经过 dt 时间后到 $A'B'$位置，传播的距离 $\mathrm{d}X = D\mathrm{d}t$。由 $ABA'B'$间质点的动量守恒条件：

$$(\sigma^+ - \sigma^-)A_0\mathrm{d}t = \rho_0 A_0 \mathrm{d}X(v^- - v^+)$$

经简化后可得

$$\Delta\sigma = -\rho_0 D\Delta v \tag{4-12a}$$

称为波阵面上动力学相容条件，是动量守恒条件的体现，而 $\rho_0 D$ 称为波阻抗。注意，上式是对右行波导出的，对于左行波可得类似结果，只需把上式右端改为 + 号。

另一方面，我们随着右行波波阵面上来观察位移 $U(X,t)$ 对时间的总变化率的话，按照全微分法则，并注意到按质点速度定义 $v = \dfrac{\partial U}{\partial t}$ 和应变定义 $\varepsilon = \dfrac{\partial U}{\partial X}$，则有：

$$\frac{\mathrm{d}U}{\mathrm{d}t} = D\frac{\partial U}{\partial t} + \frac{\partial U}{\partial X} = v + D\varepsilon$$

把上式先后用于波阵面后方的 U^- 和前方的 U^+，再两者相减，可得：

$$\frac{\mathrm{d}}{\mathrm{d}t}\Delta U = \frac{\mathrm{d}}{\mathrm{d}t}(U^- - U^+) = \Delta v + D\Delta\varepsilon$$

然而在连续介质波阵面上位移必须连续，即必须有 ΔU 恒为零，于是上式给出：

$$\Delta v = -D\Delta\varepsilon \tag{4-12b}$$

称为波阵面上运动学相容条件，是质量守恒条件的体现。注意，上式是对右行波导出的，对于左行波可得类似结果，只需把上式右端改为+号。

由式(4-12a)和式(4-12b)消去Δv后立即可得波速D的表达式：

$$D = \sqrt{\frac{1}{\rho_0}\frac{\Delta\sigma}{\Delta\varepsilon}} \tag{4-12c}$$

注意，式(4-12a)和式(4-12b)的导出与材料无关；但式(4-12c)表明波速D取决于材料特性。

当跨过波阵面的扰动不是强间断跳跃而是弱间断微小变化时($\Delta\sigma \rightarrow d\sigma$，…)，式(4-12a)至式(4-12c)中的$\Delta\sigma$，$\Delta\varepsilon$和$\Delta v$只需代之以$d\sigma$，$d\varepsilon$和$dv$即可(称为连续波)，相应地有

$$d\sigma = \mp \rho_0 C_w dv \tag{4-12d}$$

$$dv = \mp C_w d\varepsilon \tag{4-12e}$$

$$C_w = \sqrt{\frac{1}{\rho_0}\frac{d\sigma}{d\varepsilon}} \tag{4-13a}$$

前两式右端"-"号对应于右行波，"+"号对应于左行波，连续波波速按习惯改用C_w来表示。$d\sigma/d\varepsilon$是材料动态应力应变曲线的斜率，在线弹性情况下化为杨氏模量E，式(4-13a)就化为熟知的一维应力条件下的弹性波波速C_{we}的表达式：

$$C_{we} = \sqrt{E/\rho_0} \tag{4-13b}$$

式(4-12a)~式(4-13b)分别对应于强间断冲击波和弱间断连续波，是冲击动力学分析中常用的基本方程组。以上各式中应力和应变均以拉为正，质点速度以X轴向为正。

下面我们将应用这些方程来分析船桥相撞时的撞击力。

先看一下当弹性波波阵面前方满足零初始条件($\sigma^+ = \varepsilon^+ = v^+ = 0$)时的情况，这时从以上基本方程式立即可得下列简化式(为方便起见已略去表示波阵面后方各量的上标"-")：

$$\sigma = \mp \rho_0 C_{we} v \tag{4-14}$$

$$v = \mp C_{we}\varepsilon \tag{4-15}$$

式中右端"-"号对应于右行波，"+"号对应于左行波，弹性波速$C_{we} = (E/\rho_0)^{1/2}$。

先按右行波为例来讨论，注意到这里的σ和ε以拉为正，而上一节中的撞击力F以压为正，如以A表示撞击界面的面积的话，则在弹性系统中按冲击动力学分析得出的撞击力F_{IMP}($= -\sigma A$)为：

$$F_{IMP} = (\rho_0 C_{we} A)v = vA\sqrt{\rho_0 E} \tag{4-16}$$

式中的($\rho_0 C_{we} A$)计及了撞击界面处面积的影响，称为广义波阻抗。式(4-16)表示，撞击力与撞击界面处的撞击速度v成正比，又与广义波阻抗($\rho_0 C_{we} A$)成正比，但与撞击质量m并无直接关系。

对比一下冲击动力学撞击力公式(4-16)和准静态撞击力公式(4-9b)，相同之处是两者都与撞击速度v成正比，但在冲击动力学公式中撞击力与广义波阻抗$\rho_0 C_{we} A$[或$A(\rho_0 E)^{1/2}$]成正比，而在准静态公式中撞击力与$(mK)^{1/2}$或$(m/C)^{1/2}$成正比。这说明在船桥相撞的早期响应阶段，除了v外，对撞击力的高低起主导作用的其实是广义波阻抗而不是船的质量m和结构刚度K(或柔度C)。这一点有可能使习惯于准静态分析的人们一定感到疑惑，我们将

在下文进一步说明，随着应力波在船和桥中来回反射的次数不断增加，才会逐渐显示出船舶总质量对于撞击力时程曲线及能量交换过程的影响。

式(4-14)或式(4-16)给出了当撞击界面处撞击速度 v 已知时，计算撞击应力或撞击力的所谓“简单波”的关系式。但应该指出：当船以一定航速 v 撞击桥时，撞击界面处的质点速度并非船的初始航速 v。事实上，船桥相撞时，一方面在船中传播着应力波(设为左行波，其波阵面前方的初始质点速度为 v)，另一方面又同时在桥中以相反方向传播着应力波(右行波，设有零初始条件)。两者应分别遵循式(4-12a)的右行波方程和左行波方程(注意正负号的差别)，又分别满足各自不同的初始条件，还要在撞击界面处要满足应力平衡和位移连续条件，即在撞击界面 X_{s-b} 处有 $\sigma_s = \sigma_b = \sigma_{s-b}$ 和 $v_s = v_b = v_{s-b}$，(此处及以下，均以下标 s 和 b 分别指船的和桥的，而以下标 $s\text{-}b$ 指撞击界面处的)。经过简单演算后[1]，不难得出撞击界面 X_{s-b} 处的应力 σ_{s-b} 和质点速度 v_{s-b} 分别为：

$$\sigma_{s-b} = -\frac{v}{\dfrac{1}{(\rho_0 C_{we})_s} + \dfrac{1}{(\rho_0 C_{we})_b}} = -\frac{(\rho_0 C_{we})_s v}{1 + \dfrac{(\rho_0 C_{we})_s}{(\rho_0 C_{we})_b}} = -\frac{(\rho_0 C_{we})_s v}{1 + n_{s-b}} \tag{4-17}$$

$$v_{s-b} = \frac{(\rho_0 C_{we})_s v}{(\rho_0 C_{we})_s + (\rho_0 C_{we})_b} = \frac{n_{s-b} v}{1 + n_{s-b}} \tag{4-18}$$

式中 n_{s-b} 是船的波阻抗与桥的波阻抗之比：$n_{s-b} = (\rho_0 C_{we})_s / (\rho_0 C_{we})_b$。

如果引入一个无量纲撞击应力 $\bar{\sigma} = -\sigma / ((\rho_0 C_w)_s v)$，则基本简单波解式(4-14)可简化为无量纲形式：$\bar{\sigma} = 1$，而式(4-17)则可简化为无量纲形式：$\bar{\sigma} = 1/(1 + n_{s-b})$。由此可见，船和桥的波阻抗比 n_{s-b} 对于撞击力的大小起着支配性作用。对于给定波阻抗的船，随 n_{s-b} 的增大(对应于桥的波阻抗$(\rho_0 C_{we})_b = (\rho_0 E)_{b1/2}$ 减小)，撞击应力 σ_{s-b} 降低；反之，随 n_{s-b} 的减小(对应于桥的波阻抗$(\rho_0 C_{we})_b = (\rho_0 E)_b^{1/2}$ 增大)，撞击应力 σ_{s-b} 升高。当$(\rho_0 C_{we})_b$ 趋于无穷大(相当于桥为刚体)，n_{s-b} 趋于零[相当于式(4-17)退化为式(4-14)]，撞击应力 σ_{s-b} 达到最大值，对应于船撞击刚性墙的极端情况。这意味着桥的防护愈“坚固”(波阻抗愈大)，船撞力就愈大。这是基于准静态力学分析的设计人员意想不到的。

为进一步定量地说明撞击应力如何依赖于波阻抗比，我们来讨论一个简化的杆-杆撞击系统，如图 4-14 所示。图中钢制有限长杆 B_s 模拟长度为 L 的船，杆 B_b 模拟被撞物体，设其足够长而可暂先忽略被撞物体中另一端反射应力波的影响。计算中钢杆 B_s 的有关材料参数取为：密度 $\rho_0 = 7.85 \times 10^3\ \text{kg/m}^3$，弹性模量 $E = 210\text{GPa}$，泊松比 $v = 0.3$，因而有波速 $C_{we} = 5.17\text{km/s}$ 及 波阻抗 $\rho_0 C_{we} = 40.6\text{MPa s/m}$。被撞杆 B_b 的材料设为三种：a) 刚体($\rho_0 C_{we} = \infty$)，这时波阻抗之比 $n_{s-b} = 0$；b)与撞击杆 B_s 相同的钢，这时 $n_{s-b} = 1$；c) 混凝土，有关材料参数为 $\rho_0 = 2.50 \times 10^3\ \text{kg/m}^3$，$E = 25\text{GPa}$，$v = 0.17$，因而 $C_{we} = 3.16\text{km/s}$ 及 $\rho_0 C_{we} = 7.9\text{MPa s/m}$，这时 $n_{s-b} = 5.14$。

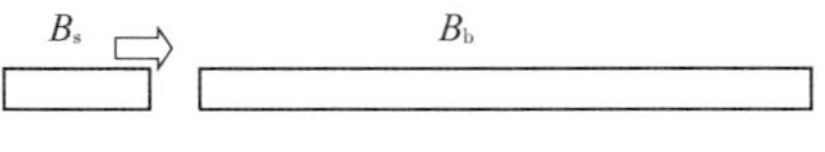

图 4-14　杆－杆撞击系统示意图

Fig. 4-14　Schematic of a bar – bar impact system

当杆 B_s 以速度 $v^* = 5\text{m/s}$ 对杆 B_b 进行轴向撞击时，在撞击界面处按式(4-17)计算所得的撞击应力随上述三种不同 B_b 材料有明显差别，分别如图4-15a)、图4-15b)和图4-15c)中虚线所示。图中也以实线给出了用动态LS-DYNA计算的结果，两者给出一致的结果。三种不同 B_b 材料计算结果的对比见图4-15d)。

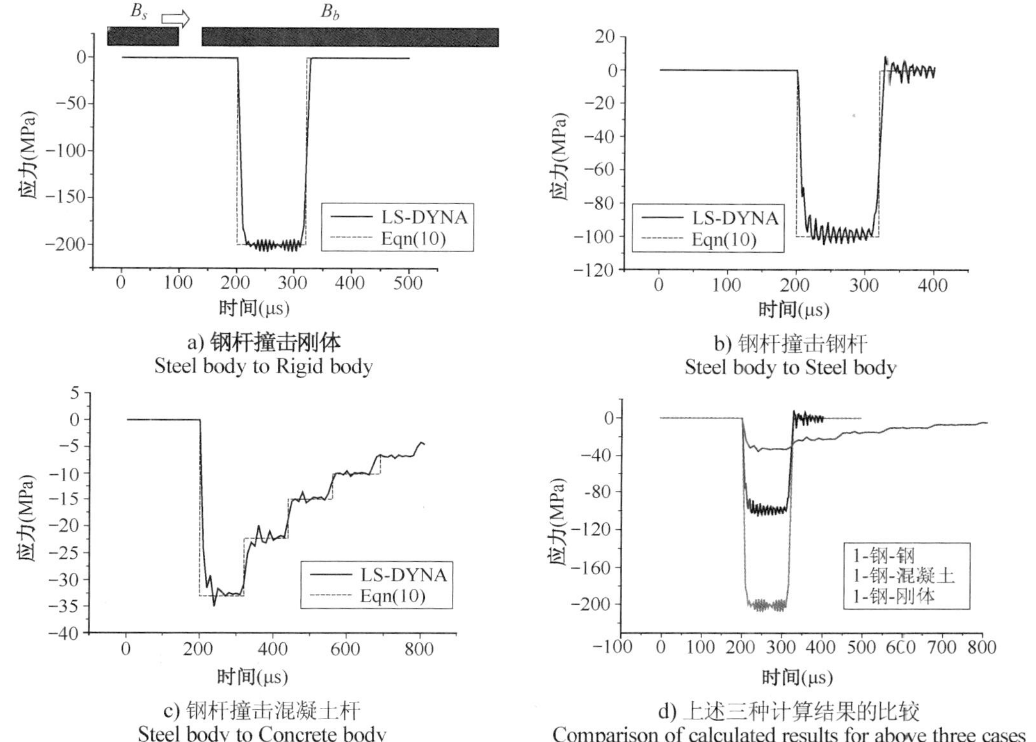

图4-15　撞击应力的计算结果

Fig. 4-15　Calculated results of impact stress

由此可见，图4-15a)～图4-15c)三种情况下的撞击应力之比为2∶1∶0.32，即钢杆撞击刚体时的撞击应力是钢杆撞击钢杆时的两倍，而钢杆撞击混凝土杆时的撞击应力仅为钢杆撞击钢杆时的三分之一还不到，这是因为钢的波阻抗与混凝土的波阻抗之比高达5.14。这意味着桥桩的波阻抗愈高，撞击应力就愈高。换句话说，如果对桥桩实施刚性更大的保护，表面上似乎保护了桥，实际上反而会带来更高的撞击载荷，既不利于桥的安全，也不利于船的安全。

按式(4-18)可以计算上述三种情况下撞击界面处的实际质点速度 v_{s-b}：对于情况a)，$v_{s-b}=0$；对于情况b)，$v_{s-b}=0.5v^*$；而对于情况c)，$v_{s-b}=0.837v^*$。显然，三种情况下撞击界面处质点速度 v_{s-b} 的差别也很大，而且都不等于船舶撞上桥时的初始速度 v^*。

由此可见，桥的防护装置如果采用柔性(低波阻抗)的将比采用刚性(高波阻抗)的更为有利，能够明显降低撞击力，从而既有利于桥的安全，也有利于船的安全。注意，今后我们沿用“柔性”和“刚性”名词时，实际上指“低波阻抗”和“高波阻抗”。

4.2.3　撞击杆质量对撞击过程影响的冲击动力学分析

到此为止，对于已经熟悉准静态分析的人们，特别是熟悉船撞力现行规范计算公式

(4-7)~公式(4-11)的人们，难免会感到疑惑：按照上述冲击动力学分析时，为什么船撞力与船的整体质量(重量)没有直接关系呢?

为了说明这一点，我们需要通过应力波传播的时空 X-t 图(物理平面图)和相应的 σ-v 状态平面图，来进一步分析上述三种不同情况下不同的应力波效应，如图4-16所示；这里 X-t 图用来描述应力波在时间-空间坐标中的传播轨迹，而 σ-v 图则显示其对应的力学状态(应力-质点速度)变化。下面我们把 X-t 图和 σ-v 图相对照地来讨论这三种情况。

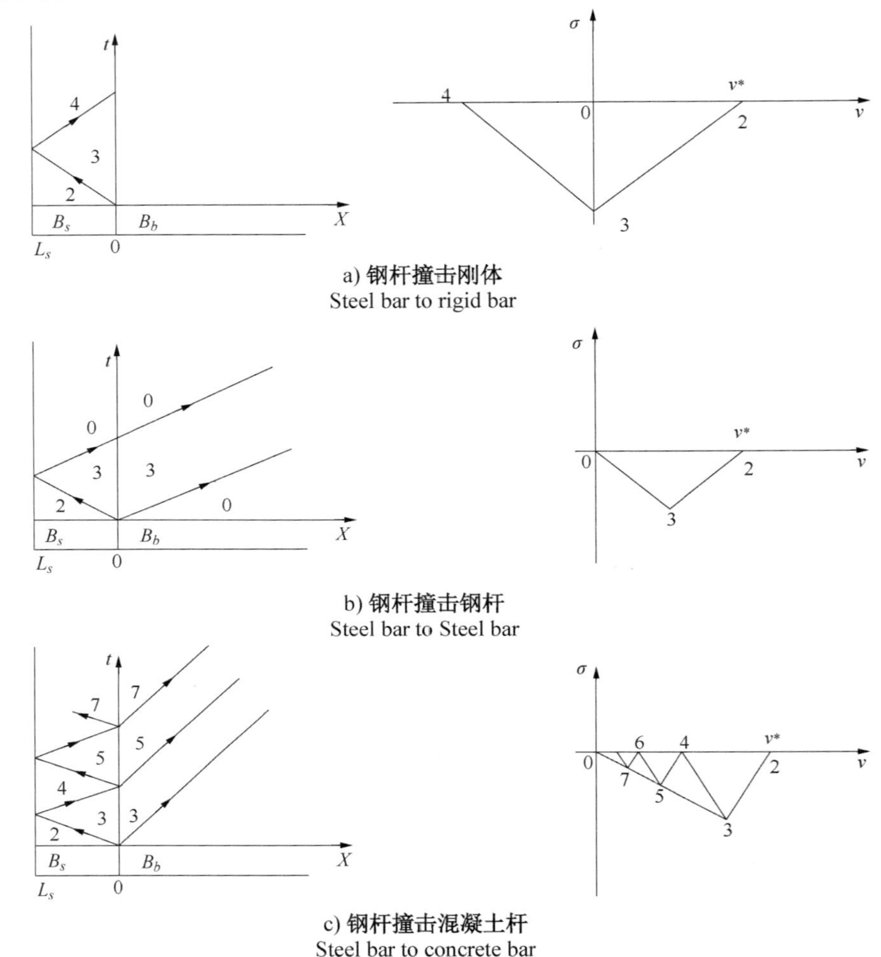

a) **钢杆撞击刚体**
Steel bar to rigid bar

b) **钢杆撞击钢杆**
Steel bar to Steel bar

c) **钢杆撞击混凝土杆**
Steel bar to concrete bar

图4-16　杆 B_s 撞击杆 B_b 时描述应力波传播的 $X-t$ 物理平面图和 $\sigma-v$ 状态平面图

Fig. 4-16　The X - t physical plot and the σ - v state plot for bar B_b impacted by bar B_s

在这三种情况中，我们先来讨论b)钢杆撞击钢杆的情况，这时杆 B_s 和杆 B_b 的波阻抗相等。杆 B_s 的初始状态为 $\sigma=0$ 和 $v=v^*$，对应于 σ-v 状态图中点2；杆 B_b 的初始状态为 $\sigma=0$ 和 $v=0$，对应于 σ-v 状态图中点0。当杆 B_s 撞击杆 B_b 时，杆 B_s 中传播一左行波扰动(X-t 图中的左行斜线，斜率表征波速)，波阵面通过后的状态变为3′；而 B_b 中传播一右行波扰动，使得波阵面后方的状态变为3″。按照式(4-11)，两者应分别满足

$$\sigma_{3'}=(\rho_0 C_{we})_s(v_{3'}-v^*) \tag{4-19a}$$

$$\sigma_{3''} = -(\rho_0 C_{we})_b v_{3''} \tag{4-19b}$$

式中$(\rho_0 C_{we})_s$和$(\rho_0 C_{we})_b$分别是杆B_s和杆B_b的波阻抗。式(4-19a)和式(4-19b)这两个线性方程在σ-v状态图中的几何表示分别是：杆B_s通过点2的正斜率$(\rho_0 C_{we})_s$直线和杆B_b通过点0的负斜率$-(\rho_0 C_{we})_b$直线。在撞击保持接触的过程中，在撞击界面上应该满足应力相等$\sigma_{3''}=\sigma_{3'}=\sigma_{s-b}$和质点速度相等$v_{3''}=v_{3'}=v_{s-b}$的条件。这意味着左行波波阵面后方的状态3′与右行波波阵面后方的状态3″相等，对应于σ-v状态图中的交点3。其几何表示就是σ-v状态图中通过点2的正斜率直线与通过点0的负斜率直线相交于点3。由以上两式加上撞击界面处应满足$\sigma_{3''}=\sigma_{3'}=\sigma_{s-b}$和$v_{3''}=v_{3'}=v_{s-b}$的条件，最后可求得

$$\sigma = -\frac{1}{2}\rho_0 C_{we} v^*, \quad v = \frac{1}{2}v^* \tag{4-19c}$$

上式正是讨论图4-15时得出过的结果[参看式(4-17)、式(4-18)]，只是那时未对撞击过程作进一步的细致分析。

实际上，随着应力波在两杆中的传播，参看图4-16b)可知，短杆B_s中传播的左行波在到达杆B_s的另一端(自由端)时要卸载反射为右行卸载波[(对应于图4-16b)中短杆B_s部分的右行斜线]，其波阵面后方应满足自由端应力为零的条件。按照式(4-11)，此反射右行波对应于$\sigma-v$状态图中通过点3的负斜率直线，而满足自由端应力为零的要求就意味着反射波波阵面后方状态由这一负斜率直线与v轴的交点决定，即对应于应力为零的坐标原点0。这样，当反射波到达撞击界面时，在长杆B_b中也将透射传播一右行卸载波。按照式(4-12a)，此透射右行卸载波对应于σ-v状态图中通过点3的负斜率直线，并应交于应力为零的v轴，即杆B_b的状态又从σ-v状态图中的点3卸载回到点0。由此可知，当短杆B_s中反射的右行卸载波到达撞击界面时，界面处于无应力和无质点速度的静止状态，意味着两杆的撞击就此结束。撞击历时t可通过应力波在杆B_s中传播一个来回的路程$2L_s$除以波速来求得，即有$t=2L_s/C_{we}$，此处L_s是杆B_s的长度。

我们在分析我国公路规范公式(4-7a)时曾经指出，难点在于如何确定撞击历时t。在本例中，根据应力波分析可以确定$t=2L_s/C_{we}$；另一方面对于一维杆B_s又可以确定质量$m=\rho_0 A_s L_s$（此处A_s为杆B_s截面积），把这两个关系都代入我国公路规范公式(4-7a)则有：

$$F = -\sigma A_s = \frac{mv^*}{t} = \frac{\rho_0 A_s L_s v^*}{2L_s/C_{we}} = \frac{1}{2}\rho_0 C_{we} A_s v^*$$

即

$$\sigma = -\frac{1}{2}\rho_0 C_{we} v^* \tag{4-19d}$$

所得结果又回到式(4-17)及式(4-19c)，即船的总质量m已经消失，并未出现在船撞力的最终表达式中。这也就是著名的Hopkinson父子实验中(图4-4)，为什么金属丝的拉断与否只取决于落重物高度H(等价于只取决于落重物速度V)而与落重物的重量W(或质量$m=W/g$)无关的原因所在。

用类似的方法可以分析a)钢杆撞击刚体的情况。由于刚体不可变形($v\equiv 0$)，相当于弹性模量E和波阻抗趋于无穷大，因而B_s中传播的左行波波阵面后方状态点3由σ-v状态图中通过点2的正斜率$(\rho_0 C_{we})_s$直线与σ轴($v\equiv 0$)的交点决定。与图4-15b)相比，可见此时撞击应力高于钢杆撞击钢杆的情况。此左行波在杆B_s的自由端反射为右行卸载波后，其波阵面后方的状态应满足自由端应力为零的条件，因而对应于由$\sigma-v$状态图中通过点3的负斜

率 $-(\rho_0 C_{we})_s$ 直线与 v 轴($\sigma\equiv0$)的交点 4，即落在 $-v$ 轴与点 3 对称的位置上。这意味着波阵面后方的质点以 $-v^*$ 的速度反向运动。当这一右行卸载波到达撞击界面时，整个杆 B_s 以 $-v^*$ 的速度反弹，脱离杆 B_s，两杆的撞击就此结束。显然，撞击历时也是 $t=2L_s/C_{we}$。但应注意在本情况下杆 B_s 的动量变化为 $m[v^*-(-v^*)]$。把上述结果代入我国公路规范公式(4-7)有：

$$F=-\sigma A_s=\frac{m[v^*-(-v^*)]}{t}=\frac{2\rho_0 A_s L_s v^*}{2L_s/C_{we}}=\rho_0 C_{we} A_s v^*$$

即

$$\sigma=-\rho_0 C_{we} v^* \tag{4-19e}$$

意味着钢杆撞击刚体时的撞击应力是钢杆撞击钢杆时的两倍。所得结果与图 4-15 和式(4-17)给出的完全一致，即船的总质量 m 同样未出现在式(4-19e)的最终表达式中。

用类似的方法还可以分析 c)钢杆撞击混凝土杆的情况，但这时由于杆 B_s 的波阻抗 $(\rho_0 C_{we})_s$ 大于杆 B_b 的波阻抗 $(\rho_0 C_{we})_b$，使问题变得更为复杂。当两杆开始相撞时，现在 B_s 中传播的左行波波阵面后方状态点 3 将由 σ-v 状态图中通过点 2 的正斜率 $(\rho_0 C_{we})_s$ 直线与杆 B_b 通过点 0 的负斜率 $-(\rho_0 C_{we})_b$ 直线的交点决定。由于 $(\rho_0 C_{we})_b<(\rho_0 C_{we})_s$，现在与点 3 对应的撞击应力 σ_3 低于 b)钢杆撞击钢杆时的撞击应力，更远低于 a)钢杆撞击刚体时的撞击应力，这正是柔性防护能降低撞击应力的机理所在。杆 B_s 的左行波在自由端反射为右行卸载波后，其波阵面后方的状态应满足自由端应力为零的条件，因而对应于由 $\sigma-v$ 状态图中通过点 3 的负斜率 $-(\rho_0 C_{we})_s$ 直线与 v 轴($s\equiv0$)的交点 4。要注意的是，现在与点 4 对应的质点速度 $v_4>0$，是正值。这表示应力波在杆 B_s 中传播一个来回后仍有足以进行“二次撞击”的“残余速度”。事实上，当此右行卸载波到达两杆界面时，如果杆 B_b 也按照应力卸载为零的要求，其状态将对应于 σ-v 状态图中通过点 3 的负斜率 $-(\rho_0 C_{we})_b$ 直线与 v 轴($s\equiv0$)的交点 0，即应力和质点速度均卸载为零。正是点 4 和点 0 两状态之间存在的“残余速度差”将导致杆 B_s 对杆 B_b 进行所谓的“二次撞击”，其状态点 5 将由 $\sigma-v$ 状态图中杆 B_s 通过点 4 的正斜率 $(\rho_0 C_{we})_s$ 直线与杆 B_b 连接点 3 点 0 的负斜率 $-(\rho_0 C_{we})_b$ 直线之交点决定。依此类推，每当杆 B_s 中的应力波打一个来回，会发生由于继续存在着“残余速度”而引发的下一个“二次撞击”，对应于点 6 和点 7 等。在本例所示情况下，杆 B_s 对杆 B_b 的撞击会以这一模式延续下去，就像杆 B_s 黏在杆 B_b 上而弹不起来一样，虽然杆 B_s 中的应力波每打一个来回，“残余速度”随着减小，“二次撞击”应力也随着减小，如图 4-15c)中的下降式阶梯所示。实际上的两杆撞击终止时间取决于杆 B_b 另一端的反射波条件[1]。由此不难理解，简化的准静态公式，包括我国公路规范公式(4-7a)或我国铁路规范公式(4-7b)，都不足以分析本例这样的复杂情况，何况船撞桥的实际情况更为复杂。

那么，质量 m 到底起什么作用呢？其实，根据具体情况的不同，还可以有不同的表现。下面对照图 4-14 来对如下的几种情况进行讨论和比较：

情况 A：杆 B_s 和杆 B_b 的截面积和波阻抗都相同。这种情况下，杆 B_s 的质量变化实际上表现为杆长的变化。注意到我们在导出式(4-19e)时已经指出过的论述，这时撞击历时 $t(=2L_s/C_{we})$ 与杆 B_s 质量 $m(=\rho_0 A_s L_s)$ 之间有如下关系：

$$t=\frac{2L_s}{C_{we}}=\frac{2m}{\rho_0 C_{we} A_s} \tag{4-19f}$$

由此可见这时质量 m 的主要作用表现在对撞击历时 t 的影响，质量 m 的作用不是瞬时

作用于 B_b，而是在历时 t 的时间过程中逐渐作用于 B_b 的，但对撞击力 F 并无直接影响。

情况 B：杆 B_s 和杆 B_b 的波阻抗相同，$(\rho_0 C_{we})_s = (\rho_0 C_{we})_b$，但杆 B_s 的截面积大于杆 B_b 的截面积，$A_s > A_b$。这种情况下，杆 B_s 的质量变化实际上表现为截面积 A_s 的变化。注意到这时的船撞力 F 为与杆中应力之间有如下关系：

$$F = -\sigma_s A_s = -\sigma_b A_b$$

另一方面，按应力波基本关系式(4-12a)，对于杆 B_s 中左行波和杆 B_b 中右行波分别有：

$$\sigma_s A_s = (\rho C_{we} A)_s (v_{s-b} - v^*)$$

$$\sigma_b A_b = -(\rho C_{we} A)_b v_{s-b}$$

此处$(\rho C_{we} A)$是杆的计及截面积大小的广义波阻抗，v_{s-b} 是撞击界面处质点速度，对杆 B_s 和杆 B_b 相同，而 v^* 是撞击杆 B_s 的初始速度。从上述两式消去 v_{s-b} 后，代回到前一式，就得到该情况下船撞力 F 的表达式为：

$$F = \frac{(\rho C_{we} A)_s (\rho C_{we} A)_b}{(\rho C_{we} A)_s + (\rho C_{we} A)_b} v^* = \frac{(\rho C_{we} A)_b}{1 + \dfrac{(\rho C_{we} A)_b}{(\rho C_{we} A)_s}} v^* \tag{4-19g}$$

对照一下式(4-17)，不难发现：把波阻抗代之以广义波阻抗，式(4-17)就成为式(4-19g)。上式反映了：当杆 B_s 和杆 B_b 的波阻抗相同时，$(\rho_0 C_{we})_s = (\rho_0 C_{we})_b$，不同粗细的杆相撞时撞击力 F 如何随截面积之比 A_b/A_s 变化的规律。显然，随撞击杆 B_s 的截面积的增大，撞击力将 F 增大。因此，在本例的条件下，杆 B_s 质量 m 的增大实际上表现为截面积 A_s 的增大，进而表现为广义波阻抗的增加，从而将引起撞击力的增大。在这个意义上，大船的撞击力将大于小船的撞击力。类似地还不难理解：同一艘船，由于船的密度随着载重量变化，从而引起波阻抗的变化，那么载重量大的船将比空船的撞击力大。

情况 C：当杆 B_s 的波阻抗$(\rho_0 C_{we})_s$ 远大于杆 B_b 的波阻抗$(\rho_0 C_{we})_b$ 时，可以把杆 B_s 近似为具有质量为 m 的刚体(波速和波阻抗均趋于无穷大)。这时，按照式(4-12a)对于杆 B_b 中的右行波有：

$$\sigma = -(\rho_0 C_{we}) v$$

而质量为 m 的刚体本身应满足如下的刚体动量方程：

$$\sigma = \frac{m}{A}\frac{\mathrm{d}v}{\mathrm{d}t}$$

式中 A 为杆的截面积。由这两个方程消去 σ (或者 v)，化为解 v(或者 σ)的一阶常微分方程，最后可得[1]：

$$v = v^* \exp\left(-\frac{\rho_0 C_{we} A}{m} t\right) = v^* \exp\left(-\frac{m_t}{m}\right) \tag{4-20a}$$

$$\sigma = \sigma^* \exp\left(-\frac{\rho_0 C_{we} A}{m} t\right) = \sigma^* \exp\left(-\frac{m_t}{m}\right) \tag{4-20b}$$

式中 v^* 是初始撞击速度，σ^* $(= -\rho_0 C_{we} v^*)$是相应的初始应力，$m_t (= \rho_0 C_{we} A t)$代表 t 时刻杆中应力波波阵面所扫过的那部分杆的质量，无量纲质量因子 $R_m (= \rho_0 C_{we} A t / m)$ 则代表波阵面所扫过的杆质量 m_t 与总质量 m 之比，它是随时间增大的。上式表示，质点速度波和应力波的波剖面表现为一强间断波前沿及随后的呈指数衰减的波尾。式(4-20b)其实就是图 4-15c)中的阶梯形曲线当应力波在杆 B_s 中传播一个来回的历时($t = 2L_s/C_{we}$)趋于 0 时的渐近光滑曲线。从这里可以进一步理解杆 B_s 的总质量 m 在应力波传播过程中所扮演的作用。在本例中，撞击一开始（$t=0$）的最大撞击力取决于撞击速度和材料的波阻抗，与 m 无关；但此后通过时间相关的无量纲质量因子 $R_m(=\rho_0 C_{we}At/m)$，质量 m 对于杆 B_b 中波剖面指数衰减的快慢有影响，其作用则随时间增加逐渐减小。

应该说明，不论是 4.2.1 节中关于船撞力现行有关规范计算公式的讨论，还是 4.2.2 节和本节关于船撞力的冲击动力学的分析，都是简化的一维分析。实际的船桥相撞问题是远为复杂的三维问题，常常要依靠三维动态有限元数值模拟来分析。不过，如果能正确运用一维应力波的基本原理，具体情况灵活应用，仍然可以理解和分析某些三维效应。例如，在情况 A 的条件下，短撞击杆 B_s 的总质量 m 大小的变化是通过长度不同而表现的［式(4-19f)］，因而质量 m 的主要作用表现在对撞击历时 t 的影响上。而在情况 B 的条件下，质量 m 的主要作用表现在对截面积 A_s、进而对广义波阻抗的影响上，从而将引起撞击力的变化。其实，这与著名的 Hopkinson 父子实验结果或者式(4-19e)并无本质矛盾，因为撞击的前提条件不同。即使在情况 B 的条件下，式(4-19g)间接表明质量 m 将引起撞击力的变化，但这与准静态分析公式［如式(4-7)和式(4-8)等］基于完全不同的分析原理，是有本质区别的。在准静态分析公式［如式(4-7)和式(4-8)等］中，质量 m 是整体地、瞬时地发挥作用的；而冲击动力学表明，质量 m 是随着波传播、随时间逐渐发挥作用的。这一点特别可以从情况 C 的分析中得到说明。

可见，即使在对船桥相撞的三维问题采用一维简化分析时，只要能正确运用应力波的基本原理，按照具体情况活学活用，将有助于我们对问题的正确理解和分析，为设计提供正确的指导思想。当然，对于复杂的船桥相撞的三维问题，其具体的船撞力的确定，今后主要靠冲击动力学的动态数值计算。在本章的 4.4 节将提供相应的实际应用例子。

4.2.4 应力波传播中的黏性耗散机制

应该指出，上述分析是就简化的弹性系统而言的，没有考虑到各种可能的能量耗散机制。从能量转换的角度来看，弹性系统撞击过程中吸收的能量都是可恢复的。不难设想，如果桥桩的防护装置不仅是柔性（低波阻抗）的，而且是耗能的，理应更有利于桥梁和船舶的安全。能量耗散机制不仅发挥耗能作用，而且会发挥缓冲和延长应力波传播历时作用。

为进一步考察耗能特性对于撞击力的可能影响，我们考虑一个“弹性杆 B_s - 耗能阻尼层 B_d - 弹性杆 B_b”组成的具有耗散的非弹性系统，如图 4-17 所示。与图 4-14 不同之处在于：在弹性杆 B_b 前加有一高聚物耗能阻尼层 B_d，以此来模化柔性耗能防护装置的作用。阻尼层的动态力学响应采用图 4-17b）所示的三单元黏弹性模型来描述（参看 4.1.2 节）。

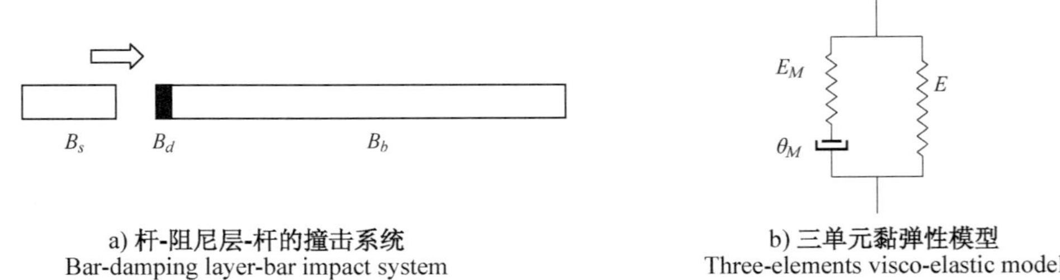

图 4-17　柔性耗能系统示意图

Fig. 4-17　Schematic of a flexible energy – dissipating system

在以下的数值计算中，杆 B_s和杆 B_b的有关材料参数同前不变。阻尼层的动态力学响应用4.1.2节应变率效应所述的ZWT线性黏弹性本构关系描述[参看式(4-6)]，有关材料参数则参照我们过去对于有机玻璃动态力学特性的实验研究结果[13-15]，取为[参见图4-15b)和表4-1]：密度 $\rho_0 = 1.19 \times 10^3 \mathrm{kg/m^3}$，三单元黏弹性模型中并联弹簧的弹性模量 $E = 2.94\mathrm{GPa}$，三单元黏弹性模型中并联Maxwell元件的串联弹簧 $E_M = 3.07\mathrm{GPa}$ 以及串联黏壶的松弛时间$\theta_M = 95.4\mu\mathrm{s}$，从而有特征波速 $C_w = [(E + E_M)/\rho_0]^{1/2} = 2.25\mathrm{km/s}$ 以及瞬时波阻抗 $\rho_0 C_w = 2.68\mathrm{MPa\ s/m}$。这时，钢杆波阻抗与阻尼层波阻抗之比 n_{s-d}很高，$n_{s-d} = 15.1$，以此表现其柔性特征，而其耗散特性则主要由黏弹性松弛时间 θ_M 来刻画，这可以通过以下的算例来理解。

采用动态LS-DYNA计算了添加柔性耗能阻尼层后的撞击界面处撞击应力，对于前述三种不同桥墩材料的情况，计算结果汇总在图4-16a)中。与原来没有添加柔性耗能阻尼层时的计算结果[图4-15d)]的比较见图4-18b)。显然，在三种不同情况中，仍然以情况 C 的撞击应力为最低，即桥墩的波阻抗愈低，撞击应力就愈低。但不论船墩材料是哪一种，添加柔性耗能阻尼层后撞击应力都大大降低了。

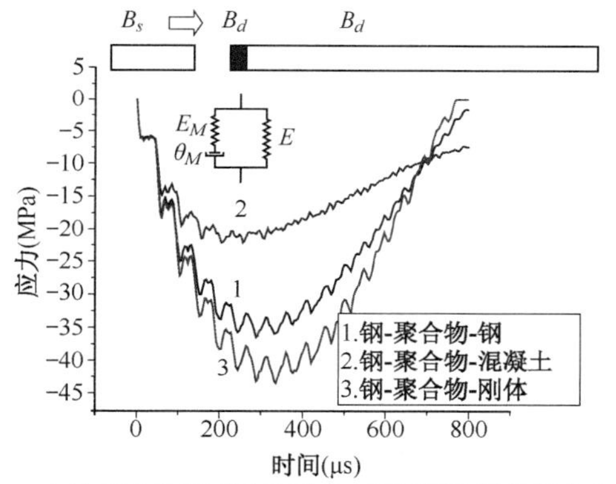

a) 具有柔性耗能阻尼层时三种不同情况的撞击力
Impact stresses with polymer damping layer for three cases

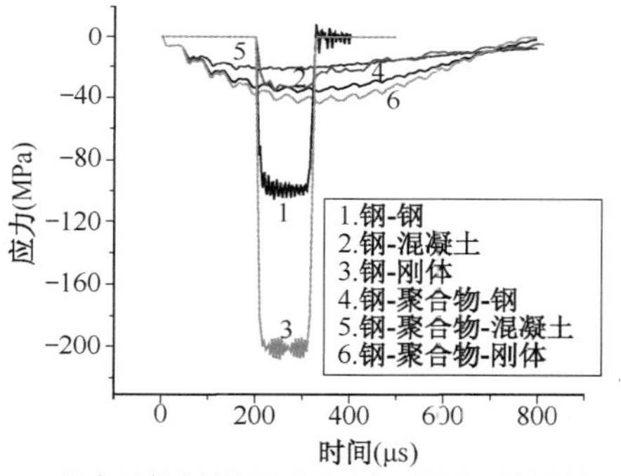

b) 具有柔性耗能阻尼层时和不具有柔性耗能阻尼层时上述三种情况计算结果的比较
Comparisons of impact stresses calculated with and without damping layer

图4-18　撞击应力的计算结果

Fig. 4-18　Impact stresses calculated

另一方面，伴随着黏性能量耗散，不论加载还是卸载过程，都不再是像图4-15所示那样的瞬态响应，而是一种伴随阻尼耗散和缓冲的迟滞过程，从而使撞击历时比单纯的柔性防撞装置大大延长了。以图4-18为例，由于黏性效应，应力波的作用历时延长了近一个量级，使得应力波传播效应更不可忽略[更倾向于 $\overline{T}(=T_L/T_W)<1$ 的状态]。这种在加载和卸载时的缓冲迟滞效应对于船桥开始撞击和随后的脱离撞击都将起到十分有益的缓解作用。

上述结果说明，与准静态分析追求高刚度高强度的防护装置不同，冲击动力学分析清晰地告诉我们：采用柔性耗能防护装置可以肯定地并明显地降低撞击力，而同时缓冲撞击过程、延长撞击历时。不难想像，只要在防撞装置设计中使船能偏离航向，那么在低撞击力下延长撞击历时将给船舶提供足够时间转变其航行方向，从而创造条件让船舶带走尽可能多的剩余动能。换句话说，使尽可能少的船舶动能参与撞击过程中的船桥间的能量交换，从而更加有利于桥梁和船舶的安全。这一点将在下文中进一步讨论。

4.3 应力波传播过程中的能量吸收与转换

船桥相撞的过程是一个船与桥在短历时内进行能量传递和转换的动力学过程。在推导式(4-7a)和式(4-7b)等准静态公式时，都已暗中假定船的总质量作为整体参与了能量交换，完全忽略了时间相关的波传播过程。事实上，一旦考虑到波传播过程[1]，不论是船还是桥，都不是立即整体地参与到能量交换中去的，而只是各自在波阵面后方的那部分质量参与了能量交换，应力波尚未达到(即波阵面前方)的那部分质量仍然保持其初始状态[对照式4-20中的 $m_t(=\rho_0 C_{we}At)$]。换句话说，只有随着应力波向更远范围的传播，参与到能量交换的质量才随之增加。波速愈快，参与能量交换的质量范围就愈大。但波速快慢则取决于材料动态特性式(4-12c)。所以，从冲击动力学的角度来看，撞击过程中的能量吸收和转换与应力波效应和材料应变率效应密切相关。

为了说明这些效应如何影响能量交换，下面我们对受到冲击载荷的不同材料的长杆，分析一下各自通过应力波传播所发生的能量交换关系。

回顾一下前面导出的波阵面上动力学相容条件式(4-12a)和运动学相容条件式(4-12b)，它们分别是动量守恒条件的体现和质量守恒条件的体现。在分析经由应力波传播发生的能量交换关系时，还需要考虑如下的跨过波阵面的能量守恒条件[1](参看图4-13)：

$$-\Delta(\sigma \mathrm{v}) = +\rho_0 D\Delta e + \frac{1}{2}\rho_0 D\Delta(v^2) \tag{4-21a}$$

此处 e 是材料单位质量的内能(或 $\rho_0 e$ 是单位体积的内能)。注意，上式是对右行波导出的，对于左行波可得类似结果，只需把上式左端改为+号。式(4-11)、式(4-12)和式(4-21a)分别体现了波阵面上的动量、质量和能量守恒条件，三者一起常常称为Rankine-Hugoniot 条件。

式(4-21a)的物理意义是：在应力波以波速 D 传播的过程中，当波阵面在 $\mathrm{d}t$ 时间传播过 $\mathrm{d}X(=D\mathrm{d}t)$ 距离的质量时(参看图4-13)，应力 σ 做的功转化为两部分能量：内能(变形能)和动能，后者在准静态分析中被忽略了。还应该指出，这种能量转换只发生在波阵面到达的区域，而对于波阵面尚未到达的那部分质量则尚未发生任何能量转换。

把式(4-12a)和式(4-12b)代入式(4-21a)，经过一些数学演算后可得：

$$-\Delta(\sigma v) = +\frac{1}{2}D(\sigma^- + \sigma^+)(\varepsilon^- - \varepsilon^+) + \frac{1}{2}\rho_0 D\Delta(v^2) \tag{4-21b}$$

对照式(4-21a)可知，跨过波阵面的比内能(单位体积内能)的跳跃扰动 $\rho_0\Delta e$ 等于跨过波阵面应力扰动相对应的应变功：

$$\rho_0\Delta e = \frac{1}{2}(\sigma^- + \sigma^+)(\varepsilon^- - \varepsilon^+) \tag{4-22a}$$

虽然Rankine-Hugoniot 条件的建立与材料无关。但式(4-22a)表明，比内能的大小则依赖于材料的本构特性。

不失其普遍规律性，可假设杆在撞击之前处于静止的零应力状态：$\sigma^+ = v^+ = \varepsilon^+ = e^+ = 0$，则式(4-21a)和式(4-22a)分别化为：

$$\sigma^- v^- = \rho_0 De^- + \frac{1}{2}\rho_0 D(v^-)^2 = \frac{1}{2}D\sigma^-\varepsilon^- + \frac{1}{2}\rho_0 D(v^-)^2 \tag{4-22b}$$

$$\rho_0 e^- = \frac{1}{2}\sigma^-\varepsilon^- \tag{4-22c}$$

下面我们对于不同材料的杆来具体分析一下，应力波传播时有什么样不同的能量分配。

首先，对于线弹性情况，弹性波速 $D = C_{we} = (E/\rho_0)^{1/2}$，式(4-21a)和式(4-22a)分别化为 $\sigma^- = -\rho_0 C_{we} v$ 和 $v = -C_{we} e$。把这两个关系式分别代入式(4-21a)动能项中的 v^2，该项可改写为

$$\frac{1}{2}\rho_0 C_{we}(v^-)^2 = \frac{1}{2}(-\sigma^-)(-C_{we}\varepsilon^-) = \frac{1}{2}C_{we}\sigma^-\varepsilon^-。$$

这时式(4-22b)中的动能项刚好等于内能项。换句话说，由波阵面扫过的那部分质量所吸收的总能量中，动能形式和内能形式的能量各占一半。在传统的准静态分析中，撞击力所做的功已暗中假设都转化为变形能(内能)，而没有考虑到等量的、不可忽略的动能，这是用准静态分析方法来研究冲击动力学问题中的能量吸收和转换时的不足之处。

其次，对于具有弹性模量 E 和塑性线性硬化模量 E_p 的弹性－线性硬化塑性情况，由式(4-13)知，弹性波速 C_{we} 和塑性波速 C_{wp} 分别为 $C_{we} = (E/\rho_0)^{1/2}$ 和 $C_{wp} = (E_p/\rho_0)^{1/2}$。由于塑性线性硬化模量 E_p 通常远比弹性模量 E 小($E_p \ll E$)，塑性波速 C_{wp} 通常慢于弹性波速 C_{we}。因此撞击引起的冲击波将“分裂”成两部分[1]：以较快的弹性波速 C_{we} 传播的弹性前驱波，和后随的以较慢塑性波速 C_{wp} 传播的塑性波。对于弹性前驱波，如前所述，动能和内能各占总吸收能量的一半。对于后随的塑性波，波阵面的前方状态是弹性前驱波波阵面通过后的临界屈服状态，即 $\sigma^+ = \sigma_y, \varepsilon^+ = \varepsilon_y$ 和 $v^+ = v_y$，此处 σ_y, ε_y 和 v_y 分别是屈服应力，屈服应变和相应的屈服质点速度。这时式(4-12a)和式(4-12b)分别化为：

$$\sigma^- - \sigma_y = -\rho_0 C_{wp}(v^- - v_y)$$

$$v^- - v_y = -C_{wp}(\varepsilon^- - \varepsilon_y)$$

把此两式代入能量守恒关系式(4-21a)，经过类似于推导出式(4-22b)和式(4-22a)的数学运算后可以发现，通过塑性波传播的塑性比内能$(\rho_0 e^-)_p$ 不再与塑性波动能$[\rho_0(v^-)^2/2]_p$ 相等，其差值为：

$$(\rho_0 e^-)_p - \left(\frac{1}{2}\rho_0(v^-)^2\right)_p = (1 - C_{wp}/C_{we})\sigma_y(\varepsilon - \varepsilon_y) > 0 \tag{4-23}$$

可见通过塑性波的传播传递能量时，所吸收的总能量中内能部分大于动能部分，内能部分中包括可恢复的弹性应变能和不可恢复(耗散)的塑性应变能。

最后，对于黏弹性情况，如图4-18已显示，黏弹性波表现出明显的衰减和耗散特性，这将影响撞击过程中的能量转换与分配。由于黏弹性波传播的复杂性，其传播过程中的能量转换与分配已难以用式(4-22a)和式(4-23)那样的解析式来描述，我们通过一个实例的数值分析，来考察一下黏弹性效应如何影响能量转换与分配。考虑一长为3米的黏弹性杆，一端受恒速 v 撞击，另一端为固定端(位移和质点速度为零)。材料参数与前面讨论高聚物阻尼层 B_d(图4-17)时相同。

图4-19至图4-21给出了用LS-DYNA数值模拟所得的结果。其中，图4-19给出了黏弹性杆离撞击端不同距离处的应力波形曲线[(图4-19a)]，应变波形曲线[图4-19b)]，由这两组波形消去时间参数后得到的该处应力应变曲线[图4-19c)]，以及相应的内能波形曲线[图4-19d)]。图4-19所显示的最显著的特征之一是：即使在恒速冲击条件下，在冲击端附近应力波形在迅速达到峰值后随时间减小，显示一种“应力松弛型”特征[图4-19a)]；而相反的，应变波形在迅速达到峰值后随时间增大，显示一种“蠕变型”特征[图4-19b)]。对应地，由于波传播的衰减和耗散特性，应力应变曲线和内能波形曲线都随着传播距离的增加而

降低，有很大差别。

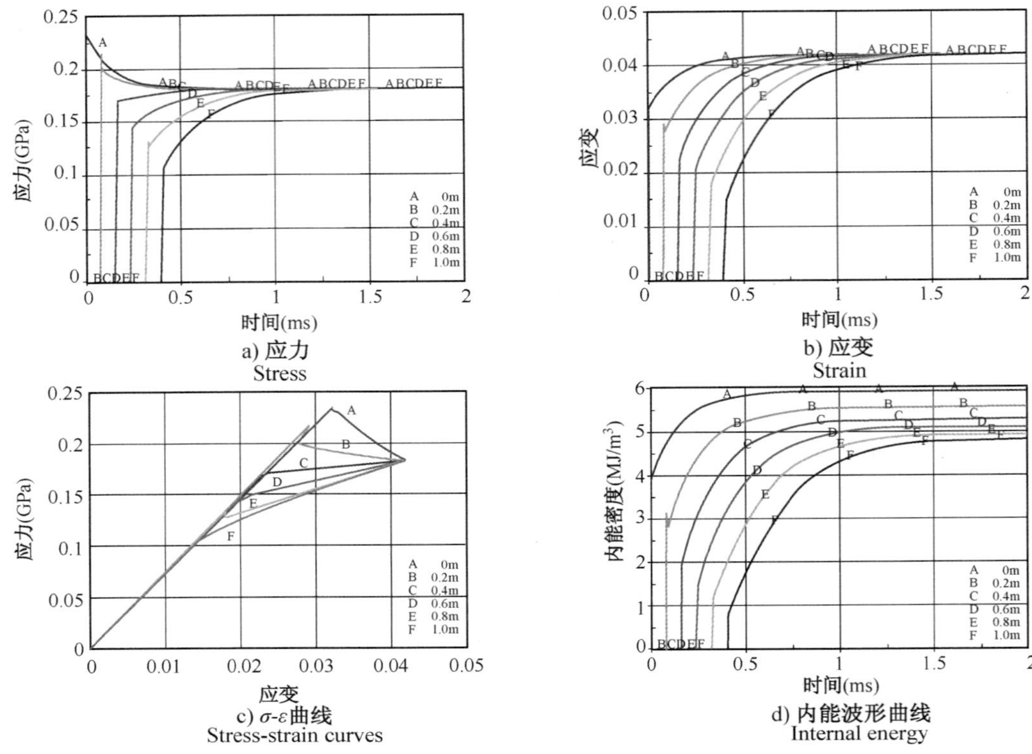

a) 应力
Stress

b) 应变
Strain

c) σ-ε曲线
Stress-strain curves

d) 内能波形曲线
Internal energy

图 4-19 不同距离处的黏弹性波计算结果

Fig. 4-19 Visco-elastic waves calculated at different *x*

图 4-20 给出了黏弹性杆离撞击端不同距离处的质点速度波形曲线[图 4-20a)]和相应的动能波形曲线[图 4-20b)]。由此可见，即使在恒速冲击条件下，黏弹性速度波形和动能波形都随传播距离表现出显著的衰减特性和耗散特性。

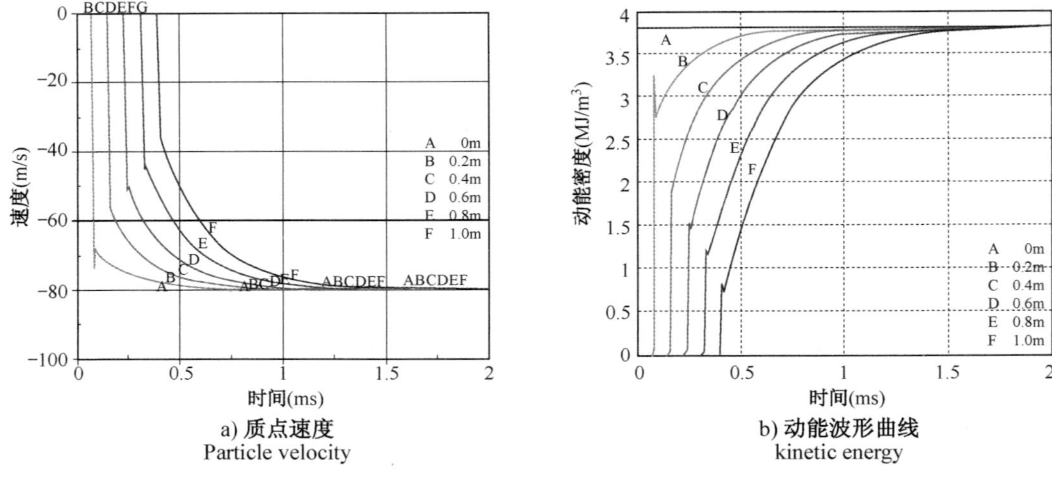

a) 质点速度
Particle velocity

b) 动能波形曲线
kinetic energy

图 4-20 不同距离 x 处的黏弹性波计算结果

Fig. 4-20 Visco – elastic waves calculated at different *x*

图 4-21a)给出了通过黏弹性波传播所吸收的总能量中内能与动能的分配。作为对比，图 4-21b)给出了通过弹性波传播所吸收的总能量中内能与动能的分配[相当于令图 4-21a)]中黏弹性材料的松弛时间 $\theta_M=\infty$)。

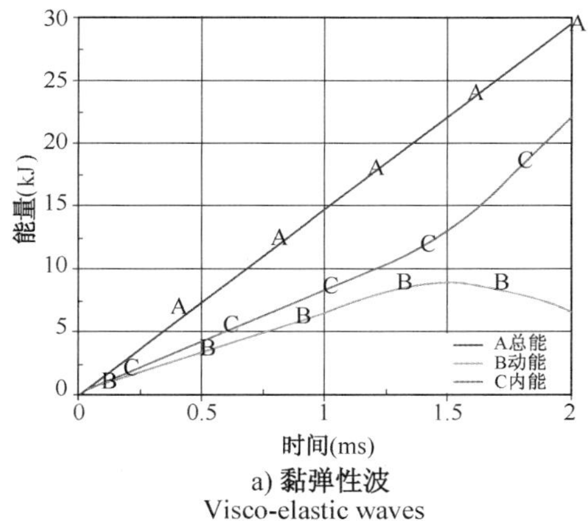

a) 黏弹性波
Visco-elastic waves

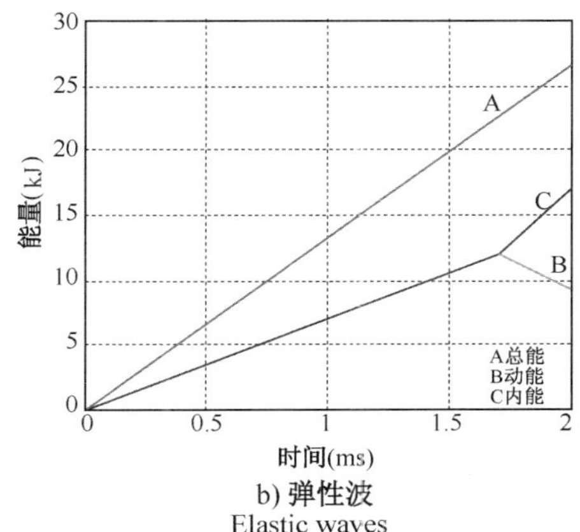

b) 弹性波
Elastic waves

图 4-21 能量分配计算结果

Fig. 4-21 Energy allocation calculated

由此可见，在黏弹性材料的情况下，所吸收的总能量中内能大于动能，并且由于耗散特性，其差别随时间增加。在本算例中，时间约为 1.7ms 时入射波到达固定端发生反射。受固定端位移和质点速度为零的约束，这时动能开始释放，此后随时间减少；而内能开始进一步增大。这是一种由于固定端边界条件引起的能量形式的内部转换。然而，在对应的弹性波情况[图 4-21b)]，内能总等于动能直到入射波在固定端反射，反射之后，动能就释放并转化为内能了。

从上述分析可知，撞击过程中的能量转换是通过波传播发生的，因而能量转换的多少以及参与能量转换的质量的多少，都随着波传播过程，也即随着时间而变化发展。但不论什么材料，撞击力所做的功，总是等于内能与动能之和。至于能量分配中内能与动能之比 $R_{I\text{-}K}$，则依材料的不同而不同。在弹性情况下，$R_{I\text{-}K}=1$。在弹塑性情况下，$R_{I\text{-}K}>1$，其内能部分由可逆的弹性应变能和耗散的塑性应变能组成。在黏弹性情况下，也有 $R_{I\text{-}K}>1$，其内能部分由耦合的弹性应变能和耗散的黏性能组成。具体的大小依赖于材料的动态力学参数如 E，E_p 和 θ_M 等。

值得注意，虽然弹塑性波和黏弹性波都具有耗能作用，但对比这两种耗能特性，有以下三点值得注意：首先，弹塑性防撞装置通常由钢结构组成(如目前常用的钢套箱结构等)，由于钢的波阻抗高，又要在超过屈服强度的高载荷下才会发生塑性耗能，所以从冲击动力学角度看，难以实现真正的低撞击力，即低波阻抗意义上的“柔性防撞”。其次，塑性耗能伴有不可逆的塑性残余变形，而黏弹性耗能不存在残余变形，便于反复运用。事实上，用塑性耗能元件制造的防撞装置使用一次后就要更换已发生残余变形的元件，不能重复使用；更何况钢结构防撞装置在经受船撞时，容易形成高度局域化的塑性变形，不能充分发挥整个防撞装置的作用。最后，黏弹性耗能元件扮演的作用，更多的还不在于其耗能的多少，而在于其耗能特性引起的缓冲撞击过程上，从而降低船撞力和延长撞击历时(参看图 4-18)。这是弹塑性耗能元件所不具备的。

综合4.2节和4.3节的分析可知，船撞桥防护装置的设计应该建立在低波阻抗意义上的柔性和缓冲撞击过程意义上的耗能的设计理念上，一方面可以降低船撞力，另一方面由于黏性耗能机制可以缓冲撞击过程、延长撞击历时，从而既保护桥又保护船的安全。这将在4.4节予以具体讨论。

4.4 新型柔性耗能防护装置及其工程应用

传统上，既然桥的造价远高于船的造价，桥梁设计师通常倾向于建造比船舶更为坚固的防护设施；而按照传统的静力学强度设计观念，更坚固的防护就意味着高刚度、高强度的防护。但如前两节分析指出的，一旦船桥相撞，桥梁防护设施愈坚固，撞击力就愈高，船舶和桥梁都会受损愈严重。

于是人们开始思考，如何能使桥梁和船舶在难以避免相撞时都不损坏（“两不坏”），甚至连防护设施都无严重损坏的方案。以此为目标，基于冲击动力学原理，本书作者等提出和发展了一种新型柔性耗能防撞装置[5,6,29-31]。该装置是以钢丝绳圈（SWRC）为基本元件，把数以百计外覆橡胶的钢丝绳圈，通过并联和串联的组合形式，与外钢围和内钢围相连接组成，如图4-22所示。

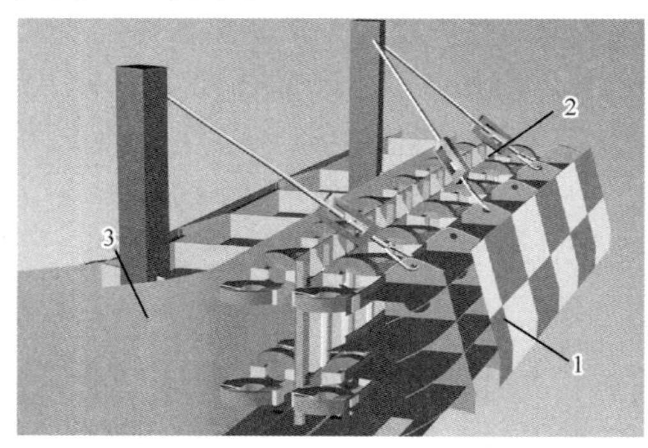

a) 局部示意图
Schematics

b) 实际工程应用照片
Actual application

图4-22 钢丝绳圈（SWRC）柔性耗能防撞装置

Fig. 4-22 SWRC flexible crashworthy device

1-外钢围；2-钢丝绳圈（SWRC）；3-内钢围

图中的钢丝绳圈选用受压弯变形时内摩擦大的钢丝绳结构品种，采用紧密堆垒排列的方式层层绕制，再以铝合金压接技术把绳端紧固，使绳圈在多次冲击载荷下不会失效，而外表再以橡胶包覆。钢绳之间通过摩擦发热和局部塑性，使部分撞击动能以不可逆的能耗形式被耗散掉，而钢丝绳圈本身不发生整体塑性变形。对于这种新型钢丝绳圈柔性耗能防撞装置，其关键依赖于钢丝绳圈所具有的独特的动态力学特性，及其相应的正确建模。

4.4.1 钢丝绳圈的非线性黏弹性本构建模

试验研究表明[5,6,29]，钢丝绳圈受到径向载荷时，其准静载下和冲击动载下的力学特性明显不同，即其力-位移（F-u）曲线是应变率相关的，如图4-23所示。但都表现出低柔度和耗能的特性，表现在其力-位移曲线具有凹向上的形式，一开始在较低的撞击力下产生较大变形；随着钢丝绳圈的压扁，撞击力才随变形陡然增加；而卸载时几乎没有残余变形，加-卸载过程形成滞回曲线，其所包围的面积代表不可逆的耗散能。上述特性与4.1.2节所述的高分子材料的应变率相关的非线性黏弹性本构响应相类似，而如4.3节所述，这正是有利于作为防撞柔性耗能元件应用的。

下面我们尝试将高应变率下的ZWT非线性黏弹性方程，式(4-6)，推广应用到钢丝绳圈[其流变学模型如图4-23b)所示]。

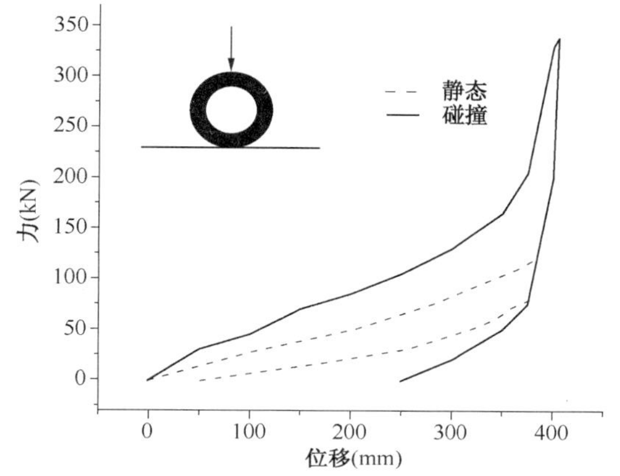

a) 准静态试验($\dot{\varepsilon}$=5×10⁻⁴m/s)和冲击试验($\dot{\varepsilon}$=m/s)下F-u曲线的对比
Comparison of F-u curves in quasi-static test ($\dot{\varepsilon}=5\times10^{-4}$m/s) and in impact test ($\dot{\varepsilon}$=5m/s)

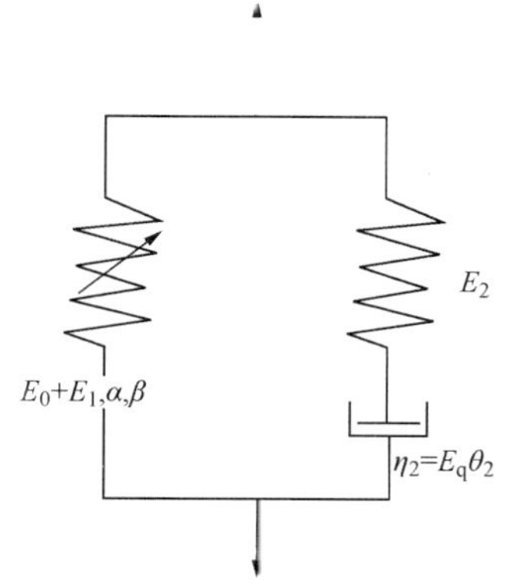

b) 流变学模型(高应变率下的ZWT模型)
Rheological model(ZWT model in high $\dot{\varepsilon}$)

图4-23 钢丝绳圈(SWRC)的非线性黏弹性行为

Fig. 4-23 Nonlinear visco－elastic behavior of a SWRC

对于外径为D的钢丝绳圈，如以u和$v(=\mathrm{d}u/\mathrm{d}t)$表示外径两点间的位移和速度，则钢丝绳圈受压时的名义应变$\varepsilon=u/D$，名义应变率$\dot{\varepsilon}=v/D$；于是式(4-6)可改写为用力F(N)与位移u(mm)表示的如下关系式：

$$F=K(u)u+K_2\int_0^t v(\tau)\exp\left(-\frac{t-\tau}{\theta_2}\right)\mathrm{d}\tau \tag{4-24a}$$

经与试验数据拟合，发现钢丝绳圈在冲击动载下的力-位移曲线的确可以相当满意地用式(4-24)来描述，拟合曲线与试验曲线的比较如图4-24a)所示，式(4-24)中相应的黏弹性特性参数为：

$$K(u)=61.3-0.596u+2.99\times10^{-3}u^2,\ K_2=395(\mathrm{N/mm}),\ \theta_2=1.673(\mathrm{ms}) \tag{4-24b}$$

这说明钢丝绳圈在受到冲击载荷时的动态响应可以分为两部分，一部分为非线性弹性响应，另一部分是高频Maxwell单元所表示的线性黏弹性响应，体现了钢丝绳圈的阻尼耗散作用，这正是钢丝绳圈区别于弹性弹簧的特征所在。

对采用钢丝绳圈防撞装置的船撞桥问题进行数值模拟时，都要用到钢丝绳圈的力-位移的物理模型，但在LS-DYNA中没有可供选用的非线性黏弹性本构模型。我们通过把非线性弹簧和Maxwell体的组合，定义出描述钢丝绳圈特性所需的ZWT计算模型。由此采用LS-DYNA程序所得的计算曲线与建模拟合曲线的对比如图4-24b)所示。可见无论在加载段还是在卸载段，所采用的计算模型都能很好地反映出钢丝绳圈的力-位移特性，这对下一步的柔性耗能防撞装置的仿真计算具有重要意义。

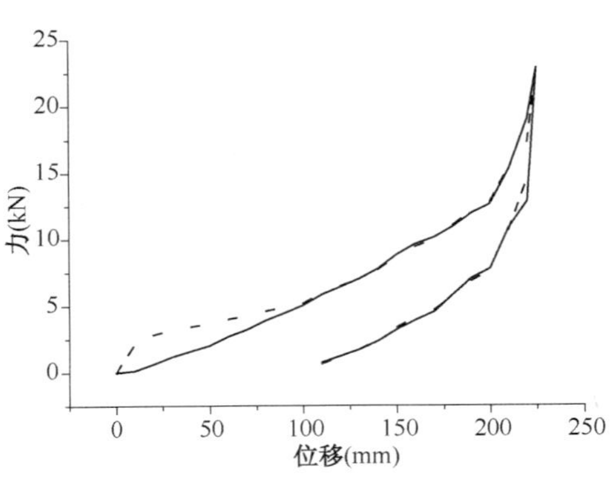

a) 拟合曲线与试验曲线的比较
Comparison between experimental and fitted curves

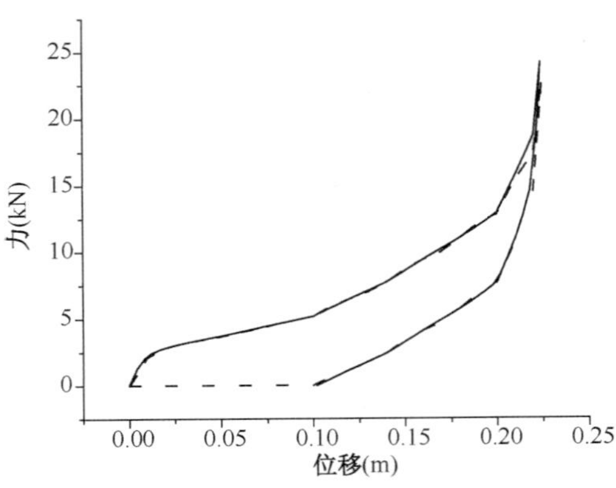

b) 计算曲线与拟合曲线的比较
Comparison between calculated and fitted curves

图 4-24　钢丝绳圈(SWRC)变形速度 3m/s 下力 - 位移曲线的对比

Fig. 4-24　Comparisons of F - u curves in deformation velocity of 3 m/s for SWRC

4.4.2　采用钢丝绳圈(SWRC)柔性耗能防撞装置时的船撞桥的数值模拟分析

下面以湛江海湾大桥的防撞装置为背景，对具有钢丝绳圈柔性防撞装置的船桥撞击问题采用 LS-DYNA 程序进行了全尺寸数值模拟。

前处理采用美国 ETA 公司的 FEMB 软件完成。船的有限元模型按长度为 182m，载重量为 50000DWT 的散装货轮考虑，满载排水量 62500 吨，并考虑 10% 的附连水质量，整船的质心位于靠后三分之二处。按设计方要求，船的初速度设为 4m/s。数值计算模型如图 4-25b)所示。其中，船头部分根据实际图纸建模如图 4-25a)左图所示，其余的非碰撞区域则作刚性简化处理。钢的材料模型采用计及应变率效应的 Cooper-Symonds 方程(4-24)，参看图 4-8。柔性耗能防撞装置按照实际工程设计图建立模型，其中钢丝绳圈按式(4-24)所描述的 ZWT 非线性黏弹性离散单元处理。桥墩和桩均按实际尺寸作弹性处理。表 4-2 给出了各个部分的单元类型及数目。

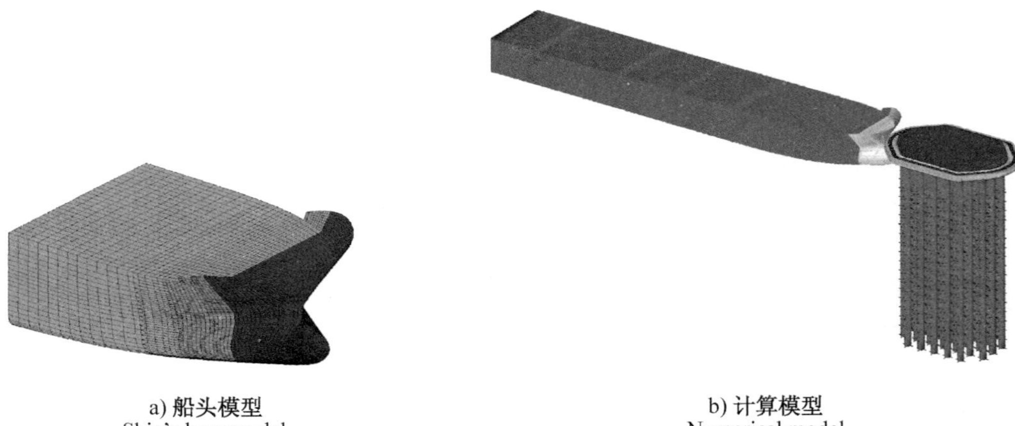

a) 船头模型
Ship's bow model

b) 计算模型
Numerical model

图 4-25　船与带钢丝绳圈(SWRC)防撞装置的桥墩相碰撞

Fig. 4-25　Collision between a ship and a bridge-pier protected by the SWRC crashworthy device

各部分的有限单元类型和数目汇总　　表 4-2

The summary of the types and numbers of elements for each part　　Table 4-2

单　元	类　型	数　目	材料模型
船	shell	29137	弹黏塑性，公式(4-2)
防撞装置的钢结构	shell	84868	弹黏塑性，公式(4-2)
L 型钢	beam	76	弹黏塑性，公式(4-2)
钢丝绳圈(SWRC)	discrete	1216	ZWT 黏塑性，公式(4-24)
桥墩	solid	6621	弹性
桥桩	solid	5580	弹性
土弹簧	discrete	2536	弹性

先考虑船在其轴线与桥墩长边平行的情况下与桥墩相撞的情况，如图 4-26 所示。由于柔性耗能防撞装置的外钢围在迎撞面的一侧，已经故意设计成 90°夹角的楔形结构，实际上船轴线与外钢围迎撞面的碰撞角 ϕ 为 45°夹角。

碰撞角 ϕ 为 45°夹角时，有限元计算给出的撞击力时程曲线示于图 4-27 和图 4-28，其中图 4-27 是没有任何防护装置下船桥直接撞击的结果，图 4-28 是装有 SWRC 柔性耗能防撞装置后的结果，包括船与柔性耗能防撞装置外钢围接触面处的撞击力时程曲线[图 4-28a)]和柔性防撞装置内钢围与桥墩承台接触面处的撞击力时程曲线[图 4-28b)]。

比较图 4-27 和图 4-28 可见，不安装防护装置时，船直接撞击桥墩时的最大撞击力高达 100MN，大大高于桥梁设计者允许的临界值 60MN；而安装新型 SWRC 柔性耗能防撞装置后，撞击力大大降低，小于 36MN，已经远低于设计者允许的临界值 60MN。

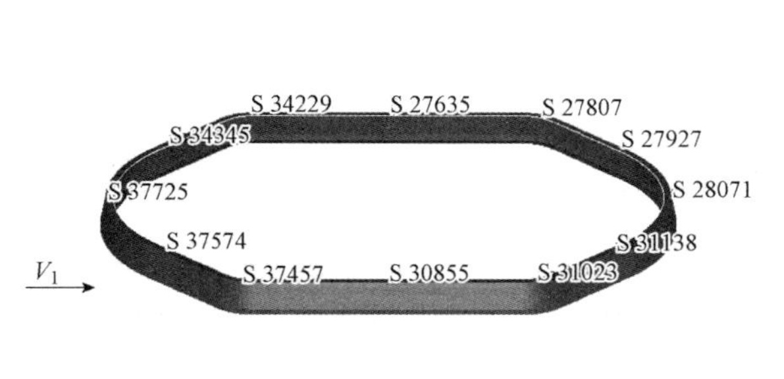

图 4-26　船和桥墩相撞的实际入射角 ϕ =45°

Fig. 4-26　Schematic of ship – bridge collision in an actual incidence angle ϕ = 45°

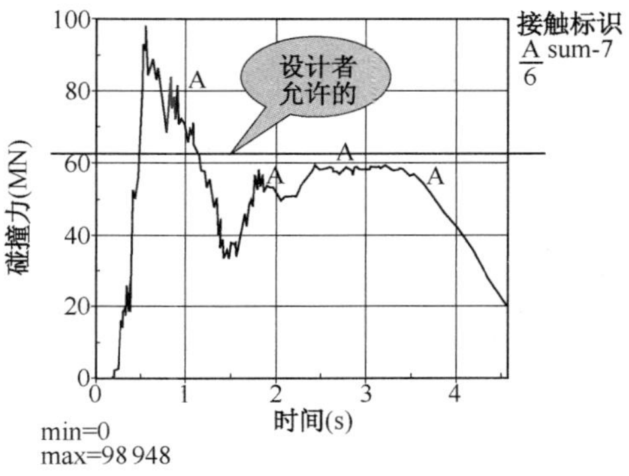

图 4-27　桥墩无保护装置时的船撞力 $F(t)$

Fig. 4-27　Impact force $F(t)$ calculated when ship directly impacts onto pier without protective device

由图 4-28 所显示的船与外钢围接触界面处的撞击力 $F_0(t)$[图 4-28a)]和内钢围与桥墩接触界面处的撞击力 $F_1(t)$[图 4-28b)]的曲线可见：从撞击一开始到大约 800ms，$F_0(t)$ 相当低，不超过 8MN，这可以归因于 SWRC 的柔性(低波阻抗)。另一方面，撞击一开始时，内钢围与桥墩接触界面处的撞击力 $F_1(t)$ 为零，延迟了约 250ms 后，才传到桥墩，这可以归因于波传播效应和 SWRC 的黏性迟滞效应。

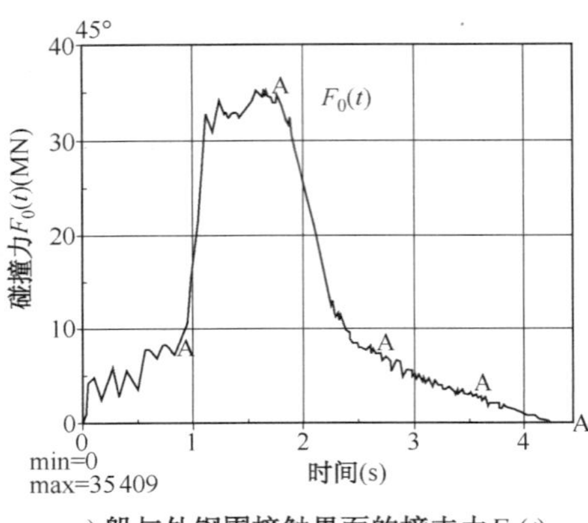

a) 船与外钢围接触界面的撞击力$F_0(t)$
At the outer interface

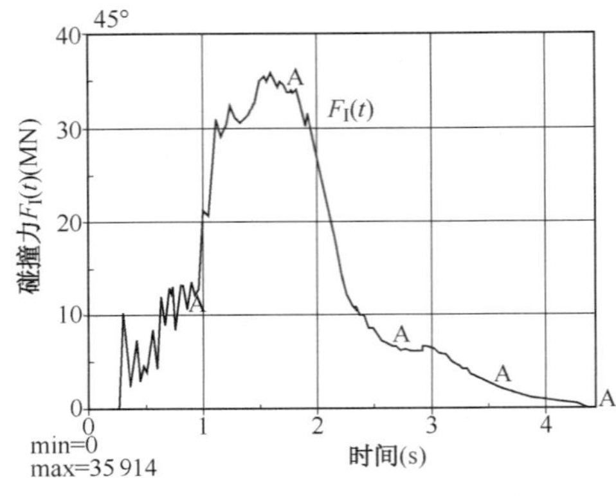

b) 内钢围与桥墩接触界面处的撞击力$F_I(t)$
At the inter interface

图 4-28　有防护装置时，撞击角 ϕ =45°下计算的撞击力

Fig. 4-28　Impact force $F(t)$ calculated in the case of $\phi=45°$

在约 800ms ~ 1 000ms 之间，$F_0(t)$和$F_1(t)$逐渐趋于平衡并一起急剧上升，表明这时防撞装置已经趋于动态平衡，整体发挥作用。在大约 t =1.65s 时，撞击力 $F(t)$达到最大值(35.6MN)，随后开始下降。值得指出，由于撞击力的方向一般不通过船的质心，必然对船施加了一个力矩，从而必将促使船的转动而改变航行方向。对比数值模拟的动画可知[17]，$F(t)$的下降点对应于船头滑离了原来航行方向。在大约 t =4.4s 时，撞击力 $F(t)$几乎降为零，意味着船与桥墩脱离，撞击完全结束。相对应地，图 4-29 给出数值模拟的动画显示的撞击开始(t =0)与撞击结束(t =4.4s)时船与桥墩的相对位置。

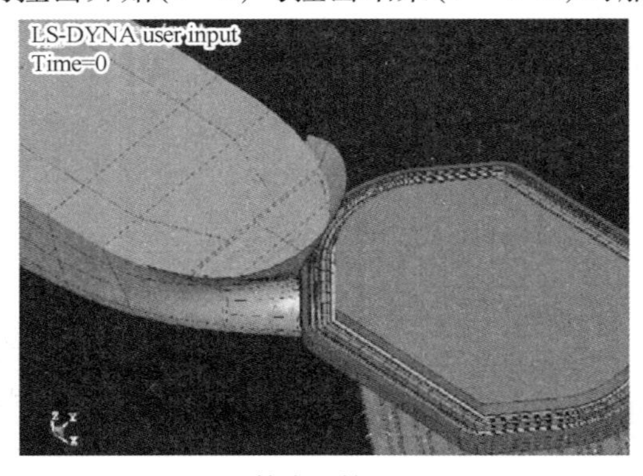

a) 撞击开始(t=0)
At the beginning of collision(t=0)

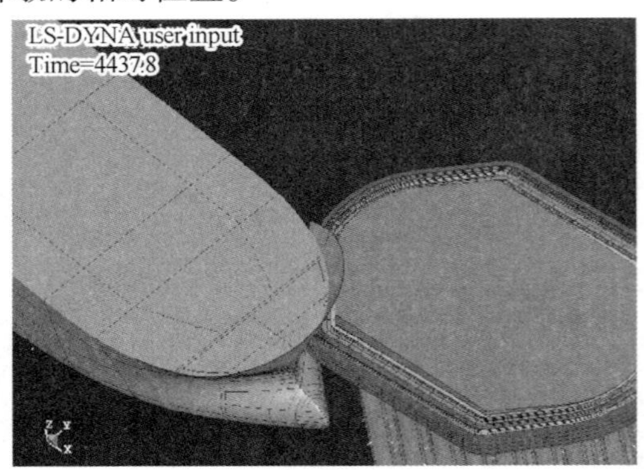

b) 撞击结束(t=4.4s)
At the end of collision(t=4.4s)

图 4-29　撞击角 ϕ =45°时船和桥墩相对位置的比较

Fig. 4-29　A comparison of numerical simulation in the case of $\phi=45°$

撞击过程中系统的能量(总能量、动能、变形能)随时间的变化如图 4-30 所示。图中曲线 C 代表系统的总能量，曲线 B 代表系统的内能(变形能)，曲线 A 代表系统的动能。显然，系统的总能量在撞击前只是指船舶动能，在撞击过程中船的动能减少，转变为系统的变形能，主要是船和防撞装置的变形能。其中，一部分转换为船和防撞装置的变形能(曲线 B)，另一部分转变为曲线 D 所代表的滑动能。A、B、D 三曲线之和与 C 曲线之差反映了计算中的砂漏能，在本计算中几乎可以忽略不计。

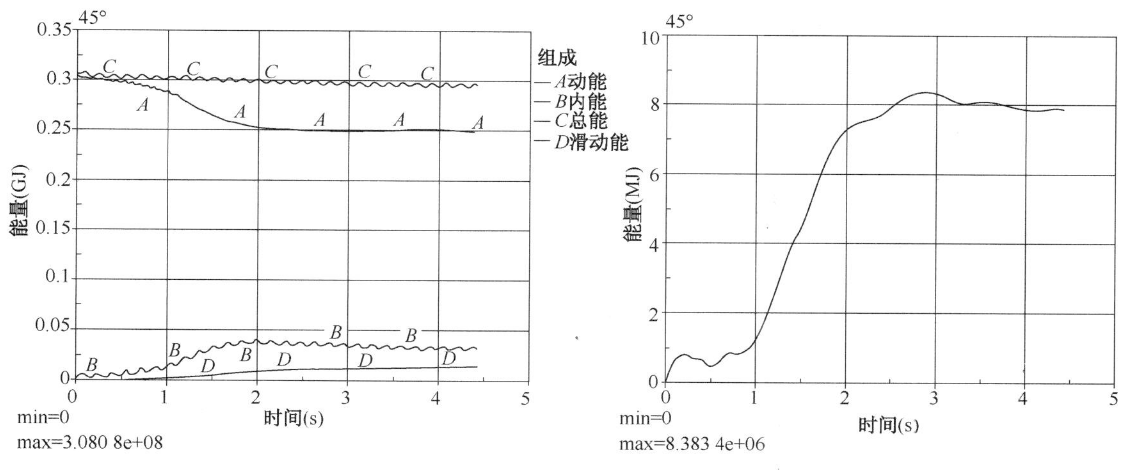

a) 系统的能量-时间曲线
Curves of energy vs.time

b) 船的内能-时间曲线
Internal energy vs.time for ship

图 4-30 撞击角 ϕ =45°时能量 – 时间曲线

Fig. 4-30 Curves of energy vs. time calculated in the case of ϕ = 45°

图中特别值得注意的是：本例中船舶动能在撞击前后的变化不大(约 50MJ)，仅占船舶总动能(307MJ)的约 16%。这意味着船在转向并脱离碰撞后把大部分冲击能量以剩余动能形式带走了(占船舶初始动能的 80% 以上)。这是避免船桥两败俱伤的关键所在。

具体到内能(变形能)曲线 B，从图中可以看出，在碰撞后的 1s 之内，由于防撞装置柔性大，在撞击作用下防撞装置发生后退运动，船头则发生滑动，因而变形能消耗很少。随着应力波在船—防撞装置—桥墩之间的往返传播，变形能才逐步上升；其中船舶变形能最大也只达到 8.5MJ，仅占船舶初始动能的 2.8% [图 4-30b)]，从而保证了船舶免遭严重破坏。计算还表明：防撞装置所吸收的变形能(钢围和防撞圈的变形能，包括黏性耗散能)最大约为 22MJ，仅占船舶初始动能的 7.2% 左右，这既说明柔性耗能防撞装置吸收了比船舶更多的变形能，发挥了“吸能器”的作用；也说明 SWRC 防撞装置本身变形不严重、可以多次反复使用。还应该注意，虽然 SWRC 防撞圈吸收的变形能不算大，但其黏弹性特性引起的缓冲撞击过程，从而延缓和降低船撞力，以及延长撞击历时等(图 4-28)都是起到关键作用的。

以上结果表明，SWRC 柔性耗能防撞装置一方面能促使船舶在较低船撞力下转向、带走了大部分冲击动能；另一方面在全系统所吸收的能量中，防撞装置本身的变形能又占据了其中的大部分，从而既保护了桥也保护了船，还避免了本身的严重破坏，可以实现船桥两不坏、防撞装置本身能重复使用的目标。

综上所述，钢丝绳圈柔性耗能防撞装置的优越性主要表现在：

(1)由于 SWRC 的柔性(低波阻抗)和黏性耗能(黏性阻尼)作用，一方面大大降低撞击力，另一方面缓冲了撞击过程，特别在撞击初期。

(2)延长“低撞击力”作用下的历时，从而让船头有足够时间转变方向，及早脱离碰撞，使船的总动能中以尽可能少的部分参与撞击能量交换，而使尽可能多的部分以剩余动能的形式由转变航向的船带走。

(3)通过系统变形所吸收的撞击能中，防撞装置的变形(包括钢丝绳圈的黏性耗散)起了主要作用，从而尽可能降低了船的变形破坏。

以上是碰撞角 $\phi=45°$ 时的结果。显然，不同的撞击角度会直接影响撞击结果。为此，考虑到风流压偏角的影响，对另外两种可能的撞击角度作了类似的数值模拟分析。其一是船轴线与桥墩长边成13°角的侧撞情况，如图4-30a)所示。其二是船轴线与桥墩短边楔形结构外钢围成 $\phi=48°$ 的大角度撞击情况，如图4-30b)所示。

数值模拟结果表明，在小角度侧撞($\phi=13°$)的情况下，由于船舶发生滑动，最大船撞力只有4.4MN[图4-31a)]，仅为前述 $\phi=45°$ 情况下的约1/8。相应地，撞击过程中参与能量交换的船舶动能的变化也很少[图4-32a)]，船舶与防撞装置的变形能之和仅为2.6MJ，只占船舶总动能的约0.8%，这意味着船舶初始动能的绝大部分以剩余动能的形式由转变航向的船带走了。

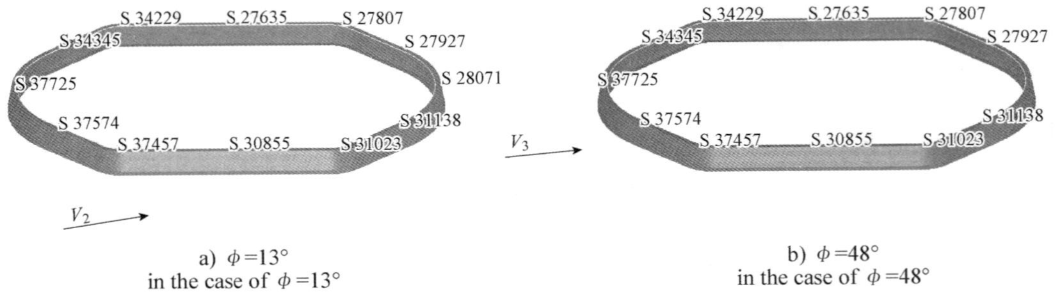

a) $\phi=13°$
in the case of $\phi=13°$

b) $\phi=48°$
in the case of $\phi=48°$

图4-31 船和桥墩相撞的实际入射角

Fig. 4-31 Ship – bridge collision in an actual angle

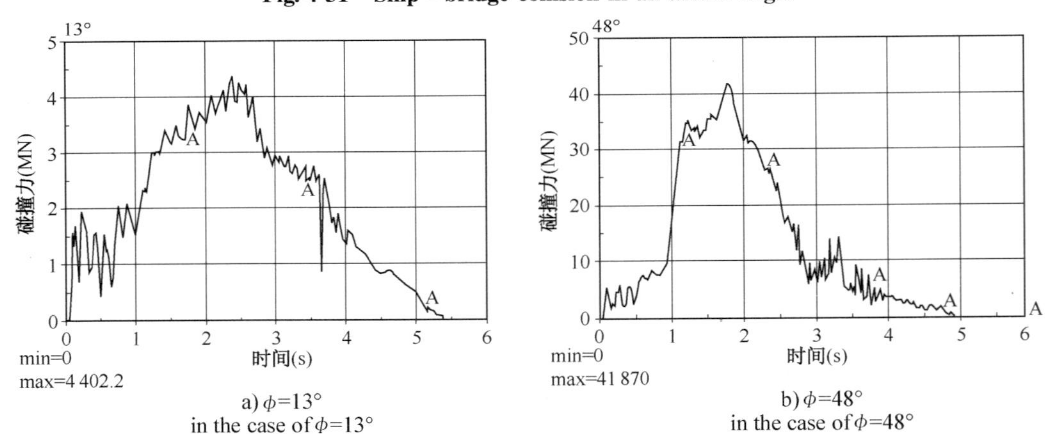

a) $\phi=13°$
in the case of $\phi=13°$

b) $\phi=48°$
in the case of $\phi=48°$

图4-32 计算所得的船撞力 $F(t)$

Fig. 4-32 Impact force $F(t)$ calculated

在大角度碰撞($\phi=48°$)的情况下，最大船撞力上升为41.9MN[图4-31b)]，超过前述 $\phi=45°$ 情况下的最大值(35.6MN)，说明撞击角度的增大对撞击力有明显的影响。但即使如此，也没有超过桥梁设计者允许的临界值60MN，更比不安装防护装置时(图4-27)的最大撞击力100MN小得多。相应地，撞击过程中参与能量交换的船舶动能的变化[图4-32b)]也有所增大(约100MJ)，但也只占船舶初始总动能的约1/3，其余2/3的船舶总动能未参与冲击能量交换，还是由转向的船舶带走了。这充分说明新型柔性耗能防撞装置的优越性，起到了同时保护桥和船的安全的作用。

4.4.3 关于 SWRC 柔性耗能防撞装置的几点讨论

根据以上分析，可以得出以下几点重要结论：

（1）影响船桥撞击力高低的主要因素除撞击速度外，是材料特性与截面积尺寸所决定的广义波阻抗（及相撞两物体的广义波阻抗比），当存在黏性耗能效应时还受高频松弛特性的影响。这与准静态分析认为船的总质量和刚度扮演主要角色的传统结论不同。至于不同大小（不同质量）的船舶对于船桥撞击力的影响，质量 m 实质上是通过其等效的广义波阻抗的不同而发挥不同作用，并且是随着时间（随着波传播过程）逐渐发挥作用。

（2）船桥撞击过程是一个短时间内发生的能量交换过程。防撞装置应该起到吸收和耗散能量以及缓冲撞击过程的作用。不论是何种材料，撞击应力做的功都通过应力波的传播，转换为动能与内能（变形能）两者之和。这种交换能量的多少以及参与能量交换的质量的多少，都是随时间、通过波传播过程而变化发展着的。至于内能与动能之比 $R_{\text{I-K}}$，则随材料的不同而不同。塑性材料和黏弹性材料由于分别产生不可逆的塑性耗散和黏性耗散，所吸收和耗散的内能将大于动能。两者相比，黏弹性元件由于其低波阻抗和变形可恢复性，有利于防撞装置整体发挥作用，特别是能缓冲撞击过程，从而具有延缓和降低船撞力和延长撞击历时等优点，更有利于选作防撞装置的主要元件。

（3）从上述冲击动力学原理出发，基于低波阻抗意义上的柔性和缓冲撞击过程意义上的耗能的设计理念，开发了一种新型 SWRC 柔性（低波阻抗）黏性缓冲耗能，并且其迎撞面具有楔形结构的防撞装置，其主要元件是上百个串联和并联的、具有非线性黏弹性特征的 SWRC 柔性耗能钢丝绳圈。研究表明，此装置能明显延缓和降低撞击力，并使船舶在低撞击力下有足够时间转变航向，从而由驶离的船舶带走大部分初始动能（图 4-33），减少撞击过程中的能量交换，实现桥梁和船舶“两不坏”的目标。

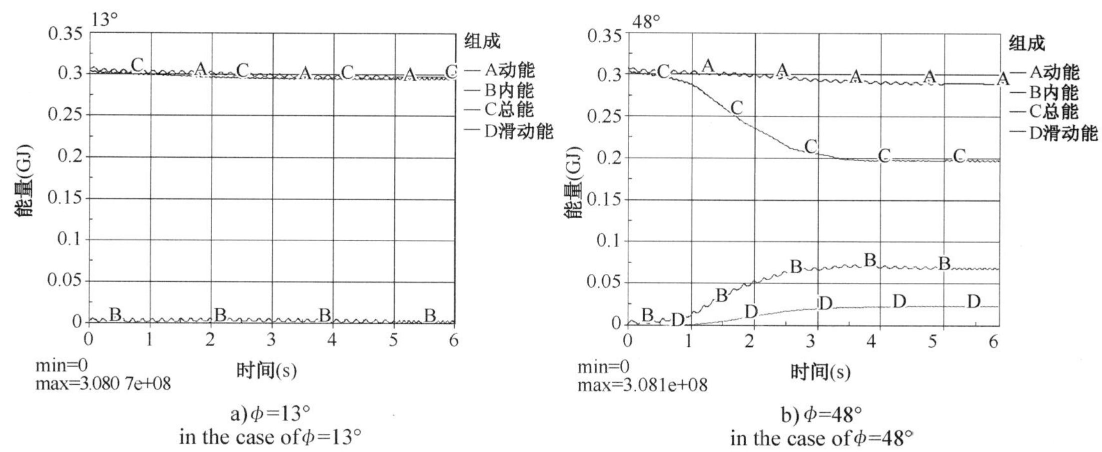

a）ϕ=13°
in the case of ϕ=13°

b）ϕ=48°
in the case of ϕ=48°

图 4-33 计算的系统能量－时间曲线

Fig. 4-33 Energy – time curves calculated

应该指出，SWRC 柔性耗能防撞装置的原理虽然是广泛适用的，但针对不同的具体情况应进行不同的个案设计。这时，不能照抄照搬某个具体设计，而仍然应该根据冲击动力学原理来科学地处理各类具体问题。下列几点是尤其值得引起注意的：

(1)SWRC 钢丝绳圈是柔性耗能防撞装置的主要元件。由上述分析可知，它的低波阻抗特性(柔性)和黏性特征直接影响撞击力和能量转换，其等效波阻抗和高频松弛时间是关键调控参数。另一方面，由于钢丝绳圈一旦被压扁到内圈接触，刚度将急剧上升，撞击力也就急剧上升，因而其尺寸大小(特别是内径)和串联钢丝绳圈数的多少等直接影响船舶在低应力下撞击的行程长短。从这个角度看，今后需要研制和发展一个钢丝绳圈系列，具有不同尺寸以及不同的柔性和黏性特征，以备设计者视不同情况选用。

(2)船舶撞击 SWRC 柔性耗能防撞装置时，首先撞在外钢围上，然后再由众多钢丝绳圈先后共同承担撞击，因而科学地设计外钢围的结构尺寸和刚度(等效波阻抗)至关重要。事实上，如果外钢围的刚度(等效波阻抗)太大，船舶就像撞在刚性防护装置上，钢丝绳圈的柔性还来不及发挥作用，会使得瞬时撞击力过高。反之，如果外钢围的刚度(等效波阻抗)太小，在船头的集中冲击载荷作用下，外钢围会形成高度局域化的失稳变形区，一方面不利于让众多钢丝绳圈尽早发挥整体防护作用，另一方面船头容易在局部变形区被嵌住而滑不出去，从而船桥之间的能量转换和撞击力都会随之继续急剧上升。因此，外钢围的设计应该避免出现上述两种极端情况，并通过应力波在外钢围中的快速传播，使众多钢丝绳圈尽可能早地共同发挥作用，从而使防撞装置尽可能早地整体发挥作用。对于前述碰撞角 $\phi=45°$的情况(图 4-28 ~ 图 4-30)，图 4-34a)、图 4-34b)给出了 12 个代表性位置和钢丝绳圈的受力时程曲线图。

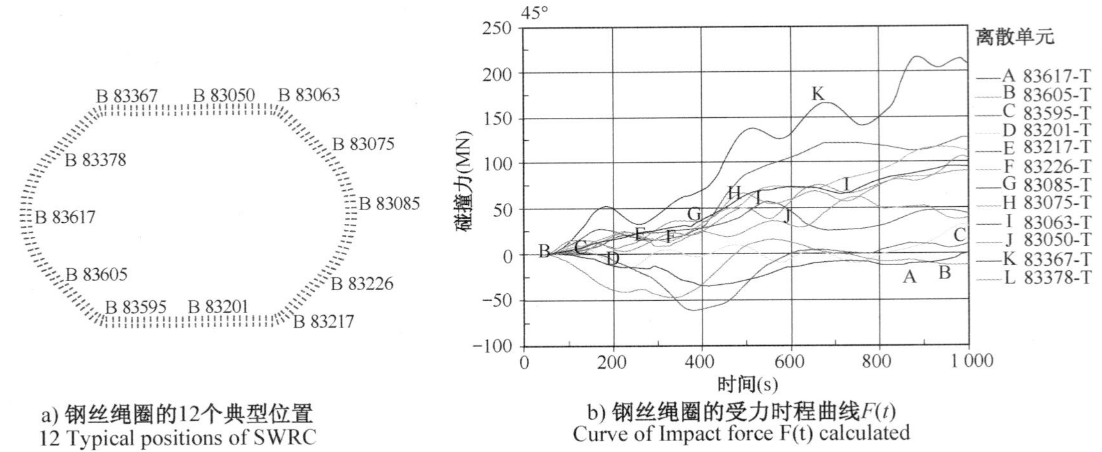

a) 钢丝绳圈的12个典型位置
12 Typical positions of SWRC

b) 钢丝绳圈的受力时程曲线$F(t)$
Curve of Impact force F(t) calculated

图 4-34　12 个典型位置钢丝绳圈的受力时程曲线 $F(t)$

Fig. 4-34　Impact force $F(t)$ calculated for different SWRC at 12 typical positions

由此可见，从撞击开始不到 0. 1s，所有的钢丝绳圈都已进入动态受力状态，其中有的承受压载荷，有的承受拉载荷，且大小不等。不难理解，这正是防撞装置整体发挥作用的表现。

(3)为使船舶在低撞击力下能滑离防护装置，其外钢围在迎撞面一侧必须设计成如图 4-26 所示类似的楔形结构。但应注意，夹角大小不仅影响撞击力大小，也影响船舶的滑离难易。显然，夹角小有利于降低撞击力，也容易使船舶及早滑离；但夹角过小则会增加防护装置总体尺寸，提高造价，影响航道等。因此必须权衡利弊，选择合适的夹角。还应该指出，船舶在撞击具有楔形结构的防撞装置时，撞击点是变化滑动/移动的。对于这类具有移动撞击载荷边界条件的冲击动力学问题，将比具有固定点边界条件的问题更为复杂，结构"早期响应"的历时将相应地延长，即：计及应力波效应的响应历时也相应地延长了。

(4)虽然上述分析从冲击动力学原理说明了钢丝绳圈黏性特征会影响撞击力和能量转换，但在具体设计时如何设计和发挥黏性特征参数的作用，对于设计者并非易事。甚至于在某些情况下，设计者在计算中发现黏性耗能不大，黏性效应不明显，似乎只用弹簧来作为柔性防撞装置的元件也就可以了。其实，黏性效应并非仅仅表现在"黏性耗能"的大小上，更关键的是表现在对加载(相撞)和卸载(脱离撞击)时都起到缓冲撞击过程的作用，从而能降低撞击力和延长撞击历时。

试想一个弹簧元件和一个黏壶阻尼器元件：如果落重撞击在弹簧元件上，撞击力的时程曲线将如图4-15所示那样，加载和卸载都呈现无延迟的瞬时响应，而且卸载后，弹簧吸收的能量没有耗损，会全部释放。但如果落重撞击在黏壶阻尼器元件上，撞击力的时程曲线将如图4-18a)所示那样，加载和卸载都呈现明显降低并延迟的非瞬时响应[参看图4-18b)中的对比]，特别是即使载荷开始卸降了，变形还会继续(参见图4-9)；并且由于在加—卸载过程中有能量耗损，黏壶阻尼器所吸收的能量在卸载后只会释放一部分。人如果跟着落重一起撞击这两种元件，在撞击弹簧元件时会有一种突发的冲击感，而在撞击黏壶阻尼器时则会有一种延迟的缓冲感。这种缓冲效应不仅有利于降低和缓冲船桥相撞开始时的撞击力，而且有利于缓冲船桥脱离撞击时的卸载载荷，以免船舶转头太快，有可能造成船尾对桥的二次撞击。

黏性效应显著与否，主要跟刻画冲击条件下黏性效应的"高频松弛时间"θ_2的数值大小有关，见式(4-4)。例如，在图4-17～图4-21给出的结果中，影响撞击力和能量转换的高频松弛时间，是三单元黏弹性模型中并联Maxwell元件(图4-10)的串联黏壶之松弛时间参数θ_M($=95.4\mu s$)。如我们在导出式(4-5)时所指出的[13-15]：表征黏弹性材料黏性特性的任一松弛时间参数θ_j($j=1,2,3\cdots$)，各自都只对应一个有效的应变率(或时间)影响区，此"有效影响区"，不论以时间表示还是以应变率表示，均为大约4.5个量级。与此相对应地，就黏弹性波的传播而言，存在一个由θ_2起主要作用的、或即以"有效传播时间"$t_{eff}=\theta_2$，或"有效传播距离"$X_{eff}=C_v\theta_2$占统治地位的辖区。超出这一"有效传播时间"或"有效传播距离"占统治地位的辖区，θ_2就不再发挥显著的影响作用。回顾一下图4-19a)，就不难理解为什么图中$X=0$m处的应力—时间曲线A和$X=0.2$m处的曲线B表现出显著的、反映黏性效应的"应力松弛型"特征；而从$X=0.4$m处的曲线C开始，黏性松弛效应就逐渐消失，最终所有曲线都将趋于平衡态。即使对于显示"应力松弛型"特征的应力—时间曲线A和曲线B，应力在松弛了约0.4ms后也不再继续松弛而趋于平缓，1ms后已接近平衡态了。这都说明存在着一个由高频松弛时间θ_2控制的"有效传播时间"辖区和"有效传播距离"辖区。在图4-28至图4-30所给出的算例中，钢丝绳圈的"高频松弛时间"经实验确定为$\theta_2=1.673$ms，见式(4-24b)，则其有效的时间影响区约可扩展到10^2ms量级。图4-28b)显示，船舶撞击外钢围后约250ms之后，桥墩才感受到撞击力，这一延迟时间的长短，撞击力的缓慢上升，以及最大撞击力的降低等等，显然与具有$\theta_2=1.673$ms的钢丝绳圈黏性迟滞效应相关。

船桥相撞的情况是复杂多样的，如何根据不同的具体情况来确定适当的高频松弛时间，并设计相应的钢丝绳圈，以及开发系列化的防撞钢丝绳圈产品，是有待今后继续努力的。

此外，以上分析中尚未计及水流对于船桥相撞过程的影响，这涉及更复杂的流—固耦合的分析和动态数值模拟，也有待今后的进一步研究开发工作。

参考文献

[1] 王礼立. 应力波基础[M]. 2 版. 北京：国防工业出版社，2005.

[2] Kim J Y. Crushing of a Bow：Theory vs. Scale Model Tests[R]. Joint MIT－Industry Program on Tanker Safety，Report No. 69，June 1999.

[3] Hopkinson J. On the Rupture of Iron Wire by a Blow. Proc. Man. Lit. Phil. Soc.，11 (1872)，40.

[4] Hopkinson B. The Effect of Momentary Stresses in Metals. Proc. Roy. Soc.，A74(1905)，498.

[5] 王礼立，张忠伟，黄德进，等. 船撞桥的钢丝绳圈柔性防撞装置的冲击动力学分析[M]. 北京：科学出版社，2004：172－180.

[6] 陈国虞，王礼立. 船撞桥及其防御[M]. 北京：中国铁道出版社，2006.

[7] 王礼立. 高应变率下材料动态力学性能[J]. 力学与实践，1982，4(1)：9－13.

[8] 王礼立. 爆炸力学数值模拟中本构建模问题的讨论[J]. 爆炸与冲击，2003，23(2)：97－104.

[9] Zener C，Hollomon J H. Plastic Flow and Rupture in Metals [J]. Trans. Am. Soc. Metals，1944，33：163－215.

[10] Lindholm U S. Review of Dynamic Testing Techniques and Material Behavior[A]. Proc. Conf. Mechanical，Properties of Materials at High Rates of Strain [C]，Conf. Series No. 21，Institute of Physics，London，1974：3－21.

[11] Cowper G R，Symonds P S. Strain hardening and strain rate effect in the impact loading of cantilever beams [R]. Brown University，Division of Applied Mathematics report，1957，28.

[12] Johnson G R，Cook W H. A Constitutive Model and Data for Metals Subjected to Large Strain Rates and High Temperatures [A]，Proc. 7th Int. Symp. Ballistics [C]，Am. Def. Prep. Org.（ADPA），Netherlands，1983：541－548.

[13] 王礼立，杨黎明. 固体高分子材料非线性黏弹性本构关系[M]. 合肥：中国科技大学出版社，1992.

[14] 王礼立，施绍裘，陈江瑛，等. ZWT 非线性热黏弹性本构关系的研究与应用[J]. 宁波大学学报(理工版)，2000，13(增刊)：141－149.

[15] 周风华，王礼立，胡时胜. 有机玻璃在高应变率下的损伤型非线性黏弹性本构关系及破坏准则[J]. 爆炸与冲击，v. 12，No. 4(1992)：333－342.

[16] Coleman B D and Noll W. An Approximation Theorem for Functional with Applications in Continuum Mechanics [J]. Arch. Rat. Mech. Anal. 1960，6，355.

[17] Coleman，B D and Noll W. Foundations of Linear Viscoelasticity[J]. Rev. Mod. Phys.，1961，33：239.

[18] Green A E and Rivlin R S. The Mechanics of Nonlinear Materials with Memory，Part 1 [J]. Arch. Rat. Mech. Anal. 1957，1，1.

[19] 杨黎明，朱兆祥，王礼立. 短纤维增强聚碳酸酯非线性黏弹性能的影响[J]. 爆炸与冲击，1986，6 (1)，1－9.

[20] 杨黎明，王礼立. 用 Eshelby 理论研究复合材料线黏弹性本构关系[J]. 爆炸与冲击，1991，v. 11，No. 3：244－251.

[21] 杨黎明，王礼立，朱兆祥. 刚性微粒填充的高聚物非线性黏弹性本构关系的微力学分析[J]. 力学学报，1993，v. 25，No. 5：606－614.

[22] 陈江瑛，王礼立. 水泥砂浆的率型本构方程[J]. 宁波大学学报(理工版)，2000，v. 13，No. 2：1－5.

[23] 徐秉业，黄筑平. 塑性力学和地球动力学进展[M]. 北京：万国学术出版社，2000.

[24] 中华人民共和国行业标准. JTG D60—2004　公路桥涵设计通用规范[S]. 北京：人民交通出版

社，2004.

[25] 中华人民共和国行业标准 . TB10002. 1—2005 铁路桥涵设计基本规范[S]. 北京：中国铁道出版社，2005.

[26] AASHTO. Guide Specifications and Commentary for Vessel Collision Design of Highway Bridges[S]. American Association of State Highway and Transportation Official, Washington D. C. , 2009.

[27] Vrouwenvelder A C W M. Design for Ship Impact According to Eurocode 1, Part 2. 7, Ship Collision Analysis [M]. Rotterdam: AA Balkema, 1998: 123 - 134.

[28] G. R. Consolazio and D. R. Cowan. Nonlinear analysis of barge crush behavior and its relationship to impact resistant bridge design[J]. Computers and Structures, v. 81, 2003: 547 - 557.

[29] 陈国虞，倪步友 . 水中桩柱用钢绳柔性冲击吸能器试验研究[J]. 交通部上海船舶运输科学研究所学报，1995，18(2)：11 - 17.

[30] Wang Lili, Yang Liming, Huang Dejin, Zhang Zhongwei and Chen Guoyu. An Impact Dynamics Analysis on a New Crashworthy Device against Ship - Bridge Collision[J]. International Journal of Impact Engineering, 2008, 35(8): 895 - 904.

[31] Lili Wang, Liming Yang, Changgang Tang, Zhongwei Zhang, Guoyu Chen and Zonglin LU. On the Impact Force and Energy Transformation During Ship - Bridge Collisions[J]. International Journal of Protective Structures, v. 3, No. 1 (2012): 105 - 120.

第 5 章　船撞桥墩的实验研究

Chapter 5　Experiment Studies on Ship Collision with Bridge Pier

摘　要　通过自 1959 年以来，国外进行的 8 项船撞船、船撞闸门和船撞桥以及国内进行的 9 项船撞桥墩试验(其中有平头的驳船，也有尖头的一般货船，还有原理性的试验)，叙述了这些试验的背景对象、试验项目和试验结果，以及后人吸收的经验和评价。通过这些试验可以得到一些代入半经验公式所需的参数，可将测出的数据与算出的数据进行对比分析，以判断计算软件的准确性。本章同时评述了这些试验的不足，是为我国进行更接近实际的实船撞桥墩实验制定试验大纲作准备的。

关键词　船撞桥　船撞力　撞击能量　实船试验　校核软件

Abstract: Since 1959, in foreign countries, there were 8 experiment studies on ship collision with ship, with strobe gate and with bridge pier. And what's more, there were 9 experiment studies on ship collision with bridge pier in China. Barges with flush heads, sharp – bowed cargos and some theoretical examinations are involved. This chapter mentions the background, the test items and the recorded data about these studies. There are some experiences and evaluates benefiting the later generations. By these experiments, we got some parameters used to the semi – empirical equations. And the experiment data could compare with the ones from calculation to check relevant software for correctness. This chapter also mentions the deficiency of these experiment studies providing for drawing the general outline of later experiment studies of real ship – pier collision.

Key words: ship – bridge collision, force of ship – bridge collision, collision energy, real ship experiment, check software

船撞船的试验进行得比较早，随后还进行过船撞闸门的试验。很自然地，研究船撞桥的时候，利用了以前已经进行过的船撞船和船撞闸门的资料。所以在叙述船撞桥的试验之前，应该先介绍几个船撞船和船撞闸门的试验。

5.1　国外进行过的“船撞船”实验简述

(1)文献中记载最早的“船撞船”试验是 1959 年由敏诺斯基(Minorsky)[1]进行的，试验目的是为核动力军舰的设计、核电站的防护以及其他海洋结构物的防撞保护提供参考。共进行了 26 次原型船舶的碰撞试验，得到了碰撞过程中钢结构变形与其吸收的冲击能之间的关系，试验结果成为国际公认的“船—船”碰撞的分析基础。试验中得到船舶吸收的撞击能和钢板体积变形系数 R_t 的关系，如图 5-1 所示。

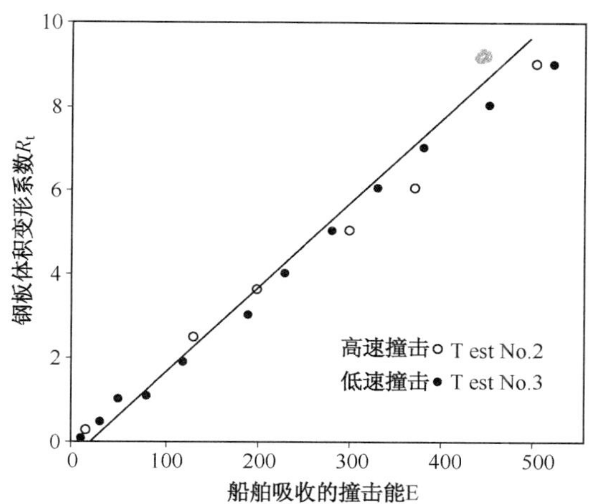

图 5-1 船舶吸收的撞击能(MJ)和钢板体积变形(m^3)

Fig. 5-1 Absorbed energy of ship with distortion of steel plates

在实验结果基础上，敏诺斯基得出了如下的经验公式：

$$E = 47.2R_t + 37.2 \tag{5-1}$$

式中，E 为船舶吸收的撞击能(MJ)；R_t 为评价撞击船舶的钢材变形体积(m^3)的系数。从图中可以看出：对于 6 次高速撞击而言，式(5-1)与实验结果吻合很好；但对于 12 次低速撞击来说，式(5-1)的误差较大。因此，式(5-1)仅仅适用于高速撞击的情况。本实验成果在使用时存在计算钢板变形体积的困难。

由于试验中仅测量了船舶变形的体积变化和能量之间的关系，因此并不适用于桥墩的抗船撞设计。但该试验给出了变形量与撞击能量的定量关系，根据撞击后船舶变形量可以算出能量，推算出船速，这是一种痕迹学的方法，对处理船撞桥事故吸取教训有参考价值。

(2)1970 年，德国学者沃以信(Woisin)[2]进行了一系列高能动态船舶碰撞模型试验，采用的模型比例为 1:12 和 1:7.5，共进行了 24 次船头碰撞船的舷侧结构的试验，试验中将船头模型固定于高处，然后从斜坡铁轨滑下发生撞击。图 5-2 示出该试验情况。装置如图 5－2a)和图 5－2b)所示，船舶撞击后的损伤情况如图 5－2c)所示。试验结果表明由于碰撞船首部形状的不同造成了碰撞力的显著差异。

试验中测量得到的船撞力和时间的关系如图 5-3 所示。资料说明，最大船撞力出现在撞击发生后 0.1～0.2s 之间，最大撞击力的大小大约为平均撞击力的 2 倍。试验中还测量撞击发生过程中吸收的能量、变形，这些都成为后来美国公路工作者协会(AASHTO)标准中桥梁船撞设计中计算等效的静态船撞力的依据。

这是一个很有名的试验，发表于 1971 年，以后 1979 年、1991 年和 2009 年(后二者为美国公路工作者协会指南)均有人引用。“但由于电测等困难，精确的冲击力与时间的关系并未得出”(有的报告中的模化记录图前面有一个波[19]，有的图前面有两个波[2])。

计算平均力的方法有多种，以最大力的 1/2 作为平均力的说法是较粗糙的。由于“等效的静态船撞力作为桥梁损坏依据”已被“构件动态响应超过极限作为桥梁损坏依据”强烈地挑战，因此用撞击时程曲线峰值的一半提交给桥梁设计者，以进行撞坏桥梁的校核亦受到强烈的质疑。

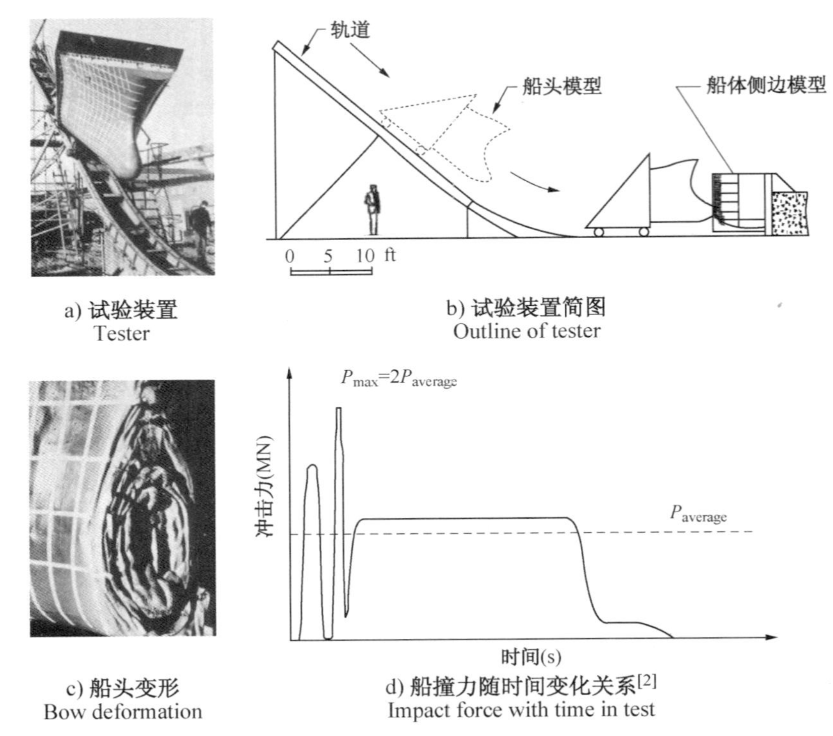

a) 试验装置 Tester

b) 试验装置简图 Outline of tester

c) 船头变形 Bow deformation

d) 船撞力随时间变化关系[2] Impact force with time in test

图 5-2 沃以信的船头试验

Fig. 5-2 Test on bow by Woisin

本书作者用以判断船撞力与桥梁损坏的关系比较直接：在设计开始没有桥墩图的时候，采用半经验公式估出的数值；有了桥墩设计图之后，则采用数值计算法得到的数值。只要受撞击后，构件动态响应不超过材料动态断裂极限，构件就是安全的。

(3)1991 年，荷兰应用科学组织(The Netherlands Organization，TNO)的力学工程中心[5]进行了实船碰撞试验(图 5-3)。试验在荷兰莫迪克(Moerdijk)镇附近的一个河道进行，河道长 1 900m，宽 150m，水深 9m。试验中采用两条 80 多米长的内河油船进行了四次碰撞试验，最大碰撞速度为 15km/h(4.2m/s)左右，碰撞角度为正撞，试验中测量了碰撞力、碰撞持续时间、船舶运动、压入深度以及船体应变等数据，试验提供了船舶碰撞性能的有用信息。

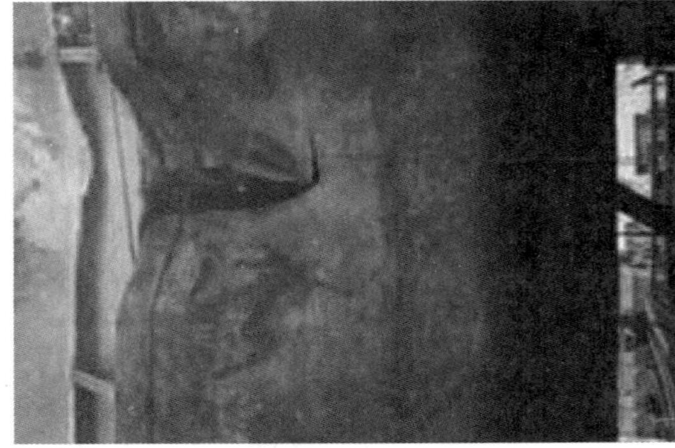

图 5-3 1991 年荷兰进行的船体碰撞后变形情况

Fig. 5-3 The deformation of ship impact to ship, tested by The Netherlands Organization, TNO, in 1991

在试验基础上还进行了数值模拟，试验中测得的以及数值模拟的撞击力和压入深度如表5-1所示。

荷兰进行的船体碰撞试验结果 表5-1

The test result of ship impact to ship, by TNO Table 5-1

试验组数	撞击速度(m/s)	压入深度(m)		最大撞击力(MN)	
		试验测量	模拟计算	试验测量	模拟计算
1	1.5	0.3	0.4	1.3	2.2
2	4.1	1.0	1.1	3.7	5.3
3	4.2	0.8	1.0	3.9	6.5
4	4.3	0.9	1.0	5.4	6.8

(4)1995年，日本的中村等(Nakamura 和 Kuroxwa)使用了1:2的模型进行了常规超大型油轮舷侧结构失效的准静态和动态碰撞试验。试验表明：动态试验吸收的能量比准静态的多10%~30%，且动态试验往往引起脆性断裂。这主要是由于随着应变速率的增加而导致塑变应力增加的差异所造成的。

1995年的工程力学背景冲击动力学已经有了长足的发展。

5.2 国外进行过的“船撞闸门”实验简述

(1)1989年，戴阿格罗桥(Bridge Diagnostic)公司[4]为美国陆军工程师兵团(U.S. Army Corps of Engineers)在伊利诺斯的密西西比河上进行了实尺船模与闸门和闸墙的碰撞试验。试验中采用的撞击速度大约为0.4节(0.2m/s)，试验中得到了船撞力、加速度和速度的时变历程等数据。图5-4所示为该实验的现场照片。

图5-4 实尺船模撞闸门和闸墙实验

Fig. 5-4 Test of full scale ship mode impacting to the strobe gate and strobe wall

由于闸门和闸墙与桥墩的力学性能有很大差异，并且试验中驳船的撞击速度较小(可看作是靠码头的速度)，与实际船撞事故发生时的速度相差较大，撞击能量较小，不足以使碰撞中船体发生较大的非线性变形。这与实际船撞情况有很大差异，因此这些试验数据并不能直接应用于船桥碰撞分析中。一些研究保护水工闸门的人，也因为速度太低撞击能量太小，未能借鉴。

(2)1997年，美国陆军工程师兵团在宾夕法尼亚州进行了驳船与闸墙(Lock-wall)的碰撞试验，目的是分析闸墙在碰撞过程中的结构的响应以及确定碰撞力的大小，试验共进行了36次碰撞(图5-5)。试验的主要目的是定性和定量地确定船撞过程船撞力的大小以及船舶闸墙之间的相互关系。试验中采用的是4艘驳船组成的船队，驳船上安装了应变和加速度传感器，用于测量碰撞过程中驳船的动态变形和加速度历程。

图5-5　驳船撞闸墙实验

Fig. 5-5　Test of the barge impacting to the strobe wall

1998年，美国陆军工程师兵团在西弗吉尼亚州进行了规模更大的驳船与闸墙撞击试验，试验中采用的是15艘驳船组成的船队。试验中撞击速度为0.15m/s～1.20m/s，试验中得到了撞击力的时变历程。

由于上述试验中撞击速度较小，船体和闸墙的变形均为弹性变形，这与船撞事故时有较大差距，因此这些试验对于撞击速度较大时参考价值不大。

5.3　国外进行过的“船撞桥”实验简述

(1)1983年，米勒(Meier－Dornberg)[3]分别用1∶4.5和1∶6的模型比尺，对欧洲IIa型驳船，进行了静力和动力的船撞实验[图5-6a)]，并得到了碰撞过程中碰撞力、碰撞能和非弹性变形之间的关系[图5-6b)]。实验中得到的碰撞能、变形和碰撞力数据为1991年美国公路工作者协会(AASHTO)船撞规范设计公式提供了参考资料。

由于在米勒的船撞试验中，碰撞力的施加采用的是冲击摆锤碰撞的方式，同时由于仅仅采用了驳船的一部分(船头)，因此与实际的“船－船”撞击和“船－桥”撞击相比，有一定差距，同时试验中并没有考虑附加水流和桥梁地基的影响。

此外，矩形桥墩撞击驳船的平船头，也有一定的专用性。对于“尖船头撞击桥墩的斜面”的普遍模式也有距离。美国公路工作者协会(AASHTO)在其指南中，对于驳船撞墩用了很大的篇幅，应看作是对美国内河特点的专门处理。

(2)2004年，美国佛罗里达大学在圣乔治岛[6]即将拆除的贝里安型(Bryant Pattern)桥上进行了真正的船桥碰撞实尺试验(图5-7、图5-8)。试验中共在两个桥墩上进行了15次驳船与桥墩的碰撞试验，并测量了碰撞过程中桥墩、基础和驳船的动力响应。

试验中的撞击船舶采用两条24吨和20吨的推船作为动力。试验中P1系列撞击船舶为604吨，采用的最小和最大撞击速度分别为0.75节(0.39m/s)和3.45节(1.77m/s)；P3系列的撞击能量较小，选用的船舶为344吨，最小和最大撞击速度分别为0.77节(0.40m/s)和1.84节(0.95m/s)。

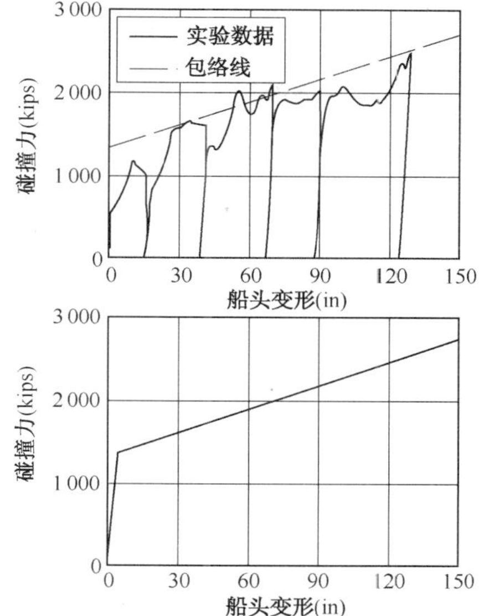

a) 对欧洲Ⅱa型驳船，静力和动力的船撞试验的照片

Impact test of the Europe barge Ⅱa

b) 碰撞过程中碰撞力、碰撞能和非弹性变形之间的关系 上图为米勒的试验；下图为美国指南采用的包络线

Force, energy and non-elastic deformation in impact process

图 5-6　1983 年米勒进行的摆锤撞驳船实验

Fig. 5-6　Test of pendulum hammer impact barge, by Meier – Dornberg in 1983

图 5-7　2004 年驳船撞桥试验布置图

Fig. 5-7　Birds view of test of barge impact to bridge, at Bryant Pattern bridge, 2004

a) 船桥碰撞前一瞬间

Minute of test barge impact to bridge

b) 碰撞后船体变形图

Deformation at bow of barge

图 5-8　船碰撞贝里安型桥的试验详图

Fig. 5-8　Detail of test of barge impacting to Bryant Pattern Bridge

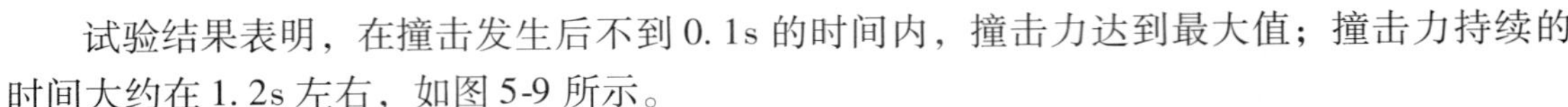

试验结果表明，在撞击发生后不到 0. 1s 的时间内，撞击力达到最大值；撞击力持续的时间大约在 1. 2s 左右，如图 5-9 所示。

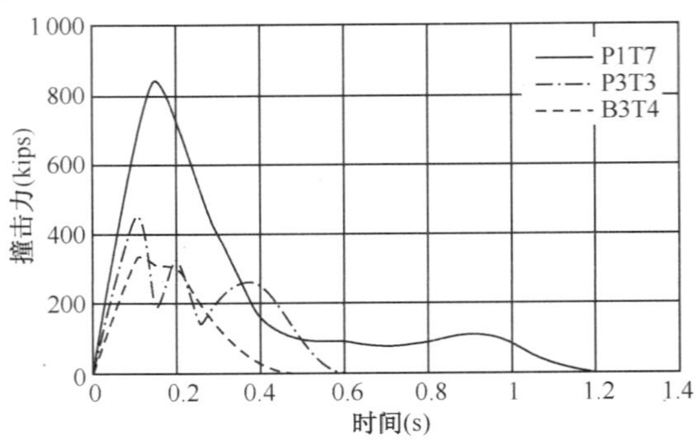

图 5-9　撞击力历时图

Fig. 5-9　Impact force in whole impact process

美国 AASHTO 指南在低速碰撞下低估了船撞力，在高速碰撞下高估了碰撞力；同时一个桥墩发生撞击时，部分撞击力可通过上部结构传递到相邻桥墩上；并且试验发现基础变形对船撞力的影响很大。

由以上试验可以看出，在试验时考虑不同因素对船撞的影响是非常必要的。如德国学者沃以信，试验时应用了不同的船舶首部形状(具有不同的刚性)；米勒也考虑到了静力和动力两种情况下碰撞力、碰撞能和非弹性变形之间的关系；日本的长村等对常规超大型油轮舷侧结构失效进行了准静态和动态的模型碰撞试验；从而认识到随着应变速率的增加塑变应力增加。2004 年美国佛罗里达大学在贝里安型桥上进行过不同撞击速度下的碰撞试验。

在碰撞过程中，不仅船舶自身有变形与损伤，而且桥梁各部分如桥墩、基础都是有一定的动力响应，试验者在过程中记录了船舶和桥梁两者在船撞力作用下的变形过程。如 2004 年美国佛罗里达大学在贝里安型桥上进行的碰撞试验，测量了碰撞过程中桥墩、基础和驳船的动力响应，得出了一个桥墩发生撞击时，部分撞击力可通过上部结构传递到相邻桥墩上的结论，并且试验发现基础变形对船撞力的影响很大。

这些实船实验的目标、测量记录的项目和参数以及得到的结果，都值得我们学习和借鉴。

5. 4　国内进行过的船撞桥实验简述

与国外投入较大精力从事实船相撞、船撞闸门和驳船撞桥墩的研究相比，国内开展的试验集中在对防撞原理、防撞元件和防撞设施的实验，后者主要做的是比例模型试验，以及测定半经验公式所需的参数。

5. 4. 1　1990—1995 年实测裸桥墩和防撞元件的冲击时间

以武汉长江大桥为对象，研究使用公路规范中的漂流物公式计算撞击力时，必须代入的冲击时间。张维衡[7]、陈国虞[8]、李国华[9]等分别在华中理工大学(图 5-10)和中国船舶科学研究中心(图 5-11)做过 3 组试验。表 5-2 是这三组试验的冲击时间值：

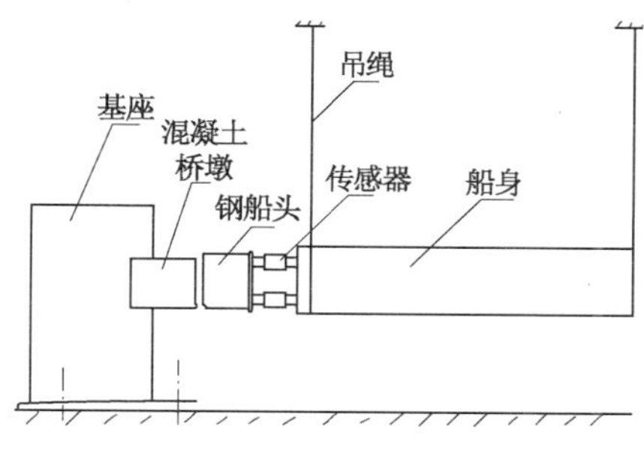

图 5-10 模拟船头对混凝土冲击试验(华中理工大学 1990 年)[7]

Fig. 5-10 Simulate test of ship impact to concrete

(Huazhong university of science & tec. 1990)[7]

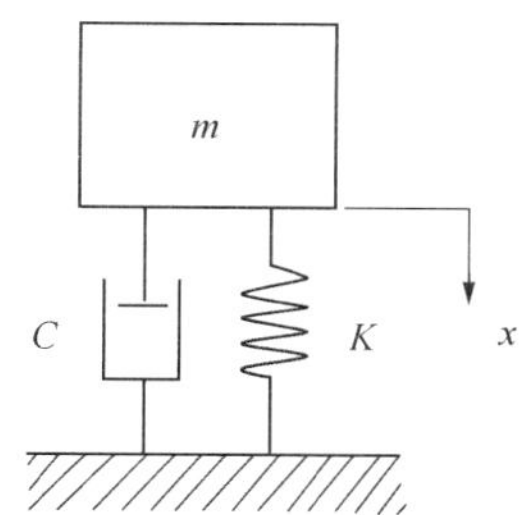

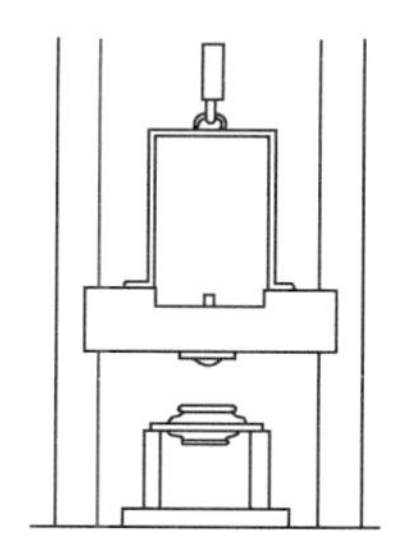

a) 单自由度系统[9]
The system of single degree of freedom

b) 落锤冲击试验机[9]
Drop hammer test machine

图 5-11 模拟船头对防撞元件的冲击试验(中国船舶科学研究中心 1990-1995 年)[8-10]

Fig. 5-11 Simulate test of ship impact to element of anti-collision

(China ship scientific research center 1990—1995 年)

冲击试验实测出的冲击时间 表 5-2

The impact process time of steel ship to difference elements in simulate test Table 5-2

序号	相撞系统的材料	试验单位及试验机参数	该试样的试验条件	冲击持续时间 S	备 注
1	钢—钢筋混凝土[7]	华中理工大学船舶与海洋工程系结构研究室 锤头碰撞能量 11590J 锤头动量 6994kg · m/s	冲量 N · S 6102 7742 10444	 0.0838 0.0632 0.0515	武汉铁路局委托，共有 10 次数据
2	钢—鼓型橡胶隔振垫[9]	中国船舶科学研究中心结构试验室 1 号锤头，能量 max 5000J 撞击初速度 0.3 ~0.6m/s	初速度(m/s) 0.3 0.6	 0.13 0.14	橡胶厂委托，共有 10 次数据
3	钢—钢丝绳防撞圈[8]	中国船舶科学研究中心结构试验室 1 号锤头，能量 max 5000J 撞击初速度 1 ~8m/s	初速度(m/s) 0.6 1.4 1.4 1.7 3.7 4.5 5.3	 0.65 0.55 0.40 0.40 0.33 0.30 0.29	高强度压接试验厂委托，共有 26 次数据，内分不同钢绳结构和绳圈结构

由表 5-2 可以看出钢结构撞击钢筋混凝土(该钢结构刚性极大，看作无塑性变形)的撞击时间小于 0.1 秒(0.05 ~0.08)；中间加了鼓形橡胶垫为 0.13 ~0.14s；中间加钢丝绳防撞圈为 0.29 ~0.65s。可知在未用防撞垫时，实际撞击力应比该规范中所说的“无资料时用 1s 代入”算出的大 10 倍左右。随着钢结构刚度下降，时间增加，撞击力下降。

在表 5-2 中第 2、3 两种情况，船头与墩中间加上(弹性、弹塑性、黏性或低刚度的)防撞装置，船头和防撞装置这个系统便有一个新的系统撞击时间。延长了该时间，导致撞击力下降的值，便是防撞装置的作用。

从本实验看出从理论到实践均已清楚的结论，只要测定相撞系统(包括船头、防撞装置和桥墩)在船与墩相对速度下的撞击时间，代入公路规范公式便可算出撞击力。

表中序号 2、3 的两个试验是在中国船舶研究中心进行的[9]，单自由度的运动方程为：

$$mx'' + Cx' + Kx = mg$$

式中：m——落锤质量(kg)；

C——试件阻尼(Ns/m)；

K——试件刚度(N/m)；

g——重力加速度 9.81(m/s^2)。

且：冲击力 $F = mg - m\,x''$

$$x' = \int x''\,\mathrm{d}t$$

$$x = \int x'\,\mathrm{d}t$$

只要用一个加速度传感器，测得“力－变形”图的纵轴数值，将测得结果积分 2 次，便可得出横轴数值。但有质疑者认为，材料力学实验的“力－变形”图，应该对 $x-y$ 两个坐标分别用两个传感器。

5.4.2 1995—2005 年铁路规范船撞力公式中动能折减系数的实验厘定[10]

为厘定铁路规范船撞力公式中，计算撞击力时必须选择的撞击损耗系数，由陈国虞、倪步友设计，制造试样，并委托中国船舶科学研究中心进行了几十次实验，报告了 35 条曲线。如果承认曲线中的第 1 部分是撞击损耗功(图 5-12)，那么实测的损耗系数不应该是规范的 0.3，而应该是(0.7 ~0.9)。表 5-3 给出耗能系数实测结果，其图如图 5-13 所示。

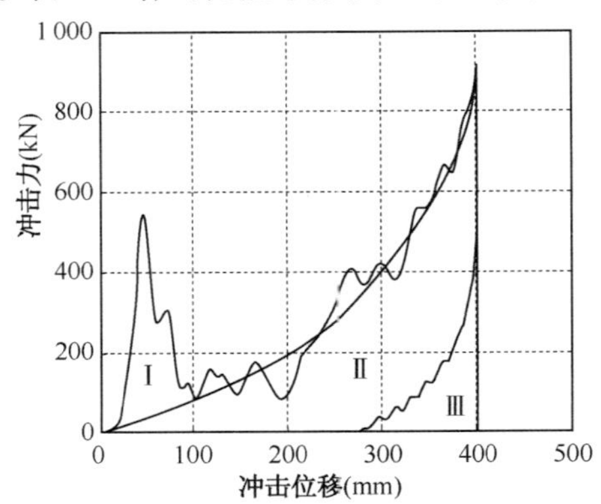

图 5-12 典型冲击试验曲线中的三部分功

Fig. 5-12 Three parts of deformation work in typical drawing of impact test

钢对钢面接触、钢对钢线接触和钢对混凝土撞击表面耗能系数 表 5-3

Coefficient of energy dissipation at steel – steel contact surface, steel – steel contact line, and steel – concrete contact surface Table 5-3

序号	撞击初速度(m/s)	接触形状和材质	外加功 J	总耗功 J	表面耗功 J	外加功中总消耗(%)	外加功中表面消耗(%)	备注试验日期
a	4. 0	钢对钢(面接触)	10094	7783	1480	77	14. 7	20011119
b	4. 0		10230	7075	2216	69	22. 1	20011119
c	3. 6		8320	6903	1889	83	22. 7	20011119
d	3. 6		8235	5723	1084	69	13. 2	20011119
e	4. 4		12210	9935	2137	81	17. 5	20011119
f	3. 1		69830	37840	14417	54	20. 6	20020121
g	4. 4		113700	112300	16334	99	14. 4	20020121
h	4. 4		86090	64830	10397	75	12. 1	20020121
i	3. 4		65388	49279	2500	75	4. 0	20030303
j	5. 6		121603	104612	23484	86	19. 3	20030313
k	4. 4		92554	68114	27404	74	29. 6	20030313
l	3. 1	钢对混凝土	5562	5258	471	95	8. 5	20040826
m	3. 1		6535	6535	2838	100	43. 4	20040826
n	3. 1	钢对钢(线接触)	5702	5185	0	90	C	20040826
o	4. 4		11068	10748	0	97	C	20040826
p	4. 4		11281	11018	0	98	C	20040826

注：钢对钢(面接触)，平均值：19. 9%，范围：12. 1% ~33. 2%。

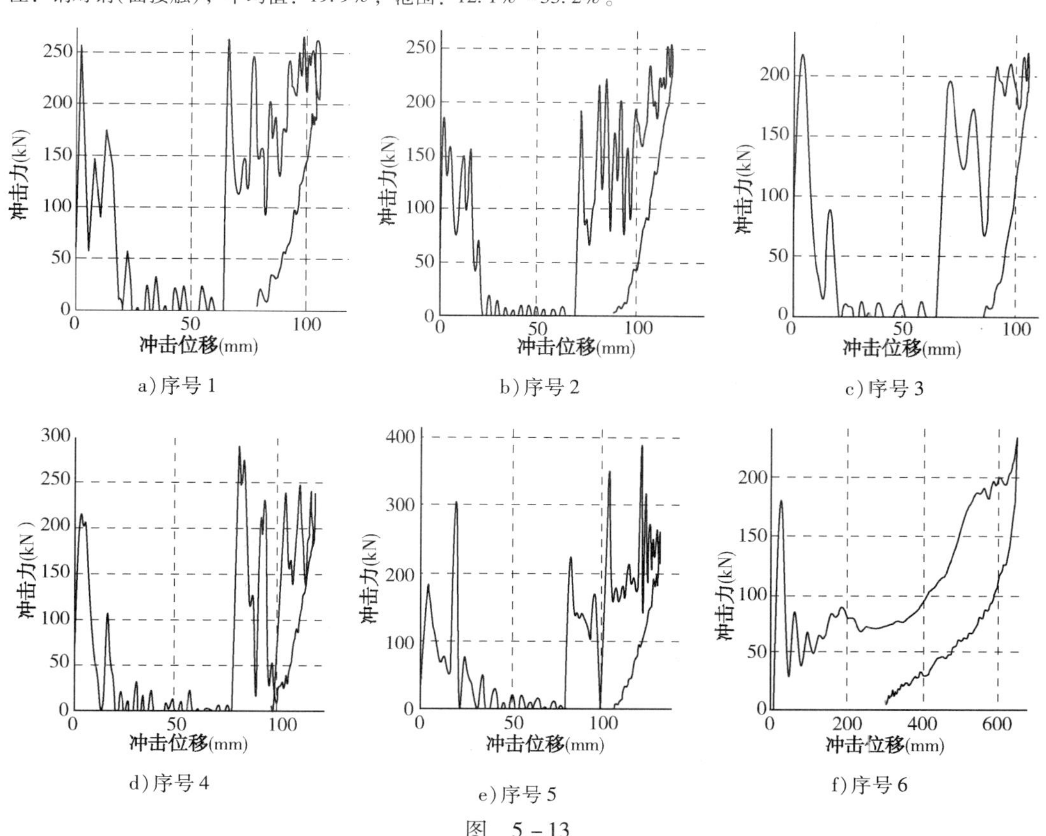

图 5-13

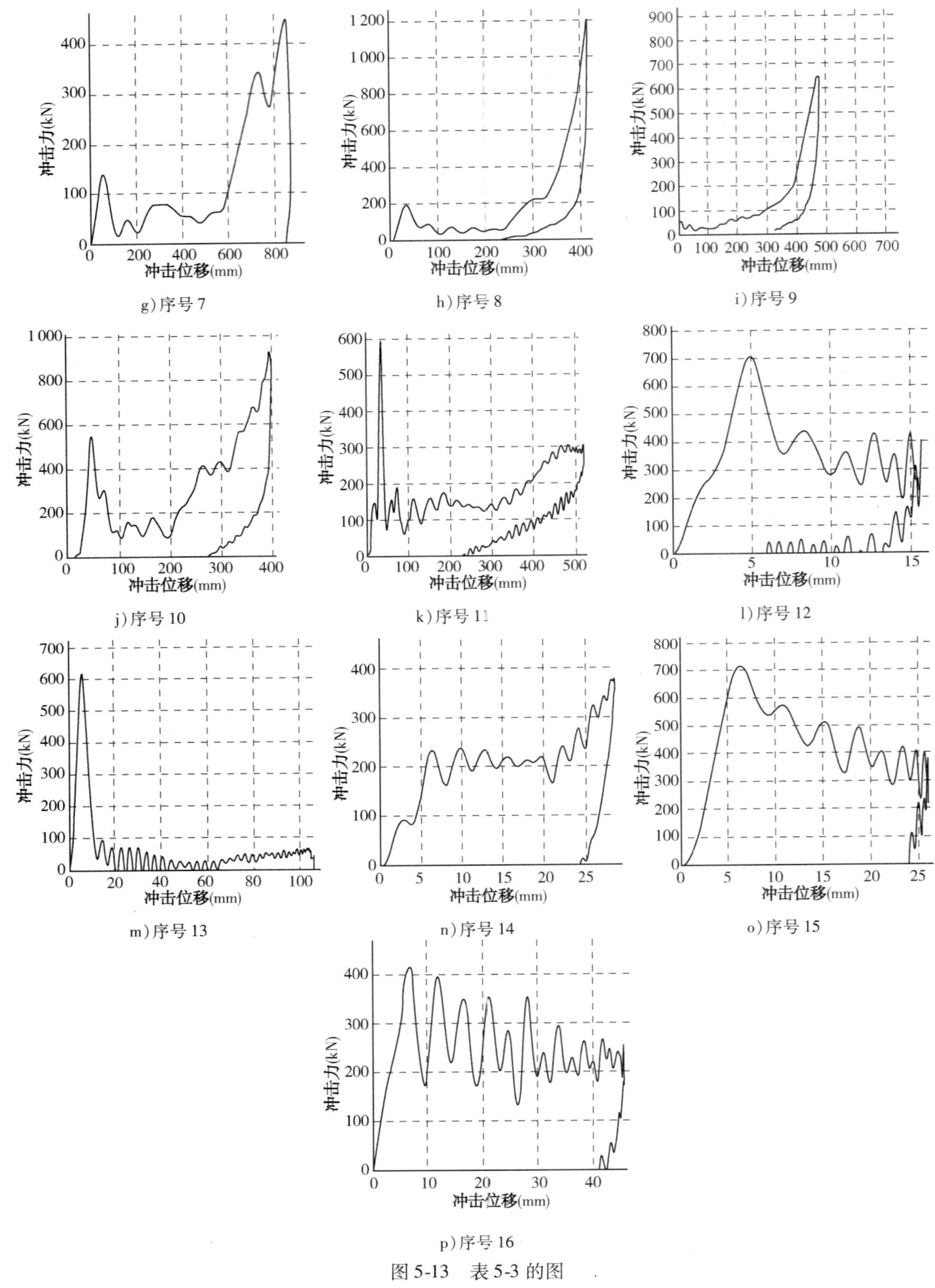

图 5-13　表 5-3 的图

Fig. 5-13　Diagram for table 5-3

5.4.3 1997 年多个防撞圈串联、并联系数和同期系数的测定[11]

试样和试验支架由陈国虞、倪步友设计，中国人民解放军 4805 工厂制造，并委托中国船舶科学研究中心进行试验。用 D300mm 防撞圈，测定从单个防撞圈到多个防撞圈在外钢围包络下的同期作用，以实验测定其同期系数(同期系数的模拟数值由宁波大学平行地进行计算)和串联、并联系数，如图 5-14 所示。

从图中可以看出，试验用的串联、并联受力支架设计得比较巧妙，不经琢磨难于看懂。试样横放，只留上面两个防撞圈测定压状态；只留左右两个防撞圈测定剪状态；去掉上面两个是两剪两拉，减去两剪便是拉状态。竖放同理。

a) 同期系数测定的试样(放在地上)
The sample for same term effect determine test (put on the ground)

b) 试样在试验机的安放(放在架上)
The sample put under the hammer test machine

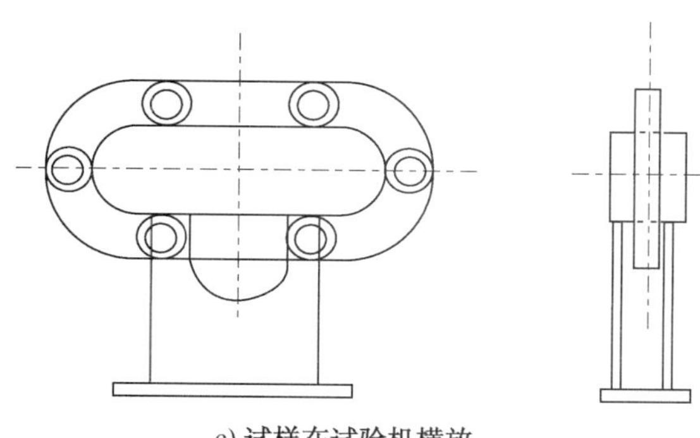

c) 试样在试验机横放
The test sample put horizontal

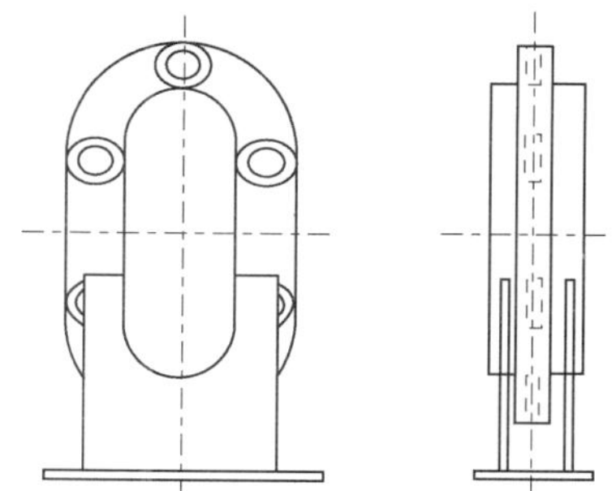

d) 试样在试验机竖放
The test sample put perpendicular

图 5-14 同期系数测定的试验

Fig. 5-14 Test for determining same term effect Coefficient

5.4.4 2003 年，柔性耗能防撞装置用 D800mm 防撞圈与外钢围组成实体分段试验[11]

试验由陈国虞、倪步友设计，中国人民解放军 4805 工厂制造试样，并委托中国船舶科学研究中心在 5 000kg 重的落锤下进行，以实船相撞速度(4m/s 左右)对外钢围与多个 D800mm 防撞圈建成防撞装置的大型分段，进行冲击实验，测定工程设计使用的数据，如图 5-15 所示。

a) 冲击后(锤压在上面)
After impact

b) 防撞圈与外钢围组成的试样
Sample made by anti-collision loop and outer steel surround

图 5-15　D800mm 防撞圈建成防撞装置大型分段冲击实验

Fig. 5-15　Big subsection constructed by D800mm anti – collision loop for test

5.4.5　1990 年，水中拦截模型试验[7]

1990 年，张维衡在华中理工大学船舶和海洋工程系试验水池进行的水中拦截模型试验，使用了 1∶20，长 4.225m(东方红 46)和 3.900m(平头涡尾型)两种模型，用浮箱、链索、锚和拦纲实现拦截。

约 20 年后，宁波大学研究设计了宁波外滩大桥的链索拦阻设施和平潭海峡大桥非通航孔链索拦阻 5000t 船的设施。并在小型简易水池内进行了拦阻索遇撞翘起拦住船头的模型试验，能够拦住航船。中国人民解放军理工大学工程兵工程学院的吴广怀、黄光远研究设计了 20000t 级海船拦阻设施。朱应钦、金广谦、戚亮研究了运河 1000t 级船的拦阻设施。上海船舶运输科学研究所于 2006 年在上海市苏州河河口水闸工程建成了钢绳拦船系统(拦阻疏浚运泥驳船等)。

5.4.6　2002 年福建泉州后渚大桥防撞围堰模型试验[12,13]

福州大学的林建筑、郑振飞、卓卫东和谢兰捷等，以泉州后渚大桥为实际工程背景，通过模拟船撞的缩尺模型试验，研究了实际船撞力的大小。如图 5-16 和图 5-17 所示。该桥位于泉州港区后渚航道上游，洛阳江入海处。由于该桥桥墩(刚构双薄壁墩)的防撞能力较弱，为保证大桥安全，特在距桥墩下游 35m 处设置了 4 个直径 15m 的人工防撞岛，防撞岛采用双壁钢围堰，壁仓内浇筑 25 号混凝土，围堰内则填充砂砾。

试验取防撞岛模型的长度相似系数为 1∶20，即模型按比例缩为原型的 1/20。考虑到实际撞击过程中，防撞岛将发生非线性力学行为，模型采用原型材料制作。

试验在油船模型的船艏球鼻位置和防撞岛双壁钢围堰内，各安装了一个力传感器，用于记录油船模型与防撞岛模型相撞时船撞力随时间变化的曲线。并在模型上布置了位移和加速度传感器，此外还布置了应变片测点，以了解防撞岛模型在船撞力作用下的动态应力分布。试验中模拟了船舶的正撞情况，撞击速度是通过油船模型的自由落体运动产生的。根据撞击速度和材料的不同，试验分为三种工况，记录了不同撞击速度下，油船模型与防撞岛模型相撞时船撞力变化，以及防撞岛模型在船撞力作用下的动态应力分布。

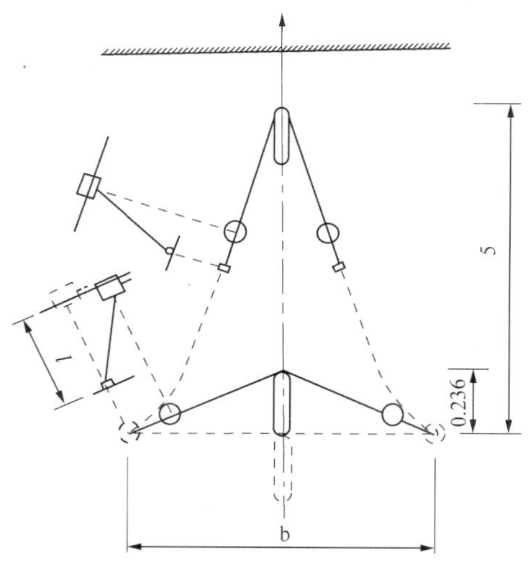

图 5-16 拦截试验简图

Fig. 5-16 Sketch of hold up test

图 5-17 泉州后渚大桥双壁钢围堰防撞岛

Fig. 5-17 Anti – collision island with double wall cofferdam at Quanzhou houzhu bridge

试验测出的船撞力如表 5-4 所示，表中每个试验工况都重复进行了 3 次试验。

船撞围堰模拟试验工况及测出的船撞力 表 5-4

The force of ship collision with cofferdam and the test condition Table 5-4

试验工况	油轮撞击速度(m/s)	围堰内填筑材料	换算得到的原型船撞力(kN)
工况 1	1.771	砂砾	12966
工况 2	1.771	片石和砂砾	14272
工况 3	0.886	片石和砂砾	8312

原试验人认为：试验结果表明，按美国公路工作者协会(AASHTO)规范公式计算的结果最为接近。该试验结果均(在空气中)没有考虑水的作用，在实际船撞过程中，由于水也参与了能量吸收，因此，实际船撞力数值要比试验得到的船撞力低。

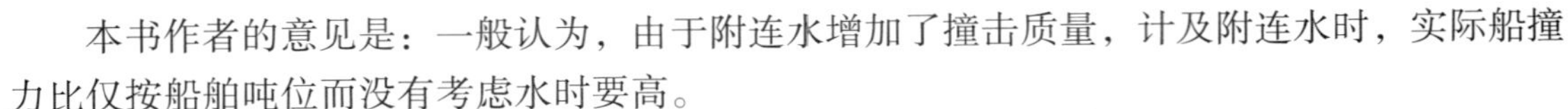

本书作者的意见是：一般认为，由于附连水增加了撞击质量，计及附连水时，实际船撞力比仅按船舶吨位而没有考虑水时要高。

5.4.7 昂船洲大桥堤后墩的撞击模型试验[14]

2008 年，郭志辉、李德明报告了昂船洲大桥堤后墩撞击模型试验。该桥为一跨过江的斜拉桥，桥墩及其下面的桩均在海堤后面，船头撞向海堤，需要用实验法测量、评估，测定出船万一撞上海堤时，桩边土壤能够抵御由于船撞海堤压向土壤的力。

模型为 1/200 的满载排水量 155000t 船的船头，该船长 360m，宽 43m，吃水 14.5m，为了符合模型的几何比例，用离心机加速土壤"将土壤加重"。待土壤加速到要求的加重时，船头以设定的速度撞向桥墩，测定墩下桩边土壤的受力和变形。图 5-18 示出试验简图。

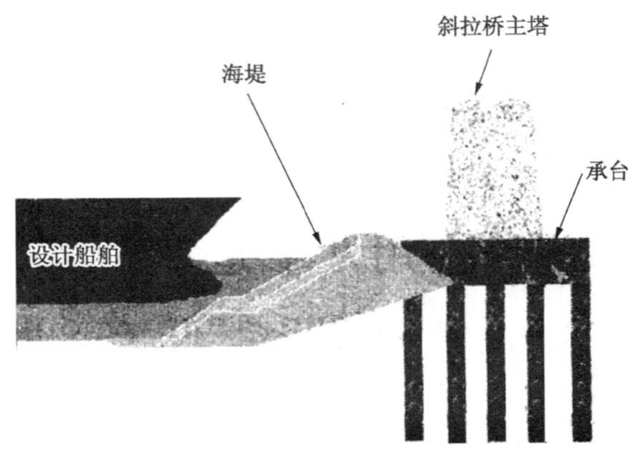

图 5-18 船撞海堤，堤后土壤受压试验简图

Fig. 5-18 Sketch of ship collision with bank，press test for soil behind the bank

试验从"撞击速度 2.64 至 3.45，共作 12 次，贯入深度达到 77.4mm 至 140.0mm，贯入深度和撞击速度成正比；基础没有明显的位移，表示基础未受破坏"。

5.4.8 东海大桥主墩防撞装置试验及其实施

公路桥涵规范[18]规定："位于流水中的桥墩，宜做成圆形、圆端形或尖端形，以减小流水压力"。东海大桥主塔墩设计成矩形的，不符合规范。上海船研所首先用防撞装置使主墩形状得以符合规范。见图 5-19[15]：

以载重 16000t 的典型船，4m/s 速度，船撞主墩平面，力为 110MN；有防撞装置后船撞防撞装置的斜面，传到主墩的船撞力为 30MN。主墩设计能抵御 50MN 的水平力。试验证明防撞装置设计成功。图 5-20 为试验模型示意图。

实际实施的防撞装置不是上述模型试验装置，它另外设计建造如图 5-21。横桥向两面各增加 3 个直径为 11m 的圆形承台，每个承台下面 8 根 D1.8m 的斜钢管桩。3 个承台之间用混凝土梁相连。优点是施工容易，造价低；缺点是这个防撞装置 3 个小承台比起主墩来说是明显偏小，当典型船撞到防撞装置时，主墩帮不上忙。因此只能防御小船，降低了原来的防撞标准。而且防撞装置倒塌时压向主墩，主墩的单根桩承受水平力的能力较小，会引起逐根损坏，导致主墩危险。

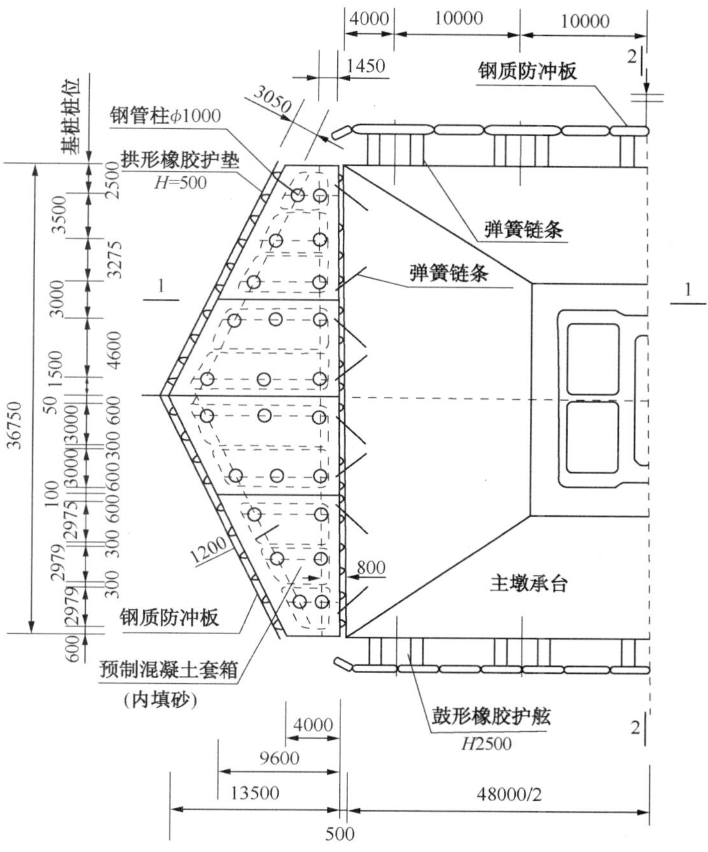

图5-19 东海大桥主墩防撞装置试验模型平面图(尺寸单位:mm)

Fig. 5-19 The plane of anti-collision test model set for main pier of Donghai Bridge

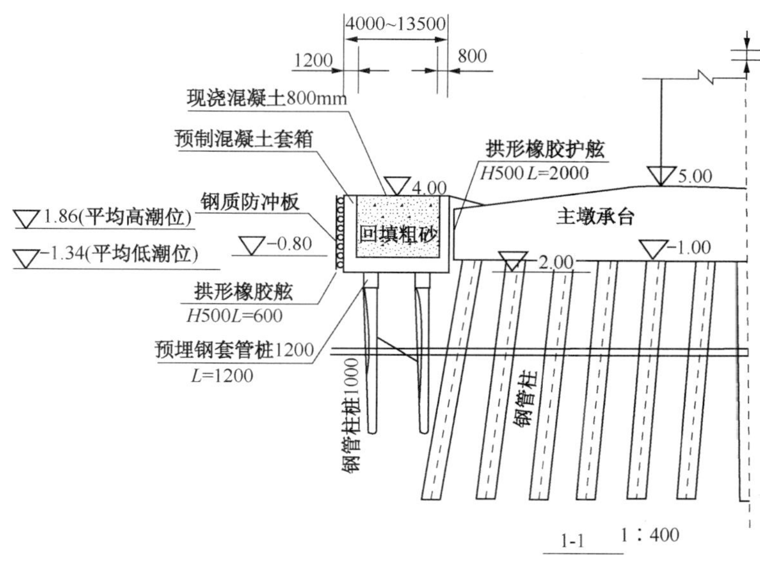

图5-20 东海大桥主墩防撞装置试验模型立面图(尺寸单位:mm)

Fig. 5-20 The stand of anti – collision test model set for main pier of Donghai Bridge

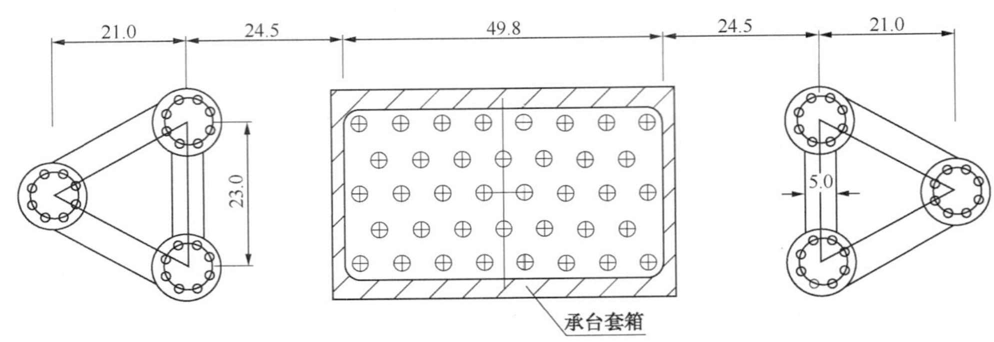

图 5-21　东海大桥实际实施的防撞装置[16]（尺寸单位：m）

Fig. 5-21　The anti – collision equipment applied at Donghai bridge of Shanghai

5.5　中外各国几个重要的船撞桥实验中值得学习的地方

根据上述文献中记录的船撞试验可以看出，最能反映船撞桥实质的应是用实船在航行条件下与桥墩的碰撞。即应能反映诸如船体和桥墩变形、附连水、基础变形和钢与混凝土材料应变率效应等多种因素的影响。进行实船试验，便能考虑这些因素，更为真实地反映船撞桥墩实际情况。

大量的实船模型试验表明，目前国内外模型实验的焦点集中在船舶的撞击动能、撞击力、碰撞持续时间、碰撞过程中船舶结构的应变以及桥梁各部分结构的响应等方面。

由于影响因素繁多，不同的船型、不同的撞击速度、不同的撞击位置，其碰撞力、碰撞能、碰撞持续时间、船舶运动以及船体应变等都是有差异的，所以，国内进行了不少船舶对桥墩或防撞系统的撞击力以及船舶与桥墩或防撞装置的吸能能力试验，这些都是船撞桥试验以及桥墩防撞系统研究应该考虑的因素。值得借鉴的有华中理工大学和中国船舶科学研究中心等通过对船头进行撞击的方法，进行了在不同相撞系统材料下模拟船桥碰撞行为试验，得出了随着相撞系统材料柔性的增加，碰撞时间增加，耗能时间增长，撞击力降低的结论。

具体说来有以下几点：

①应该用实船撞击实墩。

②基于10年来研究的结果，应该用单体船，而不是驳船或驳船队。

③计算和测定应有一定的精度和广度(精度：应能测定防撞元件前后的力、附连水所占的百分比、速度差别带来的影响等)(广度：弹塑性变形能标定桩和土壤的影响、混凝土变形和刚性等)。

④课题研究中进行有限元数值计算的各项结果均应事先对实船、试验的船、防撞装置和墩进行计算，在试验时测量这些参数(碰撞力、碰撞能、碰撞持续时间、船舶运动以及船体应变等)。

⑤应测出撞击过程船和墩的“速度时程曲线”或速度变化向量图。

5.6 我国进行船撞桥实船试验观测和可能实现的目标[17]

5.6.1 试验观测

①演示船头被拨开；演示整个船身运动情况(轨迹)；整个过程多个角度全程录像。

②撞击过程对船全程测速，记录船速随时间变化的历程(可能要用GPS记录速度的高技术)；测出撞后保留在船上的速度，给出参加交换能量的百分比。最好能够自动绘制速度向量图。

③碰撞过程船体和桥墩变形、加速度、碰撞力和耗能历程；从3个方面测定力的时程曲线。

a. 船的撞前撞后力的时程曲线;b. 防撞装置外围力的时程曲线;c. 桥墩受力时程曲线。

④测定吸能情况。

a. 柔性防撞圈吸能;b. 钢围吸能;c. 桥墩吸能(其中桥墩吸能可能得不出,试用桩的阻力和位移计算)。

5.6.2 推理、分析

①使用防撞装置后撞击力的降低，降低的百分比。

②分析所使用软件的准确性，主要各项测试参数与计算结果比较分析；并考虑今后多种因素情况下数值计算参数的取值。

③在碰撞过程中桥梁各部分的动力响应以及船只对桥梁撞击所造成的结构损伤，并对桥梁设计和规范修订提出建议。

④船体和桥墩质量、材料特性以及碰撞速度对船撞力和船撞过程的影响，并对桥梁设计、建造施工提出建议。

5.6.3 实船撞墩试验的难点

①试验船实时速度向量记录图，从开始到结束，延续30秒左右。

②防撞装置的设计、建造、安装，传感器的布置和安装，所有准备记录的数据的预计算。

③大变形的测量，变为电子信号同期输入。

④对实船试验测量数据，预先进行模拟数值计算，相互比较，实际操作结果与设定值不同的时候，应按实际操作值进行数值计算才与测量值进行比较。

参 考 文 献

[1] Minorsky V. An analysis of ship collision with reference to protection of nuclear power ship [J]. Journal of Ship Research, Vol. 3, 1959.

[2] Woisin, G. Design against collision [J]. Schiff and Hafen, Vol 31 No 2, Germany, 1979.

[3] Meier - Dornberg K E. Ship collision safety zones and loading assumptions for structures on inland waterways [R]. VDI - Berichte No. 496, 1983: 1 - 9.

[4] Goble G , Schulz J, and Commander B. Lock and dam #26 Field Test Report for the Army Corps of Engineers [R]. Bridge Diagnostics Inc. , Boulder, Co. , 1990.

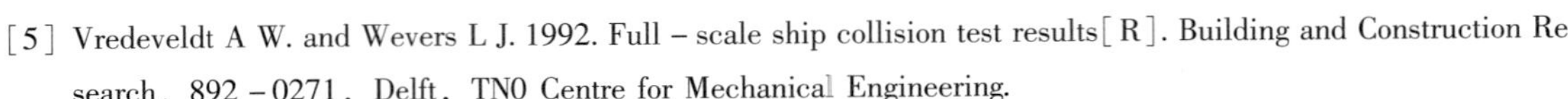

[5] Vredeveldt A W. and Wevers L J. 1992. Full – scale ship collision test results[R]. Building and Construction Research, 892 – 0271, Delft, TN0 Centre for Mechanical Engineering.

[6] Gary R Consolazio. Barge impact testing of the st. George island causeway bridge[R]. Report, 2004.

[7] 华中理工大学船海系，郑州铁路局武汉科研所. 船舶与桥墩的碰撞防护研究报告，桥墩的碰撞防护[R]. 武汉.

[8] 陈国虞，王礼立. 船撞桥及其防御[M]. 北京：中国铁道出版社，2006.

[9] 李国华，冯子均. 冲击法测量橡胶隔振器的动态特性，现代振动与噪声技术[C]. 北京：航空工业出版社，1997.

[10] 陈国虞，倪步友. 铁路规范船撞力公式中动能折减系数的实验厘定[R]. 上海海洋钢结构研究所，2007.

[11] 陈国虞，王礼立，黄德进. 多个防撞圈在防撞装置中的同期作用历时之数值分析及试验验证[R]. 上海海洋钢结构研究所，2007.

[12] 林建筑，郑振飞，卓卫东. 泉州后渚大桥船撞力试验研究[J]. 中国公路学报，2003，16(2).

[13] 谢兰捷，郑振飞，卓卫东. 泉州后渚大桥防撞岛结构试验与分析研究[J]. 福州大学学报，自然科学版，2004.

[14] 郭志辉，李德明. 昂船洲大桥——船舶撞击分析及测试，第18届全国桥梁会议论文集[C]. 北京：人民交通出版社，2008.

[15] 林树人. 东海大桥主通航孔通航条件模型试验研究[R]. 上海船舶运输科学研究所，2003.

[16] 邓青儿. 跨海大桥通航孔主墩防撞设计探讨，第18届全国桥梁会议论文集[C]. 北京：人民交通出版社，2008.

[17] 陈国虞. 湛江海湾大桥主桥墩塔防撞装置陆上比例模型试验大纲[R]. 上海海洋钢结构研究所，2003.

[18] 中华人民共和国行业标准. JTG D60 – 2004 公路桥涵设计通用规范[S]. 北京：人民交通出版社，2004.

[19] 美国各州公路和运输工作者协会(AASHTO). 公路桥梁船撞设计指南[S]. 2版. 上海海洋钢结构研究所. 2009.

第 6 章　桥墩船撞力(正撞、侧撞)及其半经验公式研究

Chapter 6　The Impact Force of Ship Collision (Front Collision and Side Collision) with Bridge Pier and Research of Its Semi - empirical Formulas

摘　要　本章首先提出研究桥梁船撞力的方法和判断标准，列举了欧美亚各洲的研究者提出的公式、线图和实例，指出一些公式过于简单或已经被淘汰。总结我国学者研究结果，认为欧美常用的和我国铁路公路规范中的半经验公式都是同源的。其次本章概括了船撞桥墩的相遇角度情况，归纳为 4 种类型，据此提出计算侧撞力的方法，并提出船舶偏航后可能撞到的边墩数及其船撞力计算方法。最后提出船撞力半经验公式仅适用在桥梁开始设计的时段，到有了桥梁初步设计图之后，可利用动态数值方法计算船撞力。计算后或需加强桥墩和装设防撞装置，以达到万一撞上也不造成毁坏的目的。

关键词　船撞力判断标准　正撞力　侧撞力　半经验公式　动态数值计算

Abstract: Firstly this chapter presents the method and the judgment standard on the ship-bridge collision force, enumerating the formulas, line graph and the data that the researchers in Euro-American and Asia presented. It points some formulas had been too simple or out of date. After summing we consider the semi-empirical formulas used by the researchers in Euro-American and insertion in the railway and highway criterions of China are consanguinity. Then, this chapter also concludes the encounter angel of ship-bridge collision to 4 cases, and gives the computing method of side collision. And also gives the method to computing the piers numbers of leeway ship would collision and computing its impact force. At last, the semi- empirical formula only used at the start of bridge design, the dynamic calculation then is employed, after of the piers design blueprint is out. After calculation we may need to strengthen the pier and to build the anti-collision equipment. Then, we can attain the goal to protect the bridge at the same time protect the ship and the circumstance, for collision in case.

Key words: judgment standard of the force of ship-bridge collision, force of front collision, force of side collision, semi-empirical formula, dynamic numerical calculation

6.1　研究方法与判定标准

具有高动量的运动中的船舶与桥墩碰撞时，会产生巨大的碰撞力。船舶碰撞力计算过程非常复杂，同时船舶碰撞力大小，在碰撞过程中是随时间变化的。影响船撞力大小的因素很

多，主要有：船首形状和结构、船首刚性，船舶排水量、附连水的质量、船舶尺寸、船舶碰撞时的速度、桥墩的几何形状、强度以及弹性塑性性能等。

确定船舶撞击力的方法有多种，最主要的有半经验公式估算法，动态有限元模拟数值计算法和实验法等，这三种方法均在实际工程中得到了应用。在桥梁工程的可行性研究阶段多使用半理论、半经验的公式计算法求得准静态的船撞力，供桥梁设计人作桥型比选或选择防撞设施作参考。到了桥梁的初步设计和施工图设计阶段，依工程设计图建立计算模型，使用动态数值计算方法。实验法常用于对计算方法、模型设置等方面的验证。由于实验法需要在仔细的设计和计算之后进行，且费时耗资巨大，仅在有条件时采用。

经过对文献记载的半理论、半经验公式进行研究和梳理，认清它们的根源和简化之处，才能摆对他们的位置，正确地处理和应用这些半理论、半经验公式。

6.2 文献记载的桥墩船撞力的半经验公式

目前，欧洲、美国和亚洲都有专家在研究船撞桥的问题，列出的文献有 300 多篇(1991 年北欧作者列出西文 153 篇[1,2]，近 20 年又增加一些；我国作者 2006 年选录了中文文献 102 篇[6]，2011 年增补为 194 篇)，其中涉及船撞墩的力的研究亦颇多。

国际桥梁和结构工程协会(IABSE)在 1991 年 9 月的“综述”及 4 月的草稿中选录了多种计算船撞力的公式和例子，有的是计算实例，有的是线图，其中 9 月的“综述与指南”中有公式或线图等 14 个例子。现讨论其中的 6 个公式，其中后面 3 个 2 变量公式经常被使用着。

有些公式偏于简单，如式中只有一个变量：“多大载重量的船便有多大船撞力”[1]，船的速度和其他因素都不考虑，太简化了；有的原理有缺陷，如“多大的动能便有多大的力”[2]，实际上，同一个动能可以由不同质量和速度得来，经典力学理论认为不同的速度得到相同的动能时，仍可有不同的撞击力。

6.2.1 已被淘汰的公式

6.2.1.1 单变量公式

(1)索尔和斯文森(Saul 和 Svensson)1981—1983 年间，对沃以信(Woisin)公式在应用于大船时，给出修正值后的沃以信公式为：

$$P_{max} = 0.88(\mathrm{DWT})^{1/2} \pm 50\%$$

式中 P_{max} 为船舶有效冲击力的最大值(MN)；DWT 为船舶公称载重量。

(2)挪威公共道路局的船舶对桥和浮桥碰撞力公式：

$$P = 3.5(\mathrm{DWT})^{1/3}$$

式中 P 为静态等效碰撞力(MN)；DWT 为船舶公称载重量。

6.2.1.2 能量决定力的公式

在 1991 年 4 月，拉尔森(O · D · Larsen)编写，代表小组向委员会提出的“综述与指南”[2]中，有一个以船的动能为主要参数的船首碰撞力公式：

$$P_{bow} = P_0[5.0EL]$$

式中 P_{bow} 为船首最大碰撞力(MN)；P_0为 210(MN)；L 为船的长度 Lpp 的函数，当不同的 L 值时，公式还有一个姐妹式子；E 为船舶动能的函数。此公式在 1991 年 9 月“综述与指南”[1]公布时，已被删去。连同上述两个单变量公式，共淘汰了 3 个公式。

6.2.2 五个常用公式

6.2.2.1 在北欧的"综述与指南"中有3个常用公式

在北欧的"综述与指南"中，能够将船的速度 V 和船舶质量 W，一起作为参变量代入的公式，只有3个：

(1)敏诺斯基—捷勒—沃以信(Minorsky - Gerlach - Woision)公式：

$$P = 0.024(V D_{max})^{2/3}$$

式中：P——撞击力(MN)；

V——船速(m/s)；

D_{max}——船的满载排水量(t)。

公式中用到船的满载排水量，运输船舶一般公称的是船的载重量，所以欧洲的综述告诉你，一个从船的载重量到满载排水量的简单系数，下面为桥梁工程师列出一张简表(表6-1)供参考：

运输船舶从载重量估算排水量用的参考数据 表6-1

The reference data for calculating ship's displacement according to load Table 6-1

船种	序号	船　名	船长 L(m)	载重量 DWT、D(t)	排水量 W、DPT、Δ(t)	比值 DPT/DWT
干货船	1	3000t 沿海货船	95.0	3203	4600	144
	2	5000t 多用途船	100.6	5527	7254	1.38
	3	7000t 远洋干货船	124.0	7228	10904	1.51
	4	12000t 江海直达货船	153.0	12000	20000	1.67
	5	15000t 经济干货船	149.9	15572	20881	1.34
	6	28000t 多用途货船	182.8	28450	38242	1.34
集装箱船	7	700TEU	147.5	12300	18466	1.50
	8	1700 TEU	179.7	20700	30166	1.48
	9	3108 TEU	220.5	27251	42210	1.55
	10	5600 TEU	280.0	69285	93885	1.36
	11	8500 TEU	334.0	99500	136690	1.37
	12	14100 TEU	366.0	155000	197511	1.27
散货船	13	5000t 沿海散货船	114.9	6399	8670	1.35
	14	20000t 散货船	164.0	20400	26485	1.30
	15	27000t 运木散货船	169.0	27635	33852	1.25
	16	35000t 浅吃水散货船	189.0	36665	45141	1.23
	17	52300t 散货船	190.0	52104	62078	1.19
	18	175000t 散货船	289.9	170800	193227	1.13
油船	19	5000t 级油船	107.4	5263	7235	1.37
	20	10000t 级油船	115.0	9927	12548	1.26
	21	13000t 级油船	142.0	13144	16964	1.29
	22	15000t 级油船	163.3	15786	21020	1.33
	23	25000t 级油船	178.6	24774	32319	1.30
	24	30000t 级油船	171.0	32397	39830	1.30
	25	40000t 级油船	187.8	42196	53144	1.26
	26	63000t 级油船	224.6	62200	76250	1.23
	27	90000t 级油船	243.8	90261	105160	1.17
	28	110000t 级油船	243.0	110296	126622	1.15

注：1. 表中船长为船的全长 Loa，但表中大型集装箱船为船的垂线间长 Lpp。

2. 表中仅包括4种运输船，其他桥下通过船舶应另行予以考虑。

3. 表中通过桥下的船舶适用于沿海港口和我国内河通航部分，对连岛和海峡桥梁通过的船舶应对各桥单独讨论。

(2)索尔—诺特—格林那(Saul SveIsson－Knott－Greiner)公式：

$$P_{max} = 0.88(DWT)^{1/2}(V/8)^{2/3}(D_{act}/D_{max})^{1/3}$$

式中：P_{max}——最大撞击力；

DWT——船的载重量；

V——撞击时的船速(m/s)；

D_{act}——撞击时的排水量(t)；

D_{max}——船只满载排水量(t)。

(3)美国各州公路和运输工作者协会(AASHTO)的公式，经1994年[3]修正为：

$$Ps = 1.2 \times 10^5 V(DWT)^{1/2}$$

式中：Ps——船只的等效正面静撞击力(N)；

DWT——船只的载重吨数(t)；

V——船只的撞击速度(m/s)。

6.2.2.2　在中国现行桥梁设计规范中有两个公式

(1)公路桥梁设计规范[4]附录四　通航河流中的桥梁墩台所受的船只撞击力，如无实际资料时，可按附表4采用。

漂流物撞击力可按下式估算：

$$P = WV/(gT)$$

式中：P——漂流物撞击力(kN)；

W——漂流物重力(kN)，应根据河流中漂流物情况，按实际调查确定；

V——水流速度(m/s)；

T——撞击时间(s)，应根据实际资料估计，在无实际资料时，一般用1s；

g——重力加速度9.81(m/s^2)。

在本公式中"T——撞击时间(s)，应根据实际资料估计"的后面有一句话："在无实际资料时，一般用1s"。因为这个数值在实际中，从0.4s到4.5s大范围地变化(表6-2)，所以这句话是不能用的。

在钢船头撞水泥墩的情况下，作者根据商用动态计算程序(其中有应力应变时间和应力传播时间，能计算出结构物的响应时间——给出时程曲线)求出一个时间，并收集了一些其他作者的时间数据，建议了一个表，供读者参考(表6-2)。

钢船头撞混凝土桥墩(全部能量交换)过程的时间举例　　表6-2

The exsamples of procedural time of steel ship collision with a concrete bridge pier

(entirely energy exchanged)　　Table 6-2

序号	船　名	总长(m)	船宽(m)	型深(吃水)(m)	DWTT	Δt	V(m/s)	时间(s)	备注
1	300t级渔船	44	7.2	3.6	300	427	4.0	0.55	
2	500t级江海联运货船	42	9.2	(1.9)	500	700	4.0	0.40	
3	2000t级江海集装箱船	64	12.6	(3.5)	1650	2350	6.0	0.60	
4	1000t级沿海货船	65	10.8	5.35	1020	1774	4.0	0.90	
5	3000t级沿海油船	101	13.8	(3.49)	空船压载	2966	4.0	1.10	
6	3000t级沿海油船	101	13.8	(5.87)	满载	5332	4.0	1.45	
7	5000t级油船	107	15.0	7.5	5263	7235	4.0	1.86	

续上表

序号	船　名	总长(m)	船宽(m)	型深(吃水)(m)	DWTT	Δt	V(m/s)	时间(s)	备注
8	5000t级散货船	107	17.6	9.0	6900	9400	4.0	1.90	
9	万吨级多用途船	137	22.4	11.0	10475	17000	4.0	1.90	
10	万吨级散装货船	140	22.0	12.2	13189	19000	4.0	2.46	
11	40000t级油船	150	30.0	17.0	40000	50500	5.05	3.28	
12	50000t级油船	197	32.3	19.2	50000	62500	4.0	3.00	
13	50000t级散装货船	182	32.3	17.2	52300	62500	3.0	4.50	

注：1. 序号2、3、13采用的是商用动态程序。当撞击力下降到峰值的1/3～1/4时，认为撞击过程结束。

2. 序号1、4、5、6、11采用不同的程序。此表中该数据从各家用不同的程序计算的结果汇集而成，仅供参考。

3. 如有防撞钢围和防撞圈，时间会延长；如有斜面能滑动船头，时间会延长，而且滑动会消耗能量(本表所选仅为正撞)。

(2)铁路桥梁设计规范[5]第3.4.6条　墩台承受船只或排筏的撞击力可按下式计算：

$$F = \gamma V \sin\alpha [W/(C_1 + C_2)]^{0.5}$$

式中：F——撞击力(kN)；

γ——动能折减系数，$s/m^{0.5}$，当船只或排筏斜向撞击墩台(指船只或排筏驶近方向与撞击点处墩台面法线方向不一致)时可采用0.2，正向撞击(指船只或排筏驶近方向与撞击点墩台面处法线方向一致)时可用0.3；

V——船只或排筏撞击墩台时的速度(m/s)。此项速度对于船只采用航运部门提供的数据，对于排筏可采用筏运期的水流速度；

α——船只或排筏驶近方向与墩台撞击点处切线所成的夹角，应根据具体情况确定，如有困难，可采用$\alpha = 20°$；

W——船只重或排筏重(kN)，见参考表；[6]

C_1、C_2——船只或排筏的弹性变形系数和墩台圬工的弹件变形系数。缺乏资料时可假定$C_1 + C_2 = 0.0005m/kN$，(取为一个固定的常数也是不对的，见参考文献[6]中的附录参考表)。

由于铁路桥梁规范给出的公式考虑的因素最多，所以作者推荐使用这个公式，但要找到正确的数值代人该公式是很不容易的。

首先，作者用试验方法研究了动能折减系数γ，在落锤下进行了约40次不同速度不同材料结构的碰撞，在模拟船撞桥的速度和结构做实验时，有明显的声音，但没有大的火花，绘出全部能量消耗图中，碰撞表面的能量损耗部分的份额较小。因此认为动能折减系数γ应加大[14]。

其次，船只或排筏撞击墩台时的速度V，m/s，需要找出代表船航经桥位时，经常采用的速度，需要考虑该桥墩在河流横断面的位置，需要考虑丰水期的墩前流速等[15]，不能按想像简化处理。

对于船只或排筏驶近方向与墩台撞击点处切线所成的夹角α，正撞时应该是90°，其他的时候"应根据具体情况确定"，根据具体情况确定在实践中并不困难。

对于船只重或排筏重W，有了表2-1和考虑附连水质量的方法可以算出。船吸附着一些水共同运动，船撞桥时这部分水以附加质量(乘上一个系数)计入，此系数为1.02～1.10，快些的船取1.02，一般取1.04，较慢的船(例如快靠码头)取1.10。

对于船只或排筏的弹性变形系数和墩台圬工的弹件变形系数 C_1、C_2，由于 C_2 比 C_1 小得多，很多人将 C_2 忽略不计。在撞击系统中有防撞装置时还应该有防撞装置的弹件变形系数 C_3，下面补充论述。船头的弹性变形系数 C_1，同样只要认可计算软件中的应力应变曲线，便可以得出，见表 6-3：

计算出的船头平均弹性系数 C_1 表 6-3

Thecalculated average elastics coefficient C_1 for the ship bow Table 6-3

序号	船　型	排水量(t)	撞击速度(m/s)	最大力(MN)	变形(m)	船头平均弹性系数 C_1(m/kN)
1	79.54m 客船	5102	5.35	9.23	2.29	0.000250
2	5000t 级多用途船	9839	5.0	46.8	5.40	0.000120
3	万吨级散货船	18917	5.0	56.5	6.85	0.000120
4	万吨级集装箱船	17670	3.0	16.5	0.77	0.000047
5	3.5 万吨级散货船	45807	5.0	97.5	9.11	0.000093
6	4 万吨级油船	50500	6.7	148.0	10.50	0.000071
7	5 万吨级散货船	62500	3.0	99.0	6.97	0.000070
8	6.5 万吨级油船	76189	5.0	290.0	6.44	0.000022

注：由于动态力的局域性，船头刚度亦与动态参数(例如速度)有关。

6.2.3 在北欧的“综述与指南”中，还有 8 个以一船一桥为对象的研究计算结果

(1)1966 年，奥尔豪森(Olnhausen)研究出：40000t 油船撞向 50000t 货船时的冲击力为 145(MN)。

(2)1978 年，丹麦大海峡工程研究出：250000t 的满载油船以 16 节航行时，撞击力为 250 ~ 700(MN)。

(3)跨越英吉利海峡桥的研究，得出：270000DWT 的油船冲击力为 500(MN) +30% 的动力影响。

(4)对于英国泰晤士河达特福(Dartfort)桥，假设 65000DWT 的船，5m/s 航速的撞击力为 350(MN)。

(5)新奥尔良附近跨越密西西比河的芦苓(Luling)桥，假设 40000DWT 船的撞击力为 270(MN)。

(6)诺尔斯基(Dot Norske Veritas)为丹麦大海峡桥估算出 2000 ~ 400000DWT 的船，5.1m/s 航速的撞击力为图 6-1 中的 M_1，M_2 两条曲线所示。

在北欧的“综述与指南”中，还有 2 个实际碰撞的计算研究结果：

(7)哥本哈根一艘 10600DWT 的船以 8m/s 的速度撞向德洛典(Drogden)灯塔的力，乔士登菲尔德(Qstenfeld)估算出为 70(MN)，而奥尔豪森(Olnhausen)估算出为 35(MN)。

(8)古易斯(Kuese)报道了一艘 30000DWT 货船与很波特桥的碰撞力为 60(MN)。

6.2.4 欧洲学者对半经验公式的总结

北欧的“综述与指南”的上述结果，及其综合出的图 14 条曲线，如图 6-1 所示。这是到目前为止最详尽的碰撞力图表，根据此图不但能够按照其中一条曲线，得出目标船舶在与该曲线依据的速度相同时的撞击力，而且可以看出不同研究者对一艘船不同速度时给出的撞击力。更可以进一步看出，对同一艘船同一速度不同作者给出的不同撞击力。

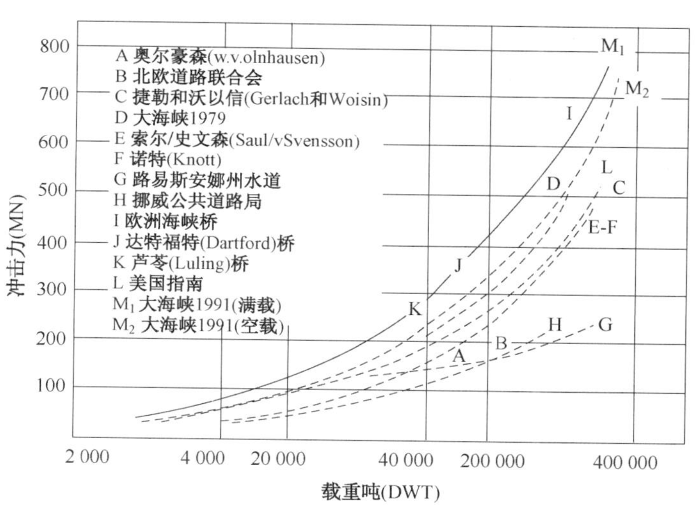

图 6-1　不同来源的船舶冲击力设计值

Fig. 6-1　The force of ship collision with bridge calculated from different authors

6.2.5　我国对半经验公式的使用

在我国，半经验公式估算出的船撞力比较正确，这是因为一开始我国便淘汰了那些误差比较大的、原理不正确的公式。我国公开出版的书籍(2006 年)提供了一些使用半经验公式时相关的数据表[6]，所以用 5 个常用的半经验公式计算出来的结果比较接近，比较可信。提供给桥梁工程师在初始的阶段使用，也就更有价值了。

现在举广东湛江海湾大桥(2002 年)作为一个例子，说明当正确选择代入的参数时，5 个常用的半经验公式计算出来的结果比较接近。

对湛江港选用的代表船型，50 000t 载重量的散货船，主墩塔在航向两面端为有圆角和斜面，以该船型的参数代入，取值见表 6-4，最大正撞力计算结果如表 6-4 所示。

湛江海湾大桥选用的代表船型，50 000t 载重量的散货船速度 3m/时，撞墩的力　表 6-4

The force of 50 000t bulkcargo (it is the typical ship of Zhanjiang bayou bridge) **collision with the bridge**　Table 6-4

公　式	取　值	最大正撞力(MN)
1. 中国公路规范公式	$V=3\text{m/s}$，$T=2.5(\text{s})$	84
2. 中国铁路规范公式	$V=3\text{m/s}$，$C_1=0.00007$，$\gamma=0.3$	89
3. 敏诺斯基—捷勒—沃易荪公式	$V=3\text{m/s}$，DPT = 62 500	79
4. 索尔—诺特—格林那公式	$V=3\text{m/s}$，DWT = 50 000，$D_{act}/D_{dpt}=0.8$	86
5. 美国公路规范公式	$V=3\text{m/s}$，DWT = 50 000	80

经过比较后，中外 5 个公式计算出的最大正撞力相差不大，建议取 84MN 作为使用值。

我国自 1994 年以来，对几十座桥梁进行防撞装置设计和研究，有几十组数据，这些数据分别来自 3 个课题组，而且是从两种不同的方法得来的。半经验公式估算法，一般在方案阶段讨论桥型时使用。数值模拟计算方法，一般在有了图纸之后使用的。半经验公式估算出的可看作是一个准静态的力，供讨论桥型桥跨时参考。有了图纸之后，用数值计算得出的力的时程曲线，就比较具体了。

现在将几十组数据中的部分，如表 6-5 所示：

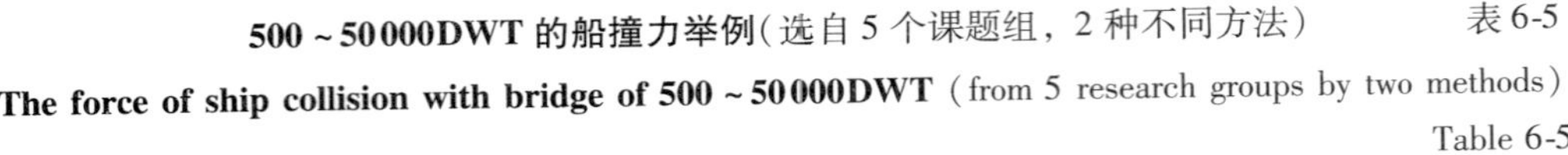

500～50 000DWT 的船撞力举例(选自 5 个课题组，2 种不同方法)　　表 6-5

The force of ship collision with bridge of 500～50 000DWT (from 5 research groups by two methods)

Table 6-5

序号	桥　名	船　名	相撞速度(m/s)	撞击力(MN)	备注＊
1	湛江海湾大桥 主墩塔	50 000DWT 散货船 有柔性防撞装置	3.00 3.00 3.00	84.0 98.5 44.7	② ① ①
2	苏通长江大桥	50 000DWT	5.99 4.30	160.7 115.4	③② ③②
3	典型计算	40 000DWT 油船	4.00	～148.0	③①
4	象山港公路桥 主墩	50 000DWT 有柔性防撞装置	4.00 4.00	150.0 72.0	① ①
5	厦门东通道	50 000DWT 5 000DWT	3.10 3.10	82.6 25.1	③② ③②
6	安庆铁路长江大桥 主墩	12 000DWT 5 200DWT	4.16 3.33 3.33	53.4 42.8 20.8	② ② ②
7	马鞍山长江公路大桥	10 000DWT 5 000DWT	5.00 4.00	58.0 30.0	③① ③①
8	万州长江三桥	8 000DWT 5 000DWT 8 000DWT 5 000DWT	5.00 5.00 4.00 4.00	41.0 32.0 38.0 30.0	② ② ② ②
9	广东南澳大桥	5 000DWT 3 000DWT	3.90 1.80 3.80	32.0 14.0 19.5	③① ③① ③①
10	福州平潭海峡大桥	5 000DWT	4.0	25.4	②
11	黄石长江公路大桥	6×2 000DWT 船队 5 000DWT	4.0 6.0	26.0 23.2	③① ③①
12	广东崖门大桥	5 000DWT	5.0	30.0	③①
13	上海闵浦二桥	3 000DWT	4.12 4.12	26.42 22.3	③② ③①
14	广州沙湾特大公路桥	3 000DWT	3.5	24.0	③①
15	重庆鱼嘴长江大桥北塔	3 000DWT	3.0	24.2	②
16	杭州湾跨海大桥	3 000DWT 1 000DWT	3.00 5.00	19.0 15.0	① ①
17	重庆双碑嘉陵江大桥	1 650DWT	6.00	25.5	②
18	宁波外滩大桥	500DWT 有柔性防撞装置	4.00	3.4	①
19	深圳湾公路大桥	500DWT 300DWT	3.09 3.09	7.1 5.5	③② ③②

注：①模拟数值计算峰值。

②多个半经验公式计算结果。

③搜集来的数据。

在我国利用半经验公式初估船撞力的问题相对地简单，因为需要代入的各个半经验公式的船舶参数、撞击时间参数和船头刚度参数均已发表，经过正确地选择代入的参数之后，几个公式得出的船撞力非常的接近。对这几个双变量公式的每个相撞速度有一条曲线，举3m/s和4m/s为例，如图6-2所示。

这两条曲线在我国的实用性在于：我国沿海及内河深水港并不多，500t到50000t的船可以涵盖航行船舶的大部分；还在于：我国交通部规定进入大多数港口限速8节，（上海港、湛江港、宁波港、平潭海峡水道……），遇到桥梁和其他海洋工程建筑物还要减速，因此通过桥梁的船舶大多数航速在6～8节，约为3～4m/s。

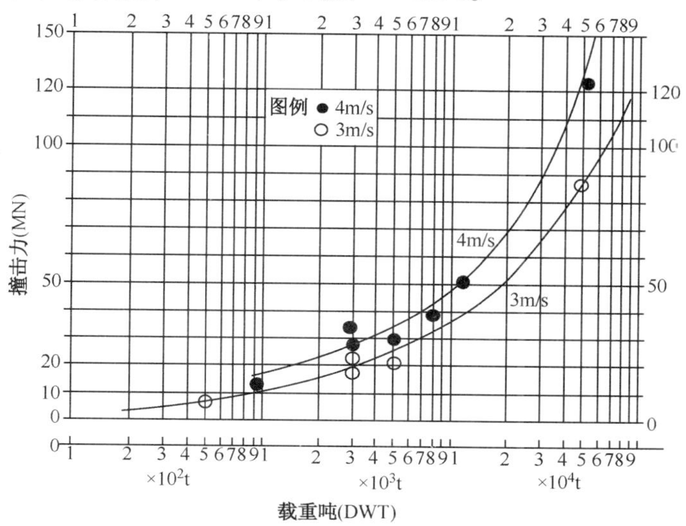

图6-2　3～4m/s相撞速度时的船撞力

Fig. 6-2　The force of ship collision with bridge pier, the ship velocityis 3～4m/s

6.3　防撞装置降低船撞力的研究

防撞装置一般采用降低刚性和延长撞击过程时间的办法，以降低船撞力。这是符合冲击动力学原理的。例如一位夜行者，第一次撞上电线杆觉得非常痛，第二次又撞上觉得不怎么痛，摸一摸，原来第一次撞上的是钢柱，第二次撞上的是木柱子。刚度小了，力也就小了。

从可以体现刚度的半经验公式——铁路桥梁设计规范船撞力公式的物理意义谈起，得出有防撞装置时计算最大正撞力的近似方法[10]。公式的推导：

当有一艘质量为M速度为V的船，船头正撞桥墩。设撞后船头被镶住不动，船的速度由$V\to 0$，船的动能由$(1/2)MV^2\to 0$，这个动能(ΔE)导致船头、桥墩和防撞装置三者的变形，简单地认为通过三者的力是一样大的，它引致桥墩、船头和防撞装置三者的变形(位移)，依次称为L_1、L_2、L_3。

在力与变形的“$F—L$”图上，设其为线性作功，即$\Delta E=1/2(FL)$，得到：

$$1/2(MV^2)=1/2[F(L_1+L_2+L_3)]$$

现将斜率的例数(1/斜率)称为C，即$C=L/F$，$L=FC$，对桥墩、船头和防撞装置三者的C分别称为C_1、C_2、C_3，则上式可写为：

$$1/2\ (MV^2)\ =1/2\ (FL_1+FL_2+FL_3)\ =1/2\ (FFC_1+FFC_2+FFC_3)$$
$$=1/2[F^2(C_1+C_2+C_3)]$$

移项得到：
$$F=V[M/(C_1+C_2+C_3)]^{0.5} \tag{6-1}$$

将式中 M 用船的重量 W(满载排水量·附连水系数)表示，考虑撞击能量耗散系数写作 γ，即得到铁路规范中角度折减前有防撞装置的最大正撞力公式[1]
$$F=\gamma V[W/(C_1+C_2+C_3)]^{0.5} \tag{6-2}$$

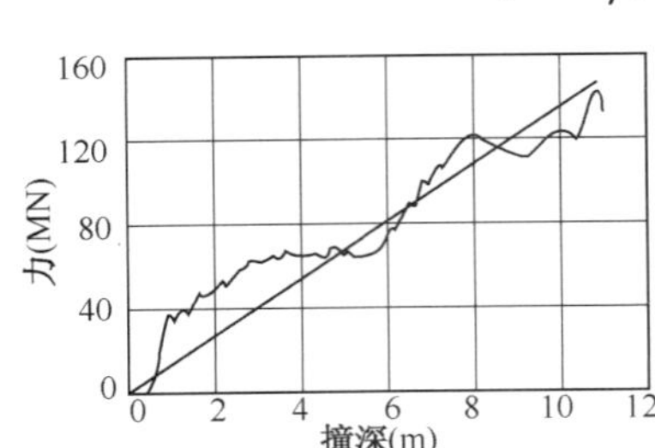

图 6-3　40 000t 油船"力—撞深"曲线的割线(斜率 $=1/C_1$)

Fig. 6-3　The secant (slope $=1/C_1$) of "force – destroy" curve of 40000t oil tanker

C 的物理意义：当桥墩的刚性大于船头的刚性几十倍，变形也小几十倍，这样桥墩吸收的能量很小，经过计算认为将其忽略不计时($C_2=0$)误差可接受。如果这时也没有采用防撞装置，则式中只有 C_1，C_1 的割线意义表示如图 6-3 所示，这是将一艘 40 000t 载重量的油船，撞桥时的变形时程曲线与力的时程曲线整合而得的"力—撞深"曲线。图中的直线斜率的倒数就是 C_1。

从物理意义比较明确、公式参变量比较多和采集公式数据的可能性几方面来说，这是现有各公式中比较好的一个。但仍有一些缺陷如：第一，此式以最高点以下的面积与全部变形能($0.5MV^2$)相对应，实际上到达最高点后能量还在交换；第二，此式认为相撞力是一个通过船、桥都不变的力，实际上船头在变形，船头各处受力并不相同；如考虑到应力波的传递则还会有波长与元件的关系、界面影响等。故"比较好"只是在一定程度上而言的。

船若直接撞到碰垫上，碰垫受力和变形，适用厂商提供的"力—变形"图，若多个防撞圈(或碰垫)一齐用，则多了一个联系各防撞圈的钢围，它也参加变形。如果钢围刚性足够大，钢围和防撞圈组成的防撞装置的变形规律便可用防撞圈的规律来代表。

图 6-4 是两种碰垫和复合防撞圈的"F—L"曲线，鼓形碰垫防撞时反力大变形小为凸曲线；管形碰垫解决了这个问题，得到了凹曲线，即初撞便后退；此两种碰垫均为弹性的橡胶，变形过程吸能很小。钢丝绳复合防撞圈是凹曲线且吸能很多，"吸能比"很大，做到了又软又吸能。此三曲线图上可以看出割线斜率 1/C 代表刚柔程度的意义，由图可看出，钢丝绳复合防撞圈反力斜率小，尤其是开始阶段更小。

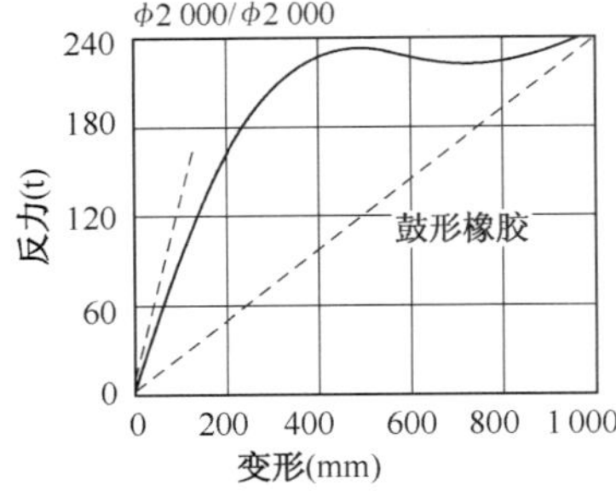

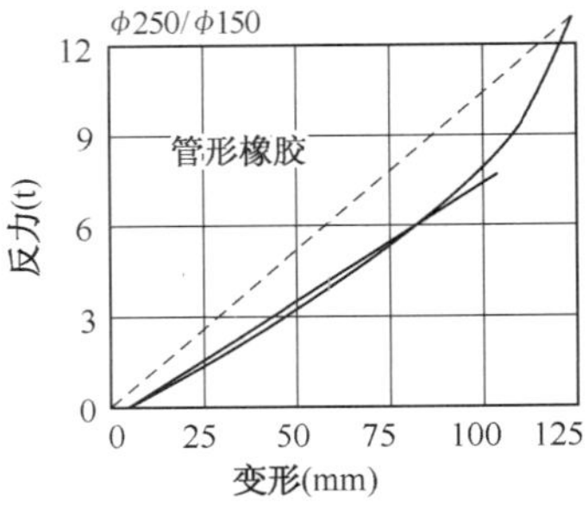

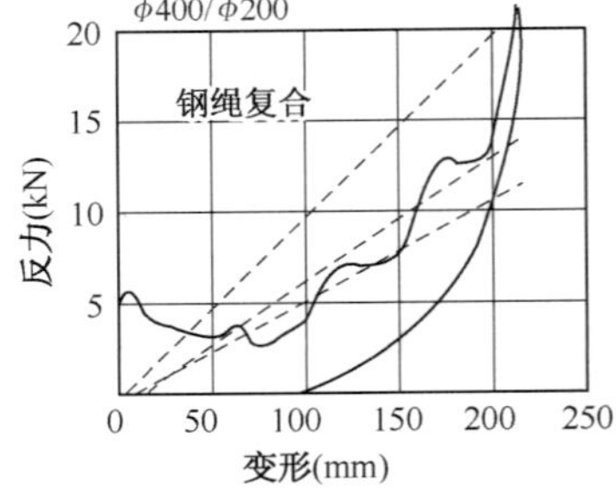

图 6-4　三种防撞元件的反力曲线

Fig. 6-4　The "force – deformation" curves of three types of anti – collision elemewts

加上防撞装置后，撞击系统的刚性下降，撞击力就下降了。

6.4 半经验公式是同源的——半经验公式分析研究的总结[9]

现在进一步对前面5个常用公式的原理进行讨论，经过讨论对这些公式的应用会有更彻底的认识。

应该指出：现有各种有关规范中的船桥撞击力的半经验计算公式，包括我国现行公路规范公式、铁路规范公式、美国指南(AASHTO)公式、和北欧"综述"公式(此式亦载于欧洲规范 *Eurocode* 1，*Part* 2.7[7]中)等，本质上都是建立在船撞桥(或船撞船)的刚体或弹性体的整体碰撞的简单理论基础上，再作若干修正的准静态半经验公式。

就我国现行的两个船桥撞击力计算公式而言，如下的公路规范公式本质上源自刚体整体运动的动量原理或冲量原理($Ft=MV$)

$$F=\frac{W}{g}\frac{V}{T}=\frac{MV}{T} \tag{6-3}$$

而铁路规范公式则本质上源自计及船桥整体弹性柔度的动能原理[8]

$$F=\gamma V\sin\alpha\sqrt{\frac{W}{C_1+C_2}} \tag{6-4}$$

式中 F(MN)为压缩撞击力；W(MN)和 $m(=W/g)$分别为船舶的载重量和质量；V(m/s)为船舶的撞击速度；T(s)为撞击历时；α 为船舶与墩台撞击面的夹角；C_1和 C_2(m/MN)分别为船舶和桥墩的弹性柔度，即单位力作用下产生的变形(刚度的倒数)；而 γ($s/m^{1/2}$)为动能折减系数，用以计及船舶动能没有全部由桥墩所吸收。

当采用式(6-3)来计算撞击力时，最大的困难在于如何在各种不同的船桥撞击情况下正确确定撞击历时 t。在实践上，设计者不得不采用经验值(参看6.2节)，而这些经验值实际上既缺乏理论依据也缺乏足够的实验验证。由小型实验测得的数值由于没有满足动态相似律也难以被广泛接受。实际上，在式(6-3)基础上进行修正的各种试图从来未获成功。其根本原因在于式(6-3)本质上是刚体整体运动的准静态分析，不可能用来分析船桥相撞的冲击动力学问题。

于是，更多的设计者倾向于采用式(6-4)。其实，式(6-4)和式(6-3)是内在相通的，并无本质差别。事实上，如果用 U 来表示船桥相撞时发生的相对位移，则式(6-3)中 T 的平均值可以通过 U 除以撞击速度 V 来计算，即 $t=U/V$，从而式(6-3)可相应地改写为

$$F=\frac{W}{g}\frac{V}{T}=\frac{MV}{T}=\frac{MV^2}{U} \tag{6-5}$$

对于弹性系统，上式在物理上表示：船的动能($MV^2/2$)与撞击力做功($FU/2$)相等，正是动能原理的具体表现。而对于弹性系统，位移 U 与作用力 F 成正比，$U=CF$，正比系数 C 即弹性系统的弹性柔度(刚度 K 的倒数)。这样，$t=U/v=CF/v$，式(6-3)可进一步改写为：

$$F=V\sqrt{MK}=v\sqrt{\frac{M}{C}}=v\sqrt{\frac{W}{gC}} \tag{6-6}$$

如果再考虑到斜撞击时撞击角 α 的影响($\sin\alpha$)，把弹性系统的弹性柔度 C 取为船的柔度 C_1与桥的柔度 C_2之和，$C=C_1+C_2$，以及假设船的总动能中只有 β($=\gamma g^{1/2}$)部分被桥吸收，则上式就与式(6-4)完全相同了。

显然，美国指南(AASHTO)公式

$$F = 1.2 \times 10^5 V \sqrt{\text{DWT}} \tag{6-7}$$

可以看作式(6-4)的简化特例[8]，此处 DWT 是船的载重(吨)，与质量等价。

然而，采用式(6-4)时船的动态柔度怎么确定？桥的动态柔度又怎么确定？撞击条件不同时动能折减系数 γ 又怎么确定？各有什么依据？问题并未解决。

可见，采用式(6-3)时如何确定撞击历时 t 的难题现在只不过转化为采用式(6-4)时如何确定 C_1、C_2 和 γ 的难题了。实践上，设计者又不得不采用经验值，而现行推荐的这些经验值，实际上同样既缺乏理论依据也缺乏足够的实验验证。

也有人曾经对于源自动能原理的公式(6-5)，尝试进行一些修正和改进。代表性的有：敏诺斯基—捷勒—沃以信(Minorsky - Gerlach - Woisin)公式和索尔—诺特—格林那(Saul Svensson - Knott - Greiner)公式。采用本文统一的符号时，前者具有如下形式

$$F = 0.024\,(VD_{\max})^{2/3} \propto (VM)^{2/3} \tag{6-8}$$

后者具有如下形式

$$F = 0.88\,(\text{DWT})^{1/2}\,(V/8)^{2/3}\,(D_{\text{act}}/D_{\max})^{1/3} \propto v^{2/3}\sqrt{M} \tag{6-9}$$

式中 $D_{\max}$ 是船的满载排水量(t)，D_{act} 是撞击时船的实际排水量(t)，DWT 是船的载重量(t)，都可以换算为船的质量 M。

对于这类半经验公式，可以通过引入一个新系数 $\Gamma = \gamma/\text{C}^{1/2}$ 来加以讨论和理解。对照式(6-4)可知 Γ 综合反映了动能折减系数 γ 与系统弹性柔度 C 的影响。不难设想，对于不同质量 m 的船舶在不同撞击速度 V 下，Γ 理应具有不同数值，即 Γ 一般应是 M 和 V 的函数，$\Gamma = \Gamma\,(M,\ V)$，则源于动能原理的式(6-6)可改写为如下更一般的形式：

$$F = \Gamma(M, V)\,V\sqrt{M} \tag{6-10}$$

函数 $\Gamma\,(M,\ V)$ 的一种可能形式是以幂函数关系分别依赖于 M 和 V，即有：$\Gamma\,(M,\ V) = \xi m^r v^s$，此处 ξ 是常系数。于是，式(6-10)可表为：

$$F = \xi M^{r-1/2} V^{s+1} \tag{6-11}$$

显然，当 $r = 1/6$ 和 $s = -1/3$ 时，上式化为敏诺斯基—捷勒—沃以信(Minorsky - Gerlach - Woisin)公式(6-8)，而当 $r = 0$ 和 $s = -1/3$ 时，上式化为索尔—诺特—格林那(Saul Svensson - Knott - Greiner)公式(6-9)。可见，该两式都可以理解为式(6-4)中的 γ 和 C 以幂函数关系分别依赖于 M 和 V 时的某种简化特例，只是 r 和 s 各自取了特定的经验值。

其实，在式(6-4)或式(6-6)基础上进行修正的各种试图并未能在普遍的条件下获得广泛适用和真正的成功。根本原因还在于这些公式本质上是船桥整体运动的准静态分析，不可能用来正确分析船桥相撞的冲击动力学问题。

由此可见，我们完全没有必要再停留在对这些准静态经验公式进行孰优孰劣的讨论上，也完全没有必要再停留在对这些准静态经验公式进行修正改进[12]的尝试上，因为船桥相撞问题本质上是一个冲击动力学问题。出路是采用冲击动力学分析。

6.5 侧撞力[11]

6.5.1 船撞墩的可能角度

国际桥梁和结构协会(IABSE)《航行船舶与桥梁结构的相互影响。综述与指南》认为：“船只行驶速度可分解为：计算纵向动能平行于船轴线的分量和计算横向动能垂直于船轴线

的分量”，“如果船只完全停止，其碰撞总动能将耗尽；如果船只仅仅转向，碰撞能量应以碰撞前后船只动能的矢量分析来确定”[7]。这一点，共识者较多，但具体分析时可能有些差异。要是防撞装置按“动能耗尽”来设计，设计出来的防撞设施将硕大无比，且造价大，影响了防撞设施的普遍采用[9]。

采用横向分速度计算能量的方法时，如何对待奇点极值，是一个需要重视并合理解决的问题。现在分析船撞墩的各种可能情况[13]：

第一种情况：直航前进的船大都是船头部位碰撞桥墩，其分速度夹角为 γ。γ 决定于船的 B/L，通常速度较高的船设计成 $B/L \leqslant 1/7$，这时夹角为 8.1°；速度较慢的船、货驳等，设计成 $B/L \approx 1/5$，这时夹角为 11.3°；拖船、渡船设计成 $B/L \approx 1/4$，这时夹角为 14°。横向分速度分别为原向航速的 0.14、0.2 和 0.25 倍，其能量 $(1/2)MV^2$ 分别为原能量的 0.02、0.04 和 0.06 倍，相撞情况如图 6-5 所示。图中有剖面线的是桥墩，它的周围两头尖的部分是防撞设施。

第二种情况：该船除了前进速度外，尚有横漂和转弯，所以碰到了平行中段，有点像船靠码头的情况。此时船不能维持纵轴方向(主龙骨方向)前进。由于此时船的横向速度比前进的速度小得多，算出的能比用直航速度算出的能小得多。相撞情况如图 6-6 所示。

第三种情况是一种极端情况，即船正对桥墩开过来，如图 6-7 所示。如果相撞后顶住不动，则船与墩交换全部动能(船舶具有的最大的动能值)。但因设计的防撞设施外箍板作成尖型，两相遇瞬间即滑开变成第一种情况。由此可以理解为：以横向分速度计算能量时，正撞后不动的情况，是“能量—角度”曲线上的一个奇点，此时横向速度分量为 0，而能量交换最大。笔者建议用保证率的办法处理此奇点，即认为此种状态的几率非常小，置于保证率之外。

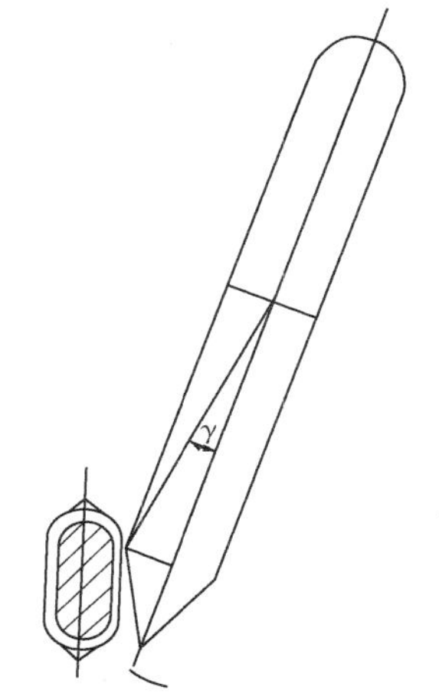

图 6-5　前进中船首部撞墩

Fig. 6-5　The bow of a going ship collisions with the bridge pier

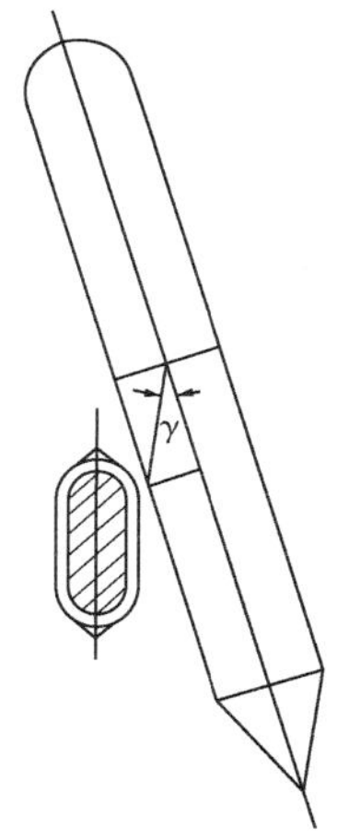

图 6-6　横漂船和船侧碰撞

Fig. 6-6　The trasversely drifting ship and side-collision with the pier

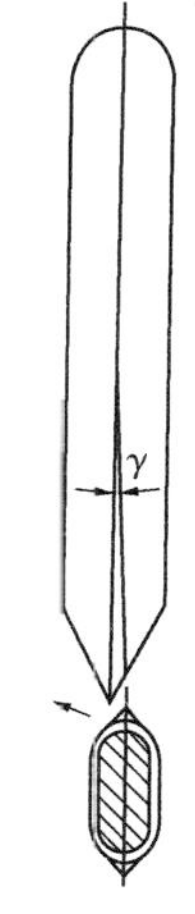

图 6-7　船以正方向撞墩后滑开

Fig. 6-7　The ship from positive direction slides away after collision

现在有一种钢板格子变形消能的防撞装置，它的特点是钢板变形吸能值较大，但每次撞后要修理，且对尖船头会镶住，增加船对桥墩交换的能量(可参看：船撞桥论文选 p4，p81 上海海洋钢结构研究所 2000；及本章参考文献[10]p. 15)。

第四种情况也是一种极端情况，横漂的船正好顶在船的重心上，(如果不是顶在重心，则船的惯性力会使船转动，变为第 2 种情况），这时的碰撞能是以全部横漂速度 V_H 计算的，$(1/2)MV^{H2}$。

瞬间之后，由于水流合力与船的重心不重合，船头即慢慢旋转，实现“船到桥头自然直”，变为顺流而下，见图 6-8。

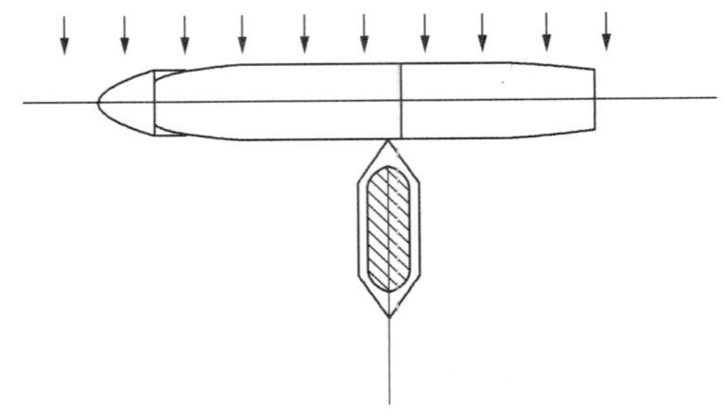

图 6-8　横漂船重心正好撞在墩上

Fig. 6-8　The center gravity of transverse driven ship collision with the pier

所有船与墩相撞均离不开上列四种情况[9]，除了横漂船和极端情况外，只有 2 种情况：一是船撞墩的正面与墩的尖头斜面接触；二是船头撞在墩的侧面。

6.5.2　墩的大小和跨距与角度的关系

船驶近桥，如果航道的宽度和弯度合乎规定；如果航线上有一定的能见度；如果船没有失去动力或失去控制；如果船员没有因故而不能履行职责（醉酒、瞌睡、眩晕……）；则船是不会撞到桥墩上去的。如果驾驶员因各种原因之一而未能操纵舵机，如图 6-8 和图 6-9 所示，船从正确航向（图中 $R-Q$ 段）进入偏航段，不操舵的最大偏航角即是该航线这时的风流压偏角（自然条件作用的总和）。

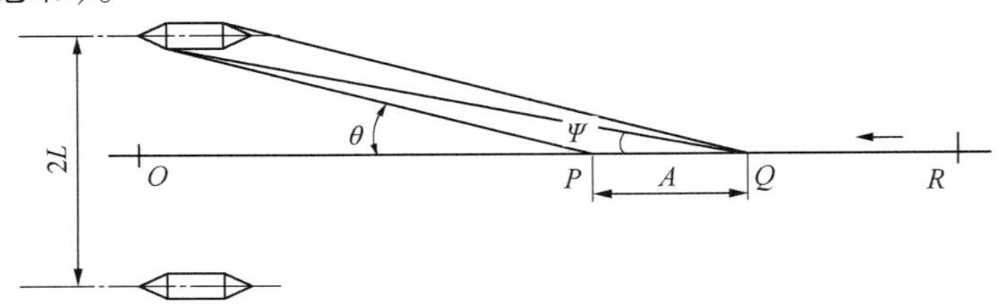

图 6-9　船从航线偏离而撞墩的几何位置

Fig. 6-9　The geometry position of a deuiated route asship collision with the pier

A 为在这角度下的桥墩投影长度，在 $Q-P$ 段以 θ 角度偏航会撞到桥墩，调整角度小于 ϕ 便不会撞，如果以 $3m/s$ 船速驶过 A 段只有 30s 左右，驾驶员（或领航员）纠正便可，如果这时 $2L$ 比较大，使 $\tan^{-1}(L/OP)$ 大于失舵时的风流压偏角，也是撞不上的，（L 用航线中心与桥墩的距离，OP 段用能见度或失舵距离代入，可得到定量数值）。

算例：如桥墩跨距内侧为 400m，航线中心线与桥墩中心重合，风流压偏角为 13°代入，则 OP 距离为 870m，即当 P 点达到 870m 以近，失舵漂流，风流压偏角为 13°，船将从墩边过，桥跨愈宽允许失舵的距离愈长，此期间可纠偏（如有别的制约因素，要增加考虑）。

我们常说，正撞的几率比较低，如图 6-10 所示：当船距墩 1000m 时，如果发现船头对准桥墩中线，只要转向 1° 便可避开桥墩。

侧面撞墩几率大些，例如：船长 200m，船宽 32m，墩宽 35m，风流压偏角为 13°，船长加墩长投影在墩前的弧长为 55.4m，加半船宽和半墩宽为 88.9m，当船驶近到 1000m 时，约在墩前 5°左右。所以说，侧撞几率比正撞大几倍。

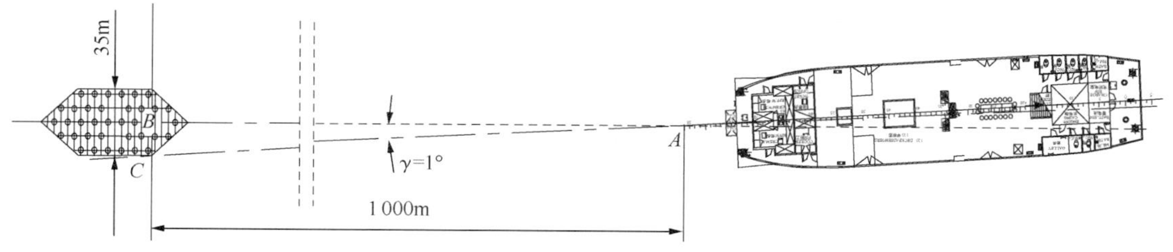

图 6-10　正面撞墩示意图

Fig. 6-10　A sketch map of ship front collision with pier

6.5.3　船舶航行时"风流压偏角"分析

船舶在航道上航行，由船舶本身的特性(船舶类型、船舶尺度、主机功率、导航设备、舵机性能)决定船舶操纵性，适航性；还有航道条件(风况、雾天能见度、水流状态)以及船舶航行密度的影响；在航道上有横跨桥梁时，更受桥梁建筑等因素的制约。允许船舶穿过桥孔的通航条件，除了一般通航条件外，还需另加桥梁的条件(桥梁通航净空尺度、桥墩位置、水流变化、沿岸风力)才能保证航行安全，顺利通航，避免不幸的船舶撞击桥梁的航行事故发生。

船舶在航道上航行，一般是按航道中心呈蛇形航迹左右摆动前进。实船满载情况，船舶下沉量较大，受水流流态、流向、流速左右较大，空载情况，干舷增高，则受风向、风速影响较大。在海湾河口地区，水流除径流作用外，还受沿岸潮汐变化的影响。因此船舶航行产生风流压偏角是正常的事，在航行中，船舶导航驾驶人员控制船舶航向必须将舵角控制在一个合理值的范围，保持船舶航行的稳定性。

船舶在航道上航行，可能产生船舶航行的风流压偏角。同时，桥梁桥墩建设时，桥墩中心线与水流流向也会产生夹角(应不大于标准[4]所允许值)。这两个角度的瞬时综合结果，组成了偏航船舶与桥墩瞬时撞击的撞击角。这是随机因素变化的夹角，也是有一定变化范围的，因为桥墩中心线与水流流向的夹角是较稳定的，船舶航行的风流压偏角对一定的航道平常也有一定数值，但在发生撞击事故时也可能有一些意外的变化。

这两个角度相加时，对内河可分上水、下水，每种分左墩、右墩共 4 种情况；对港湾亦应分为涨潮、退潮，左墩、右墩 4 种情况。简化计算港湾 4 种情况的最大侧撞角时，可用绝对值相加，因为桥孔下面通过船舶是双向的，一向相减时另一向便相加。用公式表示：

$$\theta_{侧撞角} = |\alpha_{风流压偏角}| + |\beta_{桥法线偏角}|$$

根据研究的桥，对以下各方面进行讨论：桥位、轴线与航线，桥墩(或桥塔)所处的河槽位置，风压方向与船撞桥的关系，流压、雾天、进出港航道宽度和上下游直线段讨论(桥位上下游各应有 4 倍船长的直段[4])等。

实际通过的船舶较少则船撞墩的几率正比减少，可参考美国规范[8]。

6.5.4　我国主要港口航道满载船舶风流压偏角经验值

船舶在航道上航行的风流压偏角究竟为多少度？在国内外有关航道、港务、航运专家经长期研究、观测、试验有了一个比较符合实际的认识，也编写进入了规范。

此外，2001 年 12 月，长江航运规划设计研究院和西南水运工程科学研究所分别作了桥墩形状和过桥航迹的水工模型试验，后者就是在各种情况下通过模型测定的(蔡汝哲等，西南水运工程科学研究所，桥孔通航船摸试验研究报告，长江航道规划设计研究院印)。我国主要港口航道满载船舶风流压偏角经验值见表6-6。

我国主要港口风流压偏角经验值[3] 表6-6

The experience value of wind and current pressure drift angle at main ports of china Table 6-6

港口航道名称	折算横风横流	风流压偏角(°)	备　注
大连港大港航道	6级风0.38km	5	
大连鲇鱼湾	6级风2.0km	15	无航道
秦皇岛航道	6级风0.51km	3~4	
天津港进港主航道	6级风0.57km	5~7	
青岛港大港航道	6级风1.07km	5~8	
连云港航道	6级风0.9~1.15km	8~9	
	0.9km	5~6	
湛江港斗龙村航道	7级风2.0km	13	
八所港航道	6级风1.32km	10	
	6级风 无流	2~3	
上海港进口航道	6级风 流速极小	3	船流夹角
	6级风	20	空船
石臼港航道	6级风0.6km	7	
汕头港	6级风1.5km	10	
湛江港	6级风1.0km	3	4次满载，6次空载

注：本表由交通运输部水规院根据实测及调查所得。

6.5.5 其他国外风流压偏角资料

①美国陆军工程兵团对巴拿马运河和苏伊士运河观测结果，建议：当仅有岸吸力时为2°，一般有横向风流影响取10°。

②日本“港湾深水航道规划”(和管野一，《港湾及海岸工学》)指出：航道上航行船舶风流压偏角最大不超过10°。

③前苏联列宁格勒水运学院和敖德萨工学院资料论述船舶偏离和漂流决定于风向、风速、流速、船舶类型和船舶速度，建议风流压偏角最大值不超过25°(指船舶空载状态)。

④国际海运伦敦航运会议第二次油轮会议报告，对船舶受横流影响的压偏角，可按以下方法计算：

$$\tan\alpha = \frac{\text{横向流速}}{\text{航速}}$$

例如，横向流速为2.0kn，船舶航速8.0kn，压偏角 $\alpha = \tan^{-1}(2/8)14°$

⑤鹿特丹港航道流速1kn，风流压偏角为10°。

⑥哥德堡港航道流速1kn，风流压偏角为7.2°。

6.5.6 湛江港风流压偏角实测结果

湛江海事局大力配合湛江海湾大桥的防撞设计，对通过桥下的2000~50000t级的8艘船舶，进港出港 10 个航次(其中进港 4 次出港 6 次；10 次中遇到涨潮 6 次，平潮 2 次，退潮 2 次)进行风、流压偏角的测量，得到平常风和平常水流条件下，10 次风、流压偏角的最大值为 3°，现将这组最新数据列表如下(表 6-7)：

2004 年桥位处实测风、流压偏角(湛江海事局测定) 表 6-7

The value of wind and current pressure drift angle at the bridge position measured iu 2004(by Zhanjiang Maritime Bureau) Table 6-7

序	月-日-时	船名	船的尺度(m)			总吨(t)	风	流	船速	航向(度)/	风流压
			长	宽	吃水(实)		风级/风向	流向/流速(节)	(节)	航迹向(度)	偏角(度)
1	08-22-23	雪林	245	32	65	41699	2~3/东南	323/0.8	7.9	141/142	1
2	08-31-11	马里奇	225	32	13.1	36042	2/东	325/1.0	6.5	323/322	0
3	09-04-19	马里奇	225	32	7.1	36042	微/—	325 /1.0	9.5	143/141	2
4	08-28-09	加力士	220	32	7.5	32976	4~5/东	320/1.5	8.0	145/143	2
5	09-02-21	玛丽	190	31	11.5	26831	2~3/偏东	323/1.5	8.8	320/322	2
6	09-04-08	华鲲	182	28	5.4	20990	2~3/东南	平潮/0.2	4.9	326/323	3
7	08-27-09	嘉宏	189	23	10.8	17677	2~3/东	325 /0，5	6.0	325/325	0
8	08-31-06	嘉宏	189	23	6.6	17677	2 /南	143 /1.5	7.0	142/142	0
9	09-06-09	飞马	112	19	6.3	5369	2~3/偏南	145 /0.5	6，2	141.5/143	1.5
10	08-30-17	海明星	88	13	5.8	1998	4~5/偏南	平潮/平潮	6，9	144/142	2

小结

设计时可按照：风流压偏角和桥法线偏角两个角的绝对值之和作为船对桥墩的侧撞角的最大值，用此角的角度函数乘正撞力便得出侧撞力。

6.6 船撞力半经验公式的应用

6.6.1 在桥梁设计的哪个阶段应用船撞力半经验公式

在本章开始便说明，确定船舶撞击力的方法有多种：包括经验公式估算法，有限元动态模拟分析法和实验法，三种方法均在实际工程中得到了应用。但依据这三种方法的特点，它们应用的阶段和作用是不相同的。

半经验公式，使用起来比较简单，只需要知道桥梁所跨越的航线航行什么样的船，就可以进行初步的估算。

使用的必要性在于：进行桥型、桥跨讨论时，需要考虑船撞力的大小。

当通行的船舶非常大、船撞力很大，以至选用一跨过江的桥梁时，船撞墩的水平力就不存在了。

当桥梁设计刚刚开始，桥墩还不知道有没有，当然不需要进行数值计算，也没有条件进行数值计算。因为数值计算需要有具体的结构才能计算它们的刚度、强度。

6.6.2 准静态船撞力与数值计算时程值(各个瞬时的力)的对应

有些指南的新版[3]中还有这个问题。本书讲到现在，这个问题已经不存在了。

因为，当桥梁设计刚刚开始，水中桥墩还不知道有没有，当然不需要进行数值计算，也不能进行数值计算。这时用到的是半经验公式(或查曲线)得出的准静态船撞力，以此进行桥型、桥跨的选择和讨论，这时没有对应的瞬时的力。

到了初步设计阶段，有了桥墩，才有船撞，有了船撞才能进行船撞力的数值计算。计算的结果，桥墩的响应(强度和位移等)是不是超过动态下材料的允许值，如果超过则要加强桥墩，这需要进行反复计算，直到不超过动态下材料的允许值(见湛江海湾大桥计算实例)。——这时，不需要用到半经验公式估出的准静态船撞力。

参考文献

[1] 国际桥梁和结构工程协会(IABSE). 交通船只与桥梁结构的相互影响[R]. 顾翔，鲍卫刚译. 张万华校. 1993，3.

[2] 国际桥梁和结构工程协会(IABSE)，O·D. 拉尔森. 交通船只与桥梁结构的相互影响[S]. 陈守容，张乃华译. 岑国基校. 1995.

[3] American Association of Stata Highway and Transportion Officials: Guide Specification and Commentary for Vessd Collision Design of Highway Bridges Second Edition 2009.

[4] 中华人民共和国行业标准. JTG D60—2004 公路桥涵设计通用规范[S]. 北京：人民交通出版社，2004.

[5] 中华人民共和国行业标准. TB 10002. 1—2005 铁路桥涵设计基本规范[S]. 北京：中国铁道出版社，2005.

[6] 陈国虞，王礼立. 船撞桥及其防御[M]. 北京：中国铁道出版社，2006.

[7] Vrouwenvelder A C W M. Design for Ship Impact According to Eurocode 1, Part 2. 7, Ship Collision Analysis [S]. Rotterdam: A. A. Balkema, 1998.

[8] 王礼立，张忠伟，黄德进，等. 船撞桥的钢丝绳圈柔性防撞装置的冲击动力学分析[C]//洪友士. 应用力学进展. 北京：科学出版社，2004. 172-180

[9] 王礼立，杨黎明，陈国虞，等. 船桥相撞的冲击力分析. 第二届国际自动化和工程控制会议论文集[C]. vol(7)，2011.

[10] 陈国虞. 有防撞装置时计算船撞桥的力——铁路桥梁规范中船撞力公式的延伸修订[S]. 铁道标准设计，2004，(1).

[11] 陈国虞，沈文玮. 船对桥墩的侧撞力，中国土木工程学会桥梁及结构工程分会第十五届全国桥梁学术会议论文集[C]. 上海：同济大学出版社，2002.

[12] 钱铧. 桥梁船舶碰撞的简化分析[D]. 上海：同济大学，2002.

[13] 陈国虞. 关于“船撞桥”问题的几点浅见[J]. 上海造船，1995.

[14] 陈国虞，倪步友. 铁路规范船撞力公式中动能折减系数的实验厘定，住房和城乡建设部：城市桥梁养护管理与检测维修加固技术交流研讨会论文集[C]. 上海：2008.

[15] 陈国虞，陈明栋，郑丹. 计算船撞力选择撞击速度时考虑墩位流速的方法[J]. 广东造船，2010.

第 7 章　船撞桥墩及防御的数值计算

Chapter 7　The Numerical Calculations on Ship Collision with Bridge Pier and its Defenses

摘　要　本章采用动态有限元数值模拟方法分析和研究柔性防撞装置的结构动态响应，结合实船撞击防撞装置的实体试验结果，验证数值模拟计算结果的可靠性，以及柔性防撞技术的有效性和可靠性。实船试验和数值计算结果表明，本书所提出的柔性防船撞技术能降低船舶的初始撞击力，并改变船舶航向，使得船舶能带走大部分动能，并沿防撞装置外侧滑走，大幅降低了船舶对桥墩的总撞击力。不但保护了桥也避免或减轻船的损坏。

关键词　有限元　数值模拟方法　柔性防撞设备　结构的动态响应　实船冲击验证

Abstract: The dynamic response of the structure of flexible anti-collision device is studied by using dynamic finite element numerical simulation. The reliability and validity of flexible anti-collision device technology and the method to protect bridge pier from ship collision have been approved by a series of real ship impact tests. By the real ship impact tests, the reliability of the adopted numerical simulations is also approved. The tests and numerical simulations show that the flexible anti-collision device can reduce the initial impact force and change the trip direction of ship, so that the ship moves along the outer part of the device, which carry out most kinetic energy of the ship and reduces the ship impact force on the pier obviously. It not only protects bridges but also avoids or lightens the damage to ships.

Key words: finite element, numerical simulation method, flexible anti-collision device, dynamic response of the structure, real ship impact approved

自 20 世纪 80 年代初，国际上对船撞桥以及桥墩防护问题的研究开始得到关注，关于船撞桥第一次国际研讨会于 1983 年在哥本哈根举行，发表了 O. D. 拉森(O. D. Larsen)编写的 IABSE(International Association for Bridge and Structural Engineering)文件《船舶碰撞桥梁》[1]。80 年代中后期国际上根据船桥碰撞的动能或动量原理，提出了桥梁设计的新标准，特别是 1994 年美国各州公路和运输工作者协会(AASHTO)出版的美国公路桥梁设计规范[2]吸收了该会 1991 年的《船舶碰撞公路桥梁设计指南》作为 3.14 节。同时开展了一系列的实验研究、理论分析，提出了许多计算碰撞力的经验公式和半经验公式，作为桥梁的抗船撞设计基础[3-5]。研究还表明，船舶的尺寸、航速、船艏形状、撞击角和船体及桥墩的材料力学性能

等都将对撞击力有明显的影响[6,7]。

问题在于，现有各种规范中的船撞桥碰撞力的计算公式，本质上都是建立在船撞桥（或船撞船）的刚体或弹性体整体碰撞的简单理论基础上，再作若干修正的半经验公式。例如，我国的《铁路桥涵设计基本规范》（TB10002.1－99）[8]中，有一个半经验公式，此半经验公式所考虑的参变量是众多半经验公式中考虑参变量最多的一个，即船舶对墩台的撞击力 F 按下式计算：

$$F = \gamma v \sin\alpha \sqrt{\frac{W}{C_1 + C_2}} \tag{7-1}$$

式中：v——船舶的撞击速度（m/s）；

α——船舶与墩台撞击面的夹角；

W——船舶的载重量（MN）；

C_1、C_2——分别为船舶和墩台的弹性变形系数（m/MN），即单位力作用下产生的变形（无实测资料时可取 $C_1 + C_2 = 0.5$m/MN）；

γ——动能折减系数。

分析表明，上述的半经验公式属于从弹性系统能量（或动量）守恒出发的准静态简化分析，既没有计及应力波的传播，又没有计及材料的应变率效应等冲击动力学问题的特征，也不可能反映碰撞区应变高度局域化、结构的局部动态塑性屈曲和动态断裂等一系列非线性现象。

船撞桥的参量特征见表 7-1：

船撞桥的参量特征 表 7-1

Charaeteristics of parameters on ship－bridge collision Table 7-1

船舶质量（kg）	航速（m/s）	尺度（m）	动能（MJ）	撞击时间（s）
$10^6 \sim 10^8$	10^0	10^2	10^2	10^0

虽然一般船舶通过桥梁时的航速为每秒数米的量级，但由于船舶的大质量、大尺度（冲击波在船舶中来回传播一次需要 10^{-1}s）和大动能，船桥相撞是一个在数秒短时历程中包含巨大能量交换的动态过程，本质上是一个复杂和困难的冲击动力学问题。事实上，从应力波传播理论来看[12]，撞击界面的动态载荷是由撞击物与被撞击物（含防护设施）中互相耦合的波传播过程共同决定的，而波传播的具体过程则又视船舶、桥墩和防护设施的结构与材料的不同，以及初始边界条件等的不同而明显不同。从这个意义上来说，很难要求用一个简化公式来描述这么复杂的冲击动力学问题。因此，人们开始转向采用动态有限元方法（例如 LS－DYNA）针对各个具体问题作进一步的数值模拟分析[7,13,14]。

但是，读者也应当认识到数值方法本身存在着不足之处。第一，数值方法本身都建立在一定的力学模型上，而这些力学模型常常包含一定的简化假定；第二，数值方法有可能掩盖问题中某些参量的真实作用；第三，由于数值计算的误差、收敛性、稳定性等的影响，干扰人们对该问题物理本质的认识和理解。因此，往往需要对数值方法得到的计算结果给以合理的分析、判断和正确的解释，从而使数值计算方法在研究结构动态响应问题中得到更有效、更合理的应用。

7.1 结构动态响应的数值计算简介

研究结构在冲击载荷下的动态响应，必须计及结构各微元的惯性效应，这是与研究结构准静态响应时的重要区别，在数学上惯性效应则导致求解双曲型波动方程组。分析表明该波动方程组的解受到某些条件限制，包括结构几何形状、运动空间维数、材料本构方程形式以及初边值条件等。例如，即便对于一维非线性弹性波在有限长杆中的传播问题，如果非线性弹性的本构方程较为复杂，即便求其两个简单波相互作用的解析解也是十分困难的，有时甚至是不可能的。于是，数值方法成为求解波动方程组、研究结构瞬态响应的一个重要途径。尤其在过去的半个世纪里，在计算机资源不断扩大、计算能力不断增长的推动下，数值计算方法获得迅速发展。数值计算方法之所以能得到广泛的应用，还由于它们既不受材料本构特性的限制，也不受初始条件和边界条件的限制，对于即使是最困难的问题也能给出近似解。虽然数学家们对有些数值方法还仅在线性情况下能证明其是成立的，但是实践表明，它们往往在任意复杂的非线性情况下也是同样可用的(Chou，P. C. and Hopkins，1972)。目前已有很多种数值计算方法可用来分析具有复杂的材料本构方程、初值和边界条件的结构动态响应。在此，简要介绍最常用的两种数值方法，即有限差分法和有限元法。

7.1.1 有限差分法

有限差分数值方法的基础是将偏微分方程近似地化为差分方程，即把连续的时间-空间离散成以节点表示的一些小区域，用泰勒级数近似求解区域内每一个节点上的偏微分方程。在考虑到初始条件和边界条件之后，获得一组以节点变量为未知数的代数方程，按时间和空间顺序，逐步逐层进行求解。有限差分方法求得的近似解的误差、收敛性和稳定性是该方法的关键点。

采用有限差分数值解法时，首先要建立与相应的偏微分方程相容的差分格式。将 $X-t$ 平面用两组平行于坐标轴的等距直线

$$X = X_k = k\Delta X \qquad (k = 0, \pm 1, \pm 2, \cdots)$$
$$t = t_j = t_o + j\Delta t \qquad (j = 0,1,2,\cdots)$$

分割成矩形网格，ΔX 和 Δt 分别为 X 和 t 方向上的步长。为了叙述方便，用(k, j)表示方网格节点(X_k, t_j)，用$f(k, j)$表示$f(X_k, t_j)$的值。有限差分法把偏微分方程化为数值差分求其近似解。但对于同样的一阶偏导数，存在多种数值表示方式。例如，将“向前差商”定义为：

$$\left.\frac{\partial f}{\partial t}\right|_{(k,j)} = \frac{f(k,j+1)-f(k,j)}{\Delta t} - \frac{\Delta t}{2}\frac{\partial^2 f(k,t_1)}{\partial t^2}$$
$$\left.\frac{\partial f}{\partial X}\right|_{(k,j)} = \frac{f(k+1,j)-f(k,j)}{\Delta X} - \frac{\Delta X}{2}\frac{\partial^2 f(X_1,j)}{\partial X^2} \tag{7-2}$$

而将“向后差商”定义为：

$$\left.\frac{\partial f}{\partial t}\right|_{(k,j)} = \frac{f(k,j)-f(k,j-1)}{\Delta t} + \frac{\Delta t}{2}\frac{\partial^2 f(k,t_2)}{\partial t^2}$$
$$\left.\frac{\partial f}{\partial X}\right|_{(k,j)} = \frac{f(k,j)-f(k-1,j)}{\Delta X} - \frac{\Delta X}{2}\frac{\partial f^2(X_2,j)}{\partial X^2} \tag{7-3}$$

则“中心差商”定义为：

$$\left.\frac{\partial f}{\partial t}\right|_{(k,j)} = \frac{f(k,j+1)-f(k,j-1)}{2\Delta t} - \frac{\Delta t^2}{6}\frac{\partial^3 f(k,t_3)}{\partial t^3}$$
$$\left.\frac{\partial f}{\partial X}\right|_{(k,j)} = \frac{f(k+1,j)-f(k-1,j)}{2\Delta X} - \frac{\Delta X^2}{6}\frac{\partial^3 f(X_3,j)}{\partial X^3} \tag{7-4}$$

式中 $t_j \leqslant t_1 \leqslant t_{j+1}$，$X_k \leqslant X_1 \leqslant X_{k+1}$，$t_{j-1} \leqslant t_2 \leqslant t_j$，$X_{k-1} \leqslant X_2 \leqslant X_k$，$t_{j-1} \leqslant t_3 \leqslant t_{j+1}$ 以及 $X_{k-1} \leqslant X_3 \leqslant X_{k+1}$。所以，选取不同的差商近似，就得到不同的差分公式，也就对应不同的计算精度和计算所需的时间，同时还要考虑到解的收敛性和稳定性问题。事实上，差分格式的形式很多，在此不一一列举，诸参阅相关书籍[15]。

7.1.2 有限元法

有限元法在结构力学、固体力学、流体力学、热力学等领域都有着广泛的应用，是求偏微分方程数值解的一个重要方法。它是以变分原理为基础，吸取差分格式的思想，与分块多项式插值相结合而发展起来的。将由偏微分方程描述的连续函数所在的空间区域(即结构)划分成有限个小区域(单元)，未知函数在小区域内的变化规律由选定的函数(形函数)来刻画，使得整个场域(结构)上的未知函数被离散化，由此构成了一个近似的数学物理模型，来描述由原偏微分方程所控制的运动。有限元法是古典变分方法的革新和发展，把古典变分方法大大向前推进了一步[15]。例如，目前广泛使用的商用有限元软件的动态分析部分，总是用差分格式确定偏微分方程中对时间的偏导数。

在分析结构响应的问题中，我们通常需要求解结构在外力作用下的变形或位移 u。由于位移 u 在结构中的分布通常难以由解析的方法求得，人们就寻求近似的数值方法。有限元法的要点是将连续的物体分成许多小的区域，即有限单元(finite element)，利用控制方程和变分方法，以及通过多项式插值求解小区域内的位移 u。其主要步骤包括以下诸点。

(1)有限单元的划分(离散化)

将物体剖分为若干个小单元，单元之间的连接点称为节点。单元的大小虽然可以有很大的任意性，但一个好的单元划分必须顾及计算机容量、速度和计算精度等的要求。通常要注意以下几点：①每个单元的顶点也是相邻单元的顶点；②尽量避免出现大的钝角以及大的边长比；③在位移梯度变化可能比较剧烈的区域，单元要小，而变化较小的地方，单元可以相对大一些；④为了减小刚度矩阵的带宽以减少计算量，要求所有两个相邻节点编号之差的绝对值中其最大者愈小愈好。

(2)选择插值函数(形函数)的具体形式

通常假定每个单元上因变量(如位移)的变化是线性分布的，从数学上讲这就是用一个分段线性函数来代替单元上的因变量(未知函数)的实际分布，即进行分段线性插值。这一线性函数描述了因变量在单元上的分布形状，称之为形函数。这样，我们只需要去确定形函数的有限个参数值，就把问题离散化为一个有限自由度的代数问题了。换句话说，当一个单元中的节点处的函数值确定之后，关键问题化为如何用一个多项式去近似描述此函数值在单元中的分布。

(3)材料模型

在有限元分析中，材料模型，即材料本构方程是必不可少的。材料的本构方程要由材料的力学实验研究和本构理论确定。对于含有大变形的数值计算，材料模型必须满足相关本构理论的要求，如坐标框架无关性，大变形的几何非线性描述，以及材料本构关系的物理非线性描述等等。对于结构在爆炸/冲击载荷下动态响应的数值计算，常常还应计及材料本构关系的应变率相关性。

(4)确定有限元方程

应用变分原理推导有限单元的控制方程。在有限元分析中能量法和加权残数法是两种最常用的方法。利用其中的一种方法，可以得到描述有限单元力学行为的方程，即有限元方程，其形式可表示为如下的矩阵关系：

$$[k]\{q\}+[m]\{\ddot{q}\}=\{Q(t)\} \tag{7-5}$$

式中：$[k]$——刚度矩阵；

$\{q\}$——节点的位移向量；

$[m]$——质量矩阵；

$[\ddot{q}]$——加速度向量；

$\{Q(t)\}$——节点的力向量。

(5)总体方程和边界条件

我们的目的是要确定整个物体在外加载荷下的响应。式(7-5)对各个单元都是成立的，但在结构的变形过程中，还应要求各节点的位移保持连续，以满足物体的连续性要求。按此要求对式(7-5)进行装配，就可以得到如下的总体方程表达式：

$$[K]\{r\}=\{R\} \tag{7-6}$$

式中：$[K]$——总体刚阵矩阵；

$\{r\}$——节点位移装配向量；

$\{R\}$——节点力装配向量。

受载物体的行为还受边界条件的影响。考虑到边界条件后，总体方程(7-6)式进一步修正为：

$$[\bar{K}]\{\bar{r}\}=\{\bar{R}\} \tag{7-7}$$

(6)解线性方程组

从方程组(7-7)出发就可解出位移，从而再求得应变、质点速度和应力等变量。

7.2 桥墩柔性防船撞装置的数值计算分析

本小节以某海湾大桥为例，采用有限元商用软件 LS－DYNA 分析桥墩柔性防船撞装置在船舶撞击下的动态响应，以及确定桥墩受到的撞击力等。

物理模型：质量为68000t 的散货海轮(包含了10%的附连水)，以4m/s 的航速撞击装设有柔性防船撞装置的桥墩上。该海轮的总长 182m，型长 180m，型宽 32.3m，型深 17.2m。

7.2.1 有限元模型

船撞桥碰撞仿真计算模型的前处理采用美国 ETA 公司的 FEMB 软件完成。有限元模型包括桥墩、桥墩防撞装置以及质量为68000t 的散货船。桥墩防撞装置是按照实际几何尺寸(取自实际工程图)建立的全尺寸模型。总体模型如图7-1 和图7-2 所示。

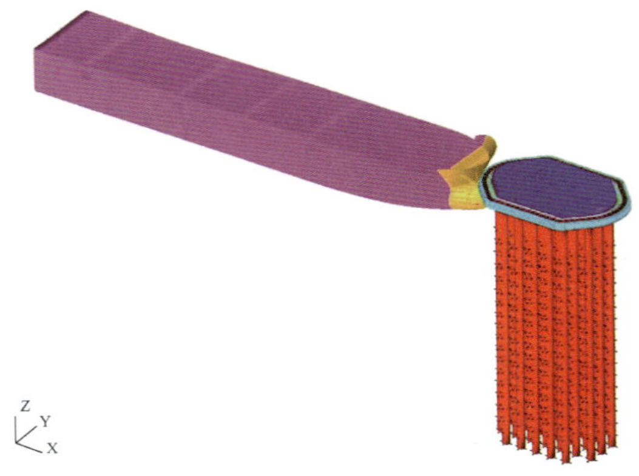

图 7-1　船撞桥模型总图之一

Fig. 7-1　The first general model drawing of ship collision with bridge

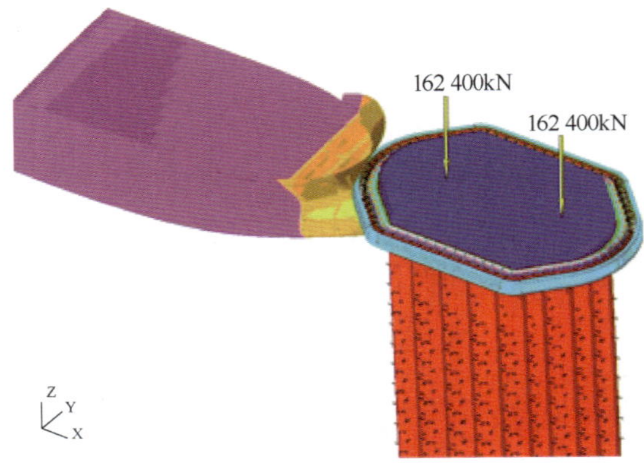

图 7-2　船撞桥模型总图之二

Fig. 7-2　The second general model drawing of ship collision with bridge

柔性防撞装置由外钢围、内钢围、钢丝绳复合防撞圈等组成，如图 7-3 所示。图 7-4 是柔性防撞装置的立体示意图。

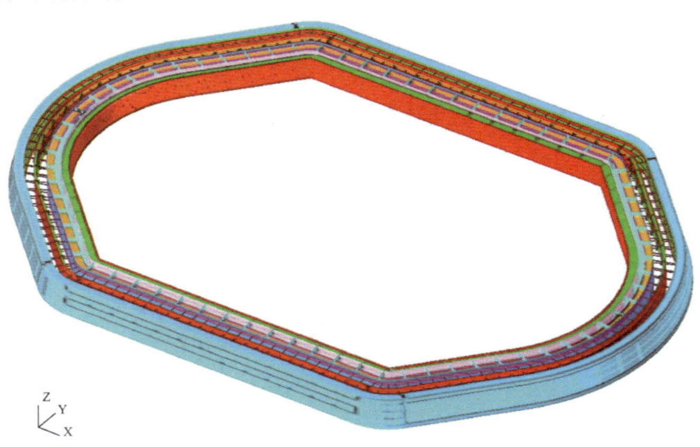

图 7-3　防撞装置模型图

Fig. 7-3　The model drawing of anti－collision device on ship collision with bridge

图 7-4 防撞装置立体图

Fig. 7-4 The space diagram of anti-collision device

在图 7-4 示意图中的外钢围，内钢围和工字钢等均模拟为壳单元组成，而 *L* 型钢模拟为梁单元组成，如图 7-5 所示。材料本构模型均选定为考虑应变率效应的弹塑性材料。

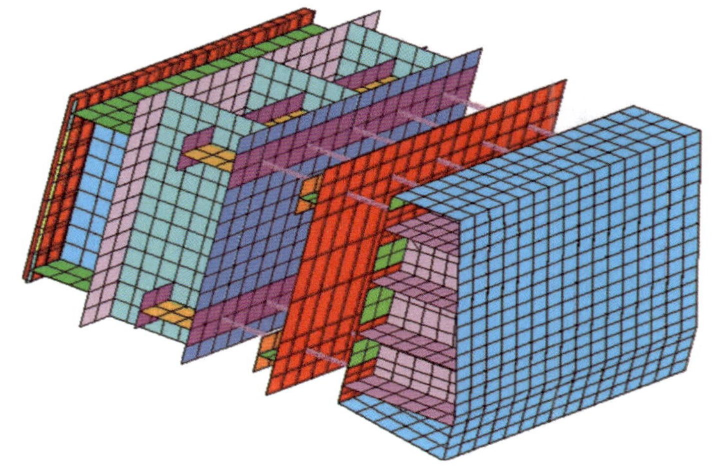

图 7-5 防撞装置剖面模型图

Fig. 7-5 The section model drawing of anti-collision device

防撞圈按其在防撞耗能中所起的作用，在数值模拟中每个钢丝绳圈化为离散单元，材料本构模型则按实验实测结果，选定为非线性黏弹性模型，材料参数由实验数据拟合得到。

与柔性防撞装置建模的单元尺寸相对应地，建立了散货船的计算模型，如图 7-6 所示。其中，船头部分的外壳与内部结构各层的形状如图 7-7 所示，一般船头至防撞仓壁应与船体的设计图纸完全一致地建模；本船设计研究工作比较仔细，从球鼻艏和首栏开始经过防撞仓壁直至平行中段(图 7-8)与船体的设计图纸完全一致地建模，而从船体的平行中段以后非碰撞区的船壳部分则进行了简化，但考虑了在模型上合理地分布集中质量进行配重，使整个模型的质量中心处于整船模型的后 1/3 位置。这样既能保证外壳的结构力学特性尽可能符合实际，又能减少有限单元数，从而减小计算工作量。

船的材料本构模型选定为考虑应变率效应的弹塑性材料。

桥墩和桩在计算中作为线弹性材料，均为实体单元。

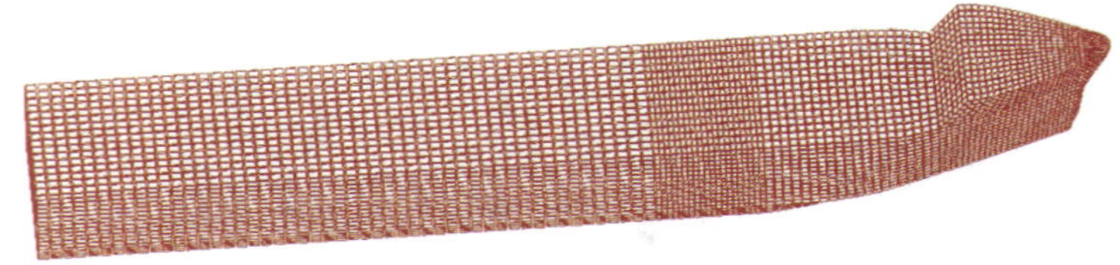

图 7-6　船体模型总图

Fig. 7-6　The general view of model of the ship hull

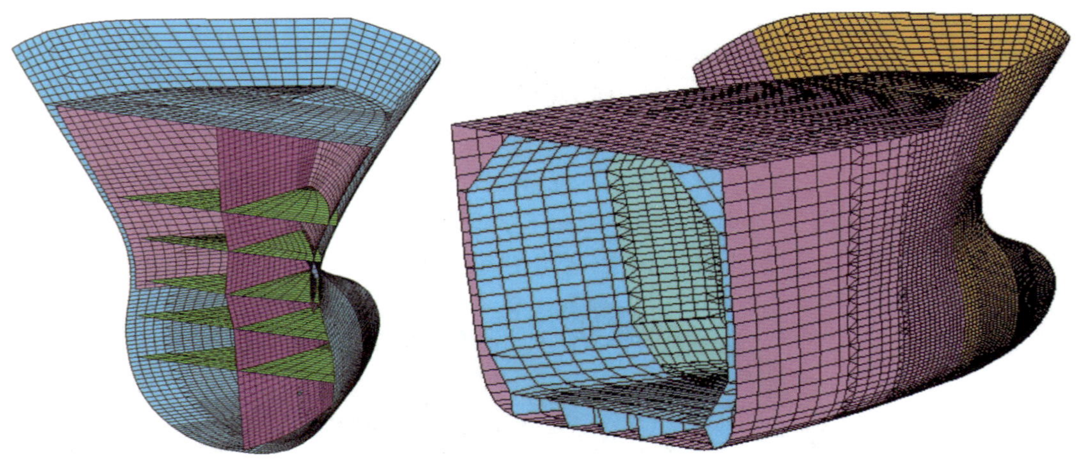

图 7-7　船头内部结构模型图

Fig. 7-7　The internal structure of the bow in model drawing

图 7-8　从球鼻艏和首柱至平行中段模型图

Fig. 7-8　The model drawing from thebulbous bow and the stem post to the parallel middle body

表 7-2 给出了各个部分的单元的个数及类型。总共约 13 万个单元。

撞击系统(船、防撞装置和桥墩)的单元数目、属性和材料一览表　表 7-2

Table on the number of cells, cell attribute and its materials of impact system(ship, anti-collision device and the pier of bridge)　Table 7-2

类　别	单 元 个 数	单 元 属 性	材 料 模 型
船	29 137	壳单元	考虑应变率效应的弹塑性模型
防撞装置	84 868	壳单元	考虑应变率效应的弹塑性模型
L 型钢	76	梁单元	考虑应变率效应的弹塑性模型
钢绳绳圈	1 216	离散单元	非线性黏弹性模型
桥墩	6 621	实体单元	线弹性材料
桩	5 580	实体单元	线弹性材料
土弹簧	2 536	离散单元	线弹性材料

数值计算的初始条件：防撞装置的初速度为零，船的初速度为 4m/s。货船的质量按满载排水量 6.8 万 t。

本章分析研究了桥墩装设柔性防撞装置后正撞和侧撞两种工况(表7-3)的动态响应，为了比较，还分析了桥墩在不装设柔性防撞装置而受到船舶正撞时的桥墩受力状况。

船撞柔性防撞装置的两种工况 表7-3

Two conditions of ship collision with the flexible anti - collision device Table 7-3

相撞工况	桥法线与接触面的夹角	最大风流压偏角	初撞角
正撞：船直航而来，撞墩正面短边90°尖角的斜面	45°		45°
侧撞：船失舵不失速，以最大风流压偏角撞上桥墩长边	0°	13°	13°

7.2.2 材料本构模型及参数

(1)防撞圈的非线性黏弹性的力学模型

防撞钢丝绳圈是本研究项目—钢丝绳复合柔性防撞装置中最为关键的结构元件，主要决定整个防撞装置的柔性大小。因此建立一个能反映出钢丝绳圈的受力特性的计算模型，对整个船撞桥的计算起决定性的作用。

从钢丝绳圈实测力－位移试验曲线所反映的加－卸载滞回特性，可以看出钢丝绳防撞圈是一类具有黏性阻尼耗散的非线性力学元件，并且对应变率效应非常敏感。要建立起反映这一特性的计算模型，必须要考虑到非线性特性和不同应变率类型黏性耗散效应。

大量学者对材料和结构在准静态下的线性黏弹性响应作了大量研究，但对冲击条件下的非线性黏弹性响应的研究则是近年来才取得明显进展的。在我国，朱兆祥、王礼立和他们的合作者近20年来所进行的一系列实验研究表明，在准静载荷到冲击载荷的范围内，或在应变率为10^{-4}到$10^3 s^{-1}$范围内，典型高聚物(包括热塑性和热固性的)的非线性黏弹性本构行为可以令人满意地由如下非线性黏弹性本构关系(简称ZWT方程)来描述：

$$\sigma = f_e(\varepsilon) + E_1\int_0^t \dot{\varepsilon}\exp(-\frac{t-\tau}{\theta_1})\mathrm{d}\tau + E_2\int_0^t \dot{\varepsilon}\exp(-\frac{t-\tau}{\theta_2})\mathrm{d}\tau, \tag{7-8}$$

式中：σ——应力；

ε——应变；

$\dot{\varepsilon}$——应变率；

t——时间；

$f_e(\varepsilon)$——描述非线性弹性平衡响应的函数。

第一个积分项描述低应变率下的黏弹性响应；E_1和θ_1分别是所对应的Maxwell单元的弹性常数和松弛时间；而后一个积分项描述高应变率下的黏弹性响应；E_2和θ_2则分别是所对应的Maxwell单元的弹性常数和松弛时间。上式在冲击载荷下可化为：

$$\sigma = E_e(\varepsilon)\varepsilon + E_1\varepsilon + E_2\int_0^t \dot{\varepsilon}(\tau)\exp(-\frac{t-\tau}{\theta_2})\mathrm{d}\tau \tag{7-9}$$

鉴于钢丝绳圈对加载速度非常敏感，同时具有阻尼耗散和明显的非线性特性，就力学行为而言，类似于高分子材料的力学行为，因此可以把ZWT方程用来描述钢丝绳圈的非线性黏弹性特性，但需要把方程改成力－位移的形式，即把式(7-9)中的σ、ε、E分别替换成力F、位移Δu、弹簧系数K，即有：

$$F = K_e(\Delta u)\Delta u + K_1\int_0^t v(\tau)\exp(-\frac{t-\tau}{\theta_1})\mathrm{d}\tau + K_2\int_0^t v(\tau)\exp(-\frac{t-\tau}{\vartheta_2})\mathrm{d}\tau \tag{7-10}$$

在冲击载荷下则与式(7-10)相对应地化为：

$$F = K_1(\Delta u)\Delta u + K_2\int_0^t v(\tau)\exp(-\frac{t-\tau}{\theta_2})d\tau \tag{7-11}$$

在恒定的加载速度下，式(7-11)可化为：

$$F = K_1(\Delta u)\Delta u + K_2\theta_2 v[1-\exp(-\frac{t}{\theta_2})] \tag{7-12}$$

在恒定卸载速度下，则化为：

$$F = K_1(\Delta u)\Delta u + K_2\theta_2 v[2\exp(-\frac{t-t_1}{\theta_2}) - \exp(-\frac{t}{\theta_2}) - 1] \tag{7-13}$$

经与钢丝绳圈实测的力－位移试验曲线进行拟合，即可确定式中的材料参数。取 $K_2 = 0.395$kN/mm 和 $\theta_2 = 1.673$ms，而非线性弹性响应 $K_1(\Delta u)$以实验数据表的形式输入时，拟合的计算曲线与试验曲线的对比如图 7-9 所示，可见 ZWT 方程能相当满意地描述钢丝绳圈的非线性黏弹性力学特性。

(2)钢的计及应变率效应的弹塑性力学模型

本计算中，对于钢材，取杨氏模量 $E = 2.1\times10^5$MPa，泊松比 $v = 0.28$，密度 $\rho = 7.83\times10^{-6}$kg/mm^2，并采用著名的 Cooper-Symonds 公式作为钢材计及应变率效应的弹塑性本构关系。以有效应力 σ_{eff}和有效塑性应变 ε_{eff}^p表示时，Cooper－Symonds 公式有如下形式：

$$\sigma_{eff} = \left[1+\left(\frac{\dot{\varepsilon}}{C}\right)^{1/p}\right](\sigma_0 + \beta E_p \varepsilon_{eff}^p) \tag{7-14}$$

式中表征应变率效应的有关材料参数分别取为：$C = 40.5\text{s}^{-1}$，$p = 5$；表征应变硬化效应的有关材料参数分别取为：$\sigma_0 = 355$MPa(选用 GB 712《船体用结构钢》，钢号：AH36)；$\beta = 0.8$，$E_p = 3$GPa。

按式(7-14)，不同恒应变率下的应力－应变曲线如图 7-10 所示。

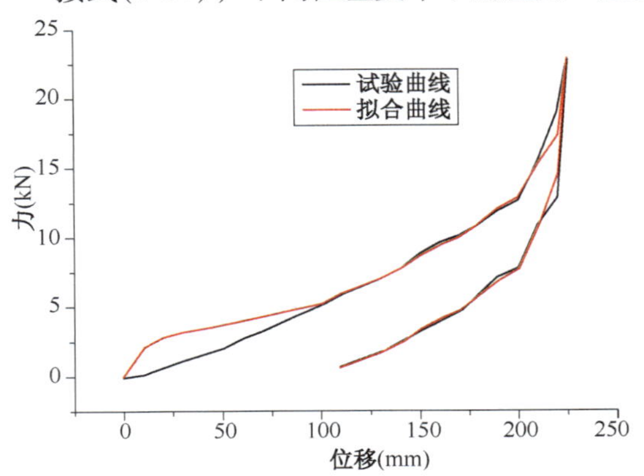

图 7-9 冲击条件下钢丝绳圈试验曲线与拟合计算曲线的比较

Fig. 7-9 The comparison of test curve to the fitting curve of the steel wire ring under the impact conditions

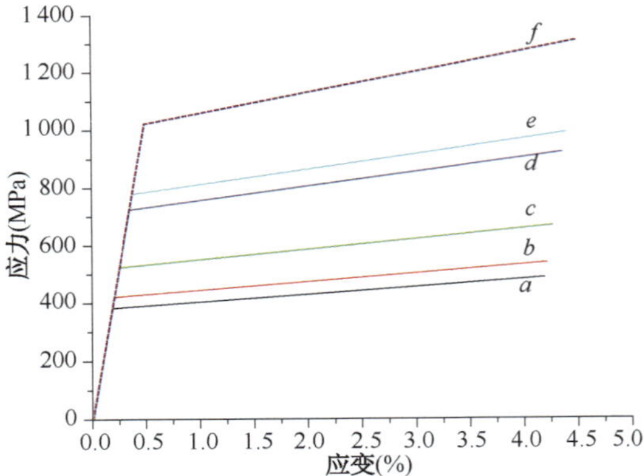

图 7-10 考虑应变率效应的钢的弹塑性本构关系(式 7-8)

Fig. 7-10 The elastic－plastic constitutive relation considering the strain rate (Eg. 7-8)

应变率(1/s)：a-10^{-4}，b-10^{-2}，c-10^0，d-50，e-10^2，f-10^3

本计算对应的应变率为 50s^{-1}，代入上式得到动态屈服强度 725.5MPa 这时的 σ_{eff}就是动态(工程)屈服限。设计时有一个安全系数，如取 $k = 1.25$，则许用动态(工程)屈服限为

580MPa。所以，模拟计算中出现小于 580MPa 的应力值，均认为不超过动态屈服限。

7.2.3 分析计算结果

7.2.3.1 正撞工况(45°)

(1)防撞圈受力同期性

当防撞装置受撞击时，防撞圈元件发挥作用的数量多少关系到整个防撞装置是否整体发挥作用，这就有必要研究一下各防撞圈在撞击初期的受力情况。本次计算能给出各个防撞圈在撞击过程的各瞬时的力和变形，但这过于繁多，乃选取典型位置的 12 个圈(图 7-11)，表明其在撞击后共同起作用的时间和作用力大小。

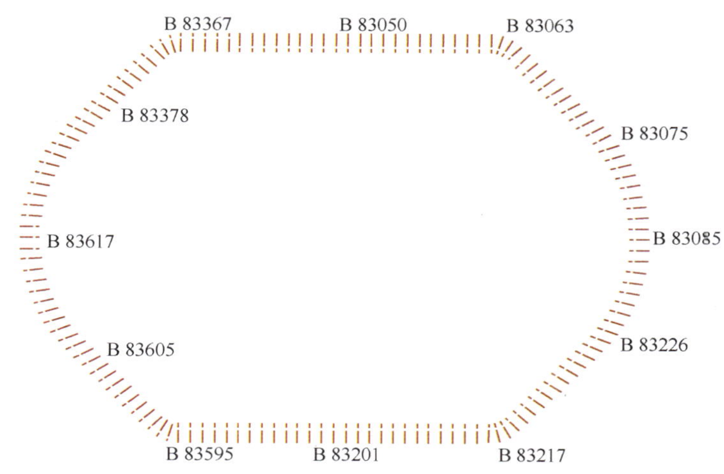

图 7-11 所选定的典型钢丝绳复合防撞圈的位置

Fig. 7-11 The selected locations of the typical anti – collision steel wire rings

图 7-12 中 A 到 L 为 12 个不同位置的钢丝绳圈的 1s 内受力时程曲线，图中英文字母所代表圈的单元号标在图的右侧。由图 7-12 可见，0.1s 后所有的钢丝绳圈都进入动态受力状态。

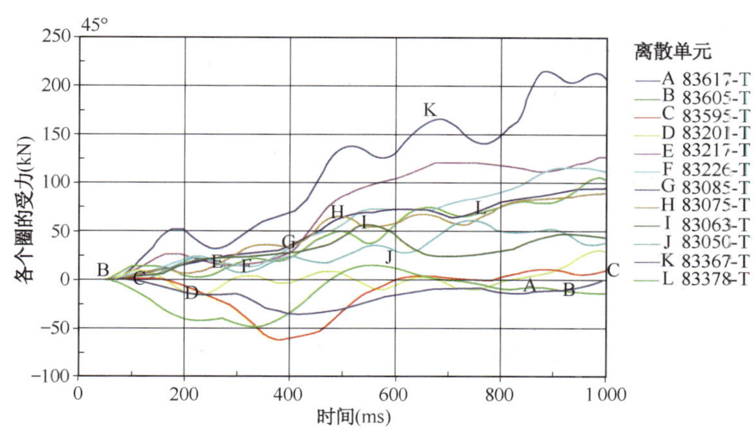

图 7-12 典型钢丝绳圈的受力时程曲线

Fig. 7-12 The time – history curve of impact force of typical steel wire rings

(2)外钢围应力应变分布

现选取外钢围有代表性的12个单元如图7-13所示，各单元的von－Mises有效应力时程曲线如图7-14a)所示，在达到最大撞击力时外钢围子的von－Mises应力云图如图7-14b)所示，而局部最大变形情况如图7-14c)所示。

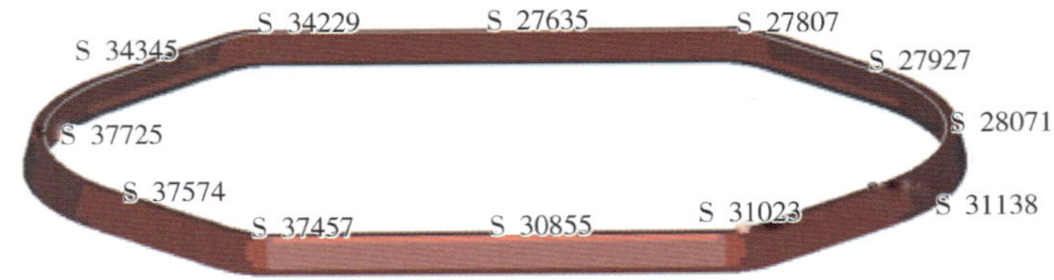

图7-13　外钢围代表性单元的编号图

Fig. 7-13　The No. of the typical cells in the outer steel gate

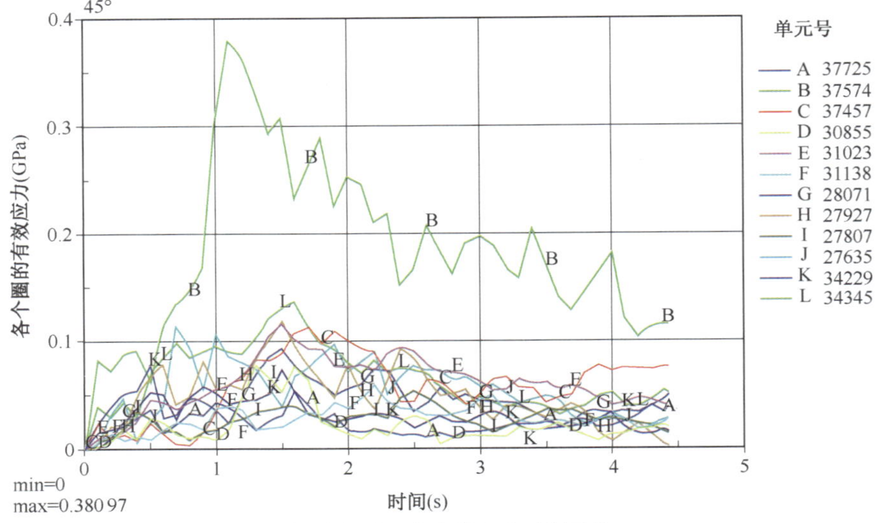

a) 外钢围代表性单元的有效应力时程曲线
The time-history curve of effect stress at typical cells in the outer steel gate

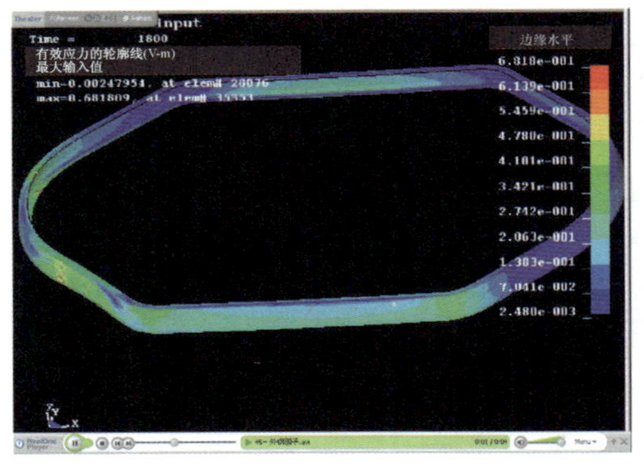

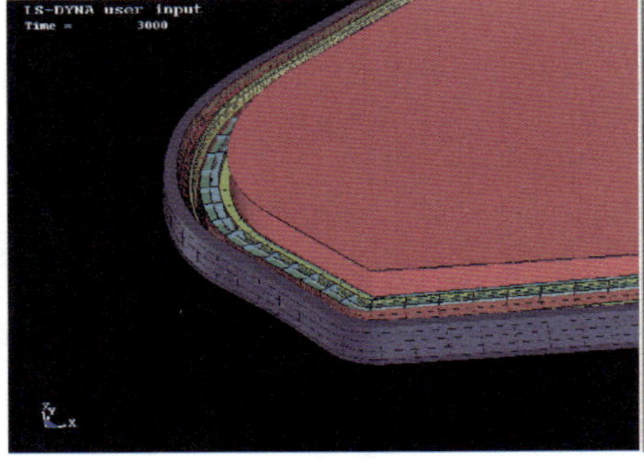

b) 达到最大撞击力时外钢围的von Mises应力云图
The von Mises stress cloud picture of outer steel gate

c) 外钢围局部最大变形情况
The local picture of maximum deformation at the outer steel gate

图7-14　外钢围代表性单元的有效应力时程曲线

Fig. 7-14　The time－history curve of effect stress at typical cells in the outer steel gate

每个单元的最大应力列在表 7-4 中(单位:MPa),既然在本计算中动态屈服应力定为 580MPa,可见表中各单元的应力均在屈服点以下,即变形均在弹性范围内。

在最大应力云图上各单元的最大应力(单位:MPa)　表 7-4

The maximum stress of every cell in the von Mises stress cloud picture of outer steel gate　Table 7-4

防撞圈	A	B	C	D	E	F	G	H	I	J	K	L
单元号	37725	37574	37457	30855	31023	31138	28071	27927	27807	27635	34229	34345
最大应力	55.5	381	115	78.9	117	61.2	95.2	120	55.5	115	79.7	139

(3)防撞圈的变形和代表性防撞圈的受力情况

选择下面 4 个特征时间:0s,即为未加载;0.9s,即为刚开始加载;最大载荷和基本卸载。在这 4 个时间,各防撞圈变形图分别如图 7-15 ~ 图 7-18 所示。

图 7-15　防撞装置各防撞圈变形 $t=0$s

Fig. 7-15　The deformation of every anti-collision ring in the anti-collision device at $t=0$(s)

图 7-16　防撞装置各防撞圈变形 $t=0.9$s

Fig. 7-16　The deformation of every anti-collision ring in the anti-collision device at $t=0.9$(s)

图 7-17　防撞装置各防撞圈变形 $t=1.7$s

Fig. 7-17　The deformation of every anti－collision ring in the anti－collision device at $t=1.7$(s)

图 7-18　防撞装置各防撞圈变形 $t=6.0$s

Fig. 7-18　The deformation of every anti－collision ring in the anti－collision device at $t=6.0$(s)

图 7-19 为前面所述 12 个典型位置的防撞圈的位移值，而图 7-20 则是这些圈的受力时程曲线。

表 7-5 列出上述 12 个防撞圈最大位移(mm)，而表 7-6 列出上述 12 个防撞圈最大受力(kN)：

12 个代表性防撞圈最大位移值(单位:mm)　　表 7-5

The maximum deformations of the 12 typical anti－collision rings　　Table 7-5

防撞圈	A	B	C	D	E	F	G	H	I	J	K	L
单元号	83617	83605	83595	83201	83217	83226	83085	83075	83063	83050	83367	83378
最大位移	－108	－148	－192	104.7	379.9	292.4	238.6	227.8	150.5	160.1	367.0	289.5

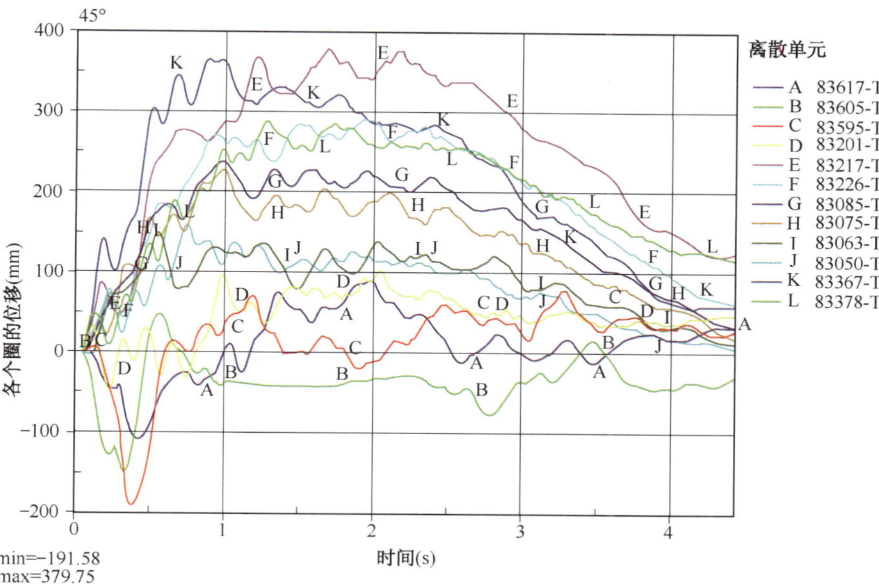

图 7-19　12 个代表性防撞圈的位移图

Fig. 7-19　The time – deformations curves of the 12 typical anti – collision rings

12 个代表性防撞圈最大受力(单位:kN)　　表 7-6

The maximum impact force of the 12 typical anti – collision rings　　Table 7-6

防撞圈	A	B	C	D	E	F	G	H	I	J	K	L
单元号	83617	83605	83595	83201	83217	83226	83085	83075	83063	83050	83367	83378
最大力	-34.4	-47.1	-61.1	34.1	249.9	130.1	96.3	90.1	57.3	62.1	216.7	128.2

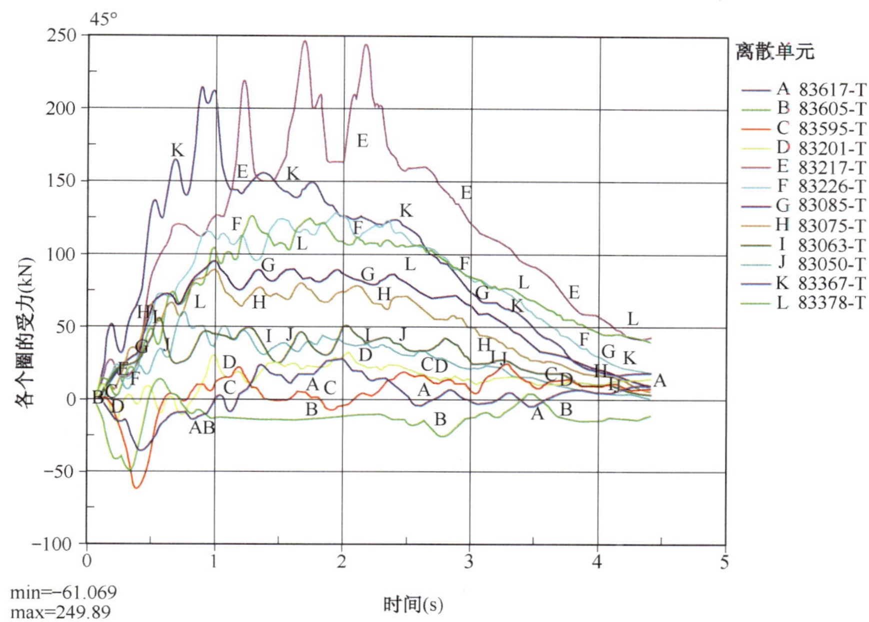

图 7-20　12 个代表性防撞圈的受力时程曲线

Fig. 7-20　The time – impact force curves of the 12 typical anti – collision rings

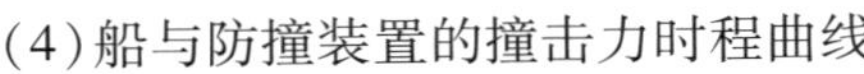
(4)船与防撞装置的撞击力时程曲线

船与防撞装置的撞击力时程曲线如图 7-21 所示，撞击力最大值如表 7-7 所示。

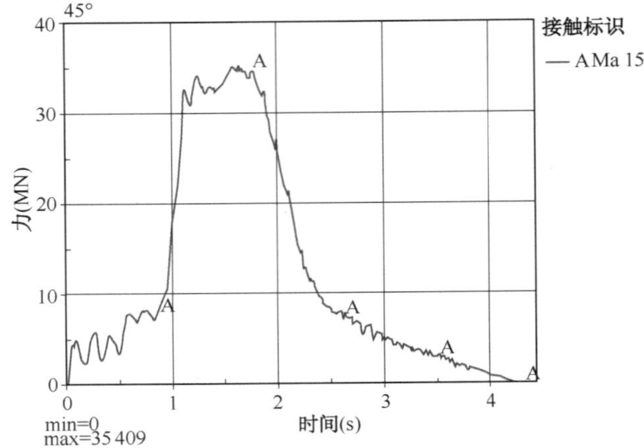

图 7-21 船与防撞装置的撞击力时程曲线

Fig. 7-21 the time – force curve of ship collision with the anti – collision device

船与防撞装置的撞击力时程曲线的特征值 表 7-7

The characteristic value of the curve on ship collision with the anti – collision device Table 7-7

1	最大值出现时间	1.68s
2	瞬时最大值	35.4MN
3	等效值(到 4.4s)	11.7MN

(5)防撞装置与桥墩之间撞击力时程曲线

防撞装置与桥墩之间撞击力时程曲线如图 7-22 所示。

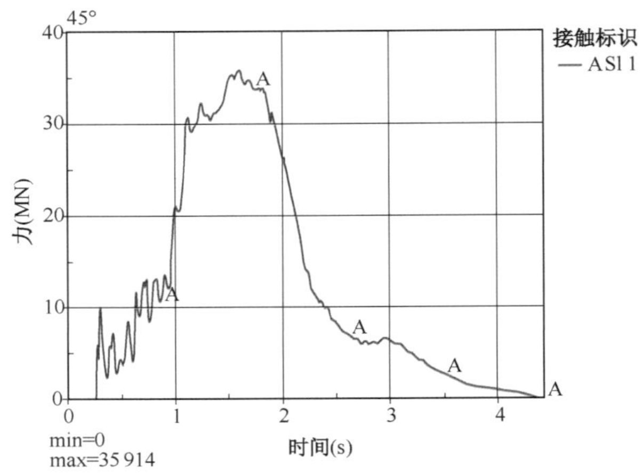

图 7-22 防撞装置与桥墩之间撞击力时程曲线

Fig. 7-22 The characteristic value of the curve on ship collision with the bridge pier

当初撞角为45°时防撞装置与桥墩的最大撞击力如表7-8所示。

初撞角为45°时防撞装置与桥墩的最大撞击力 表7-8

The characteristic value of the curve on ship collision with the bridge pier(when the impact angel is 45°) Table 7-8

1	最大值出现时间	1.62s
2	瞬时最大值	35.9MN
3	等效值(到4.4s)	11.7MN

由上述结果可以看出，船对外钢围的力稍小于内钢围对桥墩的力，但是相差不大，约为0.5MN(1.5%)。这可以用两对相撞构件的刚度差别来解释，由应力波传播理论不难理解，在冲击载荷下，对于刚性大的构件其应力波相互作用所致的撞击力要相对大一些。现在这4种构件的平均线柔度(单位载荷的变形量)(所用单位与我国铁路规范相同)如下：

船头 6.8×10^{-5} m/kN

外钢围 同上

内钢围 同上

桥墩 0.1×10^{-5} m/kN

柔性系数大则刚性小，桥墩的刚度比钢船头和钢围子的刚度大几十倍，因而内钢围与刚性较大的桥墩之间应力波相互作用所致的撞击力会比船与外钢围之间应力波相互作用所致的撞击力大一些。

(6)桩基受撞击后的应力时程曲线

桩基受撞击后的应力时程曲线如图7-23所示。

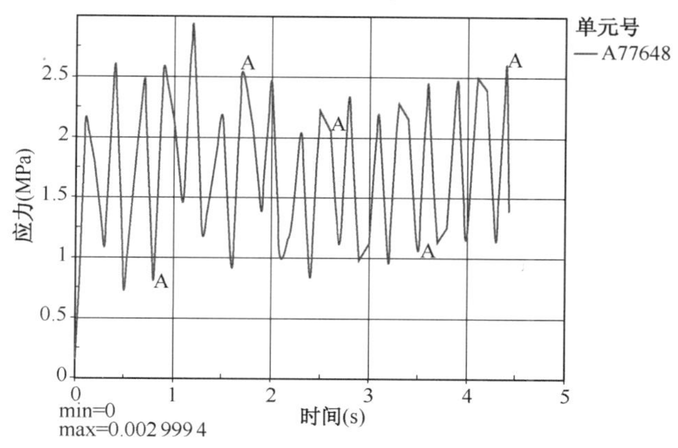

图7-23 桩基受撞击后的应力时程曲线

Fig. 7-23 The characteristic value of time – stress curve of impacted pile foundation

当初撞角为45°时，桩基受撞击后的最大撞击力如表7-9所示，是安全的。

桩基受撞击后的应力时程曲线上的特征数值 表7-9

The characteristic value of time – stress curve of impacted pile foundation Table 7-9

1	瞬时最大值	3.00MPa
2	最大值出现时间	1.20s
3	等效值(到4.4s)	1.72MPa

(7)系统在撞击过程中能量转换分析

系统在撞击过程中能量转换过程如图 7-24 所示，而图 7-25 为船的变形能时程曲线，图 7-26 则为防撞装置的变形能时程曲线。

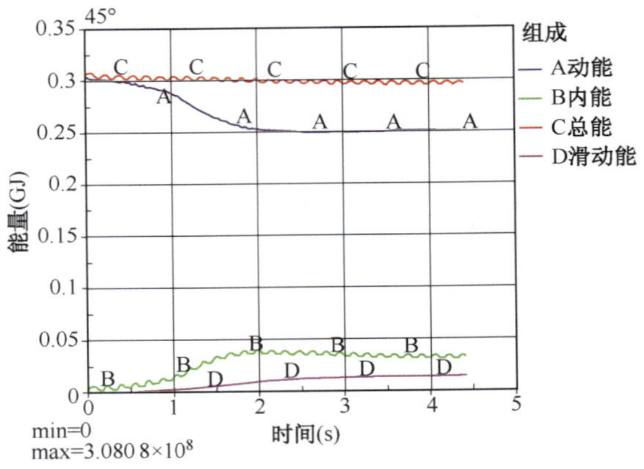

图 7-24　系统在撞击过程中能量

Fig. 7-24　System energy in impact process

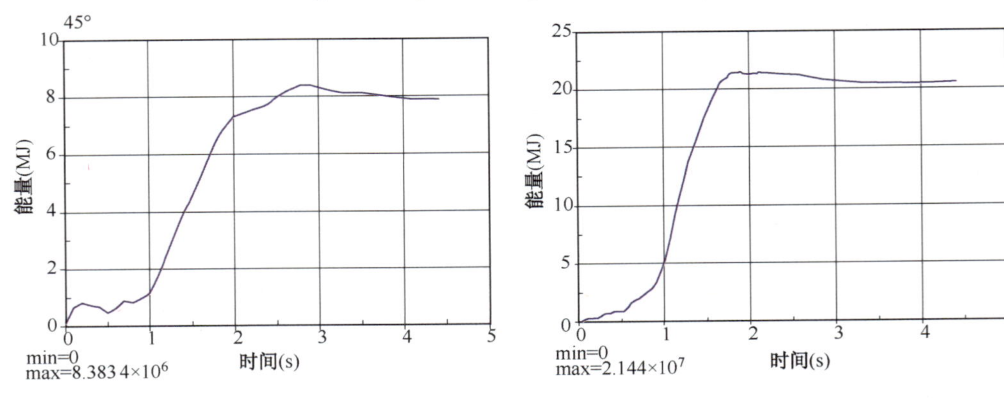

图 7-25　船的变形能时程曲线

Fig. 7-25　Time – deformation curve of ship

图 7-26　防撞装置的变形能时程曲线

Fig. 7-26　Time – deformation energy curve of anti – collision device

图 7-24 中 C 曲线代表系统的总能量，A 曲线代表系统的动能，在零时刻船的动能。在碰撞的过程中，船的动能的一部分转换为船和防撞装置的变形能(B 曲线)，包括防撞装置所吸收的一部分船的动能；还有一部分转变为 D 曲线所代表的滑动能。A、B、D 三曲线之和与 C 曲线之差反映了计算中的砂漏能，在本计算中几乎可以忽略不计。

从图中可以看出，在碰撞后的 1s 之内，由于防撞装置柔性大，在撞击作用下发生后退运动，而船头则发生滑动，因而变形能消耗很少。随着应力波在船 – 防撞装置 – 桥墩之间的往返传播，船的变形能才逐步上升，最大达到 8. 5MJ，约占船的初始动能的 3%。

另一方面，由图 7-26 可以看出，撞击过程中防撞装置所吸收的变形能(防撞圈和钢围的变形)占船舶初始动能的 7% 左右，其绝对值约为 22MJ。这说明防撞装置可以多次反复使用。

(8)正撞工况数值计算小结

当初撞角为45°时，由以上数值计算结果不难得出以下分析结论：

①由于柔性防撞装置能降低撞击力并将船头拨开，船舶初始动能(307MJ)的绝大部分70% ~80%未参与撞击过程的能量交换，充分体现柔性防撞装置的优越性。

②由于撞击过程中交换的能量小了，最大撞击力自然降低了，达到保护桥墩的目的。

③撞击过程中船舶的变形能也仅为8.5MJ，这是采用使船完全停止的浮式钢构刚性防撞装置时所交换变形能的3%左右，充分体现既保护桥，同时也保护船舶的作用。

④防撞装置中钢围变形和吸能圈耗能仅为22MJ左右，因此防撞装置可以多次使用。

7.2.3.2　侧撞工况(13°)

当初撞角为13°时，由以上数值计算结果可以得出以下分析结论：

(1)由于柔性防撞装置能降低撞击力并将船头拨开，船舶初始动能(307MJ)的绝大部分(99.2%)未参与撞击过程的能量交换，充分体现柔性防撞装置的优越性。

(2)由于交换的能量小了，撞击力自然降低了，达到保护桥墩的目的。

(3)撞击过程中船舶的变形能也仅为2MJ，是使船完全停止的浮式刚性防撞装置所交换变形能的0.36%左右，充分体现既保护桥，同时也保护船舶的作用。

(4)防撞装置中钢围变形和吸能圈耗能仅为0.6MJ左右，因此防撞装置可以多次使用。

7.2.3.3　桥墩无防撞装置的数值计算分析

为进一步了解柔性防撞装置在降低船－桥碰撞力方面的优越性，进一步给出无防撞装置条件下船－桥相撞的数值模拟简要计算结果，以供比较和参考。

计算表明(图7-27)，无防撞装置时，船与桥墩相撞的总撞击力达到约100MN。这表明无柔性防撞装置时将会同时给船和桥都造成严重损害，而柔性防撞装置则可使撞击力降低到60%以下，同时对桥和船起到保护作用。

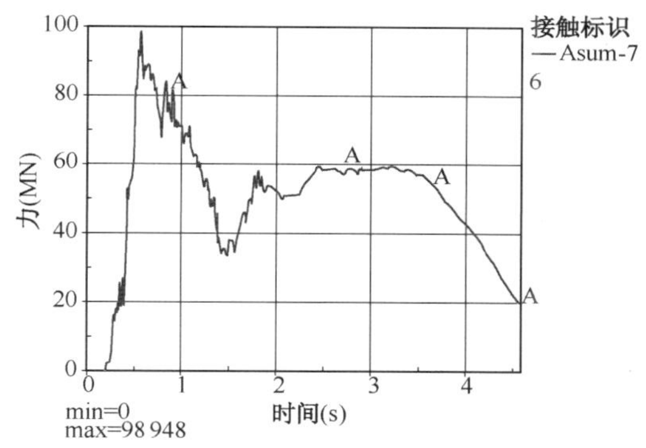

图7-27　船与桥墩(包括承台及与桥桩)的总撞击力的时程曲线

Fig. 7-27　The time－curve of impact force of ship with bridge pier(include the cushion cap and pile)

7.3　实船撞击柔性防撞装置实验及数值计算

为了验证柔性防撞装置抵御船舶撞击的可靠性，以及上述有限元计算的可靠性，宁波市高等级公路建设指挥部和宁波大学等单位得到交通部门和浙江省的基金支持，在宁波象山白

墩港共同组织实施了国内外首次采用实船撞击柔性防撞装置的试验[17]。

7.3.1 实船撞击试验

实船撞击试验是利用宁波象山白墩港大桥主桥墩前方的一个防撞墩，将柔性防船撞装置安装在该防撞墩上(图 7-28)。柔性防撞装置的内、外钢围采用浮箱(箱梁结构)设计，可以浮在水面。其引撞角为 75°，外钢围的刚度与防撞圈强度的关系设计依据理论分析确定。

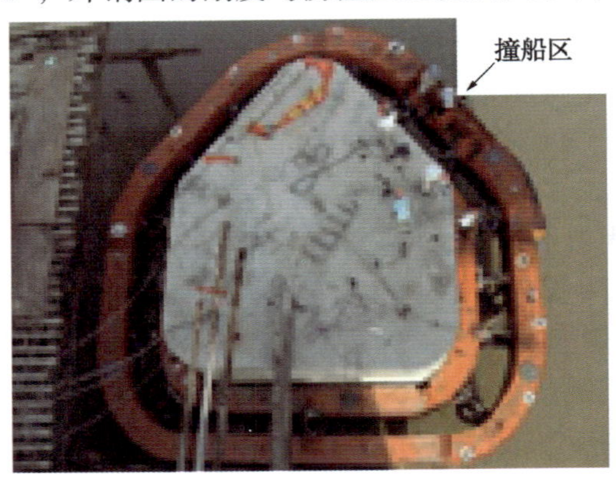

图 7-28　柔性防船撞装置

Fig. 7-28　Flexible crashworthy device for ship with bridge

为了测量船舶对桥墩的撞击力和船舶受到的撞击力，以及船舶的运动随时间的变化，在防撞装置和试验使用的船舶上、安放一系列的传感器。在防撞圈与内钢围之间装设力传感器[图 7-29a)]，记录桥墩受到的撞击力，在外钢围上设计一个船舶撞击区，在撞击区内布置有 12 个压力传感器[图 7-29b)]，记录船舶与外钢围之间的撞击力。在船舶的质心附近设置有三维加速度传感器和陀螺仪，记录船舶加速度以及船舶运动方向的变化。利用测量所得到的船舶加速度时程曲线，也可以求得船舶受到的撞击力时程曲线。

a)

b)

图 7-29　柔性防船撞装置局部结构

Fig. 7-29　The local construction of flexible crashworthy Device for ship with bridge

试验采用的船舶的空载重量为 250t，载重量为 400t，总排水量约 650t。试验中载重量约 200t，船舶的排水量范围为 250t ~ 400t，船舶撞击速度 1 ~ 4m/s。对不同的船舶航速、重量和撞击方向，共进行了 12 次实船撞击实验(图 7-30)。试验测得船撞力时程曲线、船舶撞击后的运动轨迹，以及柔性防船撞装置的冲击响应等。船舶在撞击 12 次后仅受到轻微损伤，而防撞装置完好，可以继续工作，承台则没有发现任何损伤。

图 7-30 实船撞击试验

Fig. 7-30 Test of real ship impacting the bridge pier

试验结果表明：

①柔性防撞装置具有拨转船舶航向的功能，即使船舶偏航撞击角度达到 25°，该装置仍能够拨转船舶航向，使其沿着外钢围外侧滑走。

②船舶航速在撞击后的变化很小，当船舶偏航撞击角度较小(5°)时，撞击后与撞击前的船舶航速比达到 90% 以上，即使对于 25°的船舶偏航撞击角度，撞击后与撞击前的船舶航速比仍达到 80% 以上。可见柔性防撞装置使得船舶在撞击后，其大部分动能没有参加能量交换，仍以动能的形式保留在船舶上。

③柔性防撞装置不仅保护了桥梁(包括桥墩承台)，而且可以保护船舶，同时装置本身也可以不受损坏，可以达到"三不坏"。

7.3.2 实船撞击试验的数值模拟

为了与试验结果进行比较，针对试验条件，采用有限元商用软件 LS – DYNA 进行了数值模拟，模拟 3 种工况下对桥墩的撞击力。为了研究柔性防护装置的防护效果以及碰撞角度对撞击力的影响，还模拟计算了典型试验工况下无柔性防护装置的碰撞过程和无碰撞角度的碰撞过程，即船舶撞击未装设防撞装置的承台和装设柔性防撞装置的承台的最大撞击力(表 7-10)。

数值模拟工况及结果比较 表 7-10

Conditions of numerical simulation and its calculation results comparing to the test dates Table 7-10

船舶重量(t)	船舶航速(m/s)	船舶偏航撞击角(°)	数值模拟最大船撞力(t)		实测最大船撞力(t)
			裸撞	柔性防撞装置	柔性防撞装置
250	2.3	26	270	80	65
250	3.0	0	160	75	65
400	3.5	0	230	110	100

试验实测的船撞力时程曲线与数值结果的比较如图 7-31 ~ 图 7-33 所示。

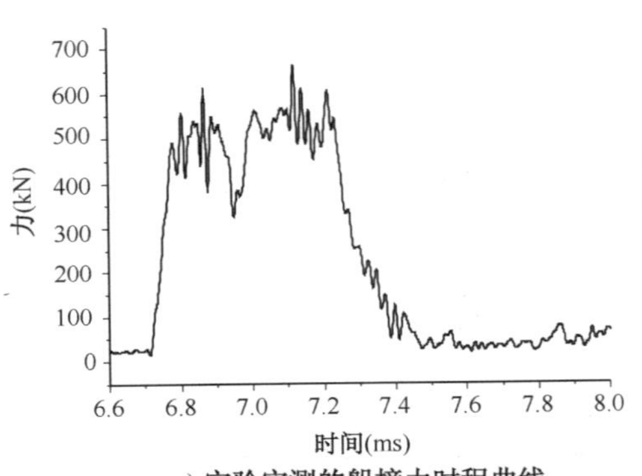

a) 实验实测的船撞力时程曲线
The measured curve of time-impact force by actual ship collision with the bridge

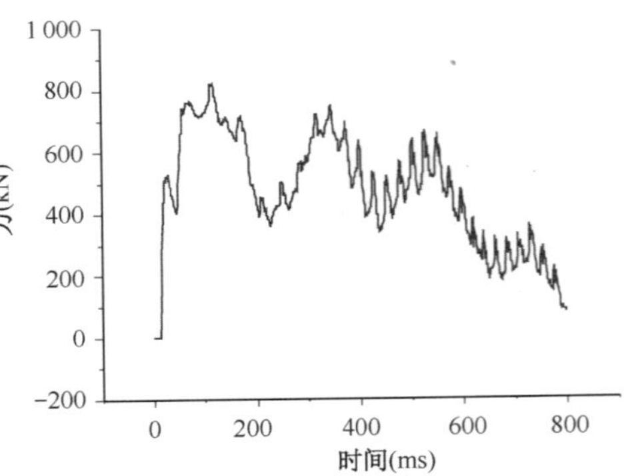

b) 数值计算的船撞力时程曲线
The calculation curve of time-impact force by ship collision with the bridge

图 7-31　船重 250t，航速 2.3m/s，船舶偏航撞击 26°

Fig. 7-31　Displacement of ship weight 250t, velocity of ship 2.3m/s, sheer angle of ship 26°

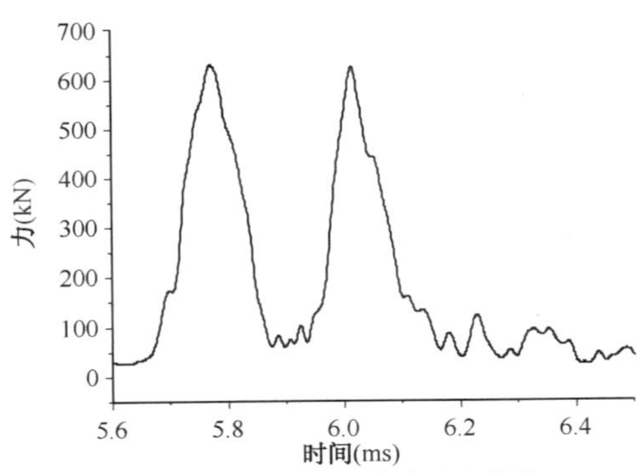

a) 实验实测的船撞力时程曲线
The measured curve of time-impact force by actual ship collision with the bridge

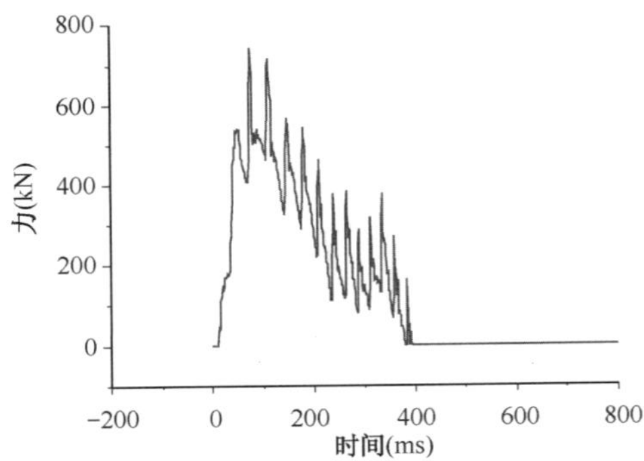

b) 数值计算的船撞力时程曲线
The calculation curve of time-impact force by ship collision with the bridge

图 7-32　船重 250t，航速 2m/s，船舶偏航撞击角 0°

Fig. 7-32　Displacement for ship weight 250t, velocity of ship 3m/s, sheer angel of ship 0°

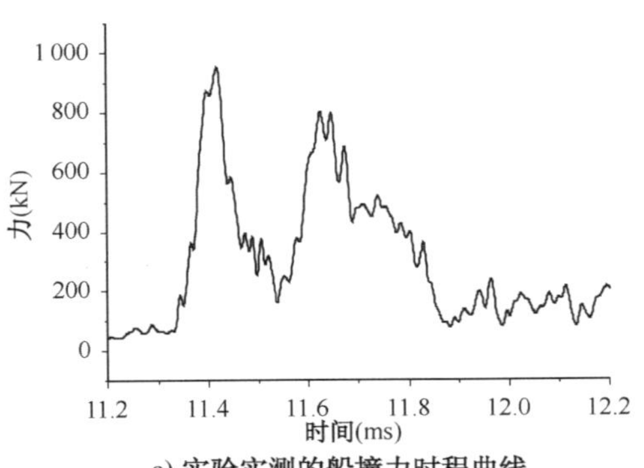

a) 实验实测的船撞力时程曲线
The measured curve of time-impact force by actual ship collision with the bridge

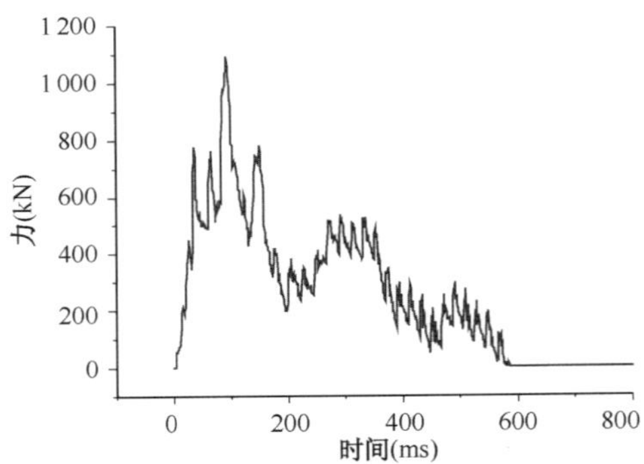

b) 数值计算的船撞力时程曲线
The calculation curve of time-impact force by ship collision with the bridge

图 7-33　船重 400t，航速 3.5m/s，船舶偏航撞击角 0°

Fig. 7-33　Displaceinet for ship weight 400t, velocity of ship 3.5m/s, sheer angle of ship 0°

上述的比较可见，数值计算得到的最大船撞力与实验测量值基本一致，两者得到的碰撞历时也基本相同。因此，对最大船撞力的数值模拟结果是可靠的。表7-10表明，柔性防撞装置可以大幅降低船舶对桥墩的撞击力(降低50%以上)。但两者的船撞力时程曲线的形貌有所偏差。如下因素可能造成这种偏差：

①水流的影响：在有限元模型中，水流的影响是以附连水质量的形式体现，这可能在船舶具有角速度变化的运动时，产生一定的误差。

②实际的船首钢板质量的影响：在有限元模型中，使用的船首钢板的材料参数是刚出产的钢板材料参数，然而实际的试验船是经过长期使用而即将报废的船，其船首钢板已经受到海水相当严重的腐蚀，即实际的船首的刚度和强度要比有限元模型中的弱，这也是导致数值模拟的船撞力均略大于实验测量值(表7-10)的一个原因。

7.3.3 结论

经过有限元数值分析和实船撞击实验研究，得到如下结论：

(1)新型柔性防撞装置能够起到缓冲、拨转船舶航向的作用，船舶具有的大部分动能在碰撞过程中没有参加能量交换，仍以动能的形式保留在船舶上，大幅降低了船舶对桥墩的撞击力。

(2)柔性防撞装置不仅可以保护桥梁(包括桥墩承台)，而且可以保护船舶，同时装置本身也可以不受损坏，可以达到“三不坏”。

(3)柔性防撞装置的关键设计参量(外钢围刚度、迎撞角和防撞圈的组构设计)可以通过理论分析和数值模拟确定。

(4)实验表明采用有限元数值计算方法模拟最大船撞力，得到的结果是可靠的。

参考文献

[1] International Association for Bridge and Structural Engineering (IABSE). Ship Collision with Bridges and Offshore Structures, Preliminary Report, IABSE Colloquium[R]. Denmark, Copenhagen, 1983.

[2] 美国各州公路和运输工作者协会(AASHTO). 美国公路桥梁设计规范[S]. 辛济平，等译. 北京：人民交通出版社，1994.

[3] 陈国虞，王礼立. 船撞桥及其防御[M]. 北京：中国铁道出版社，2006.

[4] Larry D, Olson PE. Dynamic Bridge Substructure Evaluation and Monitoring[R]. Report No. FHWA-RD-03-089, U. S. Federal Highway Administration, 2005.

[5] Jones N. Structural Aspects of Ship Collisions. In Jones N and Wierzbicki T, Editors. Structural Crashworthiness. Butterworths Publishers, London and Boston, 1983. 308 – 337.

[6] P Terndrup Pedersen, S Valsgard, D Olsen and S Spangenberg. Ship impacts: Bow collisions[J]. International Journal of Impact Engineering, 1993, V13: 163 – 187.

[7] Gary R Consolazio and David R Cowan. Nonlinear analysis of barge crush behavior and its relationship to impact resistant bridge design[J]. Computers & Structures, 2003, V81: 547 – 557.

[8] 中华人民共和国行业标准. TB10002.1—2005 铁路桥涵设计基本规范[S]. 北京：中国铁道出版社，2005.

[9] 中华人民共和国行业标准. JTG D60—2004 公路桥涵设计通用规范[S]. 北京：人民交通出版社，2004.

[10] 上海钢结构研究所. 船撞桥论文选(内部参考资料). 2000.

[11] Vrouwenvelder ACWM. Design for Ship Impact According to Eurocode 1, Part 2.7, Ship Collision Analysis

[S]. Rotterdam: A. A. Balkema, 1998: 123 - 124.

[12] 王礼立. 应力波基础[M]. 2 版. 北京：国防工业出版社. 2005.

[13] 王礼立，张忠伟，黄德进，等. 船撞桥的钢丝绳圈柔性防撞装置的冲击动力学分析[G]//洪友士. 应用力学进展. 北京：科学出版社，2004.

[14] Lili Wang, Liming Yang, Dejin Huang, Zhongwei Zhang and Guoyu Chen. An impact dynamics analysis on a new crashworthy device against ship - bridge collision[J]. International Journal of Impact Engineering, In Press, Accepted Manuscript, Available online 20 January 2008.

[15] 徐萃薇. 计算方法引论[M]. 北京：高等教育出版社，1985.

[16] Chou PC and Hopkins AK. Dynamic response of metals to intense impulse loading[J]. Air Force Materials Laboratory, 1972 .

[17] 杨黎明，吕忠达，王礼立，等. 第二届全国桥梁学术会议论文：桥梁抗船撞柔性防护及实船撞击实验[C]. 北京：人民交通出版社，2012. 948 - 954.

第 8 章　防御船撞桥的柔性防撞装置的研究试验和工程实例

Chapter 8　The Study and Examination of Flexible Equipment on Anti – collision with Ship and Bridge and Its Engineering Examples

摘　要　本章首先叙述了 18 年来我国对防御船撞桥的柔性防撞装置所进行的试验研究，测定过程的力与功：从单个防撞圈到多层串联、并联防撞圈；从小防撞圈到防御 50000t 船用的 ϕ800mm 防撞圈；从裸钢丝绳圈到复合防撞圈。随后，从防撞圈加上外钢围的构件性能测定到防撞装置的 1∶1 分段性能测定，叙述研发的思路。接着简述了 10 座桥梁的柔性防撞方案，这些方案中，只有湛江海湾大桥和象山港大桥共 12 个桥墩和墩塔建成为工程物。最后总结了几条心得。

关键词　桥梁防船撞　柔性防撞装置　防撞圈　复合高耗能防撞圈　防撞工程实例

Abstract: Firstly, this chapter used 10 sections to mentions the experiment study of the flexible equipments on anti-collision with ship and bridge in China at the last 18 years. Many objects, from single anti-collision ring to multiple rings in series and in parallel; from small ring to ϕ800mm rings used for 50000t ships; from naked steel wire ring to the composite rings; from the rings with-outs outer steel gate to 1∶1 subsection of the equipments; have been force and power both test on.

Secondly, the general outline of the design of 10 bridges is described. Almond those only two bridges with 12 piers (Zhanjiang Bay Bridge and the Xiangshan Harbor Bridge) had been constructed. At last some experiences are quoted.

Key words: anti-collision of ship with bridge, flexible equipments on anti-collision, anti-collision rings, high consume energy composite anti-collision rings, examples on anti-collision

8.1　缘起

1994 年交通部通知部属上海船舶运输科学研究所(上海船研所)，对湖北黄石长江公路桥防御船撞桥的方法进行研究，提出方案，参加设计竞标。当时通知下来的已定条件为：桥轴线的垂线与水流主方向夹角超标(大于 5°)[3]；桥墩型式选定为双薄壁墩，通航净宽为 3×245+2×162.5m，水中设 6 墩。也就是说，关于对桥位、桥型提合理化建议的阶段已经过去，只能对一个不尽合理的设计进行补救性的防撞方案研究设计。

当时上海船舶运输科学研究所结构研究室的结构研究一组和二组分别提出方案：一组提出的是浮式柔性防撞方案；二组提出的是较经典的钢格子趸船弹塑性耗能方案。所内评议认为：前者“尚不够成熟，需要继续研究，但柔性是优点，以后有桥梁建设方提出需要柔性防撞时，再拿出去”；后者代表上海船研所前去竞标。结果中选，得以设计建造，于1998年建成[2]。

从此，柔性耗能防撞方案开始了8年的成熟过程——研究试验和工程设计练习。到2002年才在广东湛江大桥上进行工程设计和建造，8年的研究试验可分10个小点，在下节分述。

8.2 柔性防撞装置的试验研究

8.2.1 柔性高耗能防撞元件的理论研究

业内很多人都知道日本岩井・聪的一篇船撞桥的文章于1986年被介绍到中国，这篇文章将桥墩防船撞装置分为直接构造(受撞时桥墩受力)和间接构造(受撞时桥墩不受力)两大类。每类按变形和运动性质分为：弹性变形型、压坏变形型和变位型。最后一种变位型在牛顿力学属于运动学范畴，弹性变形不破坏压坏变形型包括塑性变形和开裂损毁过程，是材料的应力应变到破裂的过程。

对搞力学、材料、塑性变形等专业的人来说，看到这个分类后很容易想到一连串问题，例如：“变位过程消耗的能少，变形过程消耗的能大；利用塑性变形发热可以耗掉很多冲击动能；利用不会断裂的金属来回变形可以制造大型的吸能器；金属在低温段变形小但吸收能量大，在高温段变形大，不易开裂破坏；黏滞性较弹塑性更能消耗船舶冲击的动能，应该利用黏滞性材料作防撞吸能器”。最后一点就是发展黏滞性防撞元件的力学基础。

简而言之，防撞元件的变形从弹性—弹塑性—塑性—黏滞性，耗能越来越大，是顺理成章的，是发展的必然。

8.2.2 利用钢丝绳变形摩擦发热制造的黏滞性元件

黏滞性的东西很多，日常做饭时的湿面团就是黏滞性物质，凝胶、树脂、泡沫塑料等都有黏滞性。工业中在橡胶里放入大量纤维，可以使元件从原来的弹性变为带有黏滞性，但这些东西的特点是体积比较大，耗能值小。

工业上常用的钢丝绳的制件，能在体积较小的元件产生较大的耗能效应，当时在航天器上耗能减振的元件，已成功地被上海船研所用在空压机机座上，放在南京路沈大成糕团店的顶层晒台。

钢丝绳防撞元件不同于钢丝绳减震元件，它希望个体小耗能大，所以首先在钢丝绳结构方面选用全部钢对钢摩擦的钢丝绳(没有麻心)，并选用截面内接触线多的结构形式。最简单的结构是选用GB/T 8918中的6×7+IWR，见图8-1a)。它以7丝钢心钢绳作为绳心(IWR)，外面是6股每股7丝，就是等径的49丝钢绳，当采用同向捻、等捻距时，它有54条接触线。另一种结构是如选用6×9W+IWR，见图8-1b)。这种“瓦仑吞”式钢绳结构由3种不同直径的钢丝共96丝组成，其接触线高达138条。

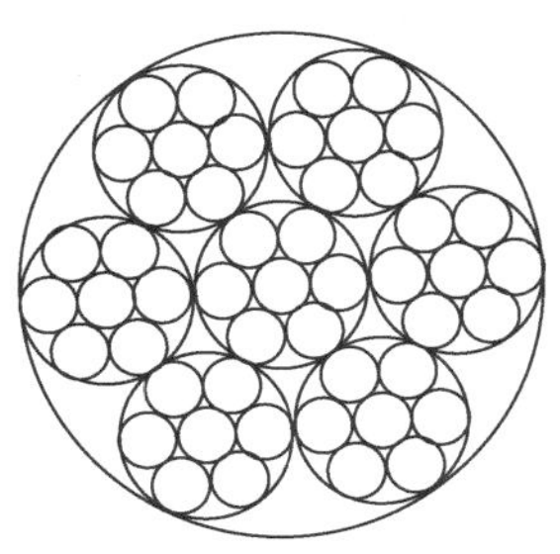

a) 54条接触线的6×7+IWS型
54 contact lines,type of 6×7+IWS

b) 138条接触线瓦仑吞式6×9W+IWR型
138 contact lines, type of 6×9W+IWR

图 8-1 增加截面内钢对钢内摩擦线的钢丝绳结构选型举例[8]

Fig. 8-1 The example of selected construction inereacing contact lines of steel wire

图 8-1 是简单的选型举例，接触线多是基本要求，但有些结构(例如有一种截面钢丝达到500 多丝)不能控制其非摩擦变形(非摩擦变形越少越好)，使内摩擦减少；还有些结构股间是点接触，内摩擦也减少。

其次，钢丝绳绕成防撞圈时用紧密排列，防撞圈的径向横截面内钢丝绳成三角形堆垒，这样便于约束钢丝绳，减少非摩擦变形。

再有，用铝合金椭圆箍，将钢丝绳两头压紧(还用细钢丝将钢丝绳扎紧)，限制非摩擦变形，迫使钢丝绳内部的钢丝在受外部作用力时产生丝间摩擦，导致内部消耗发热。

还有，增大钢丝绳丝间的摩擦系数，采用钢丝之间钢对钢干摩擦，要求生产表面无油的钢丝用以捻制钢丝绳。

图 8-2 是钢丝绳绕成防撞圈在受拉、压力变形时，测定其“力－变形”图，分析图中各阶段的抗力和功耗。

a) 受压变形和能量测试
Determin the characters on deformation
and absorb energy,when the ring is pressed.

b) 受拉时变形和能量测试
Determin the characters on deformation
and absorb energy,when the ring as tensile.

图 8-2 密排钢丝绳元件拉压准静态试验

Fig. 8-2 Compactly arranged steel wire ring being tensed and pressed in quasistatic test

8.2.3 高耗能防撞圈的复合

将上述密排钢丝绳圈外面用硫化橡胶包覆，便是复合高耗能防撞圈(图 8-3)。选择氯丁橡胶包覆以求得到好的耐海水性能。为了使橡胶渗入到两根钢丝之间的“谷地”并与钢丝粘住，要求钢丝表面无油，所以钢丝在最后几道拉制时，采用无油拉丝。

由钢丝绳盘起来的制品，是堆垒的螺旋形（它的头尾已压紧），而它在径向受力时都呈斜向变形。在硫化复合过程中处于成型模中的位置也是螺旋形的，这个螺旋形在进模前用细钢丝紧固，这时它已经是个黏滞性物体，例如从卡车上摔下来便会得到另一个形状（圆形摔扁了）。

经过复合之后有了橡胶外皮，除了防止海水腐蚀钢丝绳之外，还有助于外形的固定，无论是在搬运（小载荷）或使用中受撞（大载荷）之后，橡胶尽量帮助钢丝绳圈恢复形状，这也是防撞元件受大撞后能恢复多次使用的一个因素（防撞圈在内、外钢围之间安装后，钢围受撞后的弹性恢复也帮助防撞圈形状的恢复）。

a) 两种包裹方法
Two types of coating

b) 大中小ϕ800ϕ600ϕ400mm防撞圈
Big,middle and small anti-collision rings as ϕ800ϕ600ϕ400mm

图 8-3　批量生产的复合防撞圈系列

Fig. 8-3　The composite anti－collision rings in mass production

8.2.4　复合高耗能防撞圈准静态拉压曲线

（1）ϕ400 型复合高耗能防撞圈准静态拉压曲线（图 8-4）

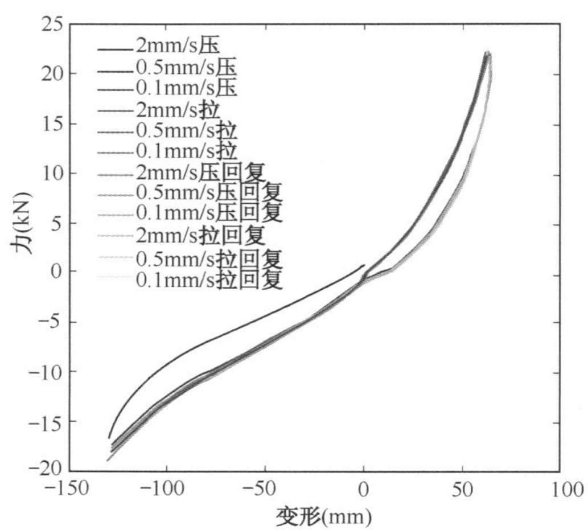

图 8-4　ϕ400 型复合高消耗能防撞圈准静态拉压曲线（此图为宁波大学周风华试验）

Fig. 8-4　The curve of quasistatic tension and compression test of ϕ400 compound type of high energy consumption anti－collision rings（Drawing by professor Zhou Guanghua of Ningbo University）

(2)ϕ800 复合高耗能防撞圈的准静态拉压曲线(图 8-5)

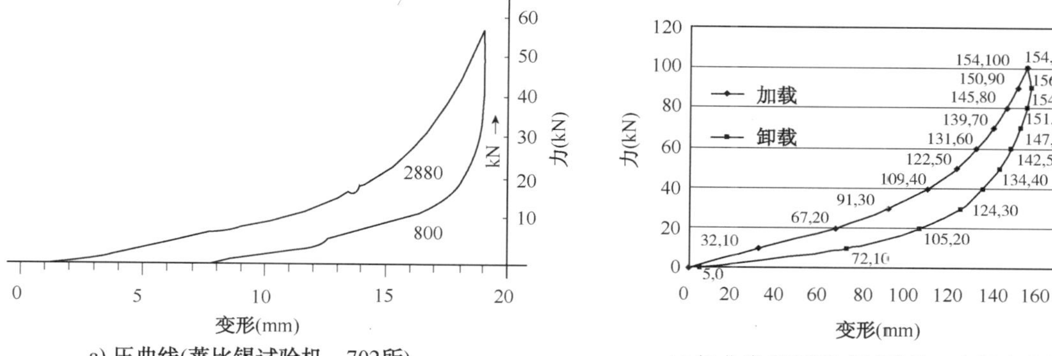

a) 压曲线(莱比锡试验机、702所)
Curve of pressed test(Leipzig machine, 702 Institute)

b) 拉曲线(德国申克试验机、东海水产所)
Curve of tension test
(Schenck machine, East-Sea Marine-lives Institute)

图 8-5 ϕ800 型复合高耗能防撞圈准静态拉、压曲线

Fig. 8-5 The curve on quasistatic tension and compression test of ϕ800 type of compound anti – collision ring

(3)ϕ400、ϕ800 型复合高耗能防撞圈动态压曲线(图 8-6)

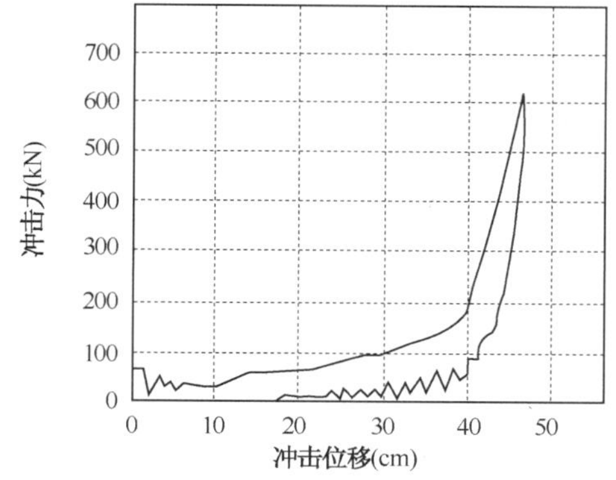

a) ϕ800mm动态压曲线(702所)
Curve of dynamic compression test of ϕ800mm ring
(702 institute)

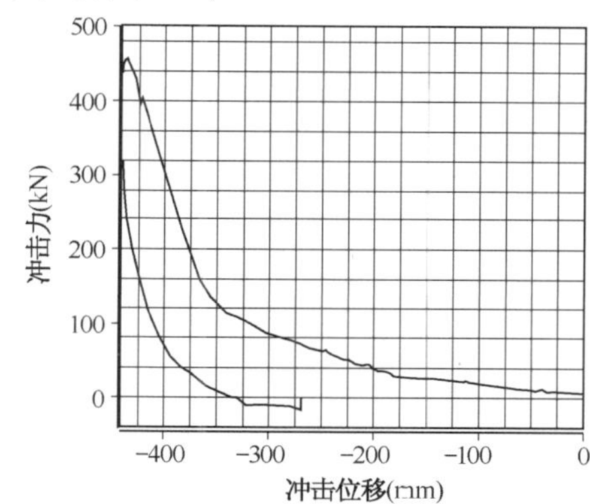

b) ϕ800mm动态压曲线(彭浦橡胶厂)
Curve of dynamic compression test of ϕ800mm ring
(Pengpu rubber Factory)

图 8-6 复合高耗能防撞圈动态压曲线

Fig. 8-6 Curve of dynamic compression test of high energy consumption anti – collision compound ring

8.2.5 黏滞性防撞圈与外钢围组成防撞装置试验

要对付来撞的大船，必须使成百、上千个防撞圈一齐作用，使用外钢围可以达到这个目的。有的人对于船舶撞击外钢围外部时，与外钢围相连的防撞圈共同受压的现象想得通；而对位于撞击点对面外钢围拉防撞圈的做法却想不通。其原理就是，若背面防撞圈中孔允许位移0～400mm，外钢围设计的刚性和强度使得它在该处变形小于400mm 时，外钢围就会拉防撞圈使其变形，而达到多个防撞圈同期作用的结果。

涉船的专业人员可以将外钢围想象成一艘疏浚用的开底泥驳，将船底门打开、拆掉，把桥墩放进去，来船撞击开底泥驳的外边，中空开口井内的钢构件(运动)可以拉动固定在中间的防撞圈。

先用试验直观地证明，可以用下面几个试验设计(图 8-7～图 8-9)，分别求出多圈受压、多圈受拉和多圈受剪时的抗力和变形。下面的试验外钢围和桥墩都是钢做的（用 ϕ300 防撞圈）。

a) 用外钢围测定防撞圈同期性的试样
The sample used for determining synchronism of anti-collision rings

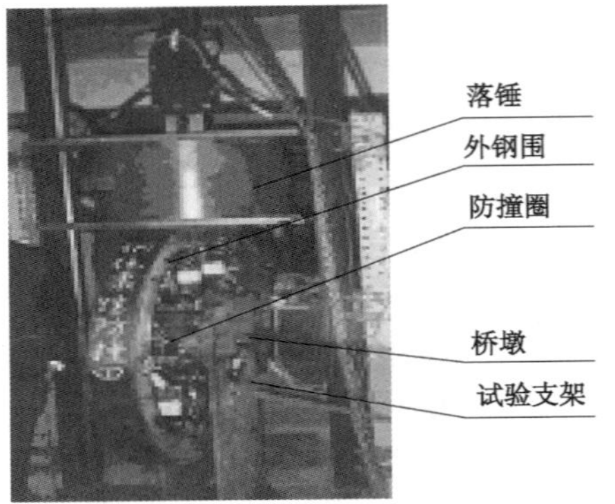

b) 外钢围和防撞圈组装后置于落锤试验机内
Assembled anti-collision rings and steel pen are set into hammer testing machine

图 8-7　利用外钢围测定防撞圈共同受载的试验装备

Fig. 8-7　The testing equipment, using steel pen, for anti – collision rings

将模拟桥墩和防撞装置的组合，按工作状态旋转 90 度，支撑住桥墩，用自由落锤试验机的落锤作为来撞的船，对防撞装置的外钢围进行撞击。支撑装置具有两点支撑和圆弧支撑两种方式，以模拟船从正面和侧面撞击。分别测定 2 圈受压、2 圈受压 2 圈受拉、2 圈受压 2 圈受拉 2 圈受剪和 1 拉 1 压 4 圈受剪等各种情况，试验测定“力—变形”图。

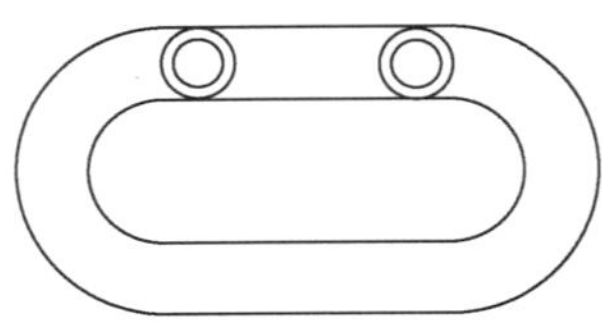

a) 2圈受压
To test compression for 2 rings

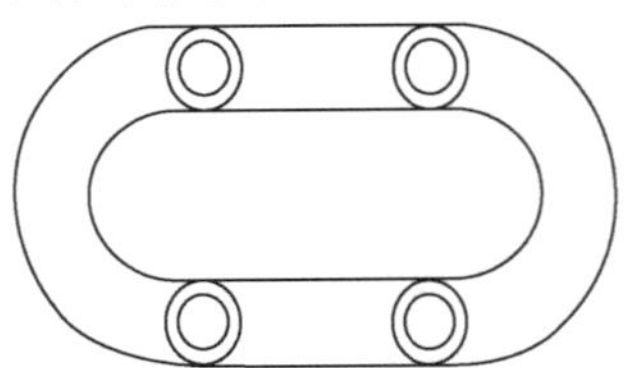

b) 2 圈受压 2 圈受拉
To test compression for 2 rings,tension for 2 rings

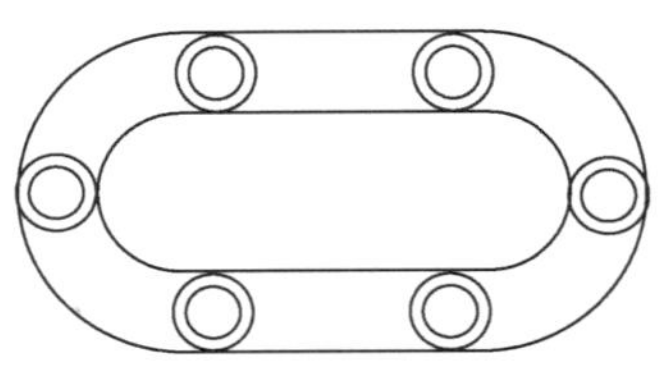

c) 2 圈受压 2 圈受拉 2 圈受剪
To test compression for 2 rings,tension for 2 rings, shera for 2rings

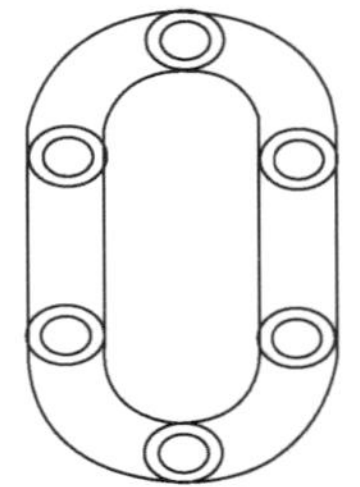

d) 1 拉 1 压 4 剪
To test compression for 1 ring,tension for 1 ring, shera for 4 rings

图 8-8　利用外钢围测定防撞圈共同受载的各种工况试样布置图

Fig. 8-8　Samples layout for testing anti – collision rings using steel pen

8. 2. 6　ϕ800 防撞圈与外钢围单层并联组成 1∶1 分段的试验

外钢围与 4 个并联的防撞圈组成分段，测定“力—变形”图：

图 8-9 单层防撞圈并联试验

Fig. 8-9 single aleck anti – collision ring test in parallel connection

8.2.7 φ800 防撞圈与外钢围双层并联、串联组成 1∶1 分段的试验

外钢围与双层(8 个)防撞圈串联并联的试验，如图 8-10 所示。

图 8-10 双层防撞圈串联并联试验

Fig. 8-10 Double deck anti – collision rings test in parallel and in series connection

8.2.8 柔性防撞装置陆上撞击试验设计——探索“三不坏”

“三不坏”可达防撞装置的最高效果，船与桥墩相撞时三不坏就是桥、船和防撞装置三者都不坏，可反复使用。陆上车辆防撞装置的三不坏就是路边桩柱(护栏等)、车辆和防撞装置三不坏。船撞桥是小概率事件，防撞装置能耐十次八次撞击就意味着可以长期使用，算作三不坏。

首先设计了陆上模拟船的撞击试验(图 8-11)，为了证明拨开船头的防撞装置能被撞十次八次之用。图 8-11 为设计图，因试验设计人对测量项目要求高，测量仪器投资较大，未能实施。

8.2.9 陆上车辆撞击试验

陆上车辆撞击试验，证明柔性防撞装置是可以多次使用的。在陆上桩柱外装有 6 个 φ400mm 复合高耗能防撞圈，防撞圈外面有外钢围。撞击车装有力传感器。图 8-12 为陆上模拟试验装置的照片。

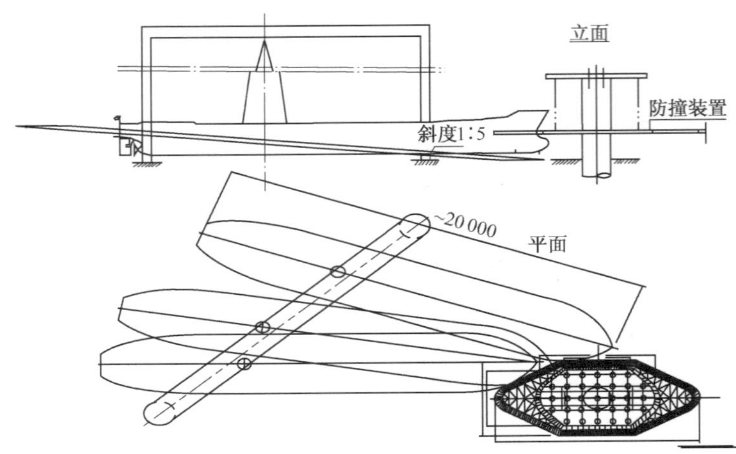

图 8-11　模拟船撞墩的陆上试验设计图(尺寸单位:mm)

Fig. 8-11　Simulaing test design for ship collision with pier on the ground

a) 模拟桥墩、防撞圈和外钢围
Simulating pier, anti-collision rings, and steel pen

b) 模拟车船撞向防撞装置
Simulating car impacts on the anti-collision equipment

图 8-12　陆上模拟试验装置

Fig. 8-12　Simulating anti－collision equipments for test on the ground

8.2.10　柔性防船撞装置实船试验简介[7]

2011 年 9 月 3 日在浙江象山白墩港的一个混凝土试验桥墩进行了实船撞桥墩的实验，条件简述如下(图 8-13)：

①防撞装置有内、外两钢围(浮箱围子)，安装在混凝土承台外，内、外两钢围(浮箱)之间装有 14 组共 28 个防撞圈；防撞圈与内、外钢围之间装有力传感器。

②选用载重量 DWT400t 的自航式沿海货船；空船撞击试验时排水量 DPT250t；有载撞击试验时载钢铁 150t，排水量 DPT400t。

③撞击时航行速度选定为 5 节、6 节和 8 节，仪器记录的撞击速度与试验设计误差不超过 1 节。船的质心附近有三维加速度传感器和陀螺仪，记录船舶加速度和运动方向的变化。从低速到高速、空载到有载、航线方向从 0 度到 26 度，共撞了 12 次。图 8-14 示出一次撞击过程的照片。

④撞后船头轻微损伤，防撞装置完好，人员站在离撞击点 1m 的甲板上和离撞击点 2m 的承台上，感觉轻微(类似船靠码头)的振动。

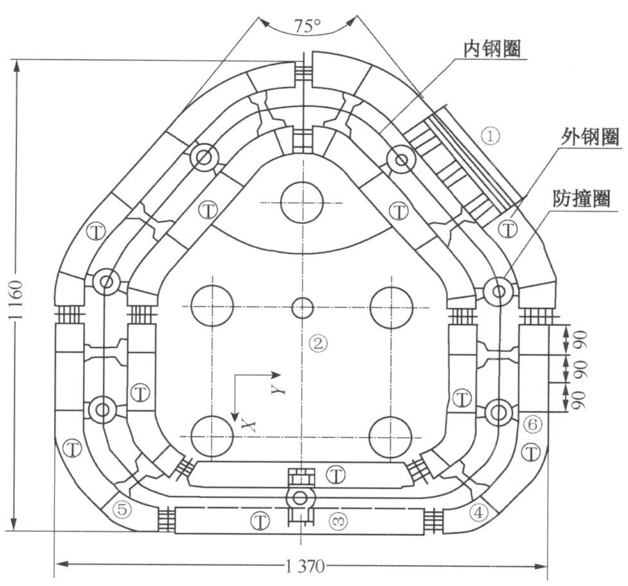

图 8-13 柔性防撞装置在桥墩的布置及安装图(尺寸单位:cm)

Fig. 8-13 The installation of flexible anti - collision equipments for testing with solid vessel impact to a solid pier in water

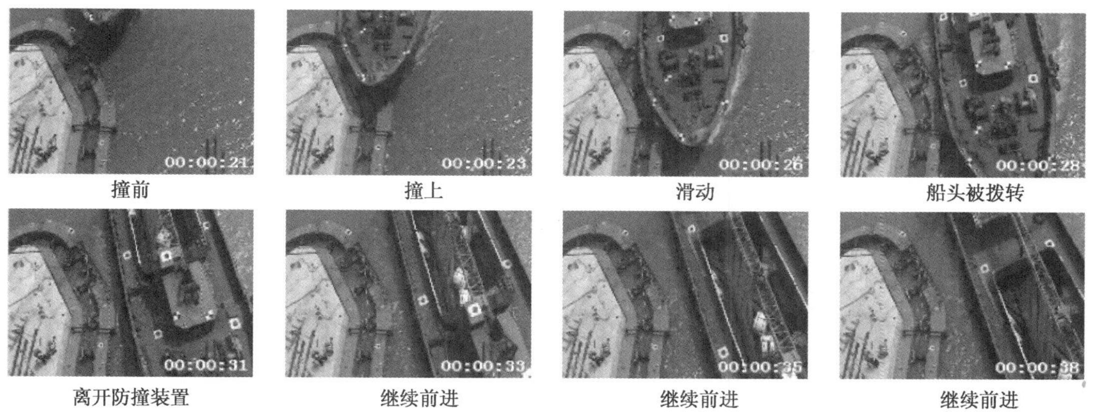

图 8-14 一次有载撞击过程[7]

Fig. 8-14 An impact process with loading vessel

8.3 柔性防撞装置的工程设计实例

虽然柔性防撞装置与钢格子吸能浮趸防撞装置，同时作了黄石长江公路桥的方案设计，但经过评审认为：柔性防撞装置“尚不够成熟，需要继续研究”。尽管如此，业内人士已经知道有这样一种柔性防撞的型式，尤其是它突出的优点被广为认识，需要防撞的通航桥梁开始送来他们的桥梁简图，希望配置柔性防撞装置。或请我们将柔性防撞装置作对比设计方案。计有：上海苏州河乌镇路桥、武汉长江大桥(后称武汉长江一桥)、汕头港湾大桥副航道桥、宁波大榭岛跨海公铁两用桥、广州丫髻沙大桥、武汉蔡甸汉江公路大桥、重庆鱼嘴长江大桥、浙江杭州湾跨海大桥和浙江象山港大桥等。其中后面 4 座桥的柔性防撞装置均已作了施工设计图，但只有湛江海湾大桥两个桥塔和象山港大桥两座大桥的 4 个主桥墩塔和 8 个侧墩的防撞装置得到施工建设。

下面将这 10 座桥的柔性防撞装置设计特点，简要介绍一下。

8.3.1 上海苏州河乌镇路桥柔性防撞装置设计

此桥位于上海苏州河，从河口上溯第 9 桥(外白渡桥、闸桥、虎丘路桥、四川路桥、河南路桥、老闸桥、浙江路桥、西藏路桥等桥梁的上游便是)，是一座 H10 吨汽车人行两用城市桥梁，建于 1949 年以前。参考上海市公务局老图纸并现场观测：桥斜置于江上，江中 4 列排架墩，形成 5 孔，通航中间 3 孔，南面水深，实际航行南二孔。原图该两孔两侧上下游方向离开桥墩一点，共建有防撞排架六条，均已垮掉不见。1994 年排架墩被撞 45 次，当时在排架墩的迎船端，用厚 25mm 钢板包 2m 长(圆端)。我们的设计(1995 年末)是在原包钢板外，用 ϕ300mm 钢丝绳柔性防撞圈 6 个，下设闭孔泡沫塑料浮体，做成一组防撞钢围，全桥共设 6 组防撞钢围，如图 8-15 所示。

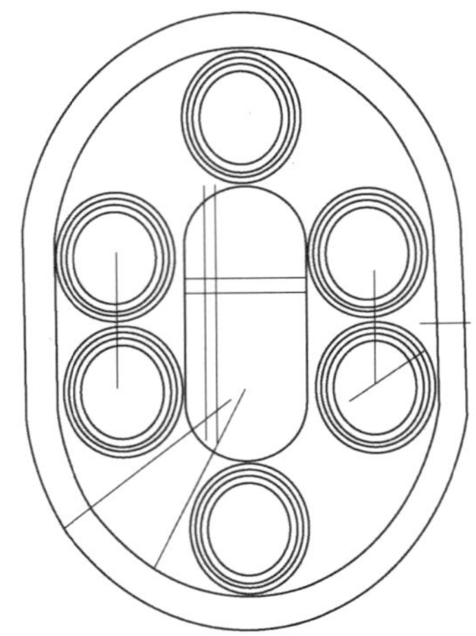

a) 排架墩端部防撞装置俯视图
Top view of anti-collision at one column of the two ends of pier

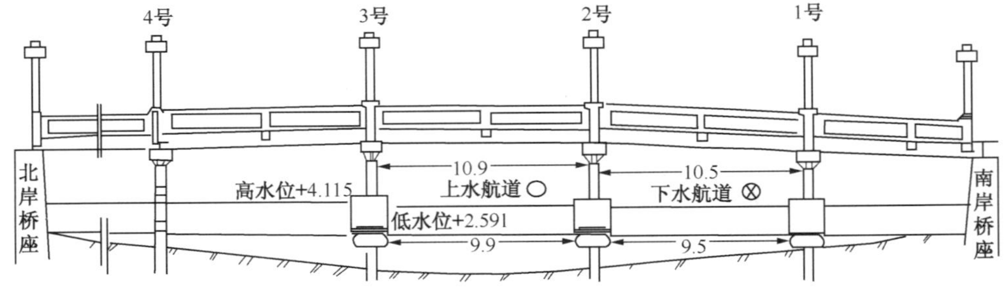

b) 两个通航孔排架墩上下游两端共设6个防撞装置
There are 6 anti-collision intallations on two ends of frame piers

图 8-15 上海苏州河乌镇路桥桥墩防船撞装置(尺寸单位:m)

Fig. 8-15 The anti – collision installatins for ship collision with pier at Wuzhen Road Bridge of Shuzhou River, Shanghai

设计完成后，由于桥管所反映，得到的反馈是市政建设部门拟建“一跨过江”的新桥，将老桥全部拆除，彻底免除船撞桥墩的问题。问我们有什么意见，我们当即举双手赞成：“这是最彻底的办法”。

8.3.2 武汉长江大桥(一桥)5号墩柔性防撞装置设计

这是桥方指定要做柔性防撞设计的一座大桥，并且在向我们提供桥墩图纸和设计要求的同时，提供了铁道部武汉铁道研究所和华中工学院合作多年(1987—1989年)的试验研究成果。

之后，了解了桥墩型式、材料、受撞时水位高度所决定的最大弯矩等，针对该桥核算的衡准方式(弯矩所产生的拉应力总和不大于危险截面处的压载荷——即桥墩危险截面处无拉应力)，认为该桥墩应该装设防撞装置。

对8个桥墩中被撞得最多的5号桥墩的防撞装置进行了设计，其简图如图8-16所示。

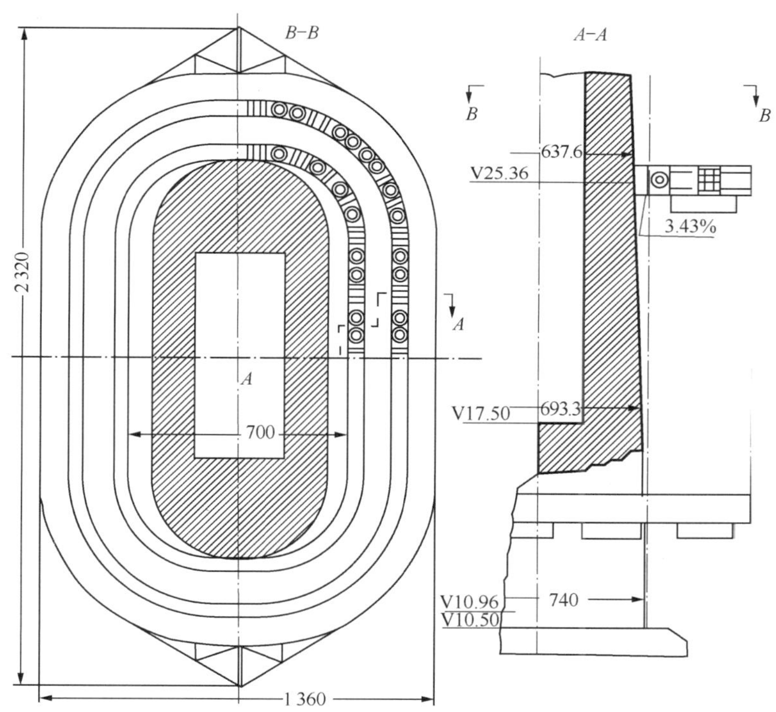

图8-16 武汉长江大桥5号墩柔性防撞装置

Fig. 8-16 Theflexible anti – collision equipment of No. 5 pier of Yangtze Bridge at Wuhan

8.3.3 汕头海湾大桥辅航道桥柔性防撞装置设计

该桥位于汕头港进出口处，有一小岛将航道分为主、辅两航道，主航道为452m的悬索桥，辅航道为梁桥，这样就将船撞塌桥的危险转移到辅航道去了。辅航道水中有3个桥墩，N26，N27，N28(只要撞塌一个，全桥中断)，中间墩大两边墩小，小墩与大墩间距50m，将水道分割成2×50m两条航道。这种桥型(墩设于航道中)是比较容易发生桥墩被撞的。大墩和小墩都易被撞，同济大学陆宗林教授建议三个墩都作柔性防撞装置(两墩中心距减去两边半墩宽，余 45.7m），由于过往船不大，若防撞装置精心设计则两航道各可有≥40m 通航净宽。设计柔性防撞装置时，已将大小桥墩迎船面的平面改成尖形和弧形，见图 8-17。

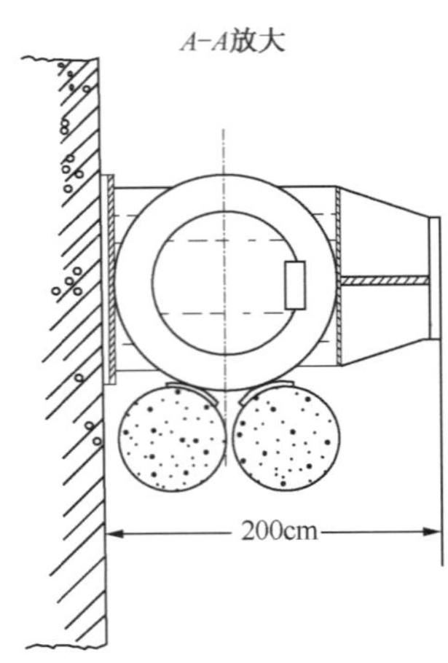

a) 柔性防撞装置截面图
The section of flexible Anti-collision equipment

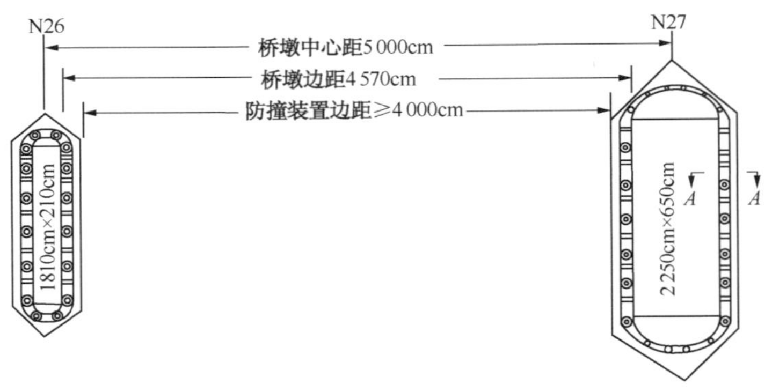

b) 少占航道的柔性防撞装置
A flexible anti-collision equipment occupying a little of the navigation route

图 8-17　汕头海湾大桥辅航道桥——窄航道中的柔性防撞装置

Fig. 8-17　The bridge of subsidiary navigation route at theShantou Bay
——The flexible anti – collision equipment in narrow navigation route

8.3.4　宁波大榭岛跨海公铁两用桥柔性防撞装置设计

对这座桥的防船撞桥墩的设计（1997 年）取得几点进展（参见图 8-18）：

①对比几个常用的船撞力经验公式之后，提出铁道规范公式计算结果数值偏小（应在下次修改规范时提出表面耗能系数的详细数值）。

②考虑了军船船首比较尖，外飘比较多，有球鼻艏的时候船头对承台上的桥柱和承台下的桩的影响。

③开始探索防撞圈下的耐用浮体（以前设计用闭孔泡沫塑料），当时的设计简图如下（此图曾于 2000 年在业内印发几百份征求意见）。

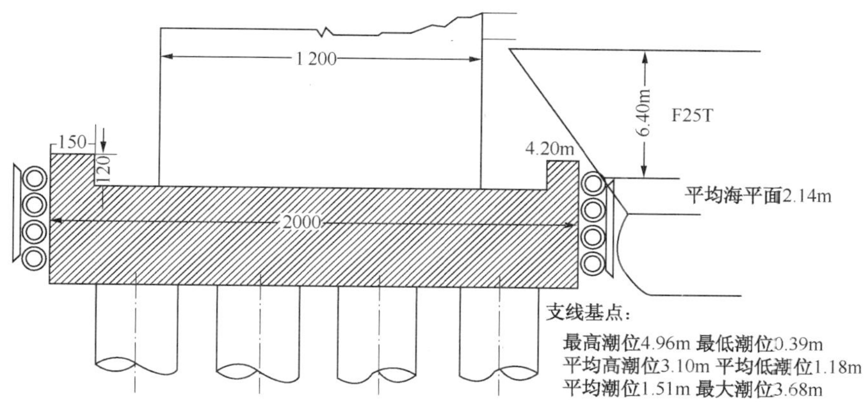

图 8-18　黄峙江公铁两用桥防撞装置

Fig. 8-18　The anti – collision equipment for boht railway and highway bridge at Huangshijiang

8.3.5　丫髻沙大桥柔性防船撞装置设计

珠江流经白鹅潭后，分为北、南两支。北支经荔湾、越秀、东山、天河各区出黄埔港；南支沿芳村东边南下到丫髻沙处转向东流，转弯处冲刷沉积出的沙洲就是丫髻沙。丫髻沙大桥是联络广州市河南岛西南面的海珠区与河西芳村区的高速公路跨江大桥，是一座中承、桁式钢管混凝土拱桥，河道深槽偏 10 号拱脚墩一边，因此通航净宽区域就偏 10 号墩，10 号墩拱脚存在船撞倒塌危险(因此航道为“广船”出海航道，此桥拱脚水平推力不足)。

该桥设计规定通航净宽为 137m，通航区域边线距 10 号墩中线为(34.5 +43.7)m，其中路面甲板与拱的交点距墩中线为 43.7m。防撞装置设在此交点的下方，横桥向设立包围着专门增加的防撞排桩的浮式黏滞性高耗能防撞装置，航船如向 10 号墩偏航远离通航区域边线达到 34.5m 时仍能被防撞装置拨转船头。这样该桥实际通航安全宽度，扩展至 271m(2 × 135.5m)，如图 8-19 所示。

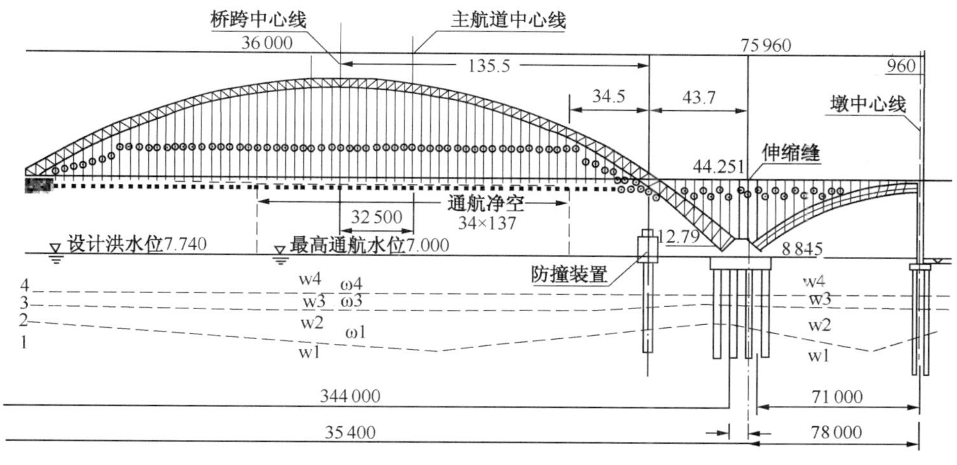

图 8-19　丫髻沙大桥 10 号墩柔性防船撞装置(尺寸单位:m)

Fig. 8-19　The flexible anti – collision equipment of No. 10 pier atYajisha Bridge

8.3.6　武汉蔡甸汉江公路大桥柔性防撞装置设计

该桥位于湖北武汉市蔡甸区，从汉江入长江的龙王庙上溯第 6 桥，位于晴川桥、江汉桥、月湖桥、(武汉长江一桥的)汉水铁路桥，江汉二桥(知音桥)之上游，是双薄壁墩式混凝土钢构桥。每片薄壁墩在桥宽方向又切断为一大一小的两个薄壁墩，而且每片薄壁墩采用空心墩身，抗撞能力较弱。2000 年 6 月湖北省交通规划设计院第三设计室建议将原有设计的浮动式弹塑性耗能防撞钢围改为柔性防撞装置。图 8-20 为该桥防撞装置的布局，图 8-21 为该桥柔性防撞装置结构图。

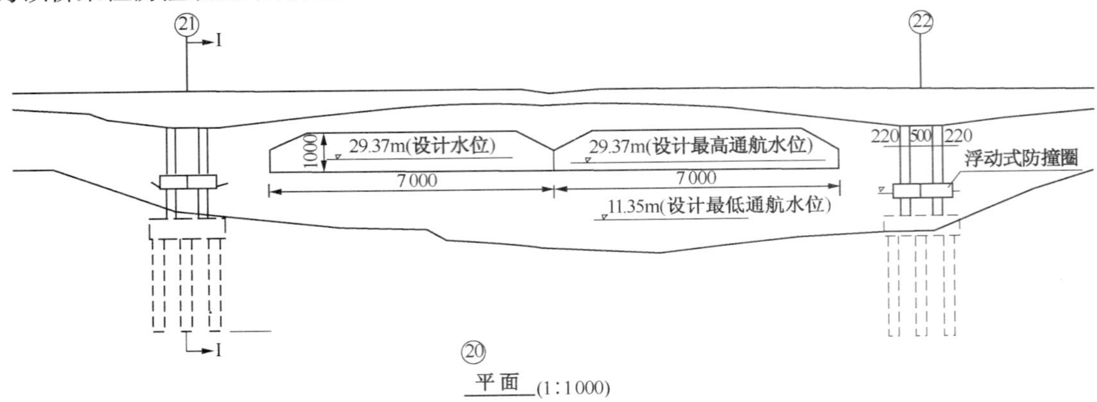

图 8-20 蔡甸汉江公路大桥防撞装置布置图

Fig. 8-20 The flexible anti – collision equipment of Caidian highway Bridge across the Hanjiang river at Hubei

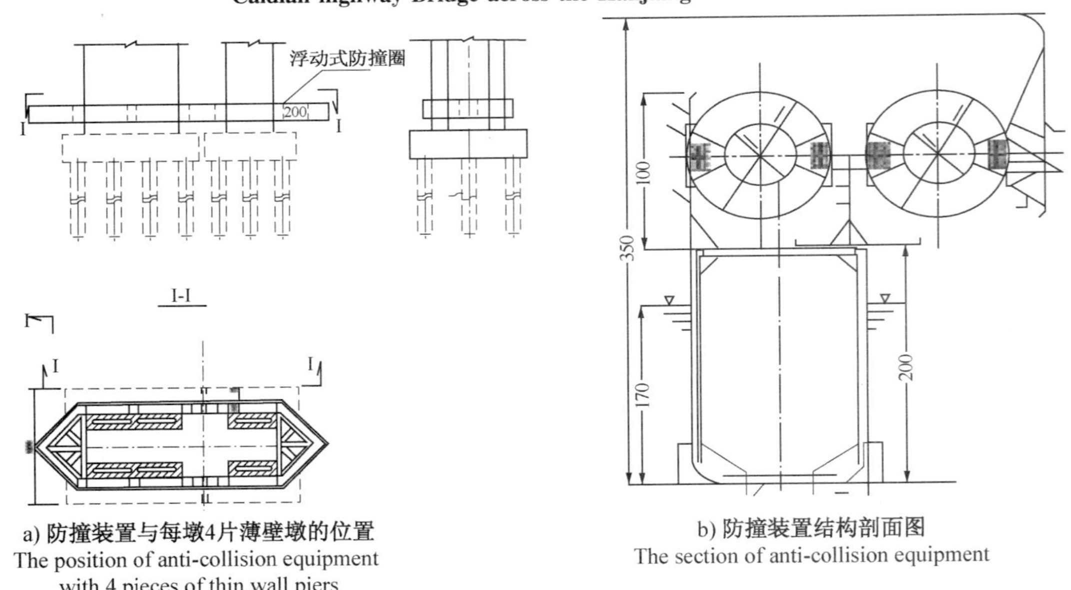

图 8-21 蔡甸汉江公路大桥柔性防撞装置结构图(尺寸单位:cm)

Fig. 8-21 The structure of flexible anti-collision equipment of Caidian highway Bridge across the Hanjiang river

于同年 12 月委托我所首先对载重 600t(DWT = 600t)航船的撞击能量进行计算。此船 DPT = 900t，汛期航速为 5m/s，附连水系数取为 1.04，撞击能可达 93MJ。乃指出原设计之高 3m 厚 1.6m 的弹塑性耗能防撞套圈是不够的，其压溃耗能不足以保护桥墩，桥墩会因保护不足而倒塌。

黏滞性耗能防撞装置其特点在于整体后退，所有防撞圈同期受力，所吸能量仅为航船动能的10%～20%，拨开船头后船继续前进而不损坏，桥船都得到保护，两墩防撞装置的建安费估计约400万元。

此桥柔性防撞装置已经设计了第一次大修周期长的钢浮筏结构。

8.3.7 广东湛江海湾大桥柔性防船撞装置设计建造

广东湛江海湾北边(赤坎北面)的公路是广州到海南岛必经之路，现走325公路，过石门大桥。为了要裁弯取直，少走40km(从电白到雷州计)，建设跨海湾的大桥，不经赤坎改走南面。桥位从坡头区近平乐渡口跨海到霞山区，此市区桥梁对该两区的繁荣及东海岛的开发，均有较好的促进作用。

此桥位水域宽850m左右，港内有矿石码头、军港和石油钻采基地，通过桥下的最大船舶为50000t级散货船。彻底防船撞的桥型是850m一跨过江的悬索桥。由于造价高，三家设计竞标的单位(中交公路规划设计院、广东省公路勘察规划设计院和中铁大桥规划设计院)均未选悬索桥方案，而分别选择450m、450m、480m主跨的斜拉桥。这就存在一个非常重要的问题：怎样防船撞？三家竞标方案中，只有中铁大桥勘测设计院的《广东省湛江海湾大桥设计方案一》，设计有浮式柔性吸能防撞设施，如图8-22所示。结果中铁大桥勘测设计院中标，拔得头筹。

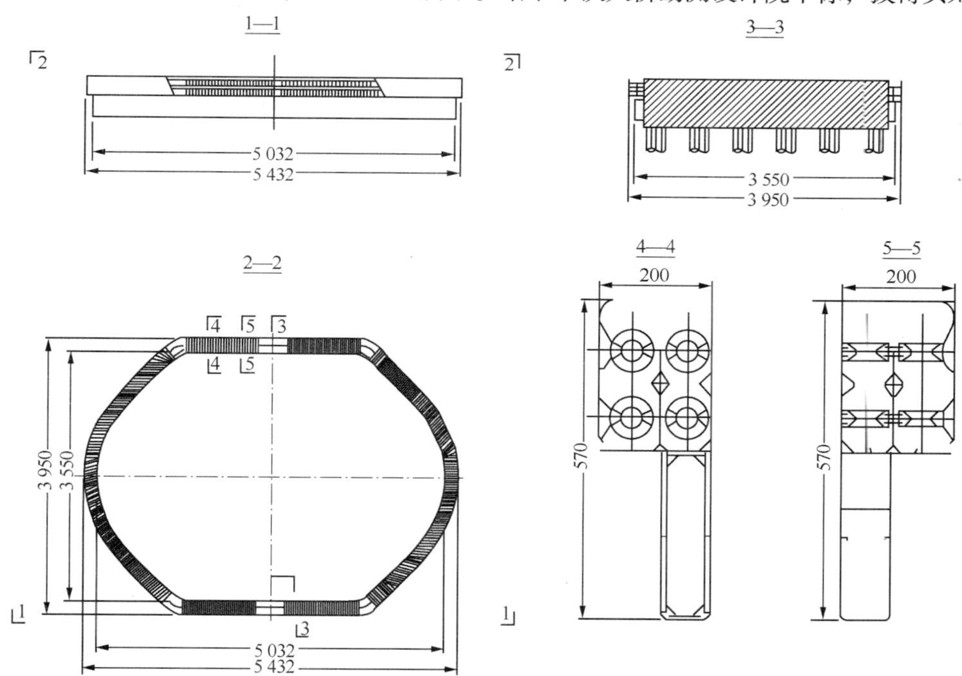

图8-22 广东湛江海湾大桥设计投标中的防撞推荐(结构图)方案(尺寸单位:cm)

Fig. 8-22 The recommended proiect of anti－collision equipment at Guangdong Zhanjiang Bay Bridge in the tender

自1994年因“尚不够成熟，需要继续研究”而埋头研究试验了6年，课题组在找寻需要柔性防撞的桥梁，而中铁大桥勘测设计院为设计湛江海湾大桥降低造价，选择斜拉桥型而寻找能大幅度削减船撞力的防撞方式之时，2001年6月，广东湛江海湾大桥建设方发出设计招标文件。

在庄勇副院长推荐下，陈炜高工找到本所。7月30日签订了参加主塔墩防撞研究协议，8月9日提交了正式研究报告，该院8月20日向建设方提交了主桥设计投标文件(包括了

图8-22)，8月21日至26日评标。

按照“湛江海湾大桥主塔墩研究协议”规定：“中铁大桥院在设计中标后向建设方推荐将大桥防撞课题的实验研究委托给乙方”(我所)，这样就遇到了柔性防撞装置的第二个伯乐单位：曹映泓总工程师及他代表的湛江海湾大桥建设公司，与我所开展了长达6年的规模比较大的研究设计，这6年中我所与合作者共完成了下列几个阶段的工作：

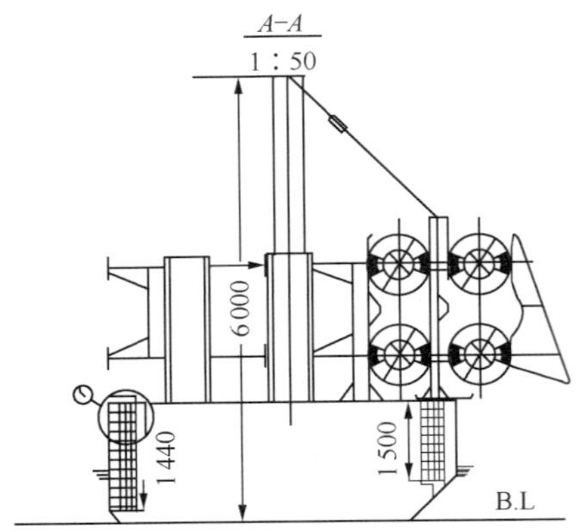

图8-23 湛江海湾大桥主塔墩防撞装置方案图(尺寸单位:mm)

Fig. 8-23 The anti – collision equipment project of Guangdong Zhanjiang Bay Bridge

2001年10月13日开始，我所进行了“船舶撞击力论证及防撞设施方案”，广东为此召开了较大规模的咨询报告评审会，评审“力”和“方案”，仅两个小时便取得了一致意见，同意我所计算选定的船撞力为84MN，采用我所设计的柔性防撞方案。可以将传到桥墩的力降到60MN以下，会上通过的方案中防撞圈结构是置于钢趸船之上的，如图8-23所示：

这个方案考虑到大船球首的尺寸，将钢浮趸船设计成吃水较浅，相遇时球首在防撞装置的趸船下面。

2001年12月1日开始了“湛江海湾大桥主桥墩塔柔性吸能防撞装置初步设计”。在白云山评审会上与兄弟单位所作的钢格子弹塑性吸能方案的设计作了对比，兄弟单位设计的结构大几倍，造价也高几倍。评委范立础院士指出柔性防撞用的是“四两拨千斤”的原理(结构又轻又小)，评委王礼立教授、陆宗林教授都认为应该实施柔性防撞原理。

于是2004年4月开始补充了一个“湛江海湾大桥主桥墩塔柔性吸能防撞装置技术设计”，由宁波大学根据我所设计图进行有限元模拟计算，上海船舶设计研究院做技术设计图，内、外钢围按船舶设计方法采用板架结构。宁波大学计算出的外钢围强度、刚性与上海船舶设计研究院设计的内外钢围互相配合修改，直至各防撞圈能同期作用，受撞侧防撞圈压变形，背侧防撞圈拉伸变形，如图8-24所示。

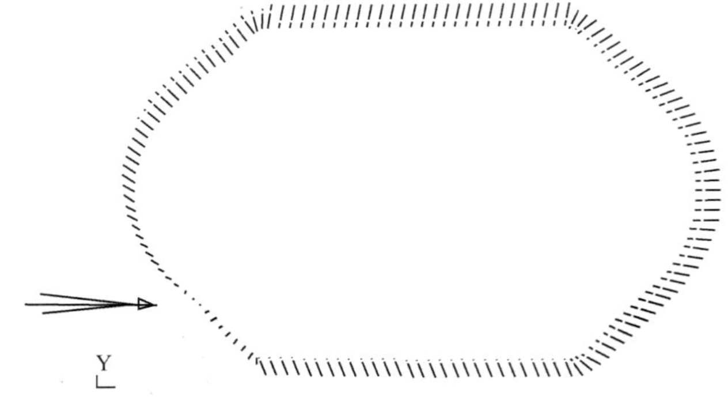

图8-24 湛江海湾大桥主桥墩塔柔性吸能防撞装置技术设计

Fig. 8-24 The technical design of flexible absorb energy anti – collision equipment at the two main towers of Zhanjiang Bay Bridge

施工图转由广船国际钢结构公司设计(图8-25)，“是在技术设计的基础上进行，其设计工况为技术设计中原定工况，施工图不进行各种工况防撞性能的验算”[4]。“技术设计搁置于趸船上的防撞外钢围和内钢围调整为可直接放置于水中的防撞外浮箱和内浮箱。每墩分成12个浮箱，仍按两箱破箱不沉设计，”柔性吸能防撞圈的布置取技术设计的布置，“在高度3m内布置垂直和水平共4个为一组，”，“在主航道一侧布置了256个，另一侧布置168个，共424个”。

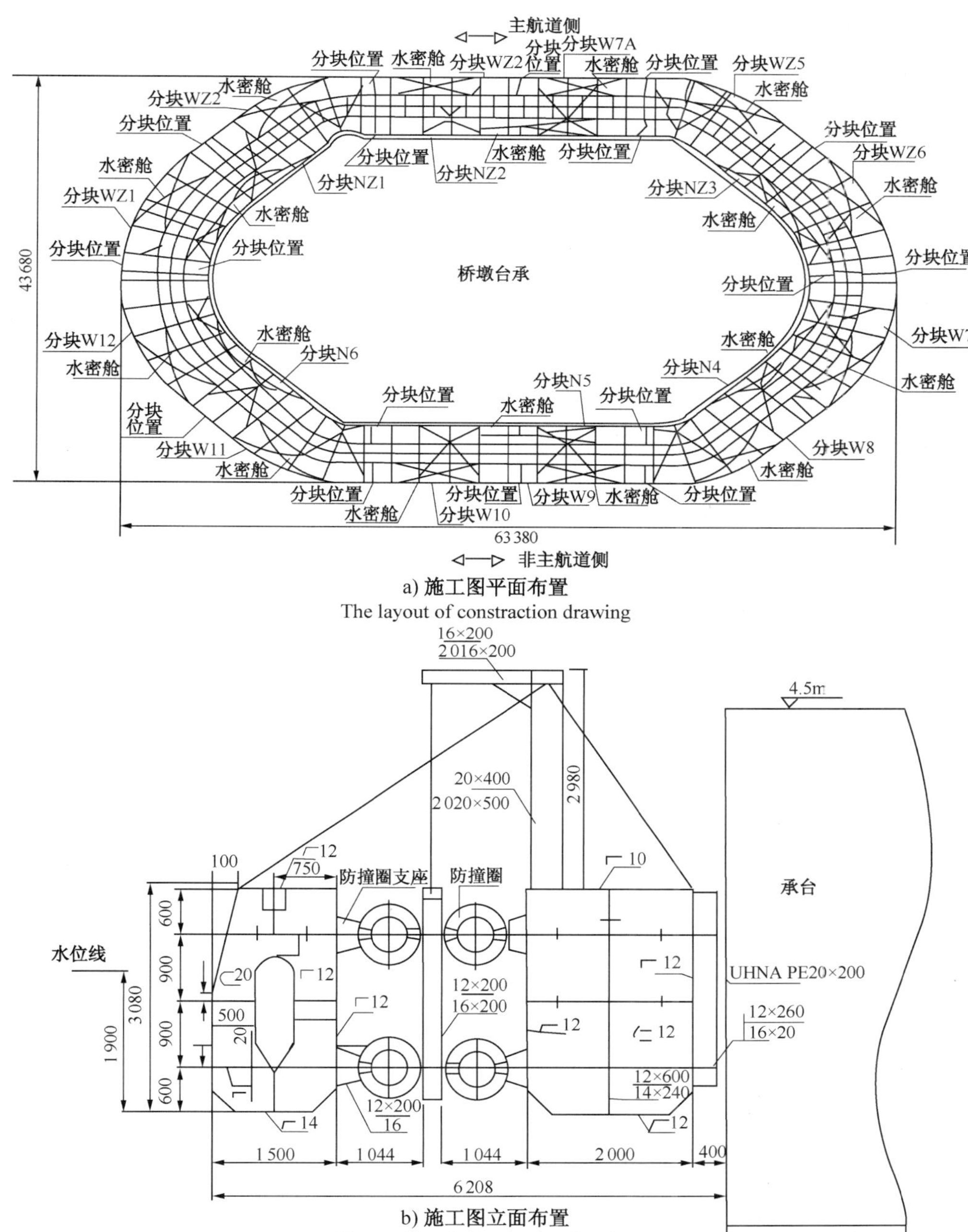

a) 施工图平面布置
The layout of constraction drawing

b) 施工图立面布置
The section of constraction drawing

图 8-25　湛江海湾大桥主桥墩塔柔性吸能防撞装置施工图(尺寸单位:mm)

Fig. 8-25　The construction drawing of flexible absorb energy anti – collision equipment at the two main tower of Zhanjiang Bay Bridge

两个主墩塔防撞装置于 2007 年 7 月 25 日完工，建安费用共 2316 万元，约为对比方案(钢格子弹塑性耗能方案预估)的 1/3[4]。

2007 年 12 月 21 日，在湛江举行鉴定会，有 11 位专家，由国际桥梁与结构工程协会(IABSE)副主席、中国桥协主席主持鉴定，结论是“达到国际领先水平”，是近年来国内桥梁工程取得的罕见的国际领先科技成果之一[5]。

三不坏桥墩防撞装置自 1994 年提出，经过 13 年，有上海、宁波、广州、湛江、武汉五地多个科研、大学、设计、工业生产与建设等单位参加研发，后期由广东湛江海湾大桥建设公司主办申请，列为广东交通科技重点项目，经广东省桥梁和船舶工程界的补充，在湛江海湾大桥实践，变为现实。

8.3.8 重庆长江鱼嘴大桥

此桥为 600m 悬索桥，通航净宽实际上有 587.7m，由于上水航漕偏北塔墩，且水流与桥轴线夹角超标(标准为 5°)，达到 12°，因此上水船有可能撞北塔墩。拟单设北面一个塔墩的防撞装置。

由于通航船舶不算大，典型船为 4×3000t 船队及 3000t 单船，且桥塔的两柱距离较大，故在北塔墩设两个独立浮动的防撞装置，如图 8-26a)所示，其单个计算模型图见图 8-26b)所示，防撞装置因需保护至通航最高水位，因而设置了在该水位时与桥墩横梁位置相容的缺口如图 8-26c)所示，其立面图如图 8-26d)所示。

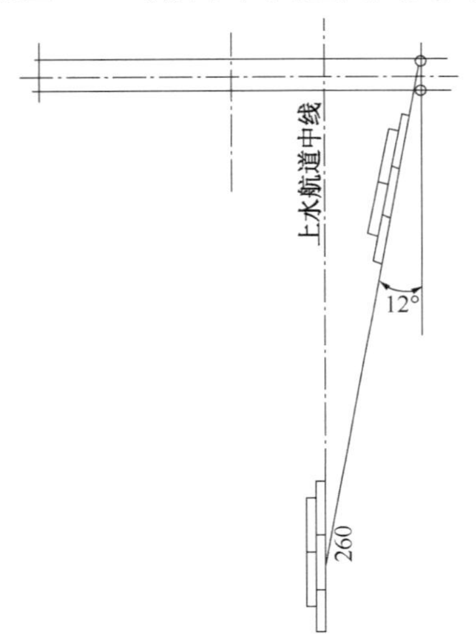

a) 上水船队与北塔相遇图
The upstream fleet meets the north tower

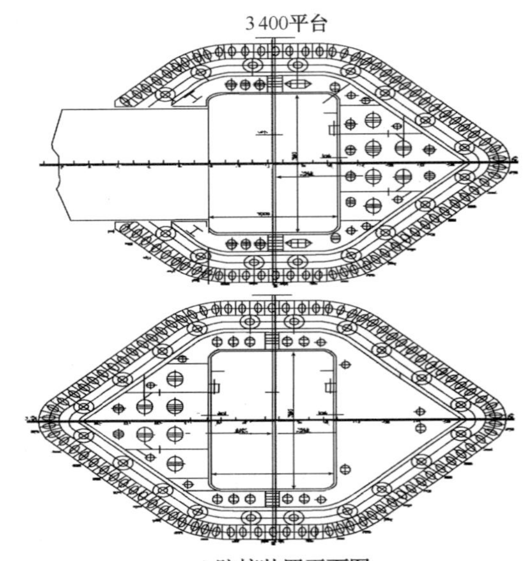

c) 防撞装置平面图
The layout of the anti-collision equipment

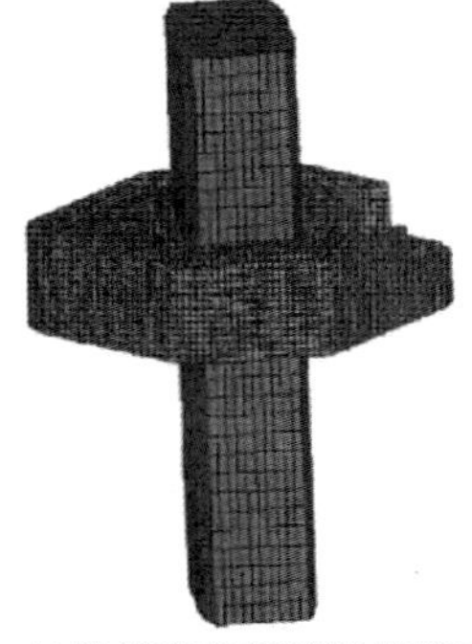

b) 防撞装置模拟计算模型图
The model of the simulate calculate of anti-collision equipment

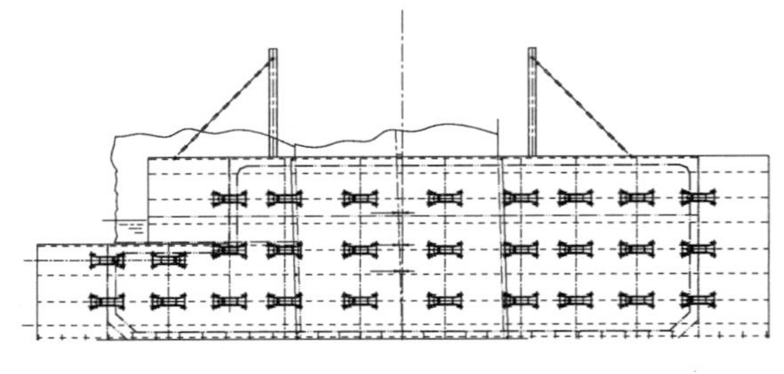

d) 防撞装置立面图
The section of the anti-collision equipment

图 8-26 重庆长江鱼嘴大桥防撞装置

Fig. 8-26 The anti－collision equipment of Yuzui Yangtze Bridge at Chongqing

8.3.9　浙江杭州湾跨海大桥边墩和水中引桥第一墩的柔性防撞装置

该桥全长36km，有南北两个航道，北航道通行5000t运输船，进港口后一般航速6～8节，取3m/s计算船撞速度；南航道通行1000t渔船、渔政船等小船，航速较快，按建设方意见，取5m/s计算船撞速度。北航道为双塔斜拉桥，两塔中间为大通航孔；南航道为独塔斜拉桥两边通航孔一大一小。航道边上的主桥墩已由兄弟单位按传统的弹塑性耗能钢格子浮趸方法，设计了较大型的防撞装置。

为了防御偏航船舶，增加北航道斜拉桥两个边墩和每边一个“引桥第一墩”(共4个)的防撞装置，南航道增加一个边墩和两边各一个“引桥第一墩”(共3个)的防撞装置。共增加设计7个墩的防撞装置。

桥梁设计人并没有按规范规定：“永久作用标准值效应与可变作用某种代表值效应、一个偶然作用标准值效应相结合”[6]的规定，将船撞水平力这一偶然作用结合进去，因此我们在设计防撞装置时，需要精心设计，尽量降低传到桥墩的水平力。

首先将每个桥墩原设计两个分开的圆墩(或六角墩)联成一个，这样便会几倍地增加水平抗力；然后改用尖承台的迎流形状，减少流水阻力；再加上将钢结构设计成光滑表面等办法，使水流阻力减小。两个连起来的桥墩用钢箍帽一圈箍住，固定式柔性防撞装置安装在钢箍上。其截面形式如图8-27所示：

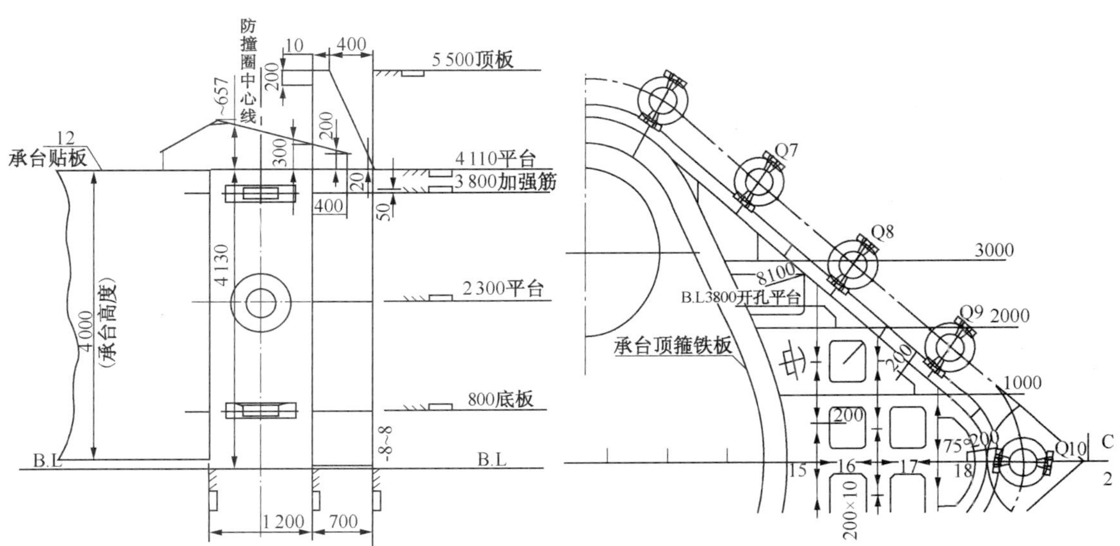

a) 固定式柔性防撞装置
The fixed type of flexible anti-collision equipment

b) 固结在钢箍上的柔性防撞装置
The flexible anti-collision equipment fixed at the steel hoop on the top of the pier

图8-27　浙江杭州湾跨海大桥固定式柔性防撞装置(尺寸单位:mm)

Fig. 8-27　The fixed type of flexible anti－collision equipment of Over Sea Bridge at Hangzhou Bay of Zhejiang

精心设计的结果，船撞力可被加固后的桥墩承受，而水流阻力仅增加4%。表8-1是这个成果汇总。可惜此桥设计人认为他设计的桥墩只能承受他设计的水流力，增加一点(哪怕只相当于通常的工程误差的大小)都受不了。

各桥墩在大角度撞击工况下的撞击力(单位:kN)　　表 8-1

The impact force of every pier under collision in the big angle　　Table 8-1

墩号	特　征	船	船受到的撞击力(kN)	前桥墩受到撞击力(kN)	后桥墩受到撞击力(kN)
B14	北航道引桥，两个分开的圆墩	3000t 3m/s	3860	2350	1470
B13	北航道边墩，哑铃型墩		3390	2270	1830
B8	北航道边墩，哑铃型墩		3500	2140	1980
B7	北航道引桥首墩，两个分开的六角墩		3000	2350	2190
D10	南航道引桥首墩，两个分开的圆墩	1000t 5m/s	4650	2120	1420
D11	南航道小跨边墩，哑铃型墩		2750	2100	1520
D15	南航道引桥首墩，两个分开的圆墩		4650	2720	1420

注：未装防撞装置时，船对墩的撞击力分别为 18000kN（B）和 14000kN（D）。

8.3.10　浙江象山港大桥柔性防船撞装置

浙江象山经济发达，象山湾东西两侧企业很多，物流量大，到宁波需要绕行，费时耗资。在西泽港与宁波东面腹地虽然有轮渡，也不能满足要求。象山港通行 DWT = 50000t 货船，另有军民各类船舶，所以象山港大桥需要防御 50000t 的船撞击。

图 8-28 是象山港大桥的鸟瞰图。在建设方主持和组织下，科研人员克服困难、努力实践，于 2011 年 9 月 3 日在象山白墩港进行了实船撞墩试验，不但验证了各种计算数值，而且形象地给大家显示：拨开船头、回归航向、动能保留在船上的全过程。由于连续撞墩 12 次，也使“三不坏”显示出光辉的前景。

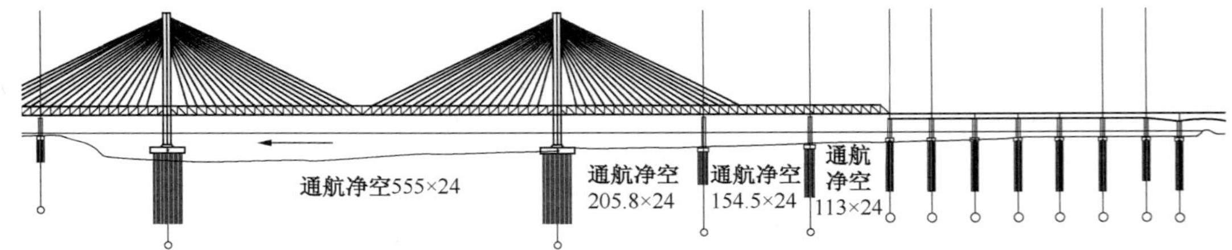

图 8-28　浙江象山港大桥主桥及两侧共 10 个桥墩设置了柔性防船撞装置

Fig. 8-28　The flexible anti－collision quipment at 10 piers include two main towers and others on either side

由于中间 10 个桥墩全部作了柔性防撞装置，边上还有的桥墩已经立于浅水区，大船由于吃水深的关系，如偏航则首先被搁浅，已经撞不上这些桥墩，实现了全桥柔性防撞。

8.4　柔性防撞装置的技术特点

湛江海湾大桥是柔性防撞装置第一个建成的工程装置，经过该装置的实践，体会到柔性防撞装置的特点如下。

8.4.1　防撞元件从弹性、弹塑性发展到黏滞性

柔性防撞元件有三种(图 8-29)。黏滞性高耗能防撞元件是在弹性的、弹塑性的防撞元件已应用之后，发展研制的。弹性防撞元件不消耗大量的能，因此回弹时能量外放，可能造成撞击对象(例如船)的损坏；弹塑性的防撞结构能够消耗能量，但因其刚性与船头相当，船头损坏与防撞装置相当，且不能恢复撞前形状，防撞装置被撞一次就要修一次。黏滞性高耗能复合防撞元件与弹性外钢围等组成的防撞装置，被撞后消耗掉部分撞击能量，且不回弹，并能够大部分恢复，多次使用。

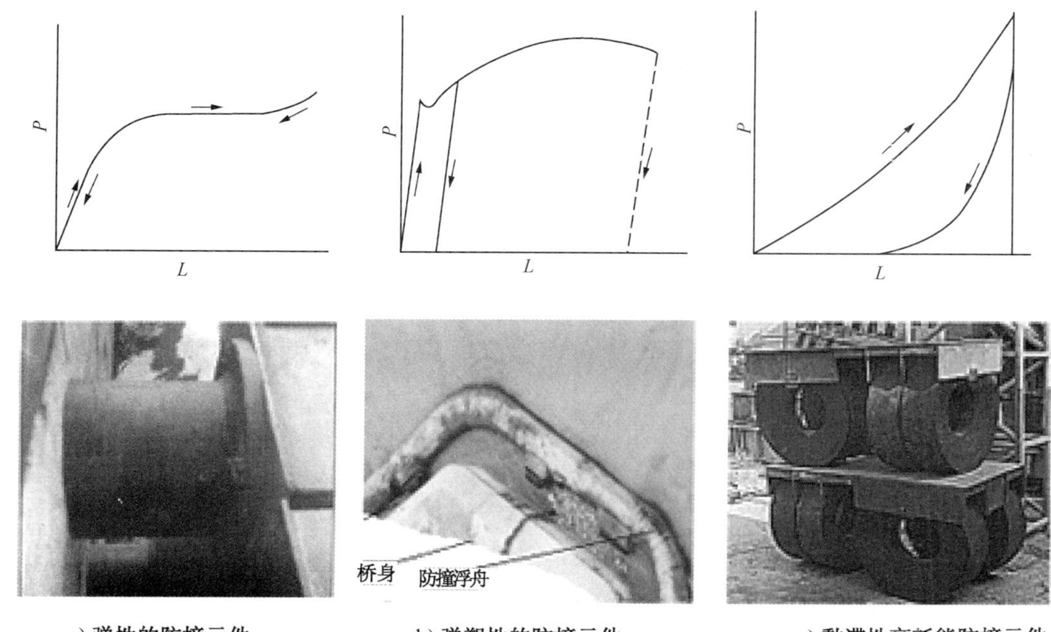

a) 弹性的防撞元件
Elastic anti-collision parts

b) 弹塑性的防撞元件
Elastic-plastic anti-collision parts

c) 黏滞性高耗能防撞元件
Viscous high energy consuption anti-collision parts

图 8-29 三种防撞元件及其力学特征

Fig. 8-29 Three types of anti – collision parts and their mechanics charactors

黏滞性高耗能防撞元件的表现有点像湿面团，力的上升和下降回线包围的面积就是消耗掉的能量，其比例较大。制造黏滞性高耗能防撞元件可以有气体、液体和固体的方法。用集束钢丝绳外包橡胶制成复合的固体黏滞性高耗能防撞元件，使用可靠，维修方便，体积小。

黏滞性高耗能防撞元件的实验曲线如图 8-30 所示。

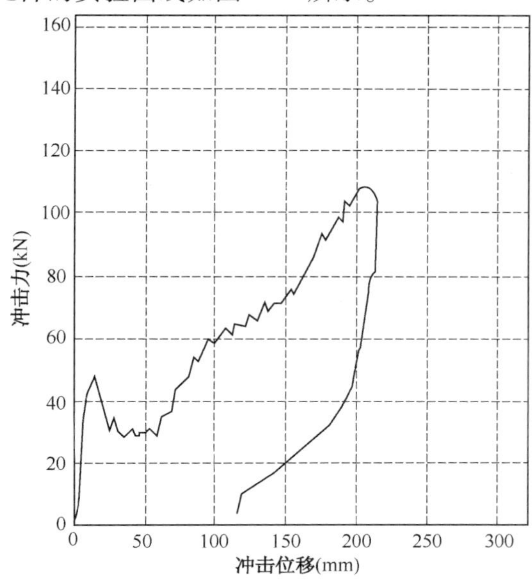

图 8-30 黏滞性高耗能防撞元件的实验曲线

Fig. 8-30 The experiment curve of viscous high energy consumption of anti – collision parts

此实验曲线有几个特征：首先，其上升曲线基本上是一条凹曲线，前半段变形大而力较小(与凸曲线比较)，实现后退和避让；其次，消耗的功很大，占的比率很高(占作用于圈的功的60%以上)；第三，回程不到0，要想别的办法使其恢复形状；第四，冲击开始接触时，有一个消耗能量的小峰值。

对于第三点，我们在防撞圈的外面复合橡胶，橡胶处于弹性状态，帮助钢丝绳圈恢复形状。外钢围设计得比较强，在它处于弹性状态时也能帮助钢丝绳圈恢复形状。

8.4.2　从单个防撞元件到防撞装置

为了得到较大的能量消耗，将众多的防撞圈串联和并联起来。为了使众多的防撞圈共同起作用，也为了帮助钢丝绳圈恢复形状，外钢围应设计得比较强，使它在工作时尽量处于弹性状态。

先用动态有限元方法计算出外钢围内各个防撞圈的变形和受力的同期性，再用4个圈、6个圈的模型分别试验验证。设计足够强的外钢围用同样的计算方法，证明700个防撞圈在1.7s内都受力和变形，这时的外钢围的截面惯性矩达到比来撞船的船头稍强。

从两方面来校核外钢围的强度和刚性从而得到外钢围内各个防撞圈的变形和受力的同期性。一方面将外钢围的设计工程图用动态有限元方法计算出外钢围内各个防撞圈的变形和受力，考核其同期性是否符合要求。第二方面用船舶设计开底泥驳的方法，当外钢围设计成浮体时，当中的月亮井就是泥驳的开底泥仓(泥驳的仓底板打开，就是一个大的月亮井)，泥驳一边受撞会整体移动，当外钢围设计得与泥驳的周边一样强，一边受撞时便会整体移动，外钢围内的防撞圈便会同期变形和受力(湛江海湾大桥防撞装置的外钢围宽度最宽处达到2.8m)。

有黏滞性的外钢围的截面尺寸、强度和刚性都可以进行设计，如图8-31所示的变截面外钢围可以改善桥墩与船的相遇角，从而拨开船头，使船的动能尽量多地保留在船上，尽量少地参与交换。

图8-31　有黏滞性防撞圈的防撞装置图

Fig. 8-31　Anti－collision equipment with viscidity rings

8.4.3 黏滞性高耗能防撞元件能降低撞击力

防撞装置设计有合适的迎撞角，并装设了黏滞性防撞元件，将其与没有装设防撞装置的计算结果放在一张图上(图8-32)，图中A曲线是没有防撞装置的。从图中可以看出：

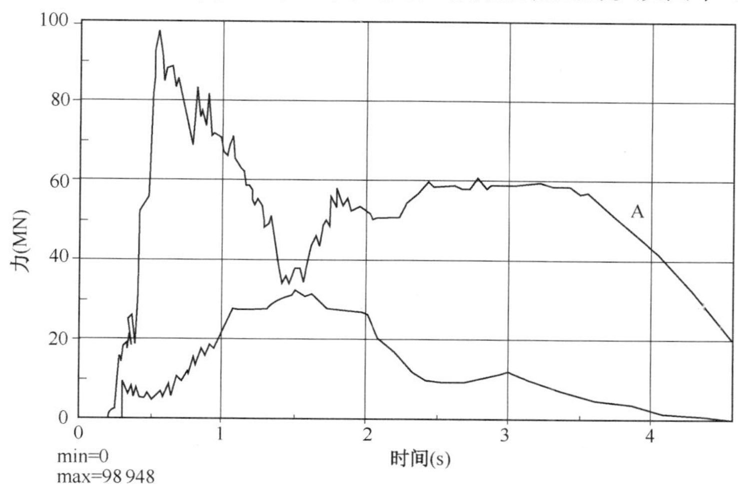

图8-32 黏滞性防撞装置降低船撞力图(湛江海湾大桥)

Fig. 8-32 Viscidity of anti - collision equipment decreases the force of collision with ship and bridge (Zhanjiang Bay Bridge)

(1)装设了黏滞性防撞装置后，曲线的前半段形状为凹曲线，变形大、力上升慢。

(2)力的峰值小了，峰值到来的时间也晚了。

(3)整个撞击过程的时间短了，能量交换小了。

8.5 小结

柔性防撞装置从1994年提出一个竞标方案算起，已经过18年的研究(继承、推理、模型试验、1∶1分段试验、数值计算……)，可以分为三个阶段：

第一个阶段1994－2001年，1994年交通部上海船研所内的钢丝绳压接实验厂开始做实验，1996年因主办人退休，有人去事息之忧。后得到项海帆院士肯定，陆宗林教授顾问，吴有生所长支持，上海海洋钢结构研究所和士强起重索具厂接着在702所继续做实验。做了从单个圈到1∶1实样分段，从ϕ300mm到ϕ800mm，从裸钢丝绳圈到复合防撞圈等一系列试验。

第二个阶段2001—2007年，宁波大学王礼立教授、杨黎明教授及其弨大的师生队伍加入，开展了同期性计算，培养冲击动力学船桥相撞专题的研究生，并对湛江海湾大桥防撞装置进行13万单元的模拟数值计算。明确了“理论推演、试验和数值计算是工程力学三个缺一不可的方法”，并按此思想开展工作。

第三个阶段2007—2012年，得到宁波高等级公路建设指挥部等单位吕忠达教授、徐爱敏教授主持申请了省部级研究课题，对杭州湾跨海大桥的7个桥墩、象山港大桥的10个桥墩(50000t级船)进行了计算和设计。接着在白墩港进行了实船撞墩试验，共撞了12次，不但每次都看到船头被拨开，船继续前进；而且船和墩振动不大，船头损伤轻微。验证了计算

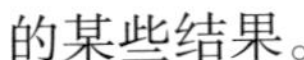

的某些结果。

经过18年，做到下述几点：

(1)继承了历史上防撞工程和防撞文献的资料，明确了所有的船撞力半经验公式都是同源的，制出我国船撞力估算图，每个桥梁设计人可自行查阅。指出，在通航水域架设桥梁时，一开始就应该考虑防撞，这时可以利用半经验公式估算船撞力。

(2)第一次用实船试验了防御船撞桥的三不坏柔性防撞装置，同一船和墩在不同工况下共撞了12次。该试验耗资300余万，筹备经年。结果船头损坏小，桥墩和防撞装置均无损坏。船上、墩上人员感觉良好，类似船靠码头的振动。船头被拨转后继续前进，动能交换少[7]。

(3)在多座桥梁几十个桥墩进行了防撞装置动态有限元模拟数值计算(每个“船－桥”系统分10万单元左右)。建立了在多台个人电脑上平行进行大单元数的模型的计算方法；解决了黏滞性防撞圈元件试验曲线拟合的问题；在数值输出后用材料动态特性直接判断安全与损坏，包括船、桥和基础等在内的系统中各部分的安全性(再不需将数值计算值计算的结果——时程曲线，折合成准静态力)。

参考文献

[1] 岩井·聪，等. 关于船舶对桥梁的安全措施[J]. 中国航海，1986，12，(总19).

[2] 史元熹，金允龙，等. 黄石长江大桥主墩防撞设施设计，船撞桥论文集[C]. 上海：上海海洋钢结构研究所，2000.

[3] 中华人民共和国行业标准. JTJ 311—97 通航海轮桥梁通航标准[S]. 北京：人民交通出版社，1998.

[4] 曹映泓. 广东省交通厅首批示范工程：湛江海湾大桥[M]. 北京：人民交通出版社. 2008.

[5] 湛江海湾大桥柔性吸能防撞设施世界首创[N]. 湛江晚报，2007－12－21.

[6] 中华人民共和国行业标准. JTG D60—2004 公路桥涵设计通用规范[S]. 北京：人民交通出版社，2004

[7] 董新龙，周风华，郑维钰，等. 桥墩柔性防撞装置实船撞击过程的实验研究——装置及撞击力的测量与分析，中国土木工程学会桥梁及结构工程分会第二十届全国桥梁学术会议论文集[C]. 北京：人民交通出版社，2012.

[8] 中华人民共和国国家标准. GB/T 1918 钢丝绳[S]. 北京：中国标准出版社，2004.

附录1
桥墩的船撞力计算及柔性防撞装置设计指南

目　录

1 前言

1.1 指南编写说明

1.1.1 本指南作为企业标准，指导设计桥梁柔性防船撞装置之用。

1.1.2 当本所被邀请对桥梁柔性防船撞装置设计进行评议或复核时，本指南作为主要评议依据之一。

1.1.3 自本企业标准生效之日起，本所原有的：《桥墩的船撞力计算及柔性防撞装置设计指南——征求意见稿》2002，《桥墩的船撞力计算及柔性耗能防撞装置设计指南 2005》2006 出版，《桥梁的柔性防船撞装置设计指南》2008 等 3 个文件被取代。

1.1.4 本企业标准拟定 2 年修订一次，请各参考、使用人员将发现的问题和意见及时反映，以便吸收改进。

1.1.5 本指南主要起草人：陈国虞，张澄，杨黎明，王礼立，倪步友。

1.2 符号和单位(表 1.2)

表 1.2 符号和单位

序	符号名称	符号	单位	备注
1	角度	α、β、γ、θ、ϕ	度、°或弧度	当用于特定条文时按该条文定义或定语
2	统计数群在横轴上的平均值	X_{CP}	与横轴单位相同	
3	统计数群在横轴上的均方差	σ_{n-1}	与横轴单位相同	
4	船(或排筏)撞桥的总体力	F、P、P_{max}、P_S	kN、MN	F 用于我国铁路规范；P 用于我国公路规范和敏诺斯基公式；P_{max} 用于索尔公式；P_S 用于美国公路规范
5	船撞桥的相对速度	V	m/s	对漂流的排筏用水流速度
6	动能折减系数	γ	$S/m^{0.5}$	
7	船或排筏的重量(重力)	W	kN、MN	
8	船和桥墩的弹性系数	C_1、C_2	m/kg	
9	撞击时间	T	s	
10	重力加速度	g	m/s^2	
11	桥墩设防力	[P]	kN、MN	
12	船的载重量	DWT	t	标记在船的证书上
13	船的满载排水量	DPT、D_{max}	t	标记在船的证书上
14	撞桥时船的实际排水量	D_{act}	t	由船长提交或算出
15	桥墩吸能、能量增量	ΔE	J、kJ、MJ	

1.3 术语定义和释义

1.3.1 撞击船，指船对桥墩撞击发生时的实船，也可指进行设计和研究时假定的一艘典型船舶。根据不同的防撞设施设计方法，典型船舶可以是上级文件中规定的，也可以是用统计方法得出，还可以是用其他方法论证出的。

1.3.2 正撞力，船舶正面撞击桥墩的理论最大撞击力(一般设定为钢船撞上水泥墩)。在进行数值计算时为正撞工况撞击时程曲线的峰值。

1.3.3 侧撞力，船舶侧面撞击桥墩或船头撞击桥墩的侧面的理论最大撞击力。侧面撞击有不同角度等多种情况，有各种情况下的侧撞力。在进行数值计算时为侧撞工况时程曲线的峰值。

1.3.4 两类桥梁防船撞装置，间接结构防撞装置和直接结构防撞装置。利用天然岛礁或沙滩以及围堰、护桩等称为间接结构，使船舶及早搁浅或不能与墩接触，在船桥碰撞过程中桥是不受力的。对保护桥是很有效的，但通常不能保护船。有些场合(例如桥墩处水很深)不便于采用间接结构，就要使用直接结构。即碰撞过程中该防撞装置与桥接触，船撞力通过防撞装置传到桥上。

1.4 桥梁柔性防船撞装置的适用性

1.4.1 柔性防船撞装置可以设于桥墩或间接式防撞结构的外面。设于桥墩外面的直接式柔性防撞结构，能大幅度地降低船撞力，使作用于桥墩的水平力小于桥墩能够承受的水平力。达到既保护桥又保护船，船的破损和泄漏减少，也就保护了环境。又因为它的结构体积较小，占用航道较少，不易引起堆积、冲刷、淤填、回流等现象，因而对环境影响较少。设于天然岛礁或围堰、护桩等间接式防撞结构外面的柔性防船撞装置由于大幅度地降低了船撞力，因而达到保护船也保护环境的防护目标。

1.4.2 本指南供新建桥梁和原有桥梁增设柔性耗能防撞装置时之用。本指南中关于船撞力的部分章节可供设计柔性耗能防撞装置以外的防船撞装置时参考。

1.4.3 本指南适用于桥下有(或可能有)航船通过的桥梁。既适用于主桥桥墩的防船撞，也适用于引桥桥墩的防船撞。仅有竹木流筏、流冰或兼有竹木流筏、流冰的桥梁可参考使用。

1.4.4 桥梁柔性防船撞装置从安装方式来说有两种型式：浮式和固定式。一般说来，潮差比较大或汛期水位变化比较大的多选用浮式。

1.4.5 设计协调。不论浮式或固定式，桥梁柔性防船撞装置作为港口中的水工结构，或是航道两侧浮动设施，均应与船检、港口、航道和航政等海事部门进行协调。

1.4.6 车辆通道防撞。本指南可供设计公路弯道和其他车辆通道防车辆撞击装置参考使用。

1.5 引用文件

下列文件中的条款通过本指南的引用而成为本指南的条款。由于柔性耗能防撞装置的发展超出下列文件原适用范围，本标准对下列文件亦应有补充和发展，这时与本指南不符合的部分，均不适用于本标准。鼓励运用本指南的各方，研究是否可使用这些文件的最新版本或修改后的版本。

(1)中华人民共和国交通部，JTG D60—2004 公路桥涵设计通用规范。

(2)中华人民共和国铁道部，TB 10002.1—2005 铁道桥涵设计基本规范。

2 船舶撞击桥墩的作用力

2.1 船撞桥墩的力

桥梁装设防船撞装置的主要目的之一就是降低桥墩所受的船撞力，所以正确估算船撞力是十分必要的。本指南推荐对船舶撞击桥墩的作用力大小可用规范、经验公式法和动态有限元数值法两种方法进行计算。

我国有两个规范公式：公路规范(漂浮物公式)源于动量公式；铁路规范源于能量公式。在这两个规范中，选定代入公式的数据需要进行很多工作。设计公路铁路两用桥梁时，必须同时符合这两个规范，所以本指南推荐的撞击力应取这两个规范分别计算得到的撞击力的较大者。在规范公式法得到初步估算值之后，建议采用动态有限元数值计算对撞击力进行详细校核。

2.2 船舶撞击桥墩的方向和角度

如果桥墩正面(迎撞面)作成尖的(尖角形)，船舶撞击桥墩正面尖部时，桥墩反力可拨开船头，该反力的大小随该尖角的减小而降低。

船舶撞击桥墩侧面或船的侧面撞击桥墩时的力称为侧撞力，其大小视船与墩侧面的夹角而定，它随该夹角的减小而减小，而该夹角受航道的风和流等条件对失控船舶的影响而不同。

2.3 计算船撞力时的速度选择

船撞墩的速度应仔细厘定，通常计算船撞力所选择的速度应是桥被撞时最可能出现的速度。选择方法是：先调查航行法规允许的最大速度，再访问通过桥位诸航线的船长和驾驶员，了解该航线在各种水情时的实船航速，然后选取最可能出现的速度。

应分别计算水中各墩的撞击速度。利用桥位处航道横截面上流速分布图，给出该桥各墩位处的流速[6]，综合考虑船速、流速和偏航情况后给出撞击速度的向量值。

故意违规的船舶的速度及其方向，另行考虑或不予考虑。

不采用过分简单的速度分布假设。[3]

2.4 源出动量公式的船撞力计算公式(有修改的公路规范公式)[2]

船舶或漂浮物的冲击作用力按式(1)计算

$$P = WV/(gT) \tag{1}$$

式中：P——漂流物撞击力(kN)；

W——漂流物重力(kN)，应根据河流中漂流物情况，按实际调查确定(参见表2.6)；

V——对漂流物是水流速度(m/s)；对船来说是船舶相对桥墩的撞击速度；

T——撞击时间(s)，(应根据实际资料估计)；

g——重力加速度9.81(m/s^2)。

T值的实际资料：

钢—钢筋混凝土 0.05～0.08s

钢—单个鼓形橡胶隔振垫 0.13～0.14s

钢—单个钢丝绳吸能防撞圈 0 25～0.75s

设计者应根据实际情况对 T 值进行计算或实验厘定。使用钢丝绳吸能防撞圈串联和并联时应综合计算。

表2.4是国内各单位对船撞桥墩时间的计算结果，可供有关船撞桥三方单位参考。

表2.4 钢船头撞击桥墩(全部能量交换)过程的时间举例

序	船 型	总长(m)	船宽(m)	型深(m)	载重(t)	排水量(t)	速度(m/s)	时间(s)
1	1000t级多用途货船	68	12	4.9	1120	1600	5.0	1.40
2	3000t级多用途货船	93	16	7.8	3220	4600	3.0	2.10
3	5000t级油船	107	15.0	7.5	5263	7235	4.0	1.86
4	5000t级散货船	107	17.6	9.0	6900	9400	4.0	1.90
5	万吨级多用途船	137	22.4	11.0	10475	17000	4.0	1.90
6	万吨级散货船	140	22.0	12.2	13189	19000	4.0	2.46
7	4万吨级油船	150	30.0	17.0	40000	50500	5.1	3.28
8	5万吨级油船	197	32.3	19.2	50000	62500	4.0	3.00
9	5万吨级散货船	182	32.3	17.2	52300	62500	3.0	4.50

注：表中数值从各家计算收集而来，冲击力下降至峰值的1/4左右即认为过程结束，如用柔性防撞装置或有斜面滑动船头，时间会增加，交换能量会减少。

2.5 源出能量公式的船撞力计算公式(延伸修订的铁路规范公式)[1]

墩台承受船舶或排筏的撞击力可按下式计算：

$$F = V\gamma\sin\alpha[W/(C_1 + C_2 + C_3)]^{0.5} \tag{2}$$

式中： F——撞击力(kN)；

γ——动能折减系数($s/m^{0.5}$)。当船只或排筏斜向撞击墩台(指船舶或排筏驶近方向与撞击点处墩台面法线方向不一致)时可采用0.2，正向撞击(指船舶或排筏驶近方向与撞击点处墩台面处法线方向一致)时可用0.3；

V——船只或排筏撞击墩台时的速度(m/s)。此项速度对于船舶采用航运部门提供的数据，对于排筏可采用筏运期水流的速度；

α——船舶或排筏驶近方向与墩台撞击点处切线所成的夹角，应根据具体情况确定(如有困难，可采用 $\alpha=20°$)；

W——船舶重或排筏重(kN)；

C_1、C_2、C_3——船舶或排筏、墩台圬工和防撞装置的平均弹性变形系数(表2.5)，(原注：缺乏资料时可假定 $C_1+C_2=0.0005$m/kN)。

此式可用于计算正撞力和侧撞力。

此式有一个动能折减系数，按撞击方向不同而有两种取值。与撞击时的动能耗散有关。

α 角在计算正撞力时仅与墩尖角度有关。在计算侧撞力时应根据具体情况作一分析。

C_1、、C_2和 C_3由各设计者用不同的方法进行计算：对国内多位学者的模拟计算结果中包含有 C_1。

C_2比 C_1小 2 ~3 个数量级(冲击层有例外)，可以不计入(即设为0)，引起的误差不大。

C_3根据防撞装置而定。

表 2.5　计算出的船头平均弹性系数 C_1

序号	船　　型	排水量(t)	撞击速度(m/s)	最大力(MN)	变形(m)	船头平均弹性系数 C_1(m/kN)
1	79.54m 客船	5102	5.35	9.23	2.29	0.000250
2	5000t 级多用途船	9839	5.0	46.8	5.40	0.000120
3	万吨级散货船	18917	5.0	56.5	6.85	0.000120
4	万吨级集装箱船	17670	3.0	16.5	0.77	0.000047
5	3.5 万吨级散货船	45807	5.0	97.5	9.11	0.000093
6	4 万吨级油船	50500	6.7	148.0	10.50	0.000071
7	5 万吨级散货船	62500	3.0	99.0	6.97	0.000070
8	6.5 万吨级油船	76189	5.0	290.0	6.44	0.000022

注：由于动态力的局域性，船头刚度亦与动态参数(例如速度)有关。

2.6　与国际上常用的半经验估算公式相比较

将上述计算与国际上常用的半经验公式相比较时，至少选择下述两个公式：

(1)敏诺斯基，捷勒，沃易苏(Minosky，Gerlach，Woisin)公式。

(2)索尔，诺特，格林那(Saul－Svensson，Kaott，Greiner)公式(使用本公式时可参考表2.6 求出满载排水量)。

当此两公式与式(2)的结果相差小于25%，可认为代入式(2)时所选参数算出的结果与国际常用半经验式相一致。

表 2.6　货运船舶的载重量与满载排水量表

序号	船　　型	载重量(t)	满载排水量(t)	载 重 系 数
1	5000t 级油船	5263.0	7235.0	0.73
2	5000t 级沿海散货船	6399.0	8670.0	0.74
3	7000t 远洋干货船	7228.0	10940.0	0.66
4	10000t 级油船	9927.0	12548.0	0.79
5	12000t 级江海直达货船	12000.0	20997.7	0.57
6	700TEU 集装箱船	12300.0	18466.1	0.67
7	13000t 级油船	13144.0	16964.0	0.77
8	15000t 经济干货船	15572.0	20881.0	0.73
9	15000t 级油船	15786.0	21020.0	0.75
10	G2 型 20000t 散货船	20400.0	26485.0	0.77
11	1700TEU 集装箱船	20700.0	30166.0	0.69

续上表

序号	船　　型	载重量(t)	满载排水量(t)	载重系数
12	25000t 级油船	24774.0	32319.0	0.77
13	27000t 运木散货船	27635.0	33852.0	0.82
14	28000t 多用途货船	28450.0	38242.3	0.74
15	30000t 级油船	32397.0	39830.0	0.81
16	35000t 浅吃水散货船	35603.0	45807.4	0.78
17	35000t 级油船	36665.0	45141.0	0.81
18	40000t 运木散货船	42196.0	53144.0	0.79
19	3108 TEU 集装箱船	42210.0	57251.0	0.74
20	3800 TEU 集装箱船	42876.0	71263.0	0.60
21	52300t 散货船	52104.0	62078.0	0.84
22	70800t 自卸船	59654.0	77201.0	0.77
23	63000 t 级油船	62200.0	76250.0	0.82
24	5600 TEU 集装箱船	69285.0	93885.0	0.74
25	90000 t 级油船	90261.0	105160.0	0.86
26	110000t 级油船	110296.0	126622.0	0.87
27	175000t 散货船	170800.0	193227.0	0.88

2.7 桥墩抗船撞能力的校核

2.7.1 当桥墩设计者给出桥墩设计抗船撞强度，即能承受的水平力（X 向和 Y 向），这时只要将船撞墩的力沿 X、Y 方向分解，这两个船撞力分量必须均不超过相对应的允许撞击力。

2.7.2 对不同标高的撞击点应分别校核桥墩危险截面的强度，包括抗剪强度和抗弯强度或其组合，因为桥墩受到的船撞力矩与船舶的撞击位置相关，所以应考虑桥墩的危险截面到船撞部位的距离（应与航道水位有关）。

2.8 侧撞力的估算

船舶撞击桥墩墩侧面或船舶侧面撞击桥墩时的撞击力即为侧撞力。下面仅对前者而言，侧撞力 $P_{侧}$ 可用下式估算：

$$P_{侧} = P \cdot \sin\alpha_{侧撞角}$$

式中：P 为正撞力；$\alpha_{侧撞角}$ 的确定：

$$\alpha_{侧撞角} = \left|\theta_{风流压偏角}\right| + \left|\phi_{桥法线偏角}\right|$$

$\theta_{风流压偏角}$ 随该时间的自然条件和船舶条件而定，在自然条件正常、桥位设置正常、符合港航规定时，风流压偏角不大于 15°，所以，普通货船、驳船均可取 $\alpha = 20°$。

2.9 有限元数值计算船撞力

由于影响船撞力的因素很多，如船舶和桥墩的材料和结构特性、船舶和桥墩的几何尺寸、撞击加载速度等都将影响船舶对桥墩的撞击力及其强度，可采用有限元数值计算校核。

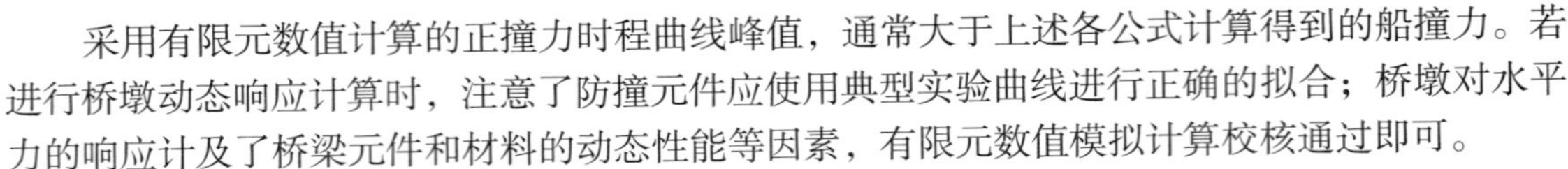

采用有限元数值计算的正撞力时程曲线峰值，通常大于上述各公式计算得到的船撞力。若进行桥墩动态响应计算时，注意了防撞元件应使用典型实验曲线进行正确的拟合；桥墩对水平力的响应计及了桥梁元件和材料的动态性能等因素，有限元数值模拟计算校核通过即可。

3 全桥防船撞设计

3.1 对桥型、桥跨的及时建议

用户向防船撞的专门单位(本所、乙方)提出防撞设计要求后，乙方应及时研究该航线、航段的水流和船舶运输的情况，并应对船型发展规划、河道整治规划和港口建设规划尽可能的掌握或推算，如发现桥型、桥跨选择对防船撞不合理时，应及早向用户提出修改建议。

向用户提出的桥梁防船撞建议，应该包括铁道桥涵设计基本规范和公路桥涵设计通用规范两个规范中各章节所包含的防船撞要求，还应该从船桥互利相安、社会持续发展的观点，提出合理而充分的建议。[8]

3.2 有柔性耗能防撞圈的防撞装置和绳索耗能柔性拦船装置

跨海湾(河湾、海峡等)的长桥，通常由主通航孔、辅通航孔、水中引桥和滩地引桥等组成。分别有不同的情况：

主通航孔水比较深，高墩高塔投资较大，而且通航净宽比较宝贵，因此对柔性防撞装置降低船撞力的要求较迫切；辅通航孔、水中引桥孔等水比较浅，通航的船较小，一般要求的水平抗力相对较小。

主通航孔一般可作有柔性防撞圈的防撞装置[6]，水中引桥很长时，可设计绳索耗能等柔性拦船装置[9]。

3.3 关于船撞桥的概率研究设计[7]

(1)由于船撞桥的统计样本较少，一般不仅以统计结果作为设计或不设计防撞装置的依据。

(2)应用户要求，可提交概率分析研究报告，作概率分析研究时，船撞速度应计及各墩所处位置的实际流速[5]；偏航概率在具体航线和航段的水流情况，应予以具体考虑；几何概率应根据桥梁初步设计的桥墩形状予以考虑，如桥墩形状不符合规范或不符合水流和船舶运输的具体情况，应及时向用户提出；经过柔性防撞设计降低了船撞力后，桥墩水平抗力仍不能满足要求时，应及时向用户提出加强桥墩。

(3)经过上述反复设计和修改之后，船撞上桥墩的几率可以得出，但撞塌几率已经为0。(即船撞上后的撞力 $<$ 桥墩水平抗力)。

4 桥梁柔性防船撞装置的原理和基本结构

4.1 桥梁柔性防船撞装置的原理[6]

“桥梁柔性防船撞装置”是利用其结构内各部件的共同作用，使得船撞桥产生的冲击不直接作用在桥墩上，而是经过柔性的防撞部件缓冲后传到桥墩，柔性缓冲部件起到隔阻强冲击波、减少撞击力、延长低载荷下撞击过程时间的多种效果。尤其是延长撞击过程中，低载荷下的时间，并由于防撞装置具有较大的缓冲移动，使船舶有时间和空间转向，将船舶推离桥墩，使船舶沿防撞装置外侧滑走，从而带走船的大部分动能，降低了船－桥撞击过程中的能量交换。达到"四两拨千斤"的功效。从而实现既保护桥梁，又能避免(或大幅度降低)船舶受到伤害的目的。

4.2 桥梁柔性防船撞装置的基本结构

桥梁柔性防船撞装置的基本结构：主要由防撞圈、外钢围和内钢围三部分构成，防撞圈位于外钢围和内钢围之间，而内钢围的内壁与桥墩相接触，即桥墩位于内钢围之内侧。当发生船撞事件时，船舶撞在外钢围的外壁上，船撞力通过支撑在外钢围内壁上的防撞圈的缓冲作用后，经内钢围传递到桥墩上。

4.2.1 外钢围：外钢围是环状钢箱形结构，箱梁的局部结构刚度不小于来撞典型船舶的船首刚度，并需要适当的动态结构刚度。使得在受到撞击过程中，外钢围不会因变形的局域化而镶住船头。但由于支撑在外钢围内壁上的防撞圈的刚度相对较小，在船撞作用下，具有较强结构刚度的外钢围迫使这些防撞圈同期受力、变形和运动，同时造成外钢围整体产生足够大的位移。

4.2.2 外钢围迎撞角：外钢围的正面(迎撞面)作成锥角形(尖角形，该角度不应大于90°)，船舶撞击柔性防撞装置的外钢围外壁尖部时，外钢围的反力可拨开船头，该反力的大小随该尖角的减小而降低。考虑到工程的造价和施工方便，该尖角的角度不宜小于45°。

4.2.3 防撞圈：在柔性防撞装置的外钢围和内钢围之间串联并联地布置着几十个至几百个防撞圈，防撞圈提供了柔性防撞装置的非线性柔性，使得外钢围整体可以产生大的位移。在外钢围后退的初期，防撞圈产生的阻挡力较小，后退一定距离后，作用力逐渐加大。并联组构的防撞圈越多，对外钢围(相当于对船舶)产生的作用力越大；串联组构的防撞圈越多，外钢围(相当于对船舶)整体位移量越大。防撞圈的组构形式取决于来撞之船舶的大小。还可根据需要，设计防撞圈的刚度和尺寸。

4.2.4 内钢围：主要为了支撑防撞圈、传递作用力以及隔离船头而设计。

4.2.5 浮式或固定式：根据桥区的水位变化情况，桥梁柔性防船撞装置可设计成浮式的或固定式的。若是浮式的，外钢围和内钢围应设计成水密性的，并分别具有4～6个或更多独立的水密舱。采用2舱不沉设计，即当有两个水密舱漏水时，该防船撞装置仍不至于沉没。

5 桥梁柔性防船撞装置的设计步骤

5.1 计算船舶撞击力

5.1.1 确定典型船：通过对桥下通航船舶密度、船型、吨位等的调查，(可以作一个时期的通航船舶直方图，应取平均值加3σ选择船舶的大小)以及该航道的发展规划(通常应该为50～100年，规划不详细时，由设计人给予补充)的调查，基于防撞保证率研究、选择，回过来确定计算船撞力用的典型船，包括船型、吨位和航速。

5.1.2 根据航道的流速及风向，分析船舶的风流压偏角。采用半经验公式初估、再用有限元程序计算船舶撞击力，并分析计算得到的船撞力的可靠性。

5.1.3 计算船撞力降低：根据强度校核，确定所装设的柔性防撞装置能够使得桥墩受到的船撞力降低多少。

5.2 桥梁柔性防船撞装置的初步设计

5.2.1 选定采用浮式或是固定式：根据桥墩的结构设计、桥位、桥形，以及水位和通航条件的资料，确定柔性防船撞装置是采用浮式或是固定式，以及柔性防船撞装置主体框架结构，包括柔性防船撞装置与桥墩的位置关系和联系形式。

5.2.2 设计迎撞角：根据对柔性防船撞装置降低船撞力的百分数的要求，设计柔性防船撞装置外钢围的迎撞角角度。

5.2.3 防撞圈设计：根据船撞力和撞击船能量的大小，设计柔性防船撞装置中的防撞圈的组构形式，以及防撞圈的大小和数量。

5.2.4 外钢围刚度：设计柔性防船撞装置外钢围的局部刚度不小于典型船的船首刚度。

5.2.5 防船撞装置整体的强度：设计柔性防船撞装置整体的强度不小于桥墩的设计抗船撞强度。

5.3 桥梁柔性防船撞装置设计的完善

完成桥梁柔性防船撞装置的初步设计后，对其进行有限元数值仿真分析，为改善设计提供依据。动态数值仿真分析内容包括：在船撞过程中，桥墩所受到的动态撞击力，船舶受到的动态撞击力，船舶在撞击过程中的动态能量转换，该装置关键技术设计参量：外钢围刚度设计、迎撞角的角度设计、该装置的整体强度设计，以及防撞圈的组构设计等。基于数值仿真分析结果，改进柔性防撞装置设计。其步骤如下：

桥梁柔性防船撞装置总图设计 ⇒数值仿真计算 ⇒优化设计(修改，再计算……)⇒数值仿真计算验证 ⇒设计防撞装置施工图。

即：对修改后的设计方案重新进行数值仿真分析研究，验证防撞装置是否达到设防要求。若未能达到要求，继续改进设计，重复：优化设计⇒仿真验证之过程，直到防撞装置达到设防要求。

5.4 桥梁柔性防船撞装置设计的细部结构设计

应参照船舶的钢结构设计方法进行。

5.5 桥梁柔性防船撞装置设计的施工方案和零件设计

应参照船舶的钢结构设计方法进行。

6 船舶撞击桥墩数值计算

通过数值计算可得到撞击系统(船、防撞装置和桥墩)的力、能量和变形随时间的变化过程，以及防撞圈的受力同期性、外钢围弹塑性变形、直至局部毁坏的图像，和船舶的运动轨迹。

6.1 计算软件

推荐使用商用有限元软件，如 LS – DYNA、ABQUES 等作为动态有限元分析用软件。

6.2 划分单元

对于撞击系统：船、防护装置和桥墩分别划分单元，视其结构的繁简进行划分，构建有限元模型。船头每个构件各自成为单元，到防撞舱壁以后可以进行简化，但保持其重心、作用力和变形等的特征不受因简化而产生的影响，应避免简化不当而影响计算结果。当发现简化会影响计算结果时，应改变简化方法。

6.3 材料模型

在材料模型中，应考虑材料参量的应变率敏感性，采用应变率相关的材料模型，包括：钢、混凝土、防撞圈，特别是防撞圈应采用应变率相关的材料模型。

6.4 计算

计算时，可利用多台微机分别平行计算或大型计算机的多个 CPU 同时运算，后者需要有供多个 CPU 同时运算的软件，以加速数值计算进程，缩短防撞装置的设计周期。

6.5 从计算结果中取出报告所需数据

这部分工作极需注意表达方式，应合乎桥梁工程师们的想法，符合工程习惯，易于接受。

6.6 将计算结果与材料和结构的动态性能对比

材料和结构在动态载荷作用下，其强度、变形和断裂等性能均有不同的表现。因此，应以动态性能与动态计算结果相比较，才能得出正确的衡量。

7 钢丝绳(柔性耗能)防撞圈参数及组合形式

7.1 钢丝绳(柔性耗能)防撞圈

它的内层由钢丝绳压接而成，外面复合橡胶，变形时钢丝之间摩擦，并有弹塑性变形，表现出黏滞性，所以有很大的耗能率，消耗掉大部分撞击能；同时可产生较大的变形，起缓冲作用、降低撞击力。

实验表明，在同样外载条件下，柔性耗能防撞圈较同样体积的橡胶减震垫，耗能率约增大 3 倍，撞击时间延长至 2 倍以上，撞击力大幅下降。

柔性耗能防撞圈的“力—变形”曲线为凹曲线，在初始加载阶段，防撞圈在较低的作用力下产生较大的变形。

7.2 钢丝绳(柔性耗能)防撞圈的应用

应用在桥梁柔性防船撞装置中，为该装置提供了恰当的柔性，达到大幅降低船撞力，既保护桥也保护船的目的。由于单个柔性耗能防撞圈的承载力、吸能值不大，在桥梁柔性防船撞装置中通常使用几十个、几百个防撞圈，这些防撞圈串联和并联组构固结于内外钢围之间，所采用的紧固元件必须设计可靠。

由于柔性防撞装置高功效，因此，需要一定的建设成本，在桥梁建设初期应予估计。

7.3 钢丝绳(柔性耗能)防撞圈参数

在桥梁柔性防船撞装置设计中应根据来撞船舶的动能大小，选用不同规格的防撞圈。防撞圈的参数如表 7.3-1 和表 7.3-2 及图 7.3 所示。

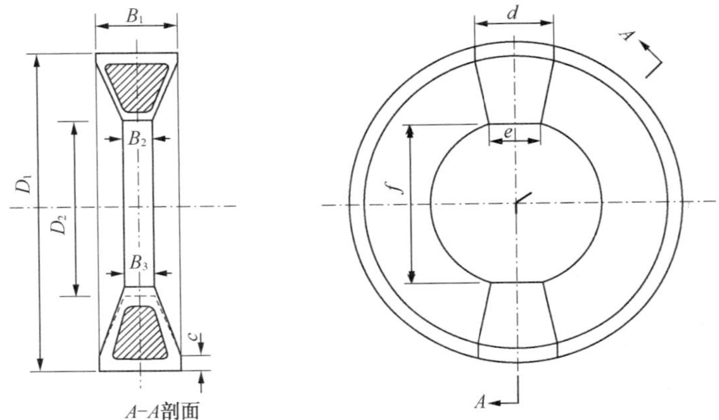

图 7.3 高耗能柔性复合防撞圈的形状、尺寸重量和允许偏差

表 7.3-1 高性能柔性复合防撞圈的形状、尺寸、重量和允许公差

	型号	外形尺寸(mm)									重量(kg)
		D_1	D_2	B_1	B_2	B_3	c	d	e	f	
按图 7.3	A400	400	190	120	42	42	15	145	100	177	25
	A600	600	300	170	44	44	25	160	120	280	76
	A800 - 1	800	380	230	80	80	30	200	150	350	194
	A800 - 3	800	400	228	80	80	30	200	150	370	192
	B800 - 4	800	450	195	70	70	30	200	150	425	146
允许偏差		±2%	±2%	±2%	±2%	—	—	—	—	—	±2%

表 7.3-2 防撞圈的能量消耗率

	额定外加之功	能量消耗值(功)
	J	J
A800 - 1	≥ 50000	≥30000
A800 - 3	≥ 50000	≥30000
B800 - 4	≥ 30000	≥22500

7.4 钢丝绳(柔性耗能)防撞圈的组构

在桥梁柔性防船撞装置中，防撞圈按其布置可分为并联和串联两种组构。为使并联和串联各组之间正常传力，可适当设计紧固的结构。

8 浮体设计

8.1 浮体审图检验

船舶检验单位属交通部海事局领导，在上海和武汉分别设有海洋和内河船舶(包括海洋工程浮动结构)的审图中心. 本防撞装置的浮体就是一艘具有大月亮井的趸船，其月亮井形状与桥墩外形相配。故应按其所处水域，向相应单位申请船舶检验。(有的船舶检验单位不予受理，理由是它不航行，故亦可报告港务管理部门。)

8.2 浮体要求

8.2.1 按水位(包括最大水位、通航水位. 最低水位等)要求设计浮体。浮体在各水位时，均应使防撞设施实现其功能。

8.2.2 浮体，如果不是按照外钢围或内钢围设计的，应在防撞装置受撞时自身不直接受到撞击，以免损坏。

8.2.3 浮体可分块制造、组装，或分块使用。

8.2.4 外钢围和内钢围应分别具有4~6个或更多独立的水密舱，当有两个水密舱被船舶撞坏漏水时，该防船撞装置仍不至于沉没。

8.3 位移空间

防撞圈需有很大的位移空间，浮体要承受防撞圈的重力，并要给予变形时的滑动位移空间，滑动处需有润滑措施。

8.4 防腐设施

钢结构应采用表面保护的最新长效措施进行防腐。可在钢结构上先用喷涂锌铝伪合金长效防腐蚀涂层系统外加牺牲阳极阴极保护。

此外，由于经常有水的环境(干舷较小)，可以用海洋工程水舱保护涂层进行防护。

8.5 适应水位变化的滑动设计

浮体为适应水位变化，设计成沿桥墩外表面滑动的，要求浮体沿着桥墩上下能够滑动，必须在间隙处精心设计，使其不致卡住。应采取合适的间隙、分布合理的支点以及选用最佳的减摩材料触点。

如果是设计成固定式，优点是没有浮体，结构就简单了；缺点是当水位变化较大时需用防撞装置的尺寸太大，且防腐面积增加，不利于降低设计物的成本。

9 桥梁柔性防船撞装置的其他附属设备

9.1 撞击记录仪

桥梁柔性防船撞装置外层的钢围子上，可设置冲击传感器，以记录船舶撞击桥墩的力度和防撞效果，记录仪设置在桥塔或桥墩上的路面附近，用隔热房子保护，便于随时或定期检查、取阅记录(或传至桥梁交通控制中心)。记录仪采用有信号即启动的方式，设定门槛值，冲击达不到此门槛值记录仪不启动。

9.2 非结构性防撞装置

9.2.1 标志及灯标导航系统，桥墩有规定的标志灯及标志，也可以自行设计标志灯及其系统，但须与港航部门协调。

9.2.2 加强雷达与导航系统，设置专门的导航站进行导航，当船偏离最佳航线时对其发出警告。

10 桥梁柔性防船撞装置的防腐设计及维修保养

10.1 防腐设施

桥梁柔性防船撞装置主要由钢结构组成，长期处于水中，甚至处于腐蚀性极高的海水中，并且还长期受到波浪的冲刷，必须设计用于钢结构表面保护的长效措施进行防腐。推荐使用多重防护，以达到长期使用而维修较少的目的。应该使用计算方法求得各种保护措施实现保护的年限。在桥梁柔性防船撞装置安装完毕后，应检查连接部位的防腐层，发现问题及时修补。

10.2 装置定期维护和撞坏后的维修

10.2.1 小面积损伤：当防撞装置受到船舶擦碰时，可能发生局部损伤，当受损程度不大时，可按类似于船舶修理方法进行局部结构拆换处理，然后对结构的防腐涂层进行必要的修补。

10.2.2 大面积损伤：当防撞装置受到船舶的强烈撞击时，可能发生大面积损伤，应对损伤部件、甚至单体(如受损的水密浮箱)进行更换等必要的修复工程。

10.2.3 定期维护：定期维护是保证桥梁柔性防船撞装置长使用寿命的一个关键点，可每半年进行一次例行检查。检查内容包括：防撞装置外表面是否损伤、防腐体系是否受到损害、钢结构有无出现局部锈蚀、连接部位有否松动等。发现问题，及时修复。

10.3 整体维护

桥梁柔性防船撞装置每使用5年可进行一次整体维护，内容包括：

10.3.1 用高压水清洗，清除表面的寄生生物。

10.3.2 在锈蚀部位进行打砂除锈。

10.3.3 检查钢结构的受损(腐蚀)程度，当钢板厚度因受损减少10%时，应更换该部件。

10.3.4 更换出现破损或失效的防撞圈、紧固件等。

10.3.5 全面检查防腐设施，发现问题，进行修复，甚至按设计配套进行重涂。

参考文献

[1] 陈国虞. 有防撞装置时计算船撞桥的力——铁路桥梁规范中船撞力公式的延伸修订[J]. 铁道标准设计，2004，(1).

[2] 陆宗林，陈国虞，张澄. 第十七届全国桥梁学术会议论文集：统一我国两个桥涵设计规范中船撞力公式的探讨[C]. 北京：人民交通出版社，2006.

[3] 王礼立，杨黎明，陈国虞，陆宗林. 第七届国际冲击工程研究会论文集：船桥相撞时撞击力和动态能量转换的冲击动力学分析(英文版)[C]. 华沙：2010，7.

[4] 陈国虞，王礼立. 船撞桥及其防御[M]. 北京：中国铁道出版社，2006.

[5] 陈国虞，陈明栋，郑丹. 计算船撞力选择撞击速度时考虑墩位流速的方法[J]. 广东造船，2010，3.

[6] 陈国虞，张澄，王礼立，黄德进. 柔性消能防撞装置的技术特点[J]. 桥梁，2007，(4)：58－62.

[7] 陈国始. 第十七届全国桥梁学术会议论文集：浅谈用概率论研究船撞桥的几个方法问题[C]. 北京：人民交通出版社，2006.

[8] 陈国虞. 住房和城乡建设部桥梁检测、养护与维修加固创新技术交流研讨会论文集：评议桥梁防撞设计的依据[C]. 深圳：2010，12.

[9] 陈国虞，倪步友，张澄，刁金龙，严景，马海友. 住房和城乡建设部桥梁检测、养护与维修加固创新技术交流研讨会论文集[C]：跨海湾(河湾)桥非通航孔拦船防撞装置. 深圳：2010，12.

附录 2
“船撞桥”文献目录

说明：国际桥梁和结构工程协会(IABSE)在 1991 年有一个“船撞桥”专题文献目录，共 153 篇，但只收西文文献。本目录主要补充 1983 年后的中文文献，也有一些用英文写的中国桥梁防撞文章。此外，还收录了一些 1998 年以后的西文近作。

1. 船撞桥总论和综述

[1-1] 杨渡军．船舶撞毁桥机理及现状研究[J]．重庆交通学院学报，1985，(4).

[1-2] 岩井・聪，等．关于船舶对桥梁的安全措施[J]．中国航海，1986－12，(总 19).

[1-3] 杨渡军．桥墩的防撞保护系统及其设计[M]．北京：人民交通出版社，1990.

[1-4] 王逢辰，古文贤，郑经略．船舶操纵与避碰[M]．北京：人民交通出版社，1992.

[1-5] 陈国虞．关于“船撞桥”问题的几点浅见[J]．上海造船，1995，(3).

[1-6] 李建君．撞桥事故分析及对策[J]．中国水运，1995，(3)：32－33.

[1-7] 陈国虞．桥墩防撞设施的选择[J]．中国水运，1995，(9)：27－28.

[1-8] 曾克俭．桥墩防撞设施研究及其应用综述[J]．中南公路工程，1996，21(4)：40－44.

[1-9] 曾克俭．桥墩防撞设施研究及其应用综述(续完)[J]．中南公路工程，1997，22(1)：34－38.

[1-10] 卢世深．关于船舶撞碰桥梁事故[J]．北京公路，1997，(2)：8－10.

[1-11] 黎国彦．浅谈船舶碰桥事故的原因及防范[J]．珠江水运，1998，(10)：31.

[1-12] 姚杰，方祥麟，吴兆麟．船舶撞碰危险综合评介系统的比较研究[J]．大连水产学院学报，1999，14(1)：37－42.

[1-13] 陈国虞．船撞桥论文选：三不坏桥墩防撞装置的设计[C]．上海：上海海洋钢结构研究所，2000：8－17.

[1-14] 范鸿乔．船桥碰撞事故原因浅析和安全对策[J]．中国港监，2000，(2)：21－25.

[1-15] 陈国虞．防御船撞桥的桥墩防撞装置[J]．航海技术，2001，(1)：23－24.

[1-16] 项海帆，范立础，王君杰．船撞桥设计理论的现状与需进一步研究的问题[J]．同济大学学报，2002，(4).

[1-17] 陈国虞．科学中国人十年优秀论文选：桥墩防撞设施的历史及其功能——“三不坏”桥墩防撞装置的诞生 [C]．北京：科学中国人杂志社，2002.

[1-18] 刘建成，顾永宁．第十五届全国桥梁学术会议论文集：船－桥碰撞数值仿真 [C]．上海：同济大学出版社，2002：215－221.

[1-19] 郑直．桥梁通航净空尺度探讨[J]．水运工程，2002，(3)：17－20.

[1-20] 戴彤宇．Statistical Analysis of Ship Impact Against Bridge in China Waterway [J]．Journal of Marine，Science and Application. 2002，(2)

[1-21] 戴彤宇．船撞桥事故综述[J]．黑龙江交通，2003，(2)．

[1-22] 陈国虞，等．第十六届全国桥梁学术会议论文集：怎样实现桥墩柔性防撞［C］．北京：人民交通出版社，2004：75－81．

[1-23] 陈国虞．中国公路学会2005年全国桥梁学术会议论文集：桥墩防撞问题研究的进展［C］．北京：人民交通出版社，2005：1132．

[1-24] 陈国虞，王礼立．船撞桥及其防御[M]．北京：中国铁道出版社，2006．

[1-25] 陈国虞，张澄，倪步友，王礼立，黄德进，张忠伟．中国环境资源与水利水电工程：柔性消能防撞装置的技术特点[C]．北京：海洋出版社，2007．

[1-26] 陈国虞．三个"桥墩防撞设计指南、规范"的对比研究[J]．城市道桥与防洪，2008，(2)．

[1-27] 倪步友，陈国虞，郑丹，陈明栋．中、外船撞桥实验评述[J]．桥梁工程与技术(直投媒体)，2009，(6)：29－38．

[1-28] 陈国虞．水中桩柱防撞新技术[J]．船舶标准化工程师，2010，43（6），(总第258)：54－57．

[1-29] 廖娟，陈国虞．中国土木工程第十九届全国桥梁学术会议论文集：杭州内河92座桥梁防撞评估与增设防撞装置建议[C]．北京：人民交通出版社，2010．

[1-30] 陈国虞．评议桥梁防撞设计的依据[J]．城市道路与防洪，2011，(6)：106－112．

[1-31] 陈国虞．因地制宜选用桥梁防撞设施[J]．桥梁工程与技术(直投媒体)，2011，(6)：24－39．

[1-32] 陈国虞．中国土木工程学会桥梁及结构工程分会第二十届全国桥梁学术会议论文集：试论几座大桥在防御船舶撞击方面值得提高的地方[C]．北京：人民交通出版社，2012．

[1-33] 陈国虞答《桥梁工程与技术》读者问——船撞桥事故现状及柔性防撞．桥梁工程与技术．北京：中国桥梁行业专业直投媒体，2013(1)总37，1－10．

[1-34] 朱海涛，陈国虞，倪步友．中国公路学会2013年全国桥梁学术会议论文集：我国桥梁防船撞的回顾与展望[C]．北京：人民交通出版社，2013．

[1-35] 陈国虞．不让桥塌船沉的灾害性事故再发生[J]．桥梁工程与技术，中国桥梁行业专业直投媒体，2013(3)．47－50．

2. 专论或分论

[2-1] 梅家仁，陈捷．承受船撞力的双柱式墩设计与结构分析[J]．公路，1991，(2)：16－23．

[2-2] 赵劲松．船—桥碰撞与南京长江大桥的防碰问题[J]．大连海运学院学报，1992，18(1)：7－81．

[2-3] 谭之抗．全国桥梁结构学术大会：广东几座特大公路桥主墩防撞设计介绍[C]．1992：395－400．

[2-4] 戴钟奇．武汉长江大桥下行船舶航行安全浅谈[J]．湖南交通科技，1995，21(1)：64－66．

[2-5] 陈国虞．长江中游桥墩防撞：防撞要求的分析[J]．航海科技动态，1995，(3)：16－19．

[2-6] 陈国虞，林树人．长江中游桥墩防撞(续一)：防撞设施的种类及其特点[J]．航海科技动态，1995，(4)：14－17．

[2-7] 陈国虞，倪步友．长江中游桥墩防撞(续二)：钢绳柔性吸能防撞器试验研究[J]．航海科技动态，1995，(5)：15－17.

[2-8] 杨家祥，赵华．桥梁墩身避碰承台轮廓设计研究[J]．交通部上海船舶运输科学研究所学报，1995，18(2)：1－10.

[2-9] 王会博，周建强．浅论船舶碰撞南京长江大桥事故原因及防范[J]．内河航政，1996，(3)：9－11.

[2-10] 黄黎丽．内陆水道船只的撞击力[J]．国外桥梁，1997，(4)：42－47.

[2-11] 王康，易幼平．关于抗撞桥墩设计与计算问题[J]．河北工业大学学报，1997，26(4)：37－44.

[2-12] 刘德邦．弯曲河段桥墩防撞分析[J]．中国水运，1997，(4)：29－30.

[2-13] 刘德邦．弯曲河段大型桥墩(台)防撞成因分析及对策[J]．重庆交通学院学报，1997，16(4)：103－108.

[2-14] 黄建维，欧阳明，刘建军，郭颖．第八届全国海岸工程学术讨论会暨1997年海峡两岸港口开发讨论会：汕头海湾跨海大桥桥墩对船舶航行影响的试验研究[C]. 1997：328－335.

[2-15] 吴澎．中国土木工程学会第九届年会论文集：公路桥梁的通航净空和船撞力标准[C]．工程安全及耐久性，2000 ：166－169.

[2-16] 王武勒，雷俊卿．中国土木工程学会第九届年会论文集：桥梁失事案例剖析[C]．工程安全及耐久性，2000：215－218.

[2-17] 刘建成，顾永宁，胡志强．桥墩在船桥碰撞中的响应及损伤分析[J]．公路，2002，(10)：33－41.

[2-18] 戴彤宇，聂武，刘伟力．长江干线船撞桥事故分析[J]．中国航海，2002，(4)：44－47.

[2-19] 严仁军，李嶸，王勇，吴卫国．水路航运与防撞研究[J]．交通科技，2003，(3).

[2-20] 何栋梁，范彬．船桥碰撞及防撞结构研究[J]．石河子大学学报(自然科学版)，2005，(6).

[2-21] 范彬，王林．船桥碰撞及防撞结构研究[J]．华东船舶工业学院学报(自然科学版)，2005，(4).

[2-22] 陈国始．第十七届全国桥梁学术会议论文集：浅谈用概率论研究船撞桥的几个方法问题[C]．北京：人民交通出版社，2006.

[2-23] 陈国虞，张澄，王礼立，等．第十七届全国桥梁学术会议论文集：桥墩防撞问题研究的进展[C]．北京：人民交通出版社，2006.

[2-24] 史方华，白雨东，陈国兴，雷波．跨海大桥设计应考虑的问题[J]．浙江交通科技，2006，(4).

[2-25] 吴祖烈，徐东丰．桥墩防撞装置评述[J]．重庆交通学院学报，2006，(6).

[2-26] 陈国虞，张澄，倪步友，王礼立，黄德进，张忠伟．柔性消能防撞装置的技术特点[J]．桥梁，2007，(4).

[2-27] 王君杰，范立础．第十八届全国桥梁学术会议论文集：建立桥梁船撞动力设计理论与方法的建议[C]．北京：人民交通出版社，2008.

[2-28] 姜金辉，金允龙，潘溜溜，梁文娟．桥梁防撞研究技术与方法[J]．上海：上海船舶运输科学研究所学报，2008，(1)：23 -28.

[2-29] 陈国虞．中、外船撞桥实验评述[J]．桥梁工程与技术，2009(6)：29 -38. 北京：中国桥梁行业专业直投媒体．

[2-30] Lili Wang，Limuing Yang，Changgang Tang，Zhongwei Zhang，Guoyu Chen，Zonglin Lu. ISIE Book of Proceedings：On the Impact Force and Energy Transformation during Ship - Bridge Collisions[C]．华沙，2010：690 -703 .

[2-31] 陈国虞，陈明栋，郑丹．计算船撞力选择撞击速度时考虑墩位流速的方法[J]．广东造船，2010，(3)：33 -37.

[2-32] 陈国虞，倪步友，张澄，刁金龙，严景，马海友．跨海湾(河湾)桥梁非通航孔柔性拦船防撞装置[J]．广东造船，2011，(1)：38 -41，31.

[2-33] 陈国虞．关于老桥防船撞的问题[J]．广东造船，2011，(6)：60 -64，73.

[2-34] 陈明栋，黄世连，巴添，陈国虞．航区通航条件与桥梁防船撞(桥位选择\ 通航净空和相撞速度)[J]．桥梁工程与技术，2012(6)：1 -34

3. 船撞桥的载荷(力和能量)计算法

[3-1] 殷万寿．船舶碰撞建筑物的作用力——船撞力[J]．桥梁地基基础：150 -157.

[3-2] 周绍烈．桥梁墩台设计水平力的计算方法[J]．西南交通大学学报，1993，(5)：30 -35.

[3-3] 杨家祥，梁文娟，赵华．桥墩碰撞力的计算[J]．交通部上海船舶运输科学研究所学报，1994，17(2)：23 -29.

[3-4] 王民族，康宏远．受船舶撞击的桥墩桩基设计方法[J]．中国市政工程，1996，(2)：54 -60.

[3-5] 陈楚珍，肖荣清．船队撞击大桥桥墩时的能量计算方法[J]．武汉水利电力大学学报，1996，29(2)：17 -21.

[3-6] 陈楚珍．船队撞击桥墩时能量折减系数 Ng 的探讨[J]．华中理工大学学报，1996，24(6)：80 -82.

[3-7] 鲁鄂．桥墩受船队撞击的强度核算[J]．武汉造船，1997，(4)：9 -12.

[3-8] 王康，易幼平．关于抗撞桥墩设计与计算问题[J]．河北工业大学学报，1997，8(6)：74 -78.

[3-9] 黄锋旺．船舶碰撞荷载计算[J]．中南公路工程，1999，24(3)：50 -51.

[3-10] 彭凯，萧盛燮．桥梁下部结构与外物碰撞的力学模型模拟[J]．重庆交通学院学报，1999.

[3-11] 梁文娟，金允龙，陈高增．第十四届全国桥梁学术会议论文集：船舶与桥镦碰撞力计算及桥镦防撞[C]．上海：同济大学出版社，2000：566 -571.

[3-12] 王自力，朱学军，顾永宁．船体结构耐撞性优化设计方法研究[J]．中国造船，2000，41，(2)：34 -40.

[3-13] 陈国虞．中国土木工程学会桥梁及结构工程分会第十五届全国桥梁学术会议论文集：船对桥墩的正撞力[C]．上海：同济大学出版社，2002：222 -227.

[3-14] 陈国虞，沈文玮．中国土木工程学会桥梁及结构工程分会第十五届全国桥梁学术会议论文集：船对桥墩的侧撞力[C]．上海：同济大学出版社，2002：228 -232.

[3-15] 戴彤宇．桥梁船撞力实用计算方法[J]．黑龙江交通，2003，(1)．

[3-16] 陈国虞．有防撞装置时计算船撞桥的力——铁路桥梁规范中船撞力公式的延伸修订[J]．铁道标准设计，2004，(1)．

[3-17] 汪克来，宋玉祥．关于桥梁船舶撞击力的设计与计算初探．铜陵长江大桥管理局．

[3-18] 王礼立，等．应用力学进展：船撞桥的钢丝绳圈柔性防撞装置的冲击动力学分析[M]．北京：科学出版社，2004.

[3-19] 罗林阁，等．中国公路学会2005年全国桥梁学术会议论文集：桥墩防撞装置的受力计算[C]．北京：人民交通出版社，2005 ：1140.

[3-20] 陆宗林，陈国虞，张澄．中国土木工程学会桥梁及结构工程分会第十七届全国桥梁学术会议论文集：统一我国两个桥涵设计规范中船撞力公式的探讨[C]．北京：人民交通出版社，2006.

[3-21] 王君杰，陈诚．中国公路学会2006年全国桥梁学术会议论文集：基于碰撞数值模拟的桥梁基础设计船撞力[C]．北京：人民交通出版社，2006：274.

[3-22] 王君杰，陈诚．中国公路学会桥梁及结构工程分会2006年全国桥梁学术会议论文集：桥梁基础设计船撞力修正系数[C]．北京：人民交通出版社，2006：280.

[3-23] 陈国虞，陈明栋，郑丹．计算船撞力选择撞击速度时考虑墩位流速的方法[J]．广东造船，2010，(3)：33－37.

[3-24] 王礼立，杨黎明，陈国虞，陆宗林．第二届国际自动化和工程控制会议论文集 vol (7)：船桥相撞的冲击力分析 [C]．内蒙，2011：5850－5853.

[3-25] 陈国虞，王礼立，廖娟．桥墩船撞力(正撞、侧撞)及其半经验公式研究[J]．桥梁工程与技术，2011(5)：60－72. 北京：中国桥梁行业专业直投媒体．

[3-26] 王礼立，杨黎明，陈国虞，陆宗林．中国土木工程学会桥梁及结构工程分会第二十届全国桥梁学术会议论文集：船桥相撞时撞击力和能量转换的冲击动力学分析[C]．北京：人民交通出版社，2012：921－935.

4. 防撞设施及其研究

[4-1] 孙国柱．大直径Y型防撞岛的设计与施工[J]．公路，1989，(9)：16－22，37.

[4-2] 王克洪．桥梁主墩浮式柔性防撞护套[J]．武汉水利电力大学学报，1994，27(6)：739－741.

[4-3] 陈国虞，等．水中桩柱用钢绳柔性冲击吸能器试验研究[J]．交通部上海船舶运输科学研究所学报，1995，(2)．

[4-4] 肖荣清，陈楚珍．液体稳压柔性消能——桥墩防撞设施试验研究[J]．武汉水利电力学院学报，1997，30(4)：66－69.

[4-5] 王朝军，陈传尧，等．桥墩防护装置数值模拟分析[J]．国外桥梁，2001，4.

[4-6] 陈国虞．防御船撞桥装置的历史和新发展——“三不坏”桥墩防撞装置．力学，2000. 北京：气象出版社，2000：657－658.

[4-7] 陆宗林，等．中国公路学会桥梁及结构工程分会2004年全国桥梁学术会议论文集：一种新型的柔性吸能防撞装置[C]．北京：人民交通出版社，2004.

[4-8] 曹卫力．防撞钢套箱在碰撞中的响应分析(珠江特大桥)[J]．广东公路交通，2005(4)．

[4-9] 李雅宁，金允龙，胡志强，顾永宁．船舶－桥墩碰撞与防护计算[J]．交通部船舶运

输科学研究所学报，2004，(1).

[4-10] 杨黎明，吕忠达，王礼立，陈国虞，陆宗林．中国土木工程学会桥梁及结构工程分会第二十届全国桥梁学术会议论文集：桥梁抗船撞柔性防护方法及实船撞击实验[C]. 北京：人民交通出版社，2012.

[4-11] 朱海涛．中国土木工程学会桥梁及结构工程分会第二十届全国桥梁学术会议论文集：对武汉长江大桥被船撞76次事故的反思[C]. 北京：人民交通出版社，2012.

[4-12] 唐长刚，吕忠达，徐爱敏，王永刚，杨黎明．中国土木工程学会桥梁及结构工程分会第二十届全国桥梁学术会议论文集：加速度法测量实船与柔性防护装置碰撞的撞击力[C]. 北京：人民交通出版社，2012.

[4-13] 刘军，吕忠达，徐爱敏，周刚毅，杨黎明．中国土木工程学会桥梁及结构工程分会第二十届全国桥梁学术会议论文集：桥梁柔性防撞装置设计的关键技术研究[C]. 北京：人民交通出版社，2012.

[4-14] 董新龙，周风华，郑维钰，李来则，段忠，周刚毅，杨黎明．中国土木工程学会桥梁及结构工程分会第二十届全国桥梁学术会议论文集：桥墩柔性防撞装置实船撞击过程的实验研究——装置及撞击力的测量与分析[C]. 北京：人民交通出版社，2012.

[4-15] 秦焜，刘慈军，杨黎明，王永刚．中国土木工程学会桥梁及结构工程分会第二十届全国桥梁学术会议论文集：实船与有防护装置桥墩碰撞实验的数值模拟[C]. 北京：人民交通出版社，2012.

5. 桥梁防撞实例

[5-1] 张耀宏，顾金钧．名港中央大桥桥墩防撞结构的设计[J]. 国外桥梁，1999，(1)：61－65.

[5-2] 张为民，张春生．广济古桥的抢修复加固处理设计[J]. 华东水电技术，1998，(1)：33－37.

[5-3] 郑罗云，周经渊．桥梁薄壁圆形墩防撞保护装置及其设计[J]. 湖南交通科技，1997，23(4)：40－41.

[5-4] 李坚．上海黄浦江奉浦大桥设计[J]. 上海市政工程，1995，(4)：25－26.

[5-5] 蔡之瑞，逄永湖．1995年流冰撞击佳木斯公路大桥的冰荷载[J]. 世界地震工程，1995，(4)：55－57，3.

[5-6] 陈国虞，陆宗林．船对墩的冲撞力分析船撞桥论文集：黄崎江连续钢构桥[C]. 上海：上海海洋钢结构研究所，2000：82－88.

[5-7] 李坚．船撞桥论文集：上海奉浦大桥水上安全防护系统设计[C]. 上海：上海海洋钢结构研究所，2000：69－74.

[5-8] 史元熹，金允龙，等．船撞桥论文集：黄石长江大桥主墩防撞设施设计[C]. 上海：上海海洋钢结构研究所，2000：75－81.

[5-9] 新华社电．美驳船撞断大桥(美·40#公路阿肯色河桥)[N]. 南方都市报，2002－05－28.

[5-10] 陈国虞，张澄．从美国阿肯色河桥被撞塌谈起[J]. 中国水运，2002，(12)：45－45.

[5-11] D M 李，等. Modelling of Ship Impact on a Bridge Foundation 昂船洲大桥 IABSE Symposium [C]. Shanghai：2b18，2004.

[5-12] Ce Chen. Impact Protection Design of Ship Collision with Pier ofRunyang Bridge，IABSE Symposium [C]. Shanghai：2b52，2004.

[5-13] 陈策. 润扬大桥桥墩防撞设计[J]. 铁道标准设计，2004，(10)：23－25.

[5-14] Rong 黄，等. Dong Hai Bridge－Design and Test of 10000DWT，Collision Protection for Piers Main Navigational Channal，IABSE Symposium [C]. Shanghai：2b57，2004.

[5-15] 叶贵如，茅兆祥，潘贻建，崔笛. 中国公路学会2004年全国桥梁学术会议论文集：船桥正碰撞的非线性有限元仿真分析(洞头大桥)[C]. 北京：人民交通出版社，2004.

[5-16] 许宏亮，曾平喜，周玉娟，彭强. 金塘大桥主墩防撞钢套箱设计[J]. 交通工程建设，2007，(1).

[5-17] 于兴泉，孙国强. 杭州湾跨海大桥北航道桥防船撞结构方案研究[J]. 桥梁建设，200.

[5-18] 曹映泓. 柔性消能防撞不再是梦想：湛江海湾大桥主墩柔性消能防撞设施研究[J]. 桥梁，2007，(2)：84－91.

[5-19] 陈国虞，等. 柔性消能防撞装置的技术特点[J]. 桥梁，2007，(4)：59－63.

[5-20] 邓青儿. 中国土木工程学会桥梁及结构工程分会第十八届全国桥梁学术会议论文集：跨海大桥主通航孔主墩防撞设计探讨[C]. 北京：人民交通出版社，2008.

[5-21] 郭志辉，李德明. 中国土木工程学会桥梁及结构工程分会第十八届全国桥梁学术会议论文集：昂船洲大桥—船舶撞击分析及测试[C]. 北京：人民交通出版社，2008.

[5-22] 戴显荣，陈国兴，王晓阳，史方华. 中国公路学会桥梁及结构工程分会2008年全国桥梁会议论文集：金塘大桥主通航孔桥独立防撞墩设计[C]. 北京：人民交通出版社，2008.

[5-23] 许宏亮，宋华清，曾平喜，周玉娟，彭强. 中国公路学会桥梁及结构工程分会2008年全国桥梁会议论文集：金塘大桥主墩防撞钢套箱设计[C]. 北京：人民交通出版社，2008.

[5-24] 方明山. 中国公路学会桥梁及结构工程分会. 2008年全国桥梁学术会议论文集：杭州湾跨海大桥防船撞能力整体提升之对策研究[C]. 北京：人民交通出版社，2008.

[5-25] 朱应欣，金广谦，戚亮. 中国公路学会桥梁及结构工程分会2008年全国桥梁学术会议论文集：京杭运河桥梁防撞新设施的研究[C]. 北京：人民交通出版社，2008.

[5-26] 于群力，吴广怀，刘舟峰，黄光远. 中国公路学会桥梁及结构工程分会2008年全国桥梁学术会议论文集：一种大距离走锚消能式防撞系统[C]. 北京：人民交通出版社，2008.

[5-27] 陈明栋，陈明，陈国虞，郑丹. 安庆长江铁路大桥防船撞研究(船撞速度选择)[J]. 重庆交通大学学报(自然科学版)，2009，(2)，28：103－207.

[5-28] 廖娟，陈国虞. 中国土木工程学会桥梁及结构工程分会第十八届全国桥梁学术会议论文集：杭州内河92座桥梁防撞评估与增设防撞装置建议 [C]. 北京：人民交通出版社，2010.

6. 船撞桥几率、风险及非结构防撞

[6-1] 王逢辰，古文贤，郑经略．船舶操纵与避碰[M]．北京：人民交通出版社，1992.

[6-2] 赵劲松，王逢辰．船舶避碰学原理[M]．大连：大连海事大学出版社，1999.

[6-3] 张晓兔，刘祖源，张乐文．船舶避碰系统的智能化研究综述[J]．船舶工程，2000，(1)：45－48.

[6-4] 扬帆，刘克中．船舶智能避碰软件开发的研究[J]．武汉交通科技大学学报，2000，24(5)：580－582.

[6-5] 陈刚，张圣坤．船舶结构碰撞与搁浅风险分析研究综述[J]．船舶工程，2000，(6)：57－61.

[6-6] 戴彤宇．船撞桥概率分析与预报[J]．哈尔滨工程大学学报，2003，(1).

[6-7] 林铁良，陈艾荣，王君杰．中国公路学会2005年全国桥梁学术会议论文集：船撞桥墩撞击角度概率研究[C]．北京：人民交通出版社，2005 .

[6-8] 曹映泓，周颖．中国公路学会桥梁及结构工程分会2005年全国桥梁学术会议论文集：概率论原理在特大桥梁船舶撞击力计算中的应用[C]．北京：人民交通出版社，2005.

[6-9] 陈国始．中国土木工程学会桥梁及结构工程分会第十七届全国桥梁学术会议论文集：浅谈用概率论研究船撞桥的几个方法问题 [C]．北京：人民交通出版社，2006.

[6-10] 新阳升电器．船载桥梁报警综合助航仪[J]．航海，2011，(4)37.

7. 船撞船及其他

[7-1] 梁文娟．船舶碰撞的三维分析[J]．交通部上海船舶运输科学研究所学报，1986(1).

[7-2] 梁文娟，陈高增．船舶碰撞力和能量吸收[J]．交通部上海船舶运输科学研究所学报，1992，(2).

[7-3] 李国华，冯子均．冲击法测量橡胶隔振器的动态特性，现代振动与噪声技术[M]．北京：航空工业出版社，1997：273－278.

[7-4] 王晓昱，候继平．等．C80高性能混凝土在彩虹大桥中的应用[J]．石家庄铁道学院学报，2001，014(B09)：154－156.

[7-5] 王自力，顾永宁．超大型油船双壳舷侧结构的碰撞性能研究[J]．中国造船，2002，(1).

[7-6] 江华涛，顾永宁．整船碰撞非线性有限元仿真[J]．上海造船，2002，(2).

[7-7] 王礼立．应力波基础(第二版)[M]．北京：国防工业出版社，2005.

[7-8] 陈志坚，袁建红，等．第九届中国国际船艇展及高性能船学术报告会论文集：SWATH 搁浅模式及搁浅强度研究探讨[C]．上海船舶行业协会，2004.

[7-9] 袁建红，陈志坚，等．第十届中国国际船艇展及高性能船学术报告会论文集：小水线面船搁浅仿真研究[C]．上海船舶行业协会，2005.

[7-10] 范立础．工程风险与保险[C]．同济大学校庆论坛，2008，宁波．

[7-11] 陈国虞．水中桩柱防撞新技术[J]．海洋工程(直投媒体)，2008，(4).

[7-12] 徐左正，等．上海市苏州河河口水闸工程建设纪实[M]．上海：上海科学技术出版社，2007.

8. 规范、标准和条例

[8-1] 中华人民共和国行业标准．TB10002. 1—2005 铁路桥涵设计基本规范：墩台承受船只或排筏的撞击力[S]．北京：中国铁道出版社，2005.

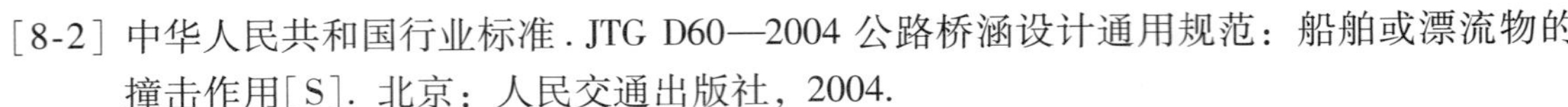

[8-2] 中华人民共和国行业标准. JTG D60—2004 公路桥涵设计通用规范：船舶或漂流物的撞击作用[S]. 北京：人民交通出版社，2004.

[8-3] 中华人民共和国行业标准. 港口工程技术规范 JTJ 211—87 编制说明：进港航道[S]. 北京：人民交通出版社，1987.

[8-4] 中华人民共和国行业标准. 海港总平面设计规范 JTJ 211—99 进港航道[S]. 北京：人民交通出版社，1999.

[8-5] 中华人民共和国行业标准. 通航海轮桥梁通航标准 JTJ 311—97[S]. 北京：人民交通出版社，1998.

[8-6] 国际桥梁和结构工程协会(IABSE). 交通船只与桥梁结构的相互影响(综述与指南) 1991-09[S]. 顾翔，鲍卫刚译，张乃华校. 1993-03.

[8-7] 国际桥梁和结构工程协会(IABSE)，O D 拉尔森. 交通船只与桥梁结构的相互影响 1993[S]. 广东虎门技术咨询公司译. 1995.

[8-8] 美国各州公路和运输工作者协会(AASHTO). 美国公路桥梁设计规范 97-112：船只撞击[S]. 辛济平，等译. 北京：人民交通出版社，1998.

[8-9] 中华人民共和国上海港务监督. 上海水上安全监督规则[S]. 1995.

[8-10] 中华人民共和国宁波海事局. 宁波水上安全监督管理规定[S]. 1995.

[8-11] 中华人民共和国海南海事局. 海南水上交通安全监督管理规则[S]. 1997.

[8-12] 中华人民共和国湛江海事局. 湛江海上安全监督管理规定[S]. 2000.

[8-13] 中华人民共和国海事局. 关于秦皇岛海上安全监督管理规则[S]. 2009.

[8-14] 中华人民共和国江苏海事局. 桥梁水域水上交通安全监督管理规定[S]. 2009.

[8-15] 中华人民共和国福州海事局. 平潭海峡大桥施工期间通航安全管理规定(试行)[S]

[8-16] 中华人民共和国国家标准. GB 50139—2004 内河通航标准[S]. 北京：中国计划出版社，2004.

[8-17] 中华人民共和国行业标准. JTJ 230—89 海港工程钢结构防腐蚀技术规范[S]. 北京：人民交通出版社，1990.

[8-18] 中华人民共和国国家标准. GB—4948—85 铝-锌-铟系合金牺牲阳极[S]. 北京：中国标准出版社，1985.

[8-19] 上海海洋钢结构研究所企业标准. QB/T HY11-2005 桥墩的船撞力计算及柔性耗能防撞装置设计指南[S]. 北京：中国铁道出版社，2006.

[8-20] 欧洲规范.(BS EN1991-1-7：2006)结构作用 总体作用 偶然作用 [S]. 周风华译. 上海海洋钢结构研究所.

[8-21] 美国各州公路和运输工作者协会(AASHTO). 公路桥梁船撞设计指南. 2 版. 2009[S]. 上海海洋钢结构研究所译. 2010.

[8-22] 上海海洋钢结构研究所企业标准. QB/HY02—2012 桥墩的船撞力计算及柔性耗能防撞装置设计指南[S]. 上海海洋钢结构研究所.

9. 西文文献 Ship Collision with bridge and offshore structure

[9-1] S E van Manen, A G Frendsen. Proceedings of the international symposium on advances in ship collision analysis: Ship collision with bridge, review of accidents [C]. Copenhagen, Denmark, 1998, May : 10-13.

[9-2] C U Kunz. Proceedings of the international symposium on advances in ship collision analysis: Ship bridge collision in river traffic, analysis and design practice [C]. Copenhagen, Denmark, 1998, May: 10 – 13.

[9-3] A G Frandsen. Proceedings of the international symposium on advances in ship collision analysis: Design aspects of ship-bridge collisions for selected recent major bridge projects [C]. Copenhagen, Denmark, 1998, May: 10 – 13.

[9-4] H Gluver, D Olsen. Proceedings of the international symposium on advances in ship collision analysis: Current practice in risk analysis of ship collisions to bridges [C]. Copenhagen, Denmark, 1998, May: 10 – 13.

[9-5] Z Prucz. Proceedings of the international symposium on advances in ship collision analysis: Ship collision aspects unique to inland waterways[C]. Copenhagen, Denmark, 1998, May: 10 – 13.

[9-6] M A Knott. Proceedings of the international symposium on advances in ship collision analysis: Vessel collision design codes and experience in the United States[C]. Copenhagen, Denmark, 1998, May: 10 – 13.

[9-7] A C W M Vrouwenvelder. Proceedings of the international symposium on advances in ship collision analysis: Design for ship impact according to Eurocode1 Part 2.7 [C]. Copenhagen, Denmark, 1998, May: 10 – 13.

[9-8] P T Pedersen , S Zhang. Proceedings of the international symposium on advances in ship collision analysis: The Mechanics of ship impact against bridge [C]. Copenhagen, Denmark, 1998, May: 10 – 13.

[9-9] G Wang, H Ohtsubo, K Arita. Proceedings of the international symposium on advances in ship collision analysis: Inner dynamics of side collision to bridge pier[C]. Copenhagen, Denmark, 1998, May: 10 – 13.

[9-10] E Lehnann, X Yu. Proceedings of the international symposium on advances in ship collision analysis: Inner dynamics of bow collision to bridge pier[C]. Copenhagen, Denmark, 1998, May: 10 – 13.

[9-11] L Hauge, K Olsen, O Hededal. Proceedings of the international symposium on advances in ship collision analysis: Analysis of ship collision to pier and girder[C]. Copenhagen, Denmark, 1998, May: 10 – 13.

[9-12] M Hoit, M McVay, C Hays. Proceedings of the international symposium on advances in ship collision analysis: Bridge pile substructure analysis and ship impact [C]. Copenhagen, Denmark, 1998, May: 10 – 13.

[9-13] S E Svensson. Proceedings of the international symposium on advances in ship collision analysis: Train derailment due to ship impact on bridge [C]. Copenhagen, Denmark, 1998, May: 10 – 13.

[9-14] W B Konway. Proceedings of the international symposium on advances in ship collision analysis: Protective works: An overview [C]. Copenhagen, Denmark, 1998, May: 10 – 13.

[9-15] B C Simonsen , N E O Hansen. Proceedings of the international symposium on advances in

ship collision analysis: Protection of marine structures by artificial island[C]. Copenhagen, Denmark, 1998, May: 10 - 13.

[9-16] C Milloy. Proceedings of the international symposium on advances in ship collision analysis: An introduction to risk acceptance criteria [C]. Copenhagen, Denmark, 1998, May: 10 - 13.

[9-17] M Karlsson, F M Rasmussen, L Frisk, F Ennemark. Proceedings of the international symposium on advances in ship collision analysis: Verification of ship collision frequency mode [C]. Copenhagen, Denmark, 1998, May: 10 - 13.

[9-18] S E Sand, J B Petersen. Proceedings of the international symposium on advances in ship collision analysis: Use of ship simulators in bridge design [C]. Copenhagen, Denmark, 1998, May: 10 - 13.

[9-19] F F Weeks. Proceedings of the international symposium on advances in ship collision analysis: Strategic, practical and operational considerations for traffic routes[C]. Copenhagen, Denmark, 1998, May: 10 - 13.

[9-20] Y Fujii, N Mizuki. Proceedings of the international symposium on advances in ship collision analysis: Design of VTS systems for water with bridge [C]. Copenhagen, Denmark, 1998, May: 10 - 13.

[9-21] Frandsen A G., Fujii Y, Olsen D F, Spangenberg S. Ship Collision Studies for the Great Belt East Bridge, Bridges: interaction between construction technology and design Symposium[C]. IABSE Reports, 1991, ISSUE 64: 75 - 80.

[9-22] Amdahl J, Eberg E. Eurodyn 193 - 2nd European conference on structural dynamics: Ship collision with offshore structures [C]. Structural dynamics conference, 1993: 495 - 504.

[9-23] Litton R W, Puskar F J. Ship collision analysis for the Kawasaki Island steel platforms. 1993; VOL 2; 61 - 72.

[9-24] Arita K. Proc 5th International symposium on Techno-Ocean: A Study on Buffer Equipments for use as Protection against Ship Collision [C]. 1994, Oct, VOL 2: 583 - 588.

[9-25] Rambech J F, Dahl T, Remseth S N. Strait crossings 94-3rd Symposium: Elastroplastic capacity control of a submerged tubular steel bridge subjected to ship collision impact [C]. Strait crossings, 1994: 563 - 568.

[9-26] Waegter J, Sterndorff M J. Proc. 14th International conference on offshore mechanics and arctic engineering: Energy Absorption in Monotower Platforms During Ship Collision [C]. 1995, Vol 1 pts A: 235 - 244.

[9-27] Shoji K. International Conference on Preventing collision at sea: Maritime collision and prevention: Safety Measures for Ship Collision Accident with Bridge [C]. 1996, Sep: 308 - 320.

[9-28] Knott M A. 7th Probabilistic mechanics and structural reliability-Specialty conference : Risk Analysis of Ship and Barge Collision Loads on Bridges [C]. 1996, Aug: 724 - 727.

[9-29] Kiyomiya O, Miyagi T, Ishikawa M, Kadokura H. Evaluation of Collision Analysis of Ship to Pile Type Fender, Proceedings- Japan society of civil engineerings[C]. 1996, ISSUE 540: 49 - 58.

[9-30] Shiraishi S, Naitoh R. Proc. 7th International offshore and polar engineering conference: Experimental Study on Impact Force by Small Ship Collision to Fender System of Bridge [C]. 1997, VOL 4: 403 - 409.

[9-31] Koizumi M, Imai S, Shimizu K, Nakayama A, Konishi N. NKK Technical report Japanese edition: Construction of Buffer System of Akashi Kaikyo Bridge for Ship Collision [R]. 1999, ISSUE 165: 36 - 41.

[9-32] Shoji K, Takabayashi T, Mita S, Nonomura C. Proc 9th International Offshore and Polar Engineering Conference : Dynamic Characteristics of New Material Protective Device for Ship Collision [C]. 1999, May, VOL 4: 476 - 481.

[9-33] Hededal O, Soerensen C S. Elasto - Plastic Foundation Analysis of Ship Collision to the Oeresund High Bridge[R]. IABSE Reports, 1999, ISSUE 80: 175 - 180.

[9-34] Shoji K, Takabayashi T, Mita S, Nonomura C. Dynamic characteristics of a new material protective device for ship collision[J]. International Journal of Offshore and Polar Engineering , 2000, VOL 10, ISSUE 3: 217 - 221.

[9-35] Takabayashi T, Shoji K, Mita S, Nonomura C. Proc 11th International offshore and polar engineering conference: On the Design of New Material Protective Device for Ship Collision [C]. Jun 2001 , v. 4: 385 - 389.

[9-36] Amdahl J, Johansen A. Proc 11th International offshore and polar engineering conference: High-Energy Ship Collision with Jacket Legs [C]. Jun 2001 , v. 4: 373 - 377.

[9-37] David Ronald Gaylord-Cowan. Numerically Efficient Nonlinear Dynamic Analysis of Barge Impacts on Brigde Piers [D]. University on Bridge Piers, master thesis, 2004.

[9-38] Michael C McVay, Scott J Wasman, Gary R Consolazio, Paul J Bullock, David G Cowan, Henry T Bollmann, P E. Dynamic Soil-Structure Interaction of Bridge Substructure Subject to Vessel Impact, 2007.

[9-39] Kristjan Tabri, Joep Broekhuijsen, Jerzy Matusiak, Petri Varsta. Analytical modeling of ship collision based on full-scale experiments [J] . Marine Structures, 22 (2009): 42 - 61.

[9-40] Kristjan Tabri, Petri Varsta, Jerzy Matusial. Numerical and experimental motion simulations of nonsymmetrical ship collisions [J]. J Mar Sci Technol (2010) 15: 87 - 101.

[9-41] Yuan P, Harik I E. Equivalent Barge and Flotilla Impact Forces on Bridge Piers [J]. Journal of Bridge Engineering, 2010, 15 (5): 523 - 532.

[9-42] Hua C, Fang C, Cheng J. Simulation of fluid - solid interaction on water ditching of an airplane by ALE method[J]. Journal of Hydrodynamics, 2011, 23 (5): 637 - 642.

[9-43] M R Emami Azadi. The Influence of Different Scenarios of Supply Ship Collision on the Dynamic Response of a North-Sea Jacket-Pile-Soil System [J]. Journal of Offshore Mechanics and Arctic Engineering, 2011, Vol. 133 / 011103 - 1.

[9-44] Wei Fan, Wan-cheng, Yuan and Mi Zhou. A nonlinear dynamic macro-element for demand assessment of bridge substructures subjected to ship collision [J]. Journal of Zhejiang University-Science A, 2011, 12(11): 826 - 836.

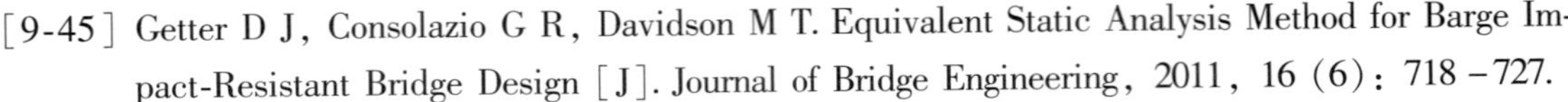

[9-45] Getter D J, Consolazio G R, Davidson M T. Equivalent Static Analysis Method for Barge Impact-Resistant Bridge Design [J]. Journal of Bridge Engineering, 2011, 16 (6): 718 -727.

[9-46] Grace I M, Ibrahim RA, Pilipchuk VN. Inelastic impact dynamics of ships with one-sided barriers, Part I: analytical and numerical investigations [J]. Nonlinear Dynamics, 2011, 66 (4): 589 -607.

[9-47] Grace I M, Ibrahim R A, Pilipchuk V N. Inelastic impact dynamics of ships with one-sided barriers, Part II: experimental validation [J]. Nonlinear Dynamics, 2011, 66 (4): 609 -623.

[9-48] Ehlers S, Tabri K. A combined numerical and semi-analytical collision damage assessment procedure [J]. Marine Structures, Article in Press, 2012.

[9-49] Ross N J. Numerical simulations of a tanker collision with a barge bit incorporating hydrodynamics, a validated ice model and damage to the vessel [J]. Independent Review, 2012, 16 (3): 417 -433.

[9-50] HogstrÖm P, Ringsberg J W. An extensive study of a ship's survivability after collision - A parameter study of material characteristics, non-linear FEA and damage stability analyses [J]. Marine Structures 2012, 27 (1): 1 -28.

[9-51] Zhu B, Chen R P, Guo J F, Kong L G, Chen Y M. Large-Scale Modeling and Theoretical Investigation of Lateral Collisions on Elevated Piles[J]. Journal of Geotechnical and Geoenvironmental Engineering, 2012, 138 (4): 461 -471.

[9-52] Buldgen L, Le Sourne H, Rigo P. Simplified Analytical Method for Estimating the Resistance of Lock Gates to Ship Impacts [J]. Journal of Applied Mathematics, 2012, art, 763849.

[9-53] Sha Y, Hao, H. Nonlinear finite element analysis of barge collision with a single bridge pier [J]. Engineering Structures, 2012: 63 -76.

[9-54] Fan W, Yuan W C. Shock spectrum analysis method for dynamic demand of bridge structures subjected to barge collisions [J]. Computers and Structures, 2012, 90 -91 (1): 1 -12.

[9-55] Lili Wang, Liming Yang, Changgang Tang, Zhongweizhang, Guoyu Chen and Zonglin Lu. On the Impact Force and Energy Transformation in Ship-Bridge Collisions [J]. International Journal of Protective Structures, 2012, 3(1): 105 -120.

[9-56] Wei Fan, Wancheng Yuan, Zhi Yangm, and Qiwu Fan. Dynamic Demand of Bridge Structure Subjected to Vessel Impact Using Simplified Interaction Model [J]. Journal of Bridge Engineering, 2012, 16(1).

[9-57] Goerlandt F, Ståhlberg K, Kujala P. Influence of impact scenario models on collision risk analysis[J]. Ocean Engineering, 2012, 47: 74 -87.

陈国虞简介

陈国虞 研究员，男，1934 年生，汉族，广东新会人，1956 年毕业于北京钢铁学院压力加工专业。曾任职于：上海造船科学研究所、洛阳船舶材料研究所、海洋水下工程科学研究院、蛇口工业区华美钢厂、上海船舶运输科学研究所、上海海洋钢结构研究所。曾兼任中国造船工程学会疲劳断裂学组组长、上海市造船工程学会船舶材料学组副组长、中国钢协海洋钢结构协会理事、中国公路学会桥梁和结构工程分会理事、上海市老科学技术工作者协会造船委副主任。

长期从事造船、海洋工程和钢结构材料的应用研究，研究过的项目有 14 个专题，起草或出版了：《平炉沸腾钢造船的实验基础》、《含铜钢造船》、《海洋腐蚀与防护词典》、《轧制无缝锚链探讨》、《船舶及海洋工程用型钢论文集》、《船舶结构的断裂设计概念》，《拆船轧钢技术经济》、《纤维增强塑料船建造规范，1991》。1979—1983 年任交通部深圳蛇口工业区华美钢厂筹建负责人。

在造船型钢系列、球扁钢、钢丝绳铝套压接技术、旋转机械事故诊断与预报和三不坏桥墩防撞装置等项目，分别获得河南省、交通部、中船总公司、上海市和劳动部等单位 6 项科技进步奖和 2 次星火杯奖。并获得 ZL91215717. 8 高强度钢筋等强度压接钢套及钢模、ZL93224291. X 火车防撞车挡、ZL93221219. 7 高强度火车车厢救援绳梯、ZL93224291. X 高强度钢筋等强度压接机等 4 项专利授权。

1994 年研究桥墩吸能防撞装置，提出“三不坏”桥墩防撞装置的设计建造方法，并获得 ZL93229219. 0 吸能防撞器、ZL200520042238. 7 长圈形防撞钢围和 ZL200520042237. 2 复合消能防撞圈等三项专利授权。组织“产学研”多个单位联合生产了大、中、小一系列(D800、D600、D400mm)复合消能黏性防撞圈。应用于广东湛江海湾大桥，组成对 50000t 船的防撞装置，大幅度地降低船撞力，使其符合主桥墩设计限定值。经鉴定评为世界首创，并节省大量投资。撰写了防御船撞桥方面的论文 20 余篇，2006 年出版了《船撞桥及其防御》一书。

通信地址：上海市浦建路 1288 弄 31 号 102 室(邮编 201204)

电　　话：021 - 68459696

电子信箱：chenguoyu2002@ qq. com

王礼立简介

王礼立 男，1934 年生，自 1956 年压力加工专业本科毕业后，在中科院力学研究所(1956—1963 年)任研究实习员、助理研究员，兼中国科技大学讲师，从事固体力学、流体力学和爆炸力学等科研与教学。1963—1978 年，任化工部化工机械研究院(北京—兰州)工程师，从事工程材料力学性能、化工设备强度和工程断裂力学研究。1978 年起，任中国科技大学副教授、教授(1985—)、博士生导师(1986—)，从事固体力学、爆炸力学和冲击动力学的教学研究工作，特别是应力波和材料动态力学性能方面的教学与科研，历任爆炸力学教研室主任、校学术委员会技术科学组副组长、中国科学院力学规划组成员、国家级重点学科带头人等。1985 年起，参与宁波大学创建，历任宁波大学副校长、校学术委员会主任、校学位委员会主任、兼力学和材料科学研究中心主任。兼任浙江大学教授(博士生导师)、中国兵器工业第五二研究所宁波分所研究员。连任多届中国力学学会理事、爆炸力学专业委员会第三届副主任及第四、第五届主任、冲击动力学专业组首任组长、安徽省力学学会理事长、浙江省力学学会副理事长、宁波失效分析学会理事长、中国化工学会化工机械学会理事等。并被聘为国防科工委冲击波物理与爆轰物理重点实验室首届学术委员会委员、中国岩土工程研究中心专家顾问组顾问等。1992 年起享受政府特殊津贴。

曾应邀出访日本、法国、英国、德国、意大利、俄罗斯、美国、捷克、匈牙利、韩国、挪威、波兰等国 20 余次，历任日本东京大学、东京理科大学、法国梅兹大学、英国剑桥大学 Cavandish 实验室、利物浦大学冲击工程研究中心、欧盟 ISPRA(意大利)联合研究中心等校/研究中心的客座教授/客座研究员。作为会议主席或联合主席曾主持第二届国际冲击工程学术研讨会(1996 年 9 月，北京)、中日双边《固体动态变形和断裂的研究与应用》学术会议(1997 年 9 月，黄山)、中俄双边《动态断裂问题》专题研讨会(1998 年 8 月 17 日，圣彼得堡)、中法双边《动态断裂》学术研讨会(2003)等国际学术会议。

50 余年来，先后涉足塑性力学、流体力学、爆炸力学、工程材料力学性能、化工设备强度、断裂力学、冲击动力学和材料动力学等多方面研究领域及其工程应用。

在国内外发表论著 300 余篇/册。代表性论著有：《应力波基础》、《冲击动力学进展》、《Research and Application in Dynamic Deformation and Fracture of Solids》和《Quest for Dynamic Deformation and Fracture of Viscoelastic Solids》等。

科研成果先后获全国科技大会奖、中国科学院科技进步二等奖、宁波市科技进步二等奖和一等奖、浙江省科学技术二等奖、教育部自然科学一等奖和国家自然科学二等奖等奖项。

通信地址：浙江省宁波市风华路 818 号，宁波大学力学和材料科学研究中心(邮编 315211)

电　　话：0574 - 87600451(办)

传　　真：0574 - 87608358(宁波大学机械工程与力学学院)

电子信箱：wanglili@ nbu. edu. cn，llwangch@ nbu. edu. cn

杨黎明简介

杨黎明 男，1957年出生，教授，博士生导师，中国科技大学学士、硕士、博士。现为宁波大学工学院教授。中国力学学会爆炸力学专业委员会副主任委员。

主要从事冲击动力学研究。研究包括材料的本构行为、结构的动态响应和固体中的应力波，以及工程结构抗冲击防护。获得国家教育部自然科学一等奖、浙江省科学技术二等奖和宁波市科技进步一等奖各一项。

近年来从事研究桥梁防船撞的技术和方法。致力于研究大桥桥墩抗船舶撞击柔性防船撞装置。在浙江省、交通运输部和兄弟单位的支持与合作下，组织了国内外首次实船撞击桥墩柔性防撞装置的现场试验。进一步对比了数值模拟数据与试验测得数据，验证了撞击计算用的动态软件。最近主持福建平潭海峡大桥水中引桥的防撞技术及装置设计研究，包括模型实验、防撞元件和材料的测试，拦船装置的设计及建造，尤其是采用“自适应拦截船舶”自主创新技术，进行千吨级实船拦阻试验，更是前所未有的。

通讯地址：浙江省宁波市风华路818号，宁波大学力学和材料科学研究中心（邮编315211）；

电　　话：0574—87600141（办）

传　　真：0574—87608358（宁波大学机械工程与力学学院）

电子信箱：yangliming@ nbu. edu. cn

陈明栋简介

陈明栋　男，1954 年生，重庆交通大学研究员，硕士生导师，注册咨询工程师(投资)、重庆市建设工程评标专家、重庆市交委建设工程评标专家、兼任上海海洋钢结构研究所桥梁防船撞研究顾问。

主要从事水利工程及港航工程专业的教学及科研工作，在该校河海学院讲授研究生及本科生《模型试验与量测技术》、《渠化工程学》等课程。1995 年以来，先后主持完成了约 50 座长江桥梁和近 20 座支流桥梁的通航、防洪研究、船舶航行数值模拟等项研究。2002 年以来，先后主持进行了四项交通运输部西部交通建设科技项目，两项云南省交通厅重大科技项目以及全国各地多项重大工程建设项目。2006 年开始从事桥梁防船撞研究，先后主持了 5 座长江大桥和 1 座嘉陵江大桥的防船撞研究。1984 年以来，先后获得国家重大科技成果一项、交通部运输科技进步特等奖一项、云南省科技进步二等奖一项以及交通部运输科技进步三等奖三项。指导学生参加全国性大赛，获得特等奖和一等奖各一项。在各种科技期刊和国内外学术会议发表论文约 40 篇，其中被 EI 和 ISTP 收录的 8 篇。每年编写出版科研报告 10 余部，参与编写《渠化工程》教材一部，桥梁防船撞专著一部。

通讯地址：重庆市南岸区学府大道 66 号，重庆交通大学河海学院(邮编 400074)

电　　话：1380324758

电子信箱：391023373@qq.com